자본주의의 미래

자본주의의 미래
새로운 불안에 맞서다

폴 콜리어

김홍식 옮김

역자 김홍식(金洪植)
경제, 금융, 투자 분야 전문 번역가. 연세대학교 경제학과를 졸업하고
동 대학원을 거쳐 파리 10대학에서 경제학 박사 교과과정을 수학했
다. 삼성경제연구소 국제경제팀과 삼성전자 국제본부에서 10여 년간
일했다. 이후 주로 경제 분야를 번역하고 있다. 옮긴 책으로는 『금융
의 모험』, 『광기, 패닉, 붕괴 : 금융위기의 역사』, 『GDP 사용설명서』,
『전문가의 독재』, 『케인스 하이에크』, 『물질문명과 자본주의 읽기』,
『장인』, 『골드만삭스』 등이 있다.

편집, 교정_김미현(金美炫)

자본주의의 미래 : 새로운 불안에 맞서다
저자 / 폴 콜리어
역자 / 김홍식
발행처 / 까치글방
발행인 / 박후영
주소 / 서울시 용산구 서빙고로 67, 파크타워 103동 1003호
전화 / 02 · 735 · 8998, 736 · 7768
팩시밀리 / 02 · 723 · 4591
홈페이지 / www.kachibooks.co.kr
전자우편 / kachibooks@gmail.com
등록번호 / 1-528
등록일 / 1977. 8. 5
초판 1쇄 발행일 / 2020. 11. 20
    3쇄 발행일 / 2021. 12. 28
값 / 뒤표지에 쓰여 있음

ISBN 978-89-7291-728-1   93320

이 도서의 국립중앙도서관 출판예정도서목록(CIP)은 서지정보유통지원시스템 홈페이지(http://
seoji.nl.go.kr)와 국가자료종합목록시스템(http://www.nl.go.kr/kolisnet)에서 이용하실 수 있습니
다. (CIP제어번호 : CIP2020047244)

슈를 위하여,
삶은 서로 갈라질지라도 불안과 근심은 같이 걸어야 할 길이다.

차례

제 1 부 위기

제1장 새로운 불안 __ 11

제 2 부 윤리의 회복

제2장 윤리의 토대 : 이기적 유전자에서 윤리적 집단으로 __ 47

제3장 윤리적 국가 __ 84

제4장 윤리적 기업 __ 121

제5장 윤리적 가족 __ 166

제6장 윤리적 세계 __ 190

제 3 부 포용적 사회의 회복

제7장 지리적 분단 : 번영하는 대도시, 망가진 도시 __ 211

제8장 계급 분단 : 모든 것을 누리는 가정과 해체되는 가정 __ 258

제9장 세계적 분단 : 승자와 뒤처진 자 __ 321

제 4 부 포용적 정책의 부활

제10장 극단을 파괴하기 __ 337

감사의 글 __ 363

주 __ 367

참고 문헌 __ 375

인명 색인 __ 381

제1부

위기

제1장
새로운 불안

열정과 실용주의

깊은 균열이 우리 사회를 지탱하는 피륙을 갈가리 찢어놓고 있다. 그러한 균열이 사람들에게 새로운 불안을 그리고 새로운 분노를, 또한 우리의 정치에는 새로운 열정을 불러일으키고 있다. 이러한 불안과 동요가 일어나는 양상을 살펴보면, 그것의 사회적 기저에는 지리와 교육과 윤리가 자리하고 있다. 한편으로 이것은 지방에 위치한 지역들이 대도시에 항거하는 양상으로 드러난다. 이를테면 영국의 북잉글랜드와 런던이, 후미진 내륙과 번화한 해안이 서로를 적대시한다. 다른 한편으로는 교육 수준이 비교적 낮은 저학력자들이 교육 수준이 비교적 높은 고학력자들에게 항거하는 양상으로 드러난다. 그리고 또다른 한편으로는, 고전을 면하지 못하는 노동자들이 "날치기 건달"과 "지대 추구자들"에게 항거하는 양상으로 드러난다. 이에 따라서 최근에는 노동 계급이 아니라, 교육 수준이 낮고 어려움을 겪는 지방 사람들이 혁명적인 세력으로 등장했다.

프랑스 대혁명 당시에는 혁명 세력이 "귀족 바지가 없는 사람들(sans culottes)"*이었지만, 지금은 "멋지고 매력적인 데가 없는 사람들(sans cool)"이 혁명 세력으로 등장한 셈이다. 그런데 이 사람들은 무엇에 분노하는 것일까?

지리적인 위치가 불만이 일어나는 새로운 차원으로 등장했다. 장소에 따라서 경제적인 격차가 벌어지는 지리적 불평등은 장기적으로 꾸준히 축소되다가 최근에 급속하게 확대되고 있다. 북아메리카든 유럽이든 일본이든 대도시권이 나라의 나머지 지역들을 크게 따돌리며 앞서가고 있다. 대도시권은 지방보다 훨씬 부유해지고 있을 뿐만 아니라 사회적으로도 다른 지역과 단절되고 있어서, 보통 한 나라의 수도인 그 대도시들이 이제는 그들이 소속한 나라를 대표하지 않는다.

그러나 활발한 대도시 안에서도 이처럼 대단한 경제적 성취는 심하게 치우쳐 있다. 새롭게 성공을 구가하는 사람들은 자본가도 평범한 노동자도 아니다. 그들은 잘 교육받은 고학력자들로, 새로운 숙련 기능을 갖춘 사람들이다. 그들은 대학이 주관하는 회합에서 서로 만나고 능력으로 존중받는 새로운 정체성을 육성하여 그들끼리 공유하는 새로운 계급을 형성했다. 그들은 심지어 소수 민족이나 성적(性的) 지향과 같은 특징들을 피해자라는 집단 정체성으로 치켜세우는

---

* 프랑스어 "상퀼로트(sans culottes)"는 "귀족들이 입는 짤막한 바지(culottes)가 없는, 즉 그것을 입지 않은 사람들"이라는 뜻으로, 귀족 복장과 다르게 긴 바지를 입고 파리의 거리를 메우며 프랑스 대혁명을 주도한 노동 계급 등 평민들을 그 복장으로 지칭하는 말이다. 뒤따라 등장하는 "상 쿨(sans cool)"은 보통 "멋지고 매력적이다"라는 뜻의 일상적인 영어 어휘 "cool"을 프랑스어 "sans"와 조합하여 앞의 어휘 "sans culottes"와 대비시킨, 일종의 신조어이다.

독특한 윤리 규범도 만들어냈다. 피해자 집단들을 배려하는 그들의 남다른 관심사를 바탕으로 그들은 교육 수준이 그다지 높지 않은 사람들보다 자신들이 윤리적으로 우월하다고 주장한다. 새로운 지배 계급의 하나로 자리를 굳힌 이 고학력자들은 정부는 물론 그들 서로를 과거 어느 때보다도 더 신뢰한다.

이 고학력자들의 재산이 급증하고 덕분에 그들을 포함한 나라의 평균적인 부가 커지기는 했어도, 교육 수준이 그들만 못한 사람들은 대도시권에서나 다른 지역에서나 지금 위기 상황에 처해 있다. 그들에게는 "백인 노동 계급"이라는 오명도 따라다닌다. 그들의 쇠락 증후는 의미 있는 일자리의 상실로부터 시작되었다. 세계화는 반(半)숙련 일자리를 아시아로 많이 옮겨버렸고, 기술 변화로 다른 반숙련 일자리도 많이 없어지는 중이다. 일자리의 상실은 특히 두 연령층, 중장년층과 첫 직장을 구하려는 청년층을 호되게 타격했다.

중장년층 노동자들이 일자리를 상실하면 보통 가정 파탄과 마약, 알코올, 폭력이 뒤따른다. 이로 인해서 삶의 목적의식이 무너지면서 미국에서 뚜렷하게 드러나는 현상이 대학에 진학하지 못한 백인들의 기대 수명 감소이다. 좀더 유리한 처지의 집단들은 전례 없이 빠른 의학의 진보 덕분에 기대 수명이 급속히 늘어나는 때에 이런 현상이 나타나는 것이다.[1] 유럽에서는 사회 안전망 덕분에 극단적인 결과가 덜하기는 하지만 중장년층이 쇠락하고 있다는 증후가 역시 광범위하게 나타나고 있으며, 영국의 해안 소도시인 블랙풀처럼 가장 심각하게 망가진 도시들에서는 기대 수명도 줄고 있다. 일자리를 찾지 못하는 50대 이상의 연령층은 절망의 바닥에서 앙금을 삼키고 있다. 교육 수준이 낮은 청년층의 사정도 그보다 나을 것이 없다. 유럽에는 청년층이 대량 실업에 직면한 곳들이 많다. 이탈리아에서는 요즘 청년층의 3분의 1이 실업 상태이며, 이 정도로 심한 일자리 부족이 가장 최근에 나타났던 때는 1930년대의 대공황 시기였다. 설문 조사에서 드러나는 청년층의 비관은 전례가 없는 수준이다. 청년층의 대다수가 자신들의 부모보다 생활 수준이 낮아질 것이라고 생각한다. 게다가 이런 비관이 틀린 것도 아니다. 지난 40년 동안 자본주의의 경제 성과는 계속 나빠졌다. 이는 2008-2009년의 세계 금융 위기로도 분명히 드러났지만, 이미 1980년대부터 이러한 비관론이 서서히 불거지기 시작했다. 모든 사람의 생활 수준을 오래도록 꾸준히 높여가는 것이 자본주의를 신임할 만한 핵심적인 장점이었지만, 이는 계속해서 퇴색했다. 기대하는 결과를 자본주의로부터 계속 얻는 사람들도 있었지만, 자본주의가 내팽개치는 사람들도 있었다. 자본주의의 전형이자 그 심장부인 미국에서 1980년대 출생 세대의 생활 수준을 그들의 부모 세대가 그들의 나이에 누린 생활 수준과 비교하면, 그중 절반이 절대적인 기준에서도 부모 세대에 미달한다.[2] 이들에게 자본주의는 효과가 없다. 1980년 이래 테크놀로지와 공공 정책의 막대한 진보를 고려하면, 이러한 실패는 대단히 놀라운 것이다. 그 막대한 진보는 그 자체로 자본주의에서 나왔으며, **모든 사람**의 생활 수준이 큰 폭으로 향상되는 결과를 충분히 실현할 수 있는 것이었다. 그러나 지금 부모 세대의 과반수가 자식들의 삶이 그들보다 나빠질 것이라고 생각한다. 미국의 백인 노동 계급 가운데 이러한 비관적 의견은 실로 놀랄 만한 76퍼센트까지 올라간다.[3] 유럽인들은 미국인들보다 훨씬 더 비관적이다.

저학력자들의 분개에는 공포가 스며 있다. 그들은 고학력자들이 사회적으로도 문화적으로도 그들을 멀리하려고 한다는 것을 알고 있다. 이러한 거리두기에 더하여, 저학력자들은 자신들보다 더 우대받는 집단들이 출현해서 자신들의 혜택을 가로채고 있다고 느낀다. 이로 말미암아 결국 그들이 도와달라고 요구하더라도 그러한 주장이 통하기 어렵다고 판단하는 상황이다. 사회 안전망이 그들에게 더욱 절실해질 바로 이때, 앞으로 그것에 의지할 수 있다는 그들의 신뢰감이 무너지고 있는 것이다.

불안과 분노, 그리고 절망 속에서 사람들의 정치적 소속감은 물론 정부에 대한 신뢰와 심지어 그들 서로에 대한 신뢰마저 산산조각이 났다. 저학력자들은 최근 정치권을 강타한 반항의 핵심에 있었다. 그 결과로, 미국에서는 도널드 트럼프가 힐러리 클린턴을 무찔렀고, "유럽연합(EU) 탈퇴"냐 "잔류"냐를 결정하는 영국의 국민투표에서는 탈퇴파가 잔류파를 무찔렀다. 프랑스에서는 마린 르펜과 장뤼크 멜랑숑의 반항적 정당들이 40퍼센트를 웃도는 득표율을 거머쥐었다 (그 결과 집권당이었던 사회당의 득표율은 10퍼센트 밑으로 추락했다). 독일에서는 연립 정부의 집권당인 기독교민주 동맹과 사회민주당의 득표율이 너무 심하게 떨어져서 극우 정당 "독일을 위한 대안(AfD)"이 연방 의회에서 명실상부한 제1야당으로 약진했다. 교육의 분단에 지리적 분단도 가세했다. 런던은 압도적으로 EU 잔류에 투표했고, 뉴욕은 압도적으로 클린턴에게 투표했다. 파리는 르펜과 멜랑숑에게서 등을 돌렸고, 프랑크푸르트는 AfD으로부터 등을 돌렸다. 이에 항거하는 대대적인 반대표는 지방에서 나왔다. 이러한 반란의 표출이 연령층과 관련은 있었지만, 늙은이와 젊은이의 단순한 대립 구도는 아니었다. 자신의 숙련 기능이 무가치해져서 바닥으로 내몰린 중장년 노동자뿐만 아니라 황량한 노동 시장에 새로 진입하는 청년층도 극단으로 돌아섰다. 프랑스에서는 청년층이 새로운 유형의 극우파에 유난히 많이 투표했고, 영국과 미국의 청년층은 새로운 유형의 극좌 후보에 유난히 많이 투표했다.

자연은 공백을 대단히 싫어한다. 유권자들도 그렇다. 그동안에 일어난 현실과 실현 가능할 것이라고 바라는 희망 사이의 괴리가 깊어지니, 그 좌절감으로 출렁이는 힘이 이미 대기 중이던 두 부류의 정치인들에게 힘을 실어주었다. 대중의 인기에 영합하는 인물과 이데올로기를 옹호하는 인물이 그들이다. 가장 최근에 자본주의가 궤도에서 이탈했던 1930년대에도 똑같은 일이 일어났다. 당시 새로 출현하는 위태로운 상황이 올더스 헉슬리의 『멋진 신세계(*Brave New World*)』(1932)와 조지 오웰의 『1984』(1949)에 생생하게 묘사되었다. 그러나 그와 같은 재앙들은 1989년 냉전의 종식과 함께 모두 옛이야기가 되었다고 확신할 만한 전망이 열리는 것 같았다. 바야흐로 "역사의 종착역", 영구적인 유토피아에 도달했다는 것이었다. 그러나 그와는 정반대로 지금, 우리는 우리 자신에게 닥칠 것이 너무나 확실해 보이는 디스토피아를 앞에 두고 있다.

새로운 불안을 맞이하여 구래의 이데올로기들이 신속하게 답을 내놓았다. 그 답이란 우리를 다시 케케묵고 난폭한 좌우 대립으로 몰고 가는 것이었다. 이데올로기는 손쉽고 확실한 윤리에다가 모든 용도에 만능으로 써먹는 분석을 매혹적으로 결합해서 어떤 문제든 간에 확신에 찬 답을 제시한다. 19세기의 마르크스주의와 20세기의 파시즘, 17세기의 종교적 근본주의를 부활시킨 이데올로기들은 모두 사회를 유혹해서 비극으로 몰고 갔던 이력이 있다. 그 이데올로기들은 실패한 탓에 대부분의 옹호자들을 상실했고, 따라서 이데올로기의 옹호자로서 이번의 새로운 부활을 주도할 정치인은 드물었다. 남아 있던 사람들은 아주 작은 잔여 조직들에 속하여 폐쇄적인 유사 종교의 피해망상에 젖은, 과거의 실패를 현실로 직시하기에는 시야가 너무 가려진 사람들이었다. 공산주의의 붕괴를 코앞에 둔 10년 동안 마르크스주의의 잔류자들은 그들이 "자본주의의 끝자락"을 지나고 있다고 생각할 정도였다. 공산주의가 붕괴했다는 사실이 이제는 대중의 기억에서 충분히 희미해져서 그것의 부활을 뒷받침할 수 있을 정도가 되었다. 바로 그 주제의 책들이 새로운 물결을 이루며 출판되고 있다.[4]

매혹적인 위력을 갖춘 이데올로기 옹호자들에게 필적하는 다른 부류의 정치인들은 카리스마를 발휘하는 대중 영합주의자(포퓰리스트)들이다. 이런 정치인들은 이데올로기에 대해서는 초보적인 분석마저 회피하고, 옳은 소리로 들리는 해법으로 곧장 2분 안에 달려간다. 이들의 전략은 만화경 속처럼 신기한 오락거리를 동원해서 유권자들이 깊이 생각하지 못하도록 유인하는 것이다. 이러한 솜씨를 가진 지도자들이 또 하나의 아주 작은 집단에서 나오는데, 미디어계의 유명인들이 바로 그들이다.

이데올로기의 옹호자와 대중 영합주의자는 모두 새로운 균열이 초래하는 불안과 분노를 능숙하게 활용하지만, 그에 대처할 능력은 없다. 이러한 균열은 과거사의 반복이 아니라, 새로 나타난 복잡한 현상이기 때문이다. 반면에 이러한 정치인들에게는 열정적인 약장수의 "치유책"을 행동에 옮기면서 어마어마한 피해를 유발하는 능력이 있다. 지금 우리 사회에 일어나고 있는 해로운 과정들에 대처할 효과적인 해결책은 분명히 있지만, 이데올로기의 윤리적 열정이나 그저 시류를 타고 도약하는 대중 영합주의로는 해결책이 나오지 않는다. 해결책은 분석과 증거의 바탕 위에 구축되는 것이고, 따라서 실용주의의 차가운 머리가 필요하다. 이 책에서 제안하는 모든 정책은 실용주의에서 나오는 것이다.

그래도 열정이 필요한 자리는 있으며, 이 책은 열정으로 가득 차 있다. 나 자신이 지금까지 살아오면서 우리 사회를 갈라놓는 그 침울한 세 가지 균열을 모두 경험했다. 차가운 머리를 견지해오기는 했어도 균열의 상흔은 내 가슴을 아프도록 불태웠다.

나는 번창하는 대도시와 망가진 지방 도시를 갈라놓는 새로운 지리적 분단을 체험했다. 내 고향 셰필드는 망가진 도시의 본보기가 되었고, 그곳 철강 산업의 붕괴는 영화 「풀 몬티」에 생생하게 묘사되었다. 나는 이 비극을 경험했다. 이웃은 실업자가 되었고, 한 친척은 화장실의 미화원 일자리를 얻었다. 반면에 나는 대도시의 성공적인 삶에서 으뜸가는 곳인 옥스퍼드로 터전을 옮겼으며, 지금 내가 사는 동네는 영국을 통틀어 연간 소득 대비 집값의 비율이 가장 높은 지역이다.

그리고 나는 대단한 성공 가도를 달리는 가족과 빈곤의 수렁에서 해체되는 가족의 사이를 갈라놓는 숙련 기능과 의욕의 분단을 직접 경험했다. 열네 살 때, 사촌과 나는 서로 비슷비슷했다. 둘 다 교육의 혜택을 누리지 못한 부모의 자식으로 같은 날에 태어났고, 수재들이 다니는 학교에 다녔다. 그러나 내 사촌의 삶은 부친의 때이른 사망으로 궤도를 벗어났다. 부친이라는 권위적 인물을 상실한 탓에 그녀는 10대에 미혼모가 되었고, 그에 동반하는 결점과 굴욕이 그녀를 따라다녔다. 반면에 나의 삶은 고등학교를 졸업하면서 옥스퍼드의 장학생으로 변신하는 발판을 딛고 진보했다.* 그곳에서 몇 단계를 더 거쳐 옥스퍼드와 하버드, 파리에서 교수가 되었다. 이것도 자존감에 충분하지 않았는지, 나는 노동당 정부 시절에 대영제국 3급 훈장을 받았고, 보수당 정부 시절에는 기사 작위를 받은 데다가, 영국 학술원의 나의 동료들은 나에게 학술원장 표창을 수여했다. 이처럼 일단 격차가 생기자 갈수록 거리가 더 벌어지는 역학이 작동했다. 내 사촌의 딸들도 열일곱 살에 10대 미혼모가 되었다. 나의 아이는 열일곱 살에 영국에서 아주 우수한 학교로 손꼽히는 곳에서 장학생으로 공부하고 있다.

마지막 세 번째로, 나는 세계의 분단을 체험했다. 미국과 영국, 프랑스 세 나라에서 안락하게 생활하면서 그곳들의 기세등등한 번영을 보았고, 내가 일하는 곳인 아프리카에서는 절망적인 빈곤을 보았다. 아프리카인이 대부분인 나의 학생들은 졸업 후의 진로 선택에서 이 극명한 대조에 직면한다. 수단 출신의 한 제자는 영국에서 줄곧 일해 온 의사인데, 요즘 영국에 계속 머물지, 아니면 수단으로 돌아

---

* 나와 마찬가지로 유명한 영국의 극작가 앨런 베넷은 요크셔에서 교육 수준이 낮은 부모의 아들로 태어났다. 「히스토리 보이스(*History Boys*)」는 보잘것없는 출신에서 옥스퍼드로 진출하면서 사회 계층이 올라가는 나와 비슷한 자신의 이야기를 전한다. 그러나 그는 사람들이 좀더 알아주는 웨스트요크셔의 리즈 시에서 자랐다. 자신이 뛰어넘었던 사회적 격차를 강조하기 위해서 베넷은 극의 배경을 자신의 고향이 아니라 나의 고향으로 설정했다. 극의 서막은 주인공이 자신의 불우한 처지를 하나하나 더 큰 소리로 말하는 대목으로 끝난다. "나는 키도 작고, 동성애자야. 게다가 셰필드 출신이지!" 베넷은 셰필드 출신이 아니지만, 나는 그곳 출신이다. 더욱이 극에는 내가 다녔던 학교도 등장한다. 베넷보다는 내가 더 "히스토리 보이"에 가깝다.

가 총리 휘하의 공직에서 일할지 선택해야 하는 상황에 처했다. 그는 고국으로 돌아가기로 했다. 이런 경우는 예외적인 사례이다. 수단보다 런던에 수단 출신 의사가 더 많다.

이 고약한 세 균열은 단지 내가 연구하는 문제에 그치지 않고 내 삶의 목적의식을 정의하게 된 비극들이다. 그래서 이 책을 썼다. 나는 이 상황을 바꾸고 싶다.

승리에 이어 점차 부식해버린 사회민주주의

셰필드는 인기 없는 도시이지만, 바로 그 점이 그곳의 주민들을 단단히 결속시켰다. 한때는 그러한 결속이 강력한 정치적 세력을 형성했다. 영국 내의 북잉글랜드 도시들은 산업 혁명을 출발시킨 선구자였고, 그곳 사람들은 산업 혁명이 불러온 새로운 불안을 가장 먼저 겪었다. 셰필드 같은 곳의 지역 사회 공동체들은 그들이 자라난 장소에 대한 애착을 모두가 공유한다는 인식을 바탕으로 그러한 불안에 대처하는 협동조합을 설립했다. 그들이 애착을 활용하여 설립한 조직들은 서로에게 득이 되는 이익을 얻었다. 주택금융 협동조합은 사람들이 집을 장만하기 위한 저축을 할 수 있도록 길을 열어주었다. 요크셔 지방의 또다른 도시 핼리팩스는 영국 최대의 은행으로 성장한 협동조합을 탄생시켰다. 보험 협동조합은 사람들이 떠안는 위험을 줄여주었다. 영농 및 소매 협동조합은 농민과 소비자에게 대기업에 대항할 협상력을 갖춰주었다. 협동조합 운동은 시련을 겪으면서 출발한 북잉글랜드로부터 유럽의 많은 지역으로 빠르게 퍼져나갔다.

이러한 협동조합들이 서로 결속함으로써 중도 좌파인 사회민주주의 정당들의 토대가 되었다. 정당을 매개로 하여 지역 사회가 나라로 확장됨에 따라서 지역 사회 안에 머물던 호혜적 이익의 규모도 커졌다. 협동조합과 마찬가지로 새로운 정책 의제는 실용적이었고, 평범한 가족의 삶을 위협하는 불안에서 출발했다. 전후 시대에 이러한 사회민주당들의 다수가 전 유럽에 걸쳐 권력을 장악했고, 그 힘을 활용하여 그러한 불안에 효과적으로 대처하는 실용적인 정책들을 구현해나갔다. 의료 서비스, 연금, 교육, 실업 보험이 입법을 거쳐 삶을 바꿔나가는 과정이 계속 이어졌다. 이러한 정책들의 값진 효과가 드러나서 정치 스펙트럼의 중앙에 포진하는 정당들이 이 정책들을 두루 수용했다. 중도 좌파와 중도 우파가 주거니 받거니 하면서 정권이 교체되었지만, 정책은 그대로 유지되었다.

그러나 정치 세력으로서의 사회민주주의는 지금 실존적 위기에 처해 있다. 지난 10년은 재앙의 연속이었다. 중도 좌파 쪽을 보자면, 버니 샌더스에게 상처를 입은 힐러리 클린턴이 도널드 트럼프에게 패했다. 토니 블레어와 고든 브라운이 이끌던 영국 노동당은 마르크스주의자들에게 당권을 장악당했다. 프랑스에서는 올랑드 대통령이 연임 가능한 두 번째 임기의 대선 출마를 포기했고, 그를 대신한 사회당의 대선 후보 브누아 아몽은 8퍼센트에 불과한 득표율로 완패했다. 독일, 이탈리아, 네덜란드, 노르웨이, 스페인의 사회민주당들 모두 득표율이 추락했다. 이런 사태는 보통 중도 우파의 정치인들에게 좋은 소식인데도 중도 우파는 영국과 미국에서 자기 정당의 주도권을 상실했고, 독일과 프랑스에서는 중도 우파의 유권자 지지 기반이 붕괴했다. 왜 이런 일이 일어났을까?

그 이유는 사회민주당의 좌파와 우파가 모두 지역 사회 공동체의 실용적 호혜성에 뿌리를 두는 그들의 근원에서 벗어났기 때문이고, 동시에 그 근원과는 동떨어진 채 영향력이 과도하게 커진 중산층 지식인 집단에 포획당했기 때문이다.

좌파 지식인들은 19세기의 철학자 제러미 벤담의 사상에 매혹되었다. 그의 철학인 공리주의는 옳고 그름을 판단하는 윤리적 기준을 우리의 직관적 가치에서 분리하여, 단 하나의 이성적 원리에서 도출했다. 그 원리란 임의의 행동이 윤리적인가를 판단하는 기준은 그 행동이 "최대 다수의 최대 행복"을 촉진하는가 촉진하지 않는가에 있다는 것이다. 사람들의 직관적 가치는 이 신성한 표준에 미달하므로, 사회에는 국가를 경영할 윤리적으로 탄탄한 테크노크라트(technocrat) 전위대가 필요하다. 이 전위대는 가부장적인 온정으로 사회를 돌보는 수호자들로, 플라톤의 『국가(Politeia)』에 등장하는 수호자가 새롭게 각색된 모습이었다. 벤담의 제자로 성장하여, 그와 함께 둘이서 공리주의를 구축한 지식인 존 스튜어트 밀은 여덟 살에 그리스어 원전으로 『국가』를 읽었다.

불행하게도 벤담과 밀은 모세나 예수, 무함마드에 버금가는 현대의 윤리적 거인이 아니었다. 두 사람은 기이한 양상의 비사회적인 인물들이었다. 오늘날 벤담은 자폐적이며 공동체 의식을 가질 능력이 없었다고 볼 만큼 이상했다. 밀은 정상적인 생활을 누릴 기회가 별로 없었다. 의도적으로 다른 어린이들과 격리된 채 생활한 그는 아마도 그 자신의 사회보다 고대 그리스를 더 친숙하게 느꼈을 것이다. 이러한 기원을 고려하면 그 추종자들의 윤리가 사회의 다른 사람들과 크게 동떨어진다는 것이 놀랄 일은 아니다.[5]

벤담의 기이한 가치관은 그것이 경제학으로 통합되지만 않았다면,

아무런 영향도 미치지 못했을 것이다. 곧 살펴보겠지만, 경제학은 공리주의 윤리를 기점으로 인간의 행동을 설명하는 논리를 할 수 있는 데까지 밀고나갔다. 경제적 인간은 완전히 이기적이고, 탐욕이 무한하며, 그 자신 외에는 아무도 배려하지 않는다. 이 인간형이 인간의 행동을 설명하는 경제 이론의 초석이 되었다. 그런데 경제학은 공공정책을 평가하기 위해서는 이 사이코패스 개개인의 행복(또는 후생), 즉 "효용"을 총합하는 척도가 필요했다. 공리주의가 이 산술적 처리의 지적인 토대가 되었다. 게다가 "최대 다수의 최대 행복"이라는 원리가 우연하게도 극대화라는 표준적인 수학 기법과 잘 맞아떨어졌다. 경제학은 "효용"이 소비에서 발생한다고 전제했고, 소비가 늘어날수록 그에 따라서 증가하는 효용의 증가분은 계속해서 점차 감소한다고 보았다. 따라서 사회 안의 소비 총량이 고정되어 있다고 보면, 효용의 극대화는 소비가 완벽하게 균등해지도록 소득을 재분배하는 단순한 일이 된다. 사회민주주의 성향의 경제학자들은 소비의 "파이"가 고정된 크기의 것은 아니라고 인정했다. 가령 세금을 매기면 노동의 의욕이 떨어져서 파이도 감소할 것이기 때문이다. 이 동기 유발의 문제를 다루기 위해서 "최적 과세"의 고급 이론과 "주인과 대리인 문제"가 개발되었다. 결국, 사회민주주의 공공정책의 가장 기본적인 본질은 일하려고 하는 동기 유발의 저해를 최대한 줄이면서 과세를 활용하여 소비를 재분배하는 방식을 갈수록 더 섬세하게 개발하는 일이 되었다.

그러나 얼마 지나지 않아, 지적 일관성의 기본적인 규칙만 준수하더라도 개별적인 "효용들"로부터 사회의 후생에 관한 진술을 도출하는 기계적인 방식은 존재하지 않는다는 것이 입증되었다. 경제학계는 이 이야기가 옳다고 고개를 끄덕였지만, 계속 그 방식을 이어갔다. 철학 학술계에서는 대다수가 부적합한 요소가 너무 많다고 보아서 공리주의를 포기했다. 경제학자들은 이를 못 본 체하고 무시했다. 그도 그럴 것이, 그즈음에 공리주의가 놀라울 만큼 편리하다는 것이 막 드러나고 있었다. 공평하게 말하자면, 사실 공리주의는 다수의 공공정책 현안에서 적당할 정도로만 괜찮을 뿐이다. 공리주의에 과연 적당하지 못한 치명적인 결함이 있는가는 정책에 따라서 달라지는 문제이다. 가령 "여기에 도로를 건설하는 것이 옳은가?"와 같은 소소한 문제에서는 동원할 수 있는 기법들 가운데 공리주의가 최선일 때도 있다. 그러나 더 커다란 문제들에서는 공리주의가 형편없이 부적합할 때가 많다.

공리주의적 계산으로 무장한 경제학은 아주 빠르게 공공정책 분야로 파고들었다. 플라톤은 그가 말한 수호자들을 철학자로 상정했지만, 현실에서 그들은 대개 경제학자들이었다. 사람들을 사이코패스로 간주하는 경제학자들의 전제가, 그들 자신이 우월한 윤리성을 갖춘 전위대라고 그들 스스로 부여하는 권위를 정당화했다. 그리고 국가의 목적이 효용의 극대화라고 간주하는 전제가, 누구든 가장 절실하게 "필요한" 사람들에게 소비를 재분배하는 것을 정당화했다. 이러한 정당화에 동반하여 사회민주주의 정책들은 모든 시민이 호혜적으로 이행하는 의무를 건설하는 일과는 다른 것으로 변했다. 이러한 변화들은 무심코 일어났고 대개 알아채기 어려운 방식으로 진행되었다.

이것들이 어우러져서 대단히 해로운 결과를 초래했다. 모든 윤리적 의무가 붕 떠서 국가로 넘어갔고, 책임과 권한은 윤리적 신뢰성을 갖춘 전위대가 행사했다. 시민의 역할은 이제 책임과 권한이 부여된 윤리적 행위자가 아니라 소비자로 축소되었다. 사회 계획자와 그의 천사들, 공리주의 전위대가 가장 현명하니 시민들은 그들의 결정을 따라야 한다. 공동체를 지향하는 방식이 사회적 가부장을 따르는 방식으로 바뀐 것이다.

이 자신만만한 가부장주의를 잘 보여주는 대표적인 사례는 전후의 도시정책이었다. 자동차가 늘어나니 고가도로가 필요했고, 인구가 늘어나니 주거가 필요했다. 이에 대응하고자 길거리와 동네를 불도저로 몽땅 밀어버리고, 모더니즘에 따라서 설계한 고가도로와 고층 건물로 바꿔버렸다. 그러나 그에 대한 격한 반발이 일어났고, 공리주의 전위대는 당혹스러워졌다. 지역 사회를 불도저로 밀어버리더라도 중요한 문제가 오직 가난한 개인들의 물질적 주거 수준을 높이는 것이었다면 이해할 만한 일이었다. 그러나 그것은 사람들의 삶에 의미를 부여하는 지역 사회 공동체를 위태롭게 만들었다.

사회심리학의 최근 연구 덕분에 우리는 이러한 반발에 대해서 더 깊이 이해할 수 있게 되었다. 조너선 하이트는 탁월한 저서에서 세계 곳곳의 가치관으로 자리 잡은 근본 가치들을 측정했다. 그는 우리들 거의 모두가 그중에서 여섯 가지 가치를 소중히 여긴다는 점을 발견한다. 그것들은 의리, 공정, 자유, 위계, 배려, 존엄이다.[6]* 협동조합 운동으로 구축된 호혜적 의무는 의리와 공정의 가치관에서 도

---

* 이 여섯 가지 가치 중에서 의리는 배신과 대조되고, 공정은 부정 행위와, 자유는 억압과 대조된다. 위계는 전복이나 혼란과 대조되는데, 위계의 의미는 권위와 밀접한 듯하다. 그리고 배려는 위해와, 존엄은 수모와 대조된다. 다음 자료를 참조. Jonathan Haidt, "Of Freedom and Fairness," *Democracy: A Journal of Ideas*, Spring 2013, No. 28.

출되었다. 지역 사회를 불도저로 밀어버리는 행동에서 드러나는 공리주의 전위대의 가부장적인 태도는 의리와 공정의 가치뿐 아니라 자유도 침해했다. 반면에 최근 신경과학의 연구 기법을 갖춘 사회심리학 연구에서는 계획자들이 애호하는 모더니즘 디자인이 일반인들의 평범한 미적 가치를 침해함으로써 후생을 떨어뜨렸다는 점이 밝혀졌다. 그 전위대는 자신들이 하는 일의 윤리적 허점을 왜 보지 못했을까? 하이트는 이에 대해서도 답을 제시한다. 그들의 가치관은 일반인들의 전형적인 가치관과 동떨어져 있다는 것이다. 대다수의 사람들이 견지하는 여섯 가지 가치 대신, 전위대는 그들의 가치관을 배려와 평등, 딱 두 가지 가치로 오그라뜨렸다. 전위대는 가치관 측면에서도 일반적인 전형과 동떨어졌지만, 그들이 가진 특징에서도 일반과는 거리가 멀었다. "서구적이고(Western)", "교육 수준이 높고(Educated)", "산업을 선호하고(Industrial)", "부유하고(Rich)", "선진적인(Developed)" 것이 그들의 특징인데, 그 머리글자들을 따면 "W.E.I.R.D.", 영어 어휘로 "이상하다(weird)"가 된다. 배려와 평등이 공리주의의 가치라니, 참으로 이상한 창시자들의 이상한(동시에 WEIRD한!) 후예들이다. 교육이 최선의 효과를 거두면 우리의 공감력이 확장되어 남들의 처지를 이해할 수 있게 된다.* 그러나 실제로 교육은 그와 정반대로 작용할 때가 많아서, 성공한 사람들을 평범한 지역 사회의 걱정거리에서 멀어지게 한다. 능력주의에 따른 자신만

---

* 스티븐 핑커는 19세기 중엽 대중의 읽고 쓰기 능력이 널리 확산된 것이 어떻게 소설을 읽는 일반 독자들의 시장을 창출했는지를 기발하게 설명했다(Pinker[2001]). 사람들은 소설을 읽으면서 다른 사람의 관점에서 어떤 상황을 바라보는 법을 배웠다. 공감력을 훈련하는 교육이었던 셈이다. 핑커는 그 결과로 전에는 대중적인 구경거리였던 공개 교수형이 사라졌다고 설명한다.

만한 우월감으로 무장한 전위대는 손쉽게 그들 자신을 다른 사람들의 가치를 깔아뭉갤 수 있는 플라톤식 수호자의 현대판으로 생각했다. 나의 짐작으로는 하이트가 조금 더 파고들었더라면, 현란하게 위계를 배격했던 WEIRD한 전위대가 뜻하는 위계는 과거로부터 물려받은 위계였음을 포착했을지도 모른다. 그들은 새로운 위계를 당연시했고, 새로운 능력주의의 지배층이 되었다.

1970년대를 지나는 동안 그러한 가부장주의에 반발하는 세가 강해졌다. 그러한 반발에는 잠재적으로 의리와 공정에 대한 경멸을 공격하고 공동체 의식을 되살릴 가능성이 있었다. 그러나 반발의 지휘부는 자유에 대한 경멸을 공격했고, 국가의 침해로부터 개인을 보호하기 위해서 그들의 **자연권**을 되찾아와야 한다고 주장했다. 벤담은 자연권이라는 개념을 "과장된 헛소리"라고 배격했는데, 나는 이 점에서는 그가 옳았다고 본다. 그러나 선거전을 힘겹게 치르던 정치인들은 새로운 권리를 내거는 것이 편리한 방책이라고 생각했다. 단순히 돈을 더 쓰겠다는 약속보다는 권리가 원칙에 더 충실한 것처럼 들렸다. 더욱이 구체적인 약속은 비용과 세금 면에서 질문 공세를 받을 수 있지만, 권리는 그것에 상응해야 할 의무를 별개의 것인 양 시야에서 가려버렸다. 협동조합 운동은 권리를 의무와 확고하게 결합했지만, 공리주의자들은 권리와 의무를 둘 다 개인에게서 떼어내서 국가로 넘겼다. 그리고 나서 자유 지상주의자들은 개인에게 권리는 복원해주었지만, 의무는 복원하지 않았다.

개인의 권리를 주장하는 추동력이 새로운 정치 운동과 연합했는데, 이 정치 운동도 권리를 요구했다. 그것은 불리한 처지에 놓인 **사회적 약자 집단**들의 권리였다. 아프리카계 미국인들이 앞장섰던 이 정치 운동을 페미니즘 활동가들이 모방했다. 그들 또한 자신들의 철학자, 존 롤스를 발견했다. 롤스는 자연권을 비판한 벤담을 다른 차원의 포괄적인 이성의 원리를 동원하여 공격했다. 그 원리는, 한 사회의 윤리는 가장 불리한 처지에 놓인 집단들을 배려하도록 법률이 고안되었는가 아닌가에 따라서 판단되어야 한다는 것이다. 새로 등장한 이 정치 운동들의 본질적인 목적은 사회가 그러한 집단들을 다른 사람들과 동등한 선상에서 포용하도록 하는 것이었다. 그리고 아프리카계 미국인과 여성은 아주 심대한 사회 변화를 주장하는 압도적인 논거를 가지고 있었다. 앞으로 살펴보겠지만, 사회적 패턴은 아주 완고하고 끈질길 때가 많아서 동등한 포용은 차별에 대항하는 과도기적인 투쟁 국면을 어쩔 수 없이 겪어야 한다. 그로부터 반세기가 흘렀지만, 우리는 아직도 그 과도기에 있다. 그러나 그러한 과정에서 포용을 위한 운동으로 시작된 것들이 부지불식간에 적대성을 부추기는 집단 정체성들로 굳어졌다. 적으로 지목하는 집단을 상정함으로써 투쟁이 활력을 얻기 때문이다.* 권리를 주장하는 언어가 빠르게 퍼져나가면서 세 가지 권리가 등장했다. 하나는 가부장적인 국가에 맞서는 개인의 권리이다. 또 하나는 유권자의 권리인데, 정치인들은 각종 권리를 누릴 자격을 수급권의 형태로 입법하여 주기적으로 유권자들에게 뿌렸다. 나머지 하나는 특권적 대우를 받으려는 새로운 피해자 집단의 권리였다. 이 세 가지 권리에는 서로 공통점이 거의 없지만, 그것들 모두 공동체 구성원들을 폭넓게 포용하여 권리와 의무를 결합하는 것을 혐오했다는 점은 같다. 이 포용적인

---

* 이것은 파시즘과 마르크스주의의 공통된 정치 전략이기도 하다.

권리와 의무의 결합은 사회민주주의가 공동체적인 뿌리를 견지하던 시절에 성취한 것이다.

공리주의적 명분을 고무한 사람들은 경제학자들이었고, 권리의 명분을 고무한 사람들은 법률가들이었다. 이 두 전위대가 서로 동의하는 문제에서는 그들이 함께 전개하는 로비가 대단히 강력해졌다. 반면 그들이 서로 충돌하는 문제도 있었는데, 롤스와 그의 추종자들은 소수의 불리한 집단들에게 힘을 실어주는 일부 권리가 나머지 모든 사람의 후생을 떨어뜨리고, 따라서 공리주의 기준을 위배하더라도 좋다고 판단한 것이다. 경제 테크노크라트와 법률가가 서로 대항하는 싸움에서 힘의 균형추는 처음에 경제학자들에게로 쏠리는 듯했다. "최대 다수에게 최대 행복"을 선사한다는 약속은 득표를 추구하는 정치인들에게 매력적이었다. 그러나 점차 힘의 균형추는 법정판결의 핵무기를 휘두르는 법률가들에게로 넘어갔다.

공리주의와 롤스주의, 이 두 이데올로기는 갈수록 거리가 더 멀어졌지만, 둘 다 협동조합 운동을 이끌었던 사상을 받아들일 여지는 별로 없었다. 공리주의, 롤스주의, 자유 지상주의는 모두 개인을 강조했지, 공동체를 중시하지 않았다. 그리고 공리주의 경제학자들과 롤스주의 법률가들은 모두 집단 간의 차이점을 강조했다. 전자는 소득을 기준으로, 후자는 불리한 처지를 기준으로 차이점을 부각했다. 두 이데올로기는 모두 사회민주주의 정책에 영향을 미쳤다. 공리주의 경제학자들은 필요를 기준으로 재분배의 지침을 정해야 한다고 주장했다. 그런데 차츰 수급권을 누릴 권리와 재정적 기여의 책임이 단절되는 식으로 복지 급여가 재설계되었고, 인간의 정상적인 가치인 공정성이 무시되었다. 그 결과 기여금을 내지 않은 사람들이 그것을 낸 사람들보다 특권을 누렸다. 한편 롤스주의 법률가들은 불리한 처지 그 자체를 기준으로 보상(또는 시정)의 지침을 정해야 한다고 주장했다. 일례로 난민의 권리는 2018년 독일에서 연립 정부를 구성하는 협상에서 사회민주주의자들이 가장 우선시하는 사안이 되었다. 사회민주당 당수인 마르틴 슐츠는 "독일은 국내 분위기와는 상관없이 국제법을 따라야 한다"고 고집했다.[7] 이 "국내 분위기와는 상관없이"라는 말은 윤리를 앞세우는 전위대의 고전적인 표현이다. 벤담과 롤스 모두 슐츠에게 환호를 보냈겠지만, 슐츠는 한 달이 채 지나기 전에 대중적인 항명으로 당 대표에서 물러났다. 두 이데올로기 모두 정상적인 윤리적 본능인 호혜와 응분(이를테면, 공정한 상벌)을 무시한 채, (서로 다르기는 해도) 가장 현명한 전위대가 강요하는 단 하나의 이성적 원리를 치켜세운다. 반면에 협동조합 운동은 그러한 정상적인 윤리적 본능에 뿌리를 두고 있었다. 이것의 철학적 전통은 데이비드 흄과 애덤 스미스로 거슬러올라간다. 사실, 조너선 하이트는 이 근원을 명시적으로 언급하면서 자신의 저술을 "데이비드 흄의 프로젝트를 다시 시작하는 첫걸음"이라고 표현했다.

좌파 지식인들이 공동체에 뿌리를 두는 실용적인 사회민주주의를 포기하고 공리주의와 롤스주의 이데올로기로 달려가고 있을 때, 중도 우파 정당들은 육중한 담론에서 벗어나 과거의 향수 속에 경직되거나, 아니면 좌파와 마찬가지로 방향을 잘못 잡은 지식인 집단에 포획당했다. 대륙 쪽 유럽의 기독교 민주주의자들을 대표하는 실비오 베를루스코니, 자크 시라크, 앙겔라 메르켈은 대체로 향수의 길로 들어섰다. 영어권 나라들의 보수당과 공화당 계열 정당들은 이데올로기를 선택했다. 롤스의 철학에 대항하여 로버트 노직의 철학이 공격에 나섰다. 노직은 개인에게 집단의 이해에 우선하는 자유의 권리가 있다고 주장했다. 이러한 그의 생각은 당연히 노벨상 수상자 밀턴 프리드먼이 주도한 새로운 경제 분석과 합세했다. 오직 경쟁 이외에 아무런 제약 없이 자기 잇속을 추구할 자유는 공적인 규제와 경제 계획으로 성취할 수 있는 것보다 월등한 결실을 산출한다는 것이 프리드먼의 분석이다. 또한 노직의 사상은 로널드 레이건과 마거릿 대처의 정책 혁명을 뒷받침하는 지적 토대를 형성했다. 좌파와 우파의 새 이데올로기들은 서로 정면 대치하는 양상으로 등장했지만, 개인에 강조점을 두고 능력주의를 애호한다는 공통점이 있었다. 그 둘의 대결은 윤리성의 능력주의를 표방하는 좌파 엘리트와 생산성의 능력주의를 표방하는 우파 엘리트의 경쟁이었다. 좌파 쪽 슈퍼스타들은 아주 좋은 사람들이 되었고, 우파 쪽 슈퍼스타들은 아주 부자가 되었다.•

자, 그러면 사회민주주의에서 도대체 무엇이 잘못되었기에 좌파와 우파가 모두 그것을 포기했을까? 1950-1960년대 사회민주주의의 전성기에는 그다지 크게 잘못된 것이 없었다. 그러나 짚고 넘어가야 할 것은, 사회민주주의가 공공정책을 좌우하는 지적인 전장에서 지배적인 세력이었다고 해도 그것은 어디까지나 그 시대의 산물이었다는 점이다. 모든 이데올로기의 전형적인 특징은 보편적 진실의 핵심을 담아냈다고 주장하는 것인데, 이와 전혀 딴판으로 사회민주주의는 독특한 상황을 바탕으로 구축되었고, 그 상황의 조건에 의

• 아울러, 아주 좋은 사람이면서 동시에 아주 부자이기도 한 이례적인 개인들은 나의 오래 전 친구인 조지 소로스처럼 슈퍼 악당이 되었고 좌우파 양쪽에서 신뢰를 잃었다.

지할 때에만 유효했다. 상황이 변하고 나자, 자신의 보편성을 주장하는 사회민주주의의 허세는 산산조각이 났다. 미국과 영국이 역사상 가장 대등한 시절이었던 1970년대 말에 사회민주주의의 조건들은 이미 무너지고 있었다. 질풍노도의 기세로 레이건과 대처를 권좌에 올려놓는 대중의 항거가 이미 착착 진행되고 있었다. 사회민주주의가 1945년부터 1970년대까지 잘 돌아갔던 이유는 제2차 세계대전을 치르면서 눈에 보이지도 않고 수량화도 불가능한 거대한 자산이 축적되었으며, 그것이 사회민주주의를 먹여 살렸기 때문이다. 그 자산은 온 국민이 노력하여 나라의 지상과제에 성공하면서 생겨난, 모두가 공유하는 정체성이었다. 이 자산이 차츰 침식됨에 따라서 가부장적인 국가가 휘두르는 힘은 시간이 갈수록 사람들의 분노를 불렀다.

　사회민주주의의 사회적 기반이 점차 무너지면서 그것의 지적인 기반도 무너졌다. 플라톤의 전지적 수호자 격인 사회 계획자는 새로운 공공선택 이론이 부상하면서 조롱거리가 되어 망각 속으로 사라졌다. 공공선택 이론은 공공정책이 사심 없는 성인들에 의해서 수행될 때는 거의 없으며, 관료들 자신도 포함되는 서로 다른 이해 집단들이 행사하는 압력의 균형을 통해서 수행됨을 인정했다. 사회 계획자가 사심이 없다고 신뢰할 수 있을 때는 오직 그들의 결정에 관여하는 사람들이 나라 차원의 이해를 돌보는 열정으로—전쟁을 치른 세대가 그랬듯이—가득 차 있을 때뿐일 것이다. 철학계 내에서는 공리주의의 옹호자들이 여전히 군데군데 조금씩 있었지만, 그들의 기를 꺾어놓는 비판이 계속 누적되었다.[8] 그러한 비판은 하이트처럼 공리주의의 가치가 보편적인 진실과 동떨어져 있음을 밝히는 사회 심리학자들의 비판으로 더욱 보강되었다. 인류의 압도적 다수는 공리주의적 경제학에서 묘사하는 이기적인 멍청이가 아니며, 배려뿐 아니라 공정과 의리, 자유, 존엄, 위계를 중시하는 사람들이다. 그들은 사회민주주의 전위대보다 더 이기적이지 않다. 그보다는 더 원만한 균형을 갖추고 있다.

우파가 새로 동원한 자유 지상주의는 생각 외로 큰 피해를 유발한 데다가 효율까지 떨어뜨렸음이 입증되었다. 그 덕분에 좌파가 다시 권좌로 복귀했지만, 그들은 공동체주의로 돌아가지 않았다. 그 대신, 이제는 새로운 이데올로기 옹호자들이 좌파를 통제했다. 좌파의 새 전위대는 예전 공동체주의자들의 자리를 차지했음에도 불구하고 필시 그 사실을 알아채지 못했을 것이다. 그러나 평범한 가정들은 알아챘다. 무엇보다 전위대가 선호하는 정책 중의 일부가 지역 사회 공동체들과 단절된 채 피해를 초래했고 호응도 얻지 못했기 때문이다. 그들은 번창하는 대도시에 자리를 잡고 그곳에서 국가를 경영했으며, 그들이 가장 절박한 처지의 집단이라고 판단한 이른바 "피해자들"을 지원할 표적으로 정했다. 새로운 불안은 그러한 "피해자"의 자격 요건에 미달하는—그럼에도 더 인기를 누리는 피해자 집단보다 실은 상대적으로도 절대적으로도 처지가 더 악화되고 있던—사람들을 타격하고 있었다. "피해자"라는 지위에 따라다니는 부수적인 특권은 그 집단에 속한 사람들에게는 그들이 처한 상황에 대해서 어떤 식으로든 책임을 물을 수 없다는 것이었다. 피해자 자격 요건의 일부와 맞아떨어질 때에도 노동 계급에게 주어지는 권리라는 것은 얼마간의 추가적인 소비뿐이었다. 이것이 공리주의적 재분배의 핵심이었다. 소속감이며 응분과 존엄, 그리고 의무 이행에서 생기는 존중과 같은 개념은 너무나 생경해서 전문적인 담론에서도 전혀 등장하지 않았다. 그러나 대개 피해자의 지위는 백인 노동 계급에게 주어지지 않았다. 이에 관하여 더할 나위 없이 WEIRD한 『내셔널 리뷰(*National Review*)』에는 기대 수명이 줄어드는 현상을 논평한 대목이 있다. "그들은 **마땅히** 죽을 만하다."[9] 피해자들은 명백히 모두 평등하지만, 다른 사람들보다 더 평등한 사람들이 존재한다.

우리는 비극 속에서 살고 있다. 나의 세대는 공동체 지향의 사회민주주의를 끌고 갈 엔진으로서 장착된 자본주의가 승승장구하는 성취를 경험했다. 새로운 전위대는 사회민주주의를 찬탈하여 그들 자신의 윤리와 그들이 내세우는 우선 사항들을 들여왔다. 새로운 경제적 요인들의 파괴적인 부작용이 우리 사회를 강타하는 동안, 이 새로운 윤리의 부적합성이 험악하게 드러났다. 새로운 이데올로기들이 개입하기 전의 자본주의가 거둔 성공이 분명한 것만큼이나 새 이데올로기들로 운영되는 현행 자본주의의 실패도 분명하다. 이제 무엇이 잘못되었는가에서 잘못을 어떻게 바로잡을 수 있는가를 이야기하자.

잘못된 것을 바로잡자

우리 정치인들의 이야기와 신문, 잡지는 물론 서점에도 산뜻하게 들리는 제안들이 넘쳐난다. 이를테면 노동자 재훈련을 해야 한다든가, 고전하고 있는 가족을 지원해야 한다든가, 부자가 내는 세율을 높여야 한다는 이야기들이다. 그러한 제안들 중에서 다수가 취지상으로는 옳지만, 새로운 불안의 한 측면에만 주목할 뿐 그동안 우리 사회에서 일어난 사태에 대응하려는 일관된 체계가 없다. 우선 그러한 제안들은 효과를 입증하는 증거를 보강하여 실행 가능한 전략들로 수립될 때가 거의 없다. 게다가 제안의 정당성을 뒷받침할 윤리적인 준거를 (이데올로기 옹호자들의 제안을 빼면) 명시적으로 제시하지도 않는다. 나는 좀더 나은 대책을 발견하고자 노력해왔다. 무엇이 잘못되었는가에 대한 일관된 비판을, 우리 사회를 갈가리 찢어놓은 세 가지 분단을 치유할 실용적인 방안과 결합하려고 노력했다.

사회민주주의는 지적인 틀을 새롭게 잡아야 한다. 정치 스펙트럼의 중앙을 두텁게 포괄하여 중도 좌파와 중도 우파가 모두 수용하는 철학이 될 수 있는 무엇인가를 재구축해야 하고, 사회민주주의를 실존적 위기로부터 그러한 철학으로 다시 돌려놓아야 한다. 이처럼 거창하게 들리는 프로젝트는 60여 년 전에 굉장히 영향력이 컸던 책에서 떠오른 것이다. 당시, 그 한 권의 책이 정확히 그런 일을 했다. 앤서니 크로슬랜드의『사회주의의 미래(*The Future of Socialism*)』는 전성기의 사회민주주의에 논리정연한 지적인 체계를 갖춰주었다. 그 책은 자본주의가 대중의 번영에 장애물이기는커녕 그것을 달성하는 데에 긴요하다는 인식을 바탕으로 마르크스주의 이데올로기와 결정적으로 결별했다. 자본주의는 규모와 전문화를 통해서 사람들의 잠재적 생산성을 실현해주는 조직인 기업을 번식시키고 규율한다. 마르크스는 이것이 소외를 초래할 것이라고 보았다. 커다란 기업에서 자본가를 위해서 일하면 노동의 즐거움은 어쩔 수 없이 사라지고, 전문화로 인해서 "사람들은 전체를 나눈 작은 조각들의 사슬에 속박된다"는 것이다. 그러나 야릇하게도 소외의 결과가 가장 충격적으로 드러난 것은 산업사회주의에서였고, "그들은 우리에게 돈을 주는 척하고, 우리는 일을 하는 척한다"라는 말이 그

문화를 한마디로 집약했다. 소외는 사회가 번영하기 위해서 반드시 지불해야 하는 대가가 아니며, 자본주의를 수용하는 것은 악마와의 거래가 아니다. 다수의 훌륭한 현대 기업은 노동자들에게 목적의식을 부여하며, 그것을 실현하기 위한 책임과 권한의 자율성을 충분히 부여한다. 그러한 기업의 노동자들은 단지 그들이 버는 돈뿐 아니라 그들이 하는 일에서도 만족을 얻는다. 반면 그렇지 못한 기업들도 많고, 많은 사람들이 비생산적이고 의욕을 저해하는 일자리에 붙들려 있다. 자본주의가 모든 사람을 위해서 잘 작동하려면, 생산성을 달성할 뿐만 아니라 의미를 부여하도록 자본주의를 관리할 필요가 있다. 이것은 해결해야 할 과제이다. 자본주의는 무찔러야 할 적이 아니라 관리해야 할 대상이다.

크로슬랜드는 실용주의자였다. 그는 임의의 정책에 대해서 그것이 어떤 이데올로기의 신조에 부합하느냐가 아니라, 과연 그것이 효력을 발휘하느냐를 기준으로 판단해야 한다고 보았다. 실용주의 철학의 핵심 주장 중의 하나는 사회는 변하기 때문에 영원한 진실을 기대해서는 안 된다는 것이다. 『사회주의의 미래』는 미래를 위한 경전이 아니라, 그 시대에 적합한 전략이었다. 그 책은 전위대의 거만한 가부장주의를 미심쩍게 여기는 건강함을 가지고 있었지만, 후생 (행복)에 대해서는 개인 소비의 균등화에 중점을 두었으니 그들 못지 않게 환원주의적이었다. 이 책 『자본주의의 미래』는 『사회주의의 미래』의 재판이 아니다. 이 책은 우리 시대의 새로운 불안에 대처하는 해결책들의 일관된 꾸러미를 제시하려는 시도이다.

학술계는 갈수록 더 많은 칸막이들로 나뉘는 전문성의 격납고처럼 변했다. 덕분에 지식은 더 깊어지지만, 이 책에서 다루는 과제는 그러한 격납고들 여럿을 포괄하는 일이다. 이 책이 가능했던 이유는 오직 내가 이례적으로 넓은 영역에 걸쳐 세계적으로 저명한 전문가들과 협업을 하면서 배웠기 때문이다. 새로운 사회적 괴리를 증폭시키는 동인의 일부는 사회적 정체성의 변화이다. 조지 애컬로프에게서 나는 집단을 이룬 사람들이 어떻게 행동하는가를 다루는 심리경제학을 배웠다. 새로운 사회적 괴리의 증폭은 잘못된 길로 들어선 세계화 때문이기도 하다. 앤서니 베너블스에게서는 대도시 집적화의 새로운 경제 동학과 지방 도시들이 급속히 푹 꺼지면서 무너지는 이유를 배웠다. 그것은 또한 기업의 행동이 나빠지기 때문이기도 하다. 콜린 메이어로부터는 기업이 목적을 상실하는 이 사태에 관해서 무엇을 할 수 있는지 배웠다. 가장 근본적으로, 새로운 사회적 괴리의 증폭은 공공정책이 공리주의에 장악당했기 때문이다. 티머시 베슬리에게서는 윤리 이론과 정치경제학의 새로운 융합을 배웠고, 크리스토퍼 후크웨이에게서는 실용주의의 철학적 기원을 배웠다.

이들 지적 거인들의 통찰을 통합하여 실용적인 해결책의 기초로 삼고자 노력하기는 했지만, 내가 제시하는 결과에 책임을 져야 할 사람은 그들 중 아무도 없다.[10] 비판자들은 문제 제기의 소지가 있는지를 찾으면서 책을 읽어갈 것이고 틀림없이 문젯거리를 찾아낼 것이다. 그러나 이 책은 우리 사회에 심각한 문제를 초래한 새로운 불안을 학술적으로 분석하는 새로운 조류를 적용하려는 진지한 시도이다. 나는 『사회주의의 미래』가 그러했던 것처럼 이 책이 사면초가에 처한 정치 스펙트럼의 중앙을 재건할 수 있는 기초가 될 수 있기를 바란다.

자본주의 사회는 번영을 달성해야 할 뿐만 아니라 윤리적이어야 한다. 다음 장에서 나는 인간성을 탐욕과 이기심으로 가득 찬 경제적 인간으로 묘사하는 사고방식을 문제 삼는다. 수치스러운 일이지만, 경제학을 배운 학생들이 실제로 그러한 행동을 따르기 시작한다는 것이 이제는 부인할 수 없는 확고한 증거로 나와 있다. 그러나 그러한 행동은 정상을 벗어난 일탈이다. 대다수의 사람들이 바라보는 인간관계는 우리의 삶에 근본적이며, 이러한 관계는 의무를 동반한다. 무엇보다 결정적인 것은, 사람들은 서로에 대하여 호혜적인 책임을 떠안는다는 사실이다. 이것이 공동체의 진수이다. 이기심과 호혜적 의무 사이에서, 즉 개인주의와 공동체 사이에서 벌어지는 싸움은 우리의 삶을 지배하는 세 가지 무대이자 경기장에서 펼쳐진다. 바로 국가, 기업, 가족이다. 지난 수십 년 동안 이 세 경기장 각각에서 개인은 기세등등해졌지만, 공동체는 후퇴했다. 세 경기장 각각에 대하여 나는 힘의 평형을 되찾는 정책들을 통해서 어떻게 공동체 윤리를 회복하고, 나아가 그것을 증진할 수 있을지를 제안한다.

이러한 실용적인 공동체 윤리의 바탕 위에서 나는 우리 사회를 갈가리 찢어놓는 괴리의 심화를 거론한다. 번창하는 대도시와 망가진 지방 도시를 갈라놓는 새로운 지리적 분단을 완화할 방도는 있지만, 그러려면 파격적이고 새로운 사고가 필요하다. 대도시는 사회에 귀속되어야 할 거액의 경제적 지대를 창출한다. 이것을 사회에 귀속시키려면 과세를 대대적으로 재설계해야 한다. 망가진 도시들을 재생하는 일은 가능하지만, 성과는 부진하다. 시장도, 공적인 개입도 별 효과를 보지 못했다. 효과를 보려면 일군의 혁신적인 정책들이 조율되어야 하고 꾸준하게 시행되어야 한다.

성공 가도를 달리는 고학력자들과 교육 수준이 그에 미치지 못하는 절망하는 사람들을 갈라놓는 새로운 계급 분단의 경우에도 그 격차를 좁힐 수 있다. 그러나 어떤 정책이든 단 하나의 정책으로는 절망을 바꿀 수 없다. 소비에 집착하는 공리주의적 접근법과는 달리, 문제의 본질은 너무 깊은 곳에 파고들어 있기 때문에 복지 급여를 올려서 소비를 늘리는 것으로는 해결될 수 없다. 망가진 도시들에 대처하는 일보다 훨씬 더 광범위한 정책이 갖추어져야 개인뿐만 아니라 그들의 관계 형성을 포괄하는 삶의 기회를 바꿀 수 있다. 정책을 통한 사회적 개입의 목적은 어려운 상황에 짓눌리는 가족을 지탱하는 것이지, 정책이 부모의 역할을 대신하는 것이 아니다. 절망을 부채질하는 문제는 고학력에 뛰어난 실력을 갖춘 사람들의 자기 과시 전략 때문에 더욱 심각해진 면도 있다. 가장 피해가 큰 요인을 억제할 수 있는 여지가 어느 정도는 있다. 그러나 이 경우에도 소비가 과도하다거나 그래서 세금을 매겨서 소비를 줄여야 한다는 차원의 문제만은 아니다.

세계의 분단에 관해서 말하자면, 자신만만한 가부장적 전위대가 국경이 사라진 미래에 현혹된 채 세계화의 문제를 줄곧 우습게 여겼다. 그러나 따로따로 보면 모두 세계적인 기회에 합리적으로 대응하는 민간의 행동이 꼭 사회적으로 이롭지는 않다. 경제학자들은 충분한 근거를 바탕으로 높은 무역 장벽에 반대해왔지만, 그것이 스리슬쩍 아무런 제한도 두지 않고 자유화에 열광하는 쪽으로 튀어버렸다. 대개 무역으로 각 나라에 돌아가는 이득은, 누가 되었든 무역으로 이득을 보는 사람들이 손해를 보는 사람들을 완전히 **보상해줄 수 있을 만큼** 충분하다. 그러나 경제학자들은 소리 높여 무역을 주창하면서 보상에 대해서는 입도 뻥긋하지 않았다. 보상이 없다면, 무역으로 사회의 후생이 향상된다고 주장할 분석적 기초는 존재하지 않는다. 마찬가지로 인종적 소수 집단의 권리를 강조하는 근거는 충분했지만, 그것이 스리슬쩍 아무런 제한도 두지 않고 이민을 수용해야 한다는 주장으로 튀어버렸다. 똑같이 세계화라는 꼬리표를 달고 있기는 해도 무역과 이민의 경제적 프로세스는 아주 다르다. 무역은 비교우위에서 동력을 얻지만, 이민은 절대우위에서 동력을 얻는다. 이민자들이 유입되는 사회나 이민자들이 떠나는 사회 둘 중에서 하나에 이민이 이롭게 작용한다고 전제할 분석적 근거는 없다. 이민에서 발생하는 이득 가운데 애매함 없이 분명한 것은 이민자들 본인의 이득밖에 없다.

매니페스토

지금껏 자본주의는 많은 것을 이룩했고 그러한 성취는 번영에 필수적이지만, 그렇다고 근거도 없이 잘될 것이라고 낙관할 수는 없다. 세 가지 새로운 사회적 균열 중 어느 것도 시장의 압력과 개인의 이기심에만 의지해서는 치유될 수 없다. "걱정하지 말고, 되는 대로 즐겁게 살아"라는 태도는 현실을 너무 모를 뿐 아니라 지나치게 안일하다. 우리에게는 적극적인 공공정책이 필요하지만, 사회적 가부장주의는 실패를 되풀이했다. 좌파는 국가가 가장 잘 안다고 간주했지만, 불행히도 그러지 못했다. 그들은 전위대가 지휘하는 국가가 윤리적으로 행동하는 유일한 주체라고 간주했다. 그러나 이는 국가의 윤리적 능력을 터무니없이 과장했고, 덩달아 가족과 기업의 윤리도 무시했다. 우파는 정부 규제의 사슬을 끊으면—이 말은 자유 지상주의의 애창 가사이다—이기심의 능력이 해방되어 모든 사람이 풍요로워질 것이라고 굳게 믿었다. 이는 시장의 마법을 터무니없이 과장했고, 덩달아 윤리적 제약의 필요성도 무시했다. 우리에게는 능동적인 국가가 필요하지만, 좀더 겸손한 역할을 수긍하는 국가가 필요하다. 우리에게는 시장이 필요하지만, 윤리에 단단히 뿌리박은 목적의식으로 통제되는 시장이 필요하다.

이러한 균열을 치유하기 위해서 내가 제안하는 정책들을, 더 나은 용어를 찾지 못한 탓에 **사회적 모성주의**(social maternalism)로 이해하고자 한다. 사회적 모성주의에서 국가는 경제와 사회 영역에서 능동적으로 행동하지만, 노골적으로 자신의 권한을 휘두르지는 않는다. 국가의 과세정책은 수취할 명분이 없는 이득을 힘센 자들이 가져가지 못하도록 제한해야 하겠지만, 신난 듯이 부자들의 소득을 빼앗아서 가난한 사람에게 넘기지는 않을 것이다. 국가의 규제정책은 경제적 진보를 가져오는 경쟁의 "창조적 파괴"로 인해서 피해를 보는 사람들이 보상받을 길을 열어주되, 자본주의가 본연의 놀라운 역동성을 발휘하는 창조적 파괴의 과정 자체를 방해하지는 않을 것이다.* 국가의 애국주의는 사람들을 두루 결속하는 힘으로 작용하여 갖가지 불만으로 불거진 분열된 정체성을 다독일 것이다. 이러한 과제를

• "창조적 파괴"는 효율적인 기업이 시장 경쟁을 통하여 효율성이 떨어지는 기업을 몰아내는 과정을 일컫는다. 창조적 파괴는 평균 소득이 점차 꾸준하게 증가하는 현상의 많은 부분을 설명한다. 1942년의 저술에서 이 말을 처음으로 사용한 조지프 슘페터는 그 과정을 "자본주의에서 가장 본질적인 사실"이라고 언급했다. 바로 이것 때문에 자본주의 이외의 모든 "주의들"이 아무리 낭만적인 매력을 발휘하더라도 잘해봐야 현실과 아무런 상관이 없는 엉뚱한 이야기가 되고 만다. 우리 사회의 미래는 자본주의를 무너뜨리는 것이 아니라 그것을 개혁하는 것에 달려 있다.

추구하는 철학적 토대는 이데올로기의 배격이다. 이는 온갖 사상을 모조리 쓸어 담아서 내버리자는 의미가 아니다. 이데올로기에의 배격은 다양하고 본능적인 우리의 윤리적 가치를 수용하려는 의욕이고, 그러한 다양성이 함축하듯이 당면한 이해득실을 실용적으로 절충하자는 움직임이다. 모종의 이성적인 단 하나의 절대적 원리를 동원해서 다양한 가치들을 뭉개버리는 방법은 기필코 분열을 초래한다. 우리의 다양한 가치를 수용하는 것은 데이비드 흄과 애덤 스미스의 철학에 뿌리박고 있다. 좌우파의 양극단으로 갈리는 스펙트럼은 지난 세기 가운데 최악이었던 시기의 특징이고 이것이 지금 거센 기세로 돌아오고도 있지만, 이 책에 담은 정책들은 그 양극단을 가로질러 좌우파의 스펙트럼을 초월한다.•

　20세기의 재앙을 빚은 정치 지도자들은 두 유형 중의 하나에 속했다. 그중 하나는 이데올로기를 열렬히 옹호하는 사람들이었고(원칙의 사람들), 다른 하나는 대중 영합주의를 팔러 다니는 사람들이었다 (카리스마의 남자들, 그들은 물론 대개 남자들이었다). 이들 이데올로기 옹호자와 대중 영합주의자와는 달리, 20세기에 가장 큰 성과를 이룩한 지도자들은 실용주의자들이었다. 부패와 빈곤에 찌든 사회를 떠맡은 리콴유는 부패와 전면전을 벌여서 싱가포르를 21세기의

• 정책을 구성하는 요소들로 실용주의, 번영, 공동체, 윤리, 사회심리학이 모두 서로 맞물린다. 왜냐하면 이것들 모두가 데이비드 흄과 그의 친구였던 애덤 스미스로 거슬러올라가기 때문이다. 스미스의 전기 작가 제시 노먼(2018)이 말하듯이, 스미스는 실용주의자였다. 역으로, 실용주의의 기원을 스미스에게서 발견할 수도 있다. 실용주의 철학의 창시자 "찰스 퍼스는 자신의 저술에서 애덤 스미스의 뉴턴적인 과학 철학에 담긴 함의들을 대단히 중요하고 현대적인 의미를 부여하며 탐험한다." 스미스와 흄의 윤리학은 아주 분명하게 공동체를 지향했으며, 노먼이 아주 신중한 어조로 밝히고 있듯이 스미스와 흄은 공리주의의 원조가 아니었다.

가장 성공적인 사회로 바꾸어놓았다. 지독히 분열되어 두 동강이 날 위기에 처했던 나라를 떠맡은 피에르 트뤼도는 퀘벡 분리주의를 진정시켰고, 캐나다를 스스로 자부하는 나라로 건설했다. 폴 카가메는 대량 학살의 상흔으로 멍든 르완다를 원만하게 작동하는 사회로 재건했다. 『픽스(The Fix)』에서 조너선 테퍼먼은 그러한 10명의 지도자를 골라서 심각한 문제를 해결한 그들 각각의 공식을 연구했다. 그의 결론에 따르면, 그 지도자들은 모두 이데올로기를 회피했으며, 그 대신 핵심적인 문제에 대한 실용적인 해법에 집중했고, 전개되는 상황에 맞추어 대응했다.[11] 필요할 때에는 주저하지 않고 모질게 행동했다. 힘센 집단들을 봐주면서 대가를 받는 거래를 거부하는 의지가 성공의 전형적인 특징이었다. 리콴유는 주저하지 않고 친구들까지 투옥했다. 트뤼도는 자신의 근거지인 퀘벡 사람들이 갈망하는 분리된 지위를 용인하지 않았다. 카가메는 군사적 승리를 거둔 자신의 투치족 팀에게 관례상 주어지는 전리품을 내어주지 않았다. 이 지도자들은 최종적인 성공을 달성하기 전에 모두 강력한 비판을 받았다.

이 책의 실용주의가 확고하고 일관되게 뿌리박고 있는 근본은 윤리적 가치이다. 반면에 이데올로기는 의도적으로 멀리한다. 따라서 갖가지 주의 주장을 가진 모든 이데올로기 옹호자들은 당연히 이 책이 못마땅할 것이다. 현재 미디어를 장악하고 있는 사람들도 그들이다. 이제는 "좌파에 가담하는" 정체성이 자신의 윤리적 우월감을 느끼는 손쉬운 길이 되었다. "우파에 가담하는" 정체성은 자신이 "현실주의적"이라고 느끼는 손쉬운 길이 되었다. 독자들은 곧 윤리적인 자본주의의 미래를 탐험할 것이다. 힘은 더 들어도 탄탄한 중앙의 길로 여러분을 안내한다.

제2부

___

윤리의 회복

제2장
윤리의 토대
이기적 유전자에서 윤리적 집단으로

현대 자본주의는 우리 모두를 전에 없던 번영으로 끌어올릴 잠재력을 가지고 있지만, 윤리적으로 파산한 채 비극의 길로 향하고 있다. 인간은 목적의식을 필요로 하지만, 자본주의는 그것을 마련해주지 못하고 있다. 그러나 자본주의에는 그렇게 할 잠재력이 있다. 현대 자본주의의 올바른 목적은 광범위한 대중의 번영을 실현하도록 돕는 것이다. 나는 이것이 가치 있는 목표라고 확신하는데, 아마도 내가 가난하게 태어났고 가난한 사회를 돕는 일을 하기 때문일 것이다. 그러나 번영만으로는 불충분하다. 성공적인 사회에서는 사람들이 번영을 누릴 뿐만 아니라 사회 구성원으로서의 소속과 존중을 느낌으로써 만개한다. 번영은 소득으로 측정할 수 있고, 그 반대는 절망적인 빈곤이다. 활짝 꽃피우는 만개에 가장 근접하는 요즘 말은 행복(또는 후생)인데, 그 반대는 빈곤뿐 아니라 고립과 굴욕도 뜻한다.

경제학자로서 나는 중앙의 통제 없이 작동하는 시장 기반의 경쟁(즉, 자본주의 가장 중요한 핵심)이 번영을 실현하기 위한 유일한 길이라고 배웠다. 그러나 행복의 다른 요소들은 어떤 원천에서 생길까? **경제적 인간**은 게으르다고 전제되지만, 다른 한편으로 노동처럼 목적이 있는 행동은 존중의 중요한 요소이다.* 그리고 경제적 인간은 자기만을 존중하지만, 다른 한편으로 소속감은 서로를 존중할 때에 생긴다. 번영과 더불어 존중과 소속을 뒷받침하는 윤리적 자본주의는 모순어법이 아니다. 그러나 이를 모순어법으로 여기는 사람들이 많은 것도 이해할 만한 일이다. 그들은 자본주의가 오직 탐욕이라는 동인에만 의지하다가 치명적으로 부패했다고 판단한다.

이런 비판에 직면하여, 자본주의 옹호자들은 아무 생각 없이 "목적은 수단을 정당화한다"라는 마르크스주의 교리로 대꾸할 때가 많다. 이것은 근본적인 잘못이다. 탐욕만으로 내달리는 자본주의는 대중의 번영이 아니라 굴욕과 분열을 유발해서 마르크스주의 못지않게 지독한 오작동을 일으킬 것이다. 정말이지 자본주의는 지금 그 길로 사회를 몰아가고 있다. 이 책은 수단이 윤리적 목적으로 충만해지는 대안을 제시한다. 그처럼 판을 새로 짜려면 기업의 홍보 부서나 다보스 세계경제 포럼에서 내거는 훈훈한 표어 이상이 필요하다.

이 책의 제2부는 내가 제시할 해결책들을 뒷받침하는 윤리적 토대를 제시한다. 이어서 제3부에서는 갈수록 더 심해지는 사회적 분단에 대한 실용적인 해결책들을 다룬다. 이 장에서는 우리의 윤리가

• 현재 행복(후생)을 측정하는 가장 실용적인 지표는 응답자의 주관적 판단에 따라서 최악의 상황부터 최선까지 10단계로 구분하여 표시하는 "삶의 사다리"를 설문조사의 수단으로 활용하는 것이다. 이 방법이 직설적으로 행복감에 대해서 묻는 것보다 더 안정적인 측정 방법이라고 확인되고 있다. 직설적인 질문은 응답 순간의 기분에 따라서 결과가 크게 달라진다. 삶의 사다리에 대한 설문조사 결과는 『2017년 세계 행복 보고서』에 실려 있다.

어떻게 우리의 감정과 연결되어 있고, 그것이 어떻게 진화하며, 또한 어떻게 잘못될 수 있는지를 살펴본다.[1]

욕망과 "의무"

그럴싸한 말로 목적이 수단을 정당화한다고 주장하는 자본주의 옹호 자들은 애덤 스미스가 이기적인 사익의 추구가 공익을 가져온다고 말한 『국부론(*The Wealth of Nations*)』의 유명한 대목을 그 근거인 양 끌어온다. "탐욕은 좋은 것이다"라는 것이 레이건-대처 혁명의 열정 을 떠받치는 지적인 토대가 되었다. 스미스의 진술은 동기가 좋아야만 행동도 좋다는 순진한 관념을 교정한다는 점에서 값지기는 하지만, 1776년 『국부론』이 낳은 현대 경제학은 완전히 혐오스러운 인간형을 바탕으로 구축되어 있다. 경제적 인간은 이기적이고, 탐욕적이며, 게 으르다. 그러한 사람들이 정말 없지는 않아서 실제로 몇몇 사람들을 볼 때도 있다. 그러나 수십억대 자산의 갑부조차 그렇게 살지는 않는 다. 내가 아는 갑부들은 소비보다 훨씬 더 커다란 목적을 중심으로 삶을 일군 의욕적인 일 중독자들이다. 경제적 인간이라는 전제에 이와 같은 제한들이 따른다는 점을 흔쾌히 인정하는 경제학자들이 많지만, 자신은 아무런 잘못이 없다고 항변을 해도 냉혹한 사실에 맞닥뜨릴 뿐이다. 경제학과 학생들이 유별나게 이기적인 사람으로 변한다는 것 도,[2] 우리가 정책을 설계할 때에 심각하게 토의해야 할 일의 매개 변 수를 경제 모형 속의 해로운 가정들이 정해버린다는 것도 사실이다.*

---

* 그러한 예로, 투자은행을 비롯한 금융계의 상여금이 심각한 문제를 초래한 적이

그러나 스미스는 우리가 **경제적 인간**이라고 생각하지 **않았다**.[3] 그는 정육업자와 제빵업자를 단지 자신의 사익을 추구하는 개인으로만 여긴 것이 아니라, 사회 속에서 윤리적 동기를 가진 사람들로 생각했다. 컴퓨터는 경제적 인간의 행동을 예측할 때에 합리적 이기심의 공리를 출발점으로 삼는다. 그러나 우리는 정육업자와 제빵업자의 행동을 예측할 때에 우리 자신이 그들의 처지에 놓이는 상황을 상상한다. 이것은 "마음 이론(theory of mind)"이라고 알려져 있다. 스미스는 우리가 마음으로 어떤 사람을 바라봄으로써 그를 이해할 수 있을 뿐 아니라, 그 사람을 배려하고 동시에 그의 윤리적 인격을 가늠하게 된다고 인식했다. 스미스는 이렇게 공감하고 판단하는 감정이야말로 윤리성의 토대이며, 그로부터 우리가 무엇을 하고 싶어 하는 **욕망**과 우리가 무엇을 해야 한다고 느끼는 **의무** 사이에 쐐기를 박는 경계가 생긴다고 보았다. 윤리성은 우리의 감정에서 나오는 것이지, 이성에서 나오지 않는다. 그는 이러한 논의를 『도덕 감정론 (*The Theory of Moral Sentiments*)』(1759)에서 펼쳤다. 그 논의 속에서 우리는 강도가 다른 세 단계의 의무를 발견할 수 있다.

가장 강력한 의무는 친밀함에서 나온다. 이러한 의무는 우리의 아이들이나 가까운 친척에게 느끼는 가장 포괄적이고 무조건적인 것인데, 우리가 아는 사람들로도 확장된다. 가장 약한 의무는 어려운 처지에 처한 먼 관계의 사람들에 대해서 느끼는 것이다. 그러한 의무의 예를 든 유명한 구절에서 스미스는 중국에 지진이 일어나더라도 18세기 영국인이 저녁 식사를 하지 못할 정도로 감정이 흔들리지

───────────────

있음에도 바로 그 상여금 문화를 공공 서비스의 설계에 도입하는 것을 들 수 있다.

는 않을 것이라고 했다. 요즘에는 그때와 달리 소셜 미디어와 비정부 단체들이 있기는 하지만, 저녁 유흥을 위해서 클럽으로 향하는 21세기 소비자도 마찬가지일 것이다. 난민 위기를 다룬 책, 『난민 (Refuge)』에서 알렉산더 베츠와 나는 이 의무를 환기하면서 그것을 구조의 도리라고 불렀다. 스미스는 이 의무가 **치우침 없이 공평한** 분별력에서 나온다고 보았다. 만일 지진과 같은 사태가 일어나면 도와주어야 마땅함을 우리가 객관적으로 안다는 것이다. 『10억의 빈곤층 (The Bottom Billion)』에서 나는 지진과는 다른 구조의 도리를 환기했다. 10억의 인구가 절망적인 빈곤에 처해 있다. 그들에게 희망을 주기 위해서 우리가 할 수 있는 바를 해야 함은 성인군자가 아니더라도 인정할 수 있다.

친밀함과 구조의 도리 사이에 스미스가 같은 책에서 중점적으로 논의하는 감정들이 존재한다. 그것은 수치나 존중과 같은 감정인데, 이러한 감정들이 유발하는 온화한 압력 덕분에 우리는 의무를 교환한다. 즉, "당신이 도와주면 나도 도우리다"라고 말하듯이 우리는 서로 의무를 주고받는다. 그에 필요한 신뢰를 뒷받침하는 것은 위반할 의욕을 억제하는 감정들이다. 사람들은 왜 그러한 감정을 느낄까? 경제적 인간의 심리에는 들어 있지 않은 것인데 말이다. 그 답은 사람들을 더 효과적으로 묘사하는 말이 **사회적 인간**(social man)이라는 데에 있다. 사람들의 후회에서 밝혀진 사실도 이것을 뒷받침한다. 사회적 인간은 다른 사람들이 자신을 어떻게 생각하는지를 중시한다. 그는 존중받고 싶어한다. 그래도 여전히 사회적 인간은 합리적이다. 그 역시 자신의 효용을 극대화하기 때문이다. 그러나 그는 효용을 소비에서뿐만 아니라 존중에서도 얻는다. 존중은 탐욕과 소속 못지

않게 기본적인 충동이다.

　노벨상 수상자 버넌 스미스는 교환에서 얻는 상호 이득이라는 공통의 관념을 바탕으로『국부론』과『도덕 감정론』이 구축되어 있다고 보았다. 상품을 교환하는 경기장은 시장이다. 의무를 교환하는 경기장은 구성원들의 네트워크(즉, 사회 관계망)을 갖춘 집단인데, 이것이 이 장에서 다루는 주제이다. 경제학자들은 애덤 스미스가 쓴 두 책이 서로 모순된다고 생각해서 지난 200년 동안『도덕 감정론』을 무시했지만, 최근에 이르러 스미스를 제대로 이해하기 시작했다. 스미스는 두 사람이 아니라 한 사람으로만 존재하며, 무시당했던 그의 발상은 심대하게 중요하다.[4]

　사람들의 동기는『국부론』의 "욕망"에 따라서 유발되는 부분도 있고,『도덕 감정론』의 "의무"에 따라서 유발되는 부분도 있다. 스미스는 욕망이든 의무든 간에 그것을 남에게 의존하지 않다가 서로 주고받게 되면(달리 말해, 자급자족하다가 교환하게 되면) 그로 인한 변화가 상당히 크다고 보았지만,『도덕 감정론』의 영역이 더 중요하다고 판단한 것 같다. 이를테면, 의무의 교환이 욕망의 교환보다 더 큰 위력을 발휘한다는 것이다. 그러나 이러한 스미스의 생각과는 달리, "의무"란 그저 마음속에서나 재잘거리는 소리에 불과할까? 행동을 좌우하는 것은 경제학 교과서뿐 아니라 자본주의 비판자들이 내비치듯이 단지 "욕망", 탐욕뿐일까?

　이제는 사회과학계에 욕망과 의무 중에서 상대적으로 어느 것의 심리적 중요성이 더 큰가에 대한 증거가 나와 있고, 행동 실험에서도 의무가 욕망 못지않게 중요하다는 사실이 드러나고 있다. 둘 중 어느 것이 더 중요한가를 말해주는 새로운 증거를 보면 기발하고도 단순하다. 연구자들은 사람들에게 과거에 그들이 내린 결정 중에서 특히 더 **후회하는** 것들이 무엇인지 물었고, 그것들에 순위를 매겨보라고 했다. 누구나 실수를 하지만, 최악의 실수는 가슴에 사무치고 기억에 남는다. 그런 뒤에 연구자들은 사람들의 반응을 여러 범주로 분류했다. 경제적 인간이 무엇을 가장 후회할지 우리는 잘 알고 있다. 그것은 "저 집을 사두었으면 좋았을걸", "그 면접을 망치지만 않았더라면", "애플 주식을 사둘걸" 같은 것들이다. 즉, 우리의 "욕망"을 채우지 못한 실패들이다. 그러나 이런 후회들은 이 연구에서 거의 발견되지 않았다. 사람들은 그러한 실수를 자주 저지르지만, 대개 그런 일을 곱씹지는 않는다. 가슴에 사무치고 응어리지는 후회는 의무를 이행하지 못한 일에 대한 것들이 압도적이고, 의무를 다하지 못해 누군가를 실망시킨 일들이다.[5] 우리는 그러한 후회에서 교훈을 얻어 의무를 이행한다. 비록 우리의 결정이 잠시 어리석음에 빠질 때가 많더라도, 우리가 어떻게 행동할 것인가를 숙고할 때에는 보통 의무가 욕망을 제압한다.

사회심리학도 윤리성은 이성이 아니라 가치에서 비롯된다고 진술한 스미스의 손을 들어주었다.[6] 조너선 하이트는 가치와 이성 사이에 바로 다음과 같은 주종관계가 존재한다는 증거를 발견했다. 사람들은 그들의 가치를 옹호할 때에 그 가치의 근거(즉, 이성이 밝혀낸 이유)를 대지만, 우리가 생각하던 근거가 무너지면 가치를 수정하는 대신 다른 근거를 생각한다는 것이다. 이에 따라서 우리의 이성은 자기기만의 가식이며, "**동기가 앞서는 추론**(motivated rea-soning)"으로 불리는 허위임이 밝혀진다.[7] 이성이 가치에 닻을 내리는 것이지, 가치가 이성에 닻을 내리지는 않는다. 스미스가 생생하게 표현했듯이, "이성은 열정의 노예이다." 경제적 인간의 이성은 문제가 더욱 심각하다. 이미 굵직한 진보로 인정받고 있는 『이성의 진화(*The Enigma of Reason*)』에서 위고 메르시에와 당 스페르베르는 지금껏 이성 자체의 진화를 주도한 목적은 우리 자신의 판단력 향상이 아니라 다른 사람들에 대한 설득이었음을 증명한다.[8] 동기가 앞서는 추론은 우리가 추론할 능력을 육성하는 이유일 뿐만 아니라, 보통 우리가 그 능력을 사용하는 방식이다. 게다가 더욱 근본적으로, 지난 200만 년 동안 이루어진 인간 뇌 용량의 막대한 확대는 사회성의 필요가 주도한 것이었다.[9] 스미스의 사상은 별난 것처럼 보이기는커녕, 앞으로 경제학 교과서들이 나아갈 방향의 윤곽을 보여준다.

보통 다양한 가치가 공존하고 서로 다른 가치가 상호 보완되면서 새로운 규범이 생겨난다. 하이트가 발견한 공통 가치 중에서 공정과 의리는 호혜성(상호주의)의 규범을 함께 뒷받침한다. 우리가 의무를 위반하면 수치심이나 죄의식을 느끼는데, 그것은 존중을 받고 싶어 하는 우리의 근본적인 충동이 호혜성이라는 규범을 매개로 수치심과 죄의식으로 이어지기 때문이다. 그뿐 아니라 호혜성은 아주 까다로운 의무마저 견딜 수 있게 해주는 효력을 발휘한다는 사실이 여러 실험에서 밝혀졌다. 배려의 가치는 구조의 도리를 뒷받침한다. 그러나 거기서 더 나아가, 무슨 일을 도와줄 여건이 되는 사람들이 집단을 형성하면 그 사람들끼리 공정과 의리의 가치를 동원하여 함께 책임을 떠안는 상호 약속을 구축할 수 있다. 쉽게 말해서, "당신이 거들면 나도 거들겠다"라는 호혜성이 생겨난다. 여러 가지 욕망에 우선순위를 매기는 일을 배우듯이, 우리는 여러 가지 가치에 우선순위를 매긴다. 그뿐 아니라 실용적인 사고를 활용하면 상황의 맥락으로부터 절충과 타협이 도출되고, 이를 바탕으로 우리는 얼핏 보기에는 서로 충돌하는 가치들을 정교하게 다듬는다.

이것이 스미스와 흄의 생각이었다. 그들의 생각을 바탕으로 실용주의 철학은 사람들이 두루 공유하는 평범한 윤리적 가치를 실용적 사고와 엮어내자고 주창했다. 실용주의 철학은 그 기원에서부터 공동체를 중시하고, 우리의 행동이 공동체의 가치와 상황의 구체적인 맥락에 적합하도록 최선을 다하는 것이 바로 윤리의 실천이라고 생각한다.• 우리는 올바른 행동을 도출하기 위해서 실용적인 사고를 사용해야 한다. 실용적인 사고는 이데올로기를 배격한다. 다른 모든 가치를 제압하고 절대적이며 만고불변하는 단 하나의 가치는 없다는 것이다. 현실의 공동체에서 서로 다른 가치들의 상대적 중요성은 진화한다. 실용주의는 "지금 여기서 무엇이 효력을 발휘할 개연성이 가장 큰가?"를 묻는다.

반면에 이데올로기들은 저마다 이성으로부터 도출된 최고의 권위를 주장하며 자신과 뜻이 다른 사람들을 지배하려고 한다. 그러한

• 실용주의 철학의 창시자들 중 한 사람인 윌리엄 제임스의 언급을 들어보자. "임의의 사회적 유기체가 그것의 본래 모습대로 존재하는 이유는 그것의 종류와 크기를 불문하고 각 구성원이 그 자신의 임무를 이행함과 동시에 다른 구성원들도 그와 마찬가지로 그들의 임무를 이행할 것이라고 신뢰하기 때문이다. 구성원들이 바라던 결과가 이처럼 다수의 독립적인 사람들이 협력함으로써 성취될 때마다 그 사회적 유기체가 존재함이 사실로 확립되지만, 그 사실은 협력에 직접 가담하는 구성원들끼리 서로를 신뢰하는 행위가 그에 앞서서 이루어지지 않으면 실현될 수 없다. 정부, 군대, 상거래 시스템, 선박에 승선하는 항해팀, 대학, 체육 경기팀과 같은 조직들 모두가 바로 이 조건이 실현된다는 전제하에서만 존재한다." (James, 1896) 이 장은 그러한 신뢰가 어떻게 구축되는가를 제시한다.

최고 이데올로기의 수호자는 가장 현명한 전문가들로 이루어진 전위대이다. 종교 근본주의자들은 궁극적인 권위로 신성한 유일 존재를 내세운다. 마르크스주의자들은 수직적 지휘 계통에 따른 "프롤레타리아"의 독재를 내세운다.[10] 공리주의자들은 개별적 효용의 총합을 내세운다. 롤스주의자들은 그들 스스로 정의하는 "정의"를 내세운다.[11] 실용주의는 이데올로기뿐만 아니라, 대중 영합주의에도 반대한다. 이데올로기는 풍요로운 인간적 가치들을 무시하고 그 위에 군림하는 모종의 "이성"에 특권을 부여하는 한편, 대중 영합주의는 증거를 따지는 실용적인 사고를 무시하고 뻔뻔스럽게 열정으로부터 정책으로 한걸음에 내달린다. 실용적 사고와 긴밀하게 맞물리는 우리의 가치는 가슴과 머리를 결합한다. 대중 영합주의는 머리가 없는 가슴만을 들이밀고, 이데올로기는 가슴이 없는 머리만을 들이민다.

실용주의에도 그 나름의 위험이 있다. 상황에 따라서 윤리적인 행위를 도출할 자유를 행사하려고 해도 우리에게는 태생적인 한계가 있을 수밖에 없기 때문이다. 사고의 과정에는 공이 들어가는 반면, 우리의 의지와 능력은 제한되어 있다. 더 심각한 문제로, 우리는 이성을 우리의 가치에 뜯어 맞추려는 유혹을 받는다. 그보다 더 심각한 최악의 문제는 우리의 판단이 우리의 지식보다 나을 수 없다는 점이다. 실용주의자들은 이러한 한계를 인정한다. 우리가 개인으로서 내리는 윤리적 판단은 틀리기 쉽다. 모든 사회가 이에 대처하는 수단을 개발해왔다. 우리는 경험칙을 사용하며, 그중 일부는 성문화되어 제도로 형성된다. 최선의 경우, 제도는 개인이 다 알기 어려운 광범위한 경험에서 생긴 축적된 사회적 지식을 집약한다. 어쩌면 다수의 윤리적 결정에서 제도의 지침을 따르는 것이 최선일 수도 있다.

개인의 실용적인 사고의 역량을 미심쩍어하는 경향이 가장 심한 정치철학자들은 제도로 구현된 축적된 지혜를 선호한다. 이것이 보수주의이다.* 반대로, 그러한 의심이 가장 약한 정치철학자들은 개인의 실용적 사고 역량이 펼칠 자유를 선호한다. 이것이 **자유주의이다.****
서로 중시하는 것이 다른 이 두 가지 태도는 모두 근거가 탄탄하다. 답은 둘 사이의 균형이다.

호혜성의 출현

호혜적 의무는 행복에 결정적이다. 그런데 이것은 어떻게 생길까? 어떻게 설명하든 사회의 진화 과정과 맞아떨어지는 설명이어야 하고, 호혜성을 뒷받침하는 여러 가지 갈망과 가치도 고려해야 한다. 먹을거리를 다투는 경쟁에서 기질적으로 탐욕이 강한 사람들이 선택되고 이타주의자들이 탈락하는 이유는 쉽게 알 수 있다. 그러나 우리는 왜 소속과 존중도 갈망할까? 우리는 왜 의리, 공정, 배려를 값지게 여기며, 나아가 도대체 왜 가치라는 것을 가질까? 진화는 유리한 특징에 따라서 선택되는 잔인한 과정이므로 물질적 소유를 최고로 치는 이기적인 태도가 우리의 진화 과정에서 필요했을 것이라고 짐작할 수 있다. 즉, 존중과 소속을 먹을 수는 없으며, 가치는 생활에 거추장스럽다. 얼핏 보기에 경제적 인간은 **이기적 유전자**가 증

• "보수주의적"이라는 말을 욕설로 사용하는 사람들이 다양한 윤리적 혐오를 표현할 때의 보수주의와는 혼동하지 말아야 한다.
•• "자유주의적"이라는 말을 욕설로 사용하는 사람들이 다양한 윤리적 혐오를 표현할 때의 자유주의와는 혼동하지 말아야 한다.

폭되어서 울려퍼지는 메아리인 듯하다.

  그러나 우리는 이것이 틀렸음을 안다. 이기적 유전자는 이기적 인간을 만들지 않는다. 수천 년 동안 인간이 생존할 수 있었던 길은 오직 집단 속의 협력이었고, 혼자 힘으로 살아가는 것은 곧 죽음을 의미했다. 소속과 존중에 대한 갈망이 없는 경제적 인간은 너무 이기적이어서 집단에 남도록 허용될 수 없었다. 그는 추방되었다. 자연 선택은 **합리적인 경제적 남성**을 솎아내고 **합리적인 사회적 여성**을 우대했다. 우리는 타고난 본성상 먹을거리뿐 아니라 소속과 존중을 갈망한다. 그러나 대다수 구성원이 수용하는 공통 가치는 어디에서 생길까?

  초창기 인간은 집단을 이루어 살았고, 집단을 형성하는 네트워크 속에서 상호 작용하며 모방을 통해서 공통된 행동을 확산시킬 수 있었다. **호모 사피엔스**, 즉 현생 인류가 출현했을 때에도 우리는 집단을 이루어 살았고, 서로를 모방했다. 우리는 여전히 그렇게 살고 있다. 사람들은 무심코 친구들의 행동에 영향을 미칠 뿐만 아니라 친구의 친구들, 나아가 이들의 **친구의 친구들**의 행동에도 영향을 미친다.[12] 그러나 현생 인류는 상호 작용을 위한 독특하고 강력한 수단, 즉 언어를 개발했다. 언어는 왜 그토록 엄청나게 유리한 장점이었을까? 왜냐하면 언어만이 이야기를 전할 수 있기 때문이다. 사람들이 서로 대화하는 사이에 유통되는 이야기들은 다양한 관념과 발상을 실어 나른다. 이것이 인간을 기본적으로 다른 종들과 구분해주는 활동이다. 데카르트의 "나는 생각한다. 그러므로 나는 존재한다"는 앞뒤가 뒤바뀐 생각이다. 우리는 우리 자신으로부터 우리의 세계를 도출하지 않는다. 우리는 우리의 세계로부터 우리 자신을 도출한다. 인간성을 형성하는 원자(atom)는 사고하는 개인이 아니라, 태어나면서 소속되는 상호 관계이다. 늑대들이 키워준 "숲속의 아이들"처럼 기이할 정도로 드문 예외적 사례를 통해서 배우는 점도 있다. 그 아이들이 로물루스와 레무스의 신화에서처럼 장성하여 로마를 건설할까? 이 로마의 이야기를 현대판으로 갱신한 것이 "사람들이 사회의 족쇄에서 풀려나 성장할 수만 있다면 혼자서 하늘을 떠받치는 아틀라스처럼 독립적인 심성의 혁신가가 될 것"이라는 에인 랜드의 가설이다. 우리는 이 가설이 논리적으로 끝장나는 지점을 그 아이들의 사례에서 볼 수 있을 것이다. 현실에서 그 아이들은 인간으로 인식될 수 없는 비극적 피조물이 된다. 유명한 사례로 18세기에 프랑스의 어느 숲에서 발견된 9세 어린이가 있었다. 집중적인 지도에도 불구하고 그 아이는 정상적인 개인으로 기능하는 것은 고사하고 말하는 법조차 배우지 못했다. 오늘날의 유사한 사례는 공산주의 시절에 국영 기숙소에서 양육된 루마니아 아이들이다.

　이야기를 반복적으로 들으면서 어린이들은 급속하게 집단과 장소에 대한 소속감을 키운다. 우리는 추론 능력을 키우기 오래 전에 이러한 감각을 획득한다. 가족 정체성은 생후 이른 시기에 확립되고, 심지어 국민 정체성처럼 커다란 소속감조차 일반적으로 11세에 형성된다. 반면에 추론 능력은 그보다 늦은 대략 14세에 발달한다.[13] 나는 스스로 요크셔 사람이라고 생각한다. 요크셔의 정체성을 심어주는 1,000여 가지의 이야기를 들으며 자랐고, 그처럼 들려주는 이야기는 메아리가 퍼지듯이 세대에서 세대로 전해진다. 이렇게 적고 보니 매일 밤 열한 살인 나의 아들 앨릭스에게 읽어주는 『웃기는 요크셔 동화(Daft Yorkshire Fairy Tales)』가 생각난다. 나는 요크셔 방언으로 그 책을 읽어준다.

양들은 복잡한 언어를 사용할 능력이 없지만, 그들도 한 장소의 한 집단에 소속한다는 인식을 육성한다. 일단 이것이 육성되면 양치기의 일이 훨씬 수월해진다. 양들이 애착을 느끼는 언덕에서 떠나지 않기 때문이다. 이 사육 과정을 "헤프팅(hefting)"이라고 부른다. 일단 양 떼 한 무리의 헤프팅이 완료되면 소속에 대한 인지가 암양으로부터 어린 양에게 전수된다. 이러한 과정은 유전되는 것이라고 볼 수 없을 만큼 대단히 빠르게 일어난다. 즉 습득된 행동이다. 그러나 한 무리의 헤프팅이 유전적이라고 볼 수 없을 만큼 대단히 빠르기는 해도, 그것이 관행으로 확립되기까지는 여러 세대를 거쳐야 한다. 양 떼는 왜 그렇게 느릴까? 이 대목에서 양치기가 아니라 사회과학에서 가져온 설명을 들어보자.• 그것은 무리를 형성한 양 떼가 조정 문제에 직면한다는 점에 주목한다. 양은 다른 양을 모방하기 때문에 한 무리가 언덕에 머물기 위해서는 양들 모두가 무리에서 이탈하지 않는 행동과 아울러 이탈하는 양을 따라하지 않는 행동을 배워야 한다. 조정 문제를 해결하는 열쇠는 현대의 실험 심리학으로부터 "공통의 지식(또는 공유 지식)"이라는 것이 밝혀졌다. 그것은 모두가 똑같은 것을 알고 있는 상태를 뛰어넘어 우리가 그것을 알고 있다는 사실을 모두가 아는 상태에 도달했음을 뜻한다.[14] 한 집단이 공통의 지식을 창출하는 방법은 공통의 관찰을 경험하거나(모두가 똑같은 것을 동시에 지켜본다), 아니면 모두가 들어서 아는 공통의 이야기이다. 내가 짐작하기로 양들은 공통의 지식을 만들기까지 수백 년이 걸릴 것

• 이와 달리, 양들이 아주 어리석기 때문이라는 설명도 얕잡아보고 싶지는 않다.

이다. 왜냐하면 그들은 공통의 관찰밖에 사용할 수 없는 탓에 닭이냐 달걀이냐의 문제에 봉착할 것이기 때문이다. 즉, 양 떼의 각 구성원은 자기 이외의 모든 양이 언덕에 머무는 선택을 하는 것을 목격할 필요가 있다. 그러나 양들이 그 행동을 완전히 습득하기 전에는 그들이 목격해야 할 행동이 일어나지 않을 것이다. 양들이 그것을 배우기 위해서는 우연히 조성되는 아주 드문 행동이 일어나기를 기다려야 한다. **현생 인류**는 "우리는 여기에 속한다"라는 이야기를 언어를 사용하여 전파함으로써 그보다 훨씬 더 빠르게 모두가 공유하는 소속감을 형성할 수 있다.[•]

이야기는 소속에 관한 것만이 아니라 우리가 해야 할 행동에 관해서도 말한다. 즉, 이야기들은 우리가 속한 집단의 규범을 우리에게 전달한다. 이렇게 우리는 어릴 적부터 규범을 배우고, 동시에 규범을 준수하면 그 대가로 존중을 얻는 동기 유발도 경험한다. 이러한 규범을 우리 자신의 가치로 내면화하면, 우리는 규범을 준수하는 행위 자체로 자존감도 획득한다. 규범을 위반하면 그 대가로 존중을 잃는다. 앞에서 소개한 연구에서 보았듯이, 그처럼 행동하는 사람들은 결국 자기 행동을 후회한다. 우리의 가치 중에는 언어 이전에 생긴 것들도 있다. 아이를 돌보는 부모의 본능이 진화하기 위해서 그들의 집단에 꼭 언어가 있어야 할 필요는 없다. 그러나 커다란 집단을 포괄하는 호혜적 의무가 생겨나는 데에 필수적인 조정은 상당히 복잡해서 이야기가 필요하고, 따라서 언어가 필요하다.[••]

• 양들은 "메–" 소리를 낼 수 있고 다른 여러 동물들도 아주 초보적인 언어를 사용할 수 있다. 그러나 인간만이 이야기를 지어내는 데에 필요한 복잡한 문법을 숙달했다. 다음의 자료를 보라. Feldman Barrett(2017), 5장.

소속과 규범에 이어, 이야기가 수행하는 세 번째 기능은 특정 유형의 이야기를 통해서 세상이 어떻게 돌아가는가를 가르치는 것이다. 그런 이야기들은 어떤 행동이 어떤 결과를 가져온다는 내용을 전하고, 우리의 행동을 **목적을 의식하는** 것으로 만든다. 여러 실험들에서 드러나듯이, 우리는 직접 관찰하거나 교습을 받는 것보다 이야기에 더 많이 의존한다. 행동을 어떤 **인과의 사슬**과 결합하면 직접적인 자기 잇속에 이롭지 않은 행동이 합리적인 것으로 보일 수 있고, 이로써 **승화된** 이기심이 생길 수 있다. 이것이 아주 잘되면 우리의 지식은 확장된다. 반대로 대단히 잘못되면, 현실과 우리가 믿는 것 사이에 괴리가 생긴다. 즉, 이야기가 "가짜 뉴스"가 되는 셈이다.[15] 이야기는 옳든 그르든 간에 강력하다. 금융 위기에 대한 파격적인 분석에서, 두 노벨상 수상자 조지 애컬로프와 로버트 실러는 "이제 이야기는 단지 사실을 **설명하는** 것이 아니라, 이야기 **자체가** 사실이다"라고 결론짓는다.[16] 이야기의 위력은 금융 위기뿐 아니라 대규모의 폭력 사태에서도 드러난다. 그러한 폭력 사태의 발발을 예측하는 가장 효과적인 방법은 미디어에 돌아다니는 이야기들을 감시하는 것임이 새로운 연구에서 밝혀지고 있다.[17]

이렇게 이야기가 수행하는 세 가지 기능—즉 소속과 규범 그리고 인과—은 상호 보완적으로 조합되고, 그 결과 서로 얽히고설키는

•• 얼마간 사회 생물학자들은 집단 사이에서 일어나는 자연선택이 그 과정 자체로 호혜성과 같은 친사회적인 가치를 태생적인 가치로 생성할 수도 있을 것이라고 생각했다. 그러나 그들의 연구는 자연선택으로는 인간의 친사회적 가치를 설명할 수 없다는 쪽으로 기울고 있다. 벌들은 신호 언어만 사용해서 친사회적 가치의 형성을 창출할 수 있다. 그러나 이것은 벌들의 생식 방식이 다르기 때문이다. 최근에 나온 명쾌한 논의를 보려면 Martin(2018)을 참조하라.

호혜적 의무들의 관계망을 만든다. 규범에 관한 이야기는 공정과 의리의 가치를 불어넣어서 우리가 왜 호혜적 의무를 이행해야 하는가를 일러준다. 소속감의 공유에 관한 이야기는 호혜적 의무에 누가 참여하는가를 일러준다. 서로 주고받기로 약속하는 호혜성은 당연히 그 의무를 수용하는 사람들로 정의되는 집단 내에서만 적용되는 개념이다. 인과에 관한 이야기는 우리가 수행해야 할 행동이 어떤 목적을 지향하는가를 일러준다. 이 이야기들이 합쳐져서 **신념 체계**를 형성하여 우리의 행동을 바꾼다. 신념 체계는 무질서의 지옥을 공동체로 바꾸어놓고, "역겹고, 잔인하고, 단명한" 삶을 "만개하는" 삶으로 바꾸어놓는다. 이야기는 현생 인류를 구분하는 독특한 특징이다. 우리는 그저 유인원이 아니다.

같은 네트워크에 속한 사람들은 같은 이야기들을 듣고, 그들 모두가 그 이야기들을 들었다는 사실을 모두가 아는 공통 지식을 얻는다. 임의의 네트워크 안에서는 소속, 규범(달리 말해서 의무), 인과에 관한 구체적인 이야기들이 대개 서로 조화롭게 들어맞는다. 혼란을 유발할 여지가 있는 이야기들은 금기에 의해서 유통되지 못하거나 불신의 대상이 되어 네트워크 밖으로 추방되기도 한다.[18] 여러 가지 관념들이 서로를 보강하는 식으로 오밀조밀하게 조합된다. 그처럼 함께 어우러지는 관념들을 바탕으로 집단 구성원들이 공유하는 정체성이 어떤 목적과 연결되고, 그 목적을 어떻게 달성하는가 하는 진술과도 연결된다. 가령 "신앙이 독실한 사람들"(공유 정체성)은 "낙원"(목적)을 추구하며, 그러기 위해서 "자주 기도한다"(목적 달성 방법). 다른 예로, "옥스퍼드 교수들"(공유 정체성)은 옥스퍼드를 "위대한 대학교로 만들려고"(목적) 열망하며, 그러기 위해서 "공을 들여

서 가르친다"(목적 달성 방법).[19]

신념 체계는 국가주의(nationalism)에서 선명하게 드러나듯이 끔찍한 결과를 불러오기도 하는데, 이에 대해서는 다음 장에서 거론할 것이다. 그러나 신념 체계에는 대단히 값진 장점도 있다. 그것은 구성원들이 경제적 인간의 이기심을 뛰어넘어 의무를 중시하는 사람으로 발전할 수 있다는 점이다. 그러한 사람은 자신을 "우리"의 일부이자 어떤 공동체의 일원이라고 여긴다. 그러한 사람들로 이루어진 공동체에서는 서로를 공포나 무관심으로 대하지 않고, 상호 존중을 전제하는 태도로 서로를 바라볼 것이다. 단순한 경제학 교과서에서 묘사하듯이 필요한 것이라고는 이기심밖에 없음에도, 경제적 인간으로만 가득 들어찬 세상은 아주 성공적으로 작동하는 낙원이 되지 못한다. 그러한 교과서들은 이미 규칙의 합의에 도달했을 뿐만 아니라 합의된 규칙을 존중하는 사회를 당연한 것처럼 전제한다. 그러니, 경제학 개론은 사회심리학과 정치학의 마지막 과목이 완료되는 지점에서 시작하는 셈이다. 경제학은 이 점을 뒤늦게 인식하기 시작했다. 그 깨달음을 개척한 선구자들은 조지 애컬로프와 그의 공저자 레이첼 크렌턴이다.[20] 그러나 뒤늦게 따라잡는 와중에 경제학도 유익한 통찰을 내놓고 있다.

최근 그러한 통찰로 엄청난 함의를 가진 연구는 윤리적 규범의 진화에 관한 것이다. 이를 처음으로 제시한 티머시 베슬리는 생물학에서 영감을 얻는다. 규범은 유전자처럼 부모로부터 아이들로 전해진다는 것이다.[21] 그러나 그 전달 과정은 유전자와는 아주 달라 보인다. 티머시는 하나의 규범을 준수하는 사람들과 그것과 다른 규범을 준수하는 사람들이 공존하는 가상의 사회에서 출발한다. 배우자를 선택할 때에 사람들은 보통 규범이 같은 사람들끼리 만난다. 그래도 사랑의 신 큐피드가 이를 헝클어놓을 때도 있어서 양친의 규범이 다른 집안에서 자라나는 아이들도 생긴다. 이 아이들은 누구의 규범을 수용할까? 티머시는 이런저런 관념이 뒤섞이며 합쳐질 때에 불편하게 조합되는 정신적 스트레스를 피하는 방향으로 이루어질 것이라는 단순한 과정을 상정한다. 그러한 과정을 통해서 아이들은 대개 양친 중 더 행복한 쪽의 관념들을 선택할 것으로 생각된다. 그러면 양친 중 어느 쪽이 더 행복할까? 티머시는 정치 시스템에서 다수파가 진로를 장악하듯, 두 부모 중에서 더 넓게 퍼진 관념을 가진 쪽이 더 행복할 것이라고 본다.[22] 이로부터 놀랄 만한 핵심 진술 두 가지가 나온다.

자연선택의 과정에서 만일 어떤 섬에 흰색 절벽이 있다면, 그곳에서 서식하는 새들은 다른 섬들에서 그곳으로 올 때에 어떤 색을 띠고 있었든 간에 흰색을 띠도록 진화할 것이다. 생명체는 서식지에 적합하도록 진화한다. 반면에 **규범**은 똑같은 두 서식지에서도 아주 다르게 진화할 수 있는데, 처음에 나타난 자그마한 차이가 진화 과정을 아주 다르게 몰고 갈 수 있다. 그렇게 시작된 초기의 차이가 증폭됨에 따라서 한 사회의 출발점이 그 사회가 도달하는 종착점을 결정한다. 규범에서는 환경에 해당하는 것이 사람들의 전체 집합이고, 그 안에서 사람들은 서로가 서로에게 적합하도록 진화하기 때문이다.• 이는 우리가 세계에서 목격하는 현실과 선명하게 들어맞는

• 이러한 규범의 진화에 가장 근사한 자연선택의 현상은 비버가 자신의 물리적 환경을 바꾸는 것과 같은 "적소 구축(niche construction)"이다.

다. 서로 다른 사회의 지배적인 규범은 아주 다르며, 지배적인 규범의 각 요소는 해당 사회에서 아주 집요하게 존속한다. 이것이 첫 번째 핵심 진술이다. 획기적인 것은 뒤따르는 두 번째 진술이다. 자연선택의 과정에서는 개체들의 전체 집합이 결국 서식지에 "가장 적합한" 특징을 띠게 된다. 가령 흰색 절벽이 주어지면 새들은 흰색을 띠어야 더 나은 성과를 누린다. 그러나 규범의 경우에는 그렇게 미리 상정할 만한 것이 없다. 규범은 각 개인 차원에서는 유익한 것임에도 불구하고 다른 개인 모두가 그것을 준수하는 상황에서는 결국 집단 차원에서 모두에게 끔찍한 것이 되고 말 수도 있다. 이것이 얼마나 이상한 것인지 보려면, 이러한 규범의 진화에 해당하는 자연선택의 진화가 어떠한 것인가를 묘사해보면 좋다. 그것은 새들이 만일 흰색 절벽과 대조되는 파란색으로 진화하면 모두가 훨씬 더 쉽게 포식자에게 먹힐 것임에도 불구하고, 새들 대부분이 처음에 파란색을 띠고 있었기 때문에 나머지 새들까지 전부 파란색으로 진화하는 사태와 같다.* 티머시의 두 가지 핵심 진술을 합쳐보면, 사람들의 네트워크에서는 모종의 규범 체계가 기능 장애를 일으킴에도 불구하고 그것이 결국 안정적으로 확립될 개연성이 상당히 크다는 사실을 함축한다. 규범이 안정적인(즉, 더 변화하지 않는) 이유는 바로 각 개인이 다른 사람들 모두가 수용하는 규범의 덫에 걸려 있기 때문이다.

이러한 결론에는 아주 강력한 함축이 들어 있다. 그것은 보수파

---

* 적소 구축(niche construction)의 경우처럼 때로는 서식지도 특징들을 바꾸는 진화를 한다. 파란 새들이 절벽을 파랗게 칠하지는 않지만, 비버들은 냇물의 흐름을 바꾼다. 그러나 인간이 규범을 바꿔나가는 방식은 적소 구축과는 다르다. 규범의 경우에 서식지는 다른 사람들의 규범에 불과하다.

정치철학자들이 전적으로 옳을 수는 없다는 점이다. 보수파 철학자들은 한 사회에서 과거로부터 누적된 제도를 경험의 지혜를 담아내는 것이라고 여기며 숭상한다. 그러나 제도는 기능 장애가 아주 심한 규범이 굳어진 결과일 수도 있다. 그러나 그렇다고 해서 그 반대편인 이성의 지배가 옳다는 것은 아니다. 동기가 앞서는 추론은 재앙을 초래할 수 있다.

조직 내에서 규범을 전략적으로 사용하기

지난 수천 년 동안, 사람들의 대다수는 먹을거리를 구하러 다니는 소집단을 이루어 살지 않았다. 현대 생활의 물질적 수준이 가능한 것은 오직 사람들이 커다란 조직에서 함께 일하면서 규모와 전문화의 효율을 수확할 수 있기 때문이다.

우리의 삶에서 주를 이루는 조직은 세 가지 유형으로 나뉜다. 각각이 가장 적합한 활동 영역을 맡아서 서로 다른 일을 수행한다. 가장 작지만 가장 근본적인 조직은 가족이다. 유럽인들의 86퍼센트가 다른 사람들과 한 세대(또는 가구)를 이루어 살고 있고, 대체로 아이들을 양육하는 일은 가족이 맡는다. 가족은 일반화된 것임에도 가족을 적대시하는 이데올로기들이 있다. 이스라엘의 사회주의적 키부츠는 가족을 완전히 없애버렸다. 마찬가지로 공산주의 시절의 루마니아는 부모로부터 아이들 수천 명을 떼어놓고 집합적으로 양육했다. 스탈린식 마르크스주의도, 근본주의 종파 지도자들도 아이들이 부모를 비판하도록 고무한다. 앞으로 살펴보겠지만, 사회의 여러 구석에서 가족이 해체되는 중인데도 요즘의 자본주의 또한 가족을 돕지 않는다. 그러나 가족이 아이 양육의 주된 역할을 맡는 데에는 충분한 이유가 있다. 가족 말고 다른 식으로 아이들을 기르는 대안은 세상 어디에서도 성공한 적이 없다.

사람들이 일하는 상황은 대개 기업 활동에 편입되는 식으로 조직된다. 이것은 현대의 생산성 수준을 달성하는 데에 규모가 필수적이기 때문이다. 미국인들의 94퍼센트가 집단에 소속되어 일하고, 영국인들의 86퍼센트가 그러하다.* 가족의 경우와 마찬가지로 기업을 적대시하는 이데올로기들이 있는가 하면, 구래의 낭만주의자들은 수공업 장인과 농민, 집합 생활 결사체로 이루어진 사회로 돌아가자고 주장한다. 새로운 낭만주의자들은 중개자를 배제하고 사람들 간의 직접 거래를 성사시키는 아마존, 에어비앤비, 우버, 이베이와 같은 새로운 인터넷 플랫폼에 숨이 넘어갈 정도로 열광한다. 그러나 아마존과 우버는 그들 자체로 거대한 고용주가 되었다. 아프리카 사회에서는 사람들의 대다수가 수공업 장인이나 소규모 자작농으로 혼자서 일한다. 이것도 나름대로 좋은 점은 있지만, 그 결과로 생산성이 만성적으로 낮아서 사람들이 지독하게 가난하다. 우리에게는 현대적인 기업이 필요하며, 아프리카인들도 마찬가지이다. 아프리카는 번영의 수준이 가장 낮을 뿐만 아니라, 행복의 수준도 가장 낮은 지역이다.[23]

가장 커다란 차원의 활동들로 정부 규제, 공공재와 공공 서비스의

---

* 이 숫자들은 과소 평가된 것들이다. 왜냐하면 자가 고용 상태인 개인 사업자들이 많은데 이들은 실제로 기업에 자신의 물건이나 서비스를 판매하기 때문이다(그리고 개인 사업자 통계는 잔여 항목으로 집계된다). 이러한 기업이 주도하는 거래에서 자가 고용은 책임을 줄이기 위한 법적 장치이다.

공급, 소득 재분배와 같은 일들이 있다. 이러한 활동들은 국가가 조직해야 가장 효과적이다. 국가에 관한 숫자는 훨씬 더 극적이다. 풍요로운 사회는 전부 국가로 조직되어 있고, 국가가 없는 사회는 전부 극도로 궁핍하다.* 여기에도 마찬가지로, 국가를 적대시하는 이데올로기들이 있다. 마르크스주의자들은 실제로는 지금까지 시도된 것들 중에서 국가 집중이 가장 심한 사회 조직을 강제로 구현했지만, 겉으로는 국가가 "시들해지며 사라질" 것이라는 아주 다른 목표를 내세운다. 그러나 지금 가장 영향력이 큰 반(反)국가 이데올로기는 실리콘 밸리의 자유 지상주의자들이 표방하는 것이다. 그들의 주장인즉, 사용자들이 공식 통화에 등을 돌릴 테니 비트코인이 국가가 주관하는 국정 화폐를 갈아치운다는 것이다. 새로 출현하는 각종 인터넷 편의 도구를 갖춘 슈퍼맨 격의 개인들이 저마다 그러한 도구를 사용하는 가장 효과적인 방법을 결정할 것이므로 국가가 강제하는 규제는 무시당하거나 무력해질 것이다. 세계적으로 성사되는 개인 대 개인의 연결이 공간적으로 제약되는 국민 국가의 사회를 갈아치울 것이다. "기력이 쇠한 살과 철의 거인들, 산업 세계의 정부들이여 우리를 내버려두라." 정부의 간섭에서 벗어나면 우리는 모두 하나로 어우러지는 거대한 전체를 이룰 것이다. "프라이버시가 사회 규범인 시대도 곧 끝난다."24) 그 결과는 윤리적으로나 실용적으로나 더 우월할 것이다. 이것이 실리콘 밸리 자유 지상주의자들의 자신만만한 미

---

* 풍요로운 생활에 도달하지 않고도 행복을 성취한 사회들이 몇몇 존재한다. 가장 눈에 띄는 예가 부탄이다. 그러나 부탄은 결코 국가가 없는 사회의 사례가 아니다. 오히려 이 사회는 특히 자국 문화의 보존을 강조함으로써 소득보다 목적의식과 소속감을 더 중시하는 이례적인 국가의 사례이다. 부탄 사람들은 아시아에서 행복의 수준이 가장 높다.

래상이다. 그러나 안타깝게도 그렇게 될 것 같지는 않다.

  그동안 세계를 연결하는 새로운 네트워크를 창출해온 실리콘 밸리의 거물들은 바로 그 작업을 통해서 그들이 품고 있는 자유 지상주의 가치로 통합되는 글로벌 사회를 열어가고 있다고 상상한다. 그러나 그렇게 될 개연성은 아주 희박하다. 개인과 개인을 곧바로 연결하는 새로운 테크놀로지는 장소를 공유하는 기회에서 동력을 얻는 네트워크 집단을 밀어내고 있다. 국지적인 지역 사회뿐 아니라 범위가 더 넓은 나라도 밀려나고 있다. 인터넷으로 작동하는 새로운 네트워크의 회원 자격은 주어지는 기회가 아니라 의도적인 선택으로 결정된다. 의견이 같은 사람들끼리 어울리기를 좋아하기 마련인데다가 개인의 선택으로 형성되는 인터넷상의 네트워크 집단은 순식간에 온라인 "반향실(echo chamber)"로 진화했다. 이제 사람들은 자신이 선택한 네트워크 안에서 누가 말하면 다른 누가 맞장구치는 메아리만을 듣는다.[25] 이야기들은 우리의 신념을 형성하는데, 이 반향실들이 바로 그 프로세스를 작동시킨다. 이것이 갈수록 더 생활하는 장소의 공유와 단절되고 있다. 그러나 우리의 정치적 단위(즉, 정치체)들은 여전히 우리가 생활하는 장소로 정의된다. 선거에서 우리가 행사하는 투표는 장소별로 집계되고, 우리의 정치 과정에서 생겨나는 공공 서비스와 정책도 장소별로 시행되고 전달된다. 예전에는 사람들의 규범이 크게 달라지는 사태가 서로 장소가 다른 정치체들 사이에서 일어났다. 그러나 이제는 인터넷의 디지털 연결성으로 인해서 사람들의 규범이 크게 달라지는 사태가 정치체 내부에서 일어나고 있다. 우리의 정치체들 안에서 사람들의 생각이 더 심하게 극과 극으로 갈리고 있다. 의견의 상충도 더욱 거칠어지고 있다. 수백

년 전에는 서로 다른 정치체끼리 맞붙어 싸우느라 작렬하던 증오가 지금은 각 정치체 안에서 서로 다른 신념 체계끼리 맞붙어 싸우느라 작렬하고 있다. 예전의 정치체 간의 증오는 대규모 폭력 사태를 빚었다. 정치체 안의 증오는 아마도 다른 결과를 초래할 것이다. 그러나 심각한 결과가 초래될지도 모른다.

가족과 기업, 국가는 우리의 삶이 형성되는 가장 기본적인 활동 영역이자 경기장이다. 이 조직들을 가장 빨리 구축하는 방법은 위에 있는 사람들이 아래로 명령을 내리는 수직적 위계 방식이다. 그러한 조직은 빠르게 구축되기는 해도 좀처럼 효율적으로 운영되지는 않는다. 지휘자가 부하들이 무엇을 하는지 감시하면 사람들은 명령에 복종하기만 한다. 차츰 많은 조직이 수직적 위계를 부드럽게 완화하는 것이 더 효과적임을 배웠다. 그 과정에서 목적의식이 분명한 상호 의존적인 역할들을 만들었고, 사람들에게 그러한 역할을 수행할 자율성과 책임을 부여했다. 강제력으로 작동하는 위계를 탈피해서 목적의식으로 작동하는 상호 의존을 이룩하는 변화는 지도력의 변화를 아울러 함축한다. 지도자는 최고 사령관이 아니라 최고 소통관으로 진화했고, 당근과 채찍은 이야기로 진화했다.

일례로, 현대 가정의 양쪽 부모는 서로 동등하고 아이들을 구슬려서 책임을 배우게 한다. 기업과 정부에서는 위계질서의 수직 단계가 파격적으로 줄어들었다. 예를 들면 과거 잉글랜드 은행은 구내식당이 6개로 차별화되어 있었지만, 지금은 상상도 할 수 없는 일이다. 지도자의 존재는 폐지되지 않았지만, 이러한 변화를 거치면서 그의 역할이 변했다. 지도력을 행사하는 역할을 계속 유지할 만한 충분한 이유가 있다. 지도자를 두지 않는 유토피아적 대안들은 예외 없이

와해된다.

　가족, 기업, 국가에 걸치는 각 조직에서 최고위 사람들은 아래 사람들보다 더 큰 힘을 행사하지만, 그들은 보통 권한을 훨씬 초과하는 책임을 떠안는다. 그들이 책임을 이행하려면 조직 내 다른 사람들의 부응과 준수가 필요한데, 집행 수단은 제한되어 있다. 아버지의 역할에서 나는 앨릭스가 밤에 잠자리로 가라고 고집하고 싶지만, 힘으로만 집행하는 것은 힘겨운 일이고 효과도 크지 않다. 앨릭스는 이불을 뒤집어쓴 채 읽고 싶은 것을 읽는다. 가족이든 기업이든 국가든 간에 성공하는 조직이라면 어디에서나 지도자들이 깨닫게 되는 사실이 있다. 그들이 의무감을 창출함으로써 부응과 준수를 파격적으로 높일 수 있다는 점이다. 앨릭스는 잠을 자지 않고 책을 읽고 싶어하지만, 아이 스스로 잠을 자야 한다고 생각하도록 내가 설득할 수 있다면 집행의 부담이 줄어든다. 일이 이렇게 풀리면, 나의 권력은 권위로 바뀐다. 이것은 거창하게 말해서 전략적인 목적을 위해서 윤리 규범을 구축하는 것이다. 지도자들의 가장 결정적인 힘은 명령의 힘이 아니라 그들이 네트워크의 중심에 위치한다는 데에 있다. 그들은 힘이 있고, 설득하는 데에 그 힘을 사용할 수 있다.* 지도자들이 전략적으로 윤리의식을 이용해서 우리의 삶을 좌우한다는 것은 음흉한 말처럼 들린다. 그러나 정반대로, 그것은 대개 건강한 프로세스이다. 지금껏 현대 사회는 그 덕분에 이전의 모든 사회보다 더 나아질 수 있었다. 앞으로 훨씬 더 나아질 수 있을 것이다.

• 이것 역시 최근에 나온 이야기는 아니다. 이 말은 미국 대통령의 권력을 분석하면서 정치학자 리처드 뉴스타트가 1960년에 밝힌 아주 유명한 요점이다.

그런데 지도자들은 실제로 어떻게 언어를 전략적으로 사용하여 의무를 구축할 수 있을까? 1943년 존슨 앤드 존슨의 회장 로버트 우드 존슨이 그 일을 해낸 이야기를 보자. 그는 회사의 윤리적 원칙을 말 그대로, 돌에다가 "우리의 신조"라고 새겨놓았다. "우리는 우리의 첫 번째 책임이 우리 제품의 사용자들에 대한 것이라고 믿는다." "나"와 "나의"가 아니라 "우리"와 "우리의"라는 말을 눈여겨보라. 이것은 회사 내 모든 사람의 신조가 되기 위함이었다. 그 신조는 좀더 작은 책임들을 내림차순으로 열거했다. 즉, 제품 사용자들에 대한 책임, 그다음으로 피고용자들에 대한 책임, 그다음으로 지역 사회에 대한 책임, 마지막으로 주주들에 대한 책임이 뒤따른다. 그 신조는 그들의 이야기 속에 사용됨으로써 3세대를 이어가며 유지되고 있다. 존슨 앤드 존스의 웹사이트는 여전히 "이야기들"을 중심으로 짜여 있다. 그것이 과연 행동에 영향을 미치는 효과가 있었을까?

　1982년 존슨 앤드 존슨은 재앙적인 타격을 입었다. 시카고에서 7명이 사망했는데, 그들의 사망 원인이 회사의 최다 판매 제품인 타이레놀의 용기 안에 들어간 독소로 지목되었다. 이때 일어난 일은 경영학 교육에서 여전히 사례 연구의 대상으로 활용될 만큼 놀랄 만한 것이었다. 고위 경영진이 대응할 시간을 가지기도 전에 현장의 지점 관리자들이 슈퍼마켓 매대에 진열되어 있는 타이레놀 전량을 회수하도록 조치하고, 소매업자들에게 피해의 전액 보상을 약속한 것이다. 이것이 별로 대단하지 않은 이야기처럼 들릴지도 모른다. 이 일 이후로 회수 조치가 업계 전체에 걸쳐 표준적인 관행이 되었기 때문이다. 그러나 1982년까지 기업들은 자기 제품을 회수하지 않았다. 그들의 관행은 책임을 부인하는 것이었다. 존슨 앤드 존슨의 젊은 피고용자들은 약 1억 달러의 부채를 회사에 초래했지만, 그 조치를 굳세게 확신하고 시행했다. 왜냐하면 그들은 그 신조로부터 그들의 최우선 과제는 타이레놀의 사용자에 대한 것임을 알고 있었기 때문이다.[26] 최고 경영진의 전폭적인 승인이 뒤따랐던 그들의 신속한 행동은 단지 윤리적인 것에 머물지 않았고, 좋은 비즈니스이기도 했음이 밝혀졌다. 예상과는 반대로 존슨 앤드 존슨은 시장 점유율을 신속하게 회복했다.*

애덤 스미스가 보기에 경제학이 발판으로 삼아야 할 건실한 토대는 호혜성이 없는 이타주의로는 구조의 도리를 넘어서지 못함을 인식하는 것이다. 당연히 구조의 도리만으로는 이기심이 충분히 견제되지 않는다. 이기심을 견제하려면 호혜적 의무가 필수적이지만, 이것은 만들어내야 한다. 바로 이것이 소속, 의무, 목적의식적인 행동을 전하는 이야기들이 함께 수행하는 일이다.[27] 지금까지 이것을 순서(소속 다음에 의무, 그다음에 목적의식적 행동)에 따라서 묘사했지만, 순서는 중요하지 않다. 가령 어떤 공통의 행동이 많은 사람에게 좋은 결과를 가져오면, 그러한 행동으로 말미암아 공유 정체성과 공통의 의무, 둘 다의 기초가 갖춰질 수 있다.

---

* 존슨 앤드 존슨의 신념 체계는 세 요소로 구성된다. 첫째는 모두가 공통의 윤리적 목적을 중심으로 정체성을 공유한다는 점이다. 그 윤리적 목적은 회사의 신조에 고품질의 저렴한 건강 제품을 고객에게 제공하는 것으로 정의된다. 둘째는 이 목적을 향해서 매진하는 피고용자들의 호혜적 의무이다. 그리고 셋째는 승화된 이기심을 불러오는 인과의 고리이다. 그것은 첫째의 윤리적 목적과 둘째의 호혜적 의무로 형성되는 조직 모형이 존슨 앤드 존슨의 비즈니스와 그 고용 인력의 일자리를 지속적으로 유지해준다는 점이다. 회사의 웹사이트에 언급되어 있듯이 존슨 앤드 존슨은 100년의 세월을 이겨낸 아주 드문 기업에 속한다. 이 사례는 존 케이로부터 도움을 받았다.

이야기는 강력한 힘을 발휘하지만, 그렇다고 현실로부터 무작정 동떨어질 수 있는 것은 아니다. 지도자들은 지켜보는 사람이 많아서 자신이 하는 말과 모순되는 행동을 할 처지가 못 된다. 그들의 행동은 그들이 하는 이야기와 **일관되어야** 한다. 말로는 너와 나는 모두 "우리"라고 해놓고 상대방보다 자신을 챙기면, 소속의 이야기는 거짓임이 드러난다. 말로는 우리 모두가 서로에 대한 의무를 진다고 해놓고 이기적으로 행동하면, 의무의 이야기는 거짓임이 드러난다. 존슨 앤드 존슨의 최고 경영자가 평소 피고용자들을 악용했다면, 그는 피고용자들이 타이레놀을 매대에서 회수하는 책임을 떠안도록 유도하지 못했을 것이다. 반대로 그의 행동은 모범적이었다. 그는 미국 대통령 자유훈장까지 받았으며, 그 표창을 임직원을 대신하여 받았다.

지도자는 모순되는 행동으로 신념 체계를 망가뜨릴 수도 있지만, 반대로 자신의 행동을 전략적으로 조탁함으로써 신념 체계를 강화할 수도 있다. 가령 당신이 진의와 다른 말을 하는 것 같다고 청중이 미심쩍어한다고 해보자. 회사의 신조에는 "이익보다 사용자를 중시한다"라고 새겨놓았더라도 그 말이 말 그대로 사용자들에게 좋게 들릴까? 당신은 그러한 의혹에 맞서서 무엇을 할 수 있을까? 마이클 스펜스는 그의 "신호 보내기 이론"을 통해서 이 문제를 해결한 공로로 노벨상을 받았다. 청중에게 "정말이지 진심이다"라고 말하는 것은 명백히 도움이 되지 않는다. 당신은 진심이 아니더라도 진심이라고 말하고 싶을 것이기 때문이다. 당신이 무슨 말을 하더라도 아무런 도움이 되지 않지만, 무슨 행동을 할 수는 있다. 구체적으로 어떤 행동인가 하면, 당신이 신조와는 정반대로 정말 "사용자보다 이익을 중시한다면" 너무 큰 비용을 부담해야 해서 엄두를 내지 못할 행동을 할 필요가 있다. 당신의 말이 사실은 진심이라고 해도 청중에게 인정받을 행동은 당신에게 고통스러운 것밖에 없을 공산이 크다. 그러나 이는 신뢰를 확립하기 위해서 치러야 할 대가이다. 신호는 신념 체계의 신뢰성을 보강해준다. 그렇다고 이야기가 불필요해지는 것은 아니다. 신호는 신뢰성을 획득하고, 이야기는 정확성을 획득한다. 이 둘은 보완적이다.

권력을 권위로 전환하는 것은 대단위 집단들을 광범위하게 포괄하는 호혜성 구축에 필수적이다. 광범위한 호혜성의 예로, 모든 사람이 납세의 의무를 수용하는 것을 들 수 있다. 지도자가 인간의 영혼을 조작할 수 있는 기술자는 아니지만, 사람의 감정을 힘으로 활용할 수는 있다. 위험한 지도자들은 집행에만 의지하는 사람들이다. 값진 지도자들은 그들 집단의 네트워크 중심에 자리하는 최고 소통관의 위치를 활용하는 사람들이다. 그들은 이야기와 행동을 정교하게 조탁해서 영향력을 획득한다. 지도자들은 모두 자기 집단의 신념 체계에 잘 들어맞는 이야기를 새로 보태고 정교하게 다듬는다. 그러나 위대한 지도자는 신념 체계를 통째로 만들어낸다.[28]

조직의 지휘부가 자신의 네트워크에 이야기를 활용한 아주 최근의 모범적인 사례는 "이라크 시리아 이슬람 국가(ISIS)"이다. ISIS의 지도자들은 강력한 효력을 발휘하는 새로운 이야기의 전달에 소셜 네트워크가 위력적이라는 사실을 알았다. 그들의 조직에 가담한 젊은이들은 스웨덴인, 모로코인, 벨기에인, 튀니지인, 오스트레일리아인을 비롯하여 그밖에도 아주 다양했다. 소속감을 창출하는 ISIS의 이야기들은 이처럼 정체성이 서로 다른 청년들을 "믿는 자들(The

Faithful)"이라는 단 하나의 새로운 공동 정체성으로 바꿔놓았다. 호혜적 의무에 관한 그들의 이야기는 동료 존중의 압력으로 그들을 얽어매서 무자비한 행동으로 몰고 갔다. 새로운 진술들이 이야기로 퍼져나가며 그들의 험악한 행동을 "칼리프 국가"라는 중요한 목적과 연결했다. ISIS는 이 인과적 의미를 구축하여 구성원들의 준수에 목적을 부여했다. 총알받이의 공급과 사우디의 자금이 갖추어지자, ISIS는 빠른 속도로 세계에서 중요한 행위자로 성장했고 파시즘과 마찬가지로 무지막지한 무력에 의해서만 해체되었다. 하나의 신념 체계로서 ISIS는 내적인 정합이 탄탄하고, 따라서 안정적이다. 그 신념 체계의 각 항목을 따로따로 보면 그 하나하나가 대단한 혐오감을 불러일으킨다. 그래서 그들의 집단과 그밖의 모든 사람을 갈라놓지만, 그로 말미암아 그들 집단의 정체성은 오히려 강화된다.

ISIS는 사회를 12세기로 돌려놓기 위해서 이야기를 전략적으로 활용했다. 우리 지도자들은 더 좋은 목적을 위해서 이야기를 활용할 수 있을 것이다.

소프트웨어식으로 장착되는 섬세한 의무

우리는 현대 자본주의에 닥친 윤리성 결핍에서 시작했다. 그것은 이기심이 우리를 대중 번영의 니르바나(nirvāṇa)로 데려다줄 것이므로, 사회는 윤리의식 없이도 잘살 수 있다는 사고방식이다. "탐욕은 좋은 것이다." 왜냐하면 욕심이 많을수록 사람들은 더 열심히 일할 것이고, 따라서 우리 모두가 더 풍요로워질 것이기 때문이다. 우리는 바로 이 진술에서 출발하여 아주 먼 길을 달려왔다. 우리는 **사회적**

존재이지, 경제적 인간도 이타적 성인(聖人)도 아니다. 우리는 존중과 소속을 갈망하며, 이것이 우리의 윤리적 가치를 떠받친다. 전 세계에 걸쳐 그러한 윤리적 가치로 사람들은 여섯 가지를 공통으로 보유한다. 그중 어떤 가치도 이성에서 생겨난 것이 아니다. "배려"라는 가치와 "자유"라는 가치는 진화 과정에서 원초적인 자리를 차지한다. "의리"라는 가치와 "존엄"이라는 가치는 집단을 뒷받침하는 규범으로 진화했을 것이다. 집단 구성원들은 의리와 존엄을 규범으로 준수하고 그 결과로 소속이라는 보상을 얻었기 때문에 그것들을 가치로 내면화했을 것이다. 마찬가지로, "공정"이라는 가치와 "위계"라는 가치가 규범으로 진화한 것은 집단 내의 질서 유지를 위해서였을 것이고, 구성원들은 이 규범들을 준수함으로써 존중이라는 보상을 얻었을 것이다.

가치가 중요한 이유는, 가치가 요구하는 행동(즉, 우리의 의무)이 욕망을 제압하기 때문이다. 놀랍게도 이처럼 적은 수의 가치로부터 우리는 지금껏 거의 무제한으로 의무를 창출하는 방법을 배웠다. 의무를 창출하기 위해서 우리는 신념 체계를 활용한다. 그리고 이야기를 통해서 신념 체계를 정교하게 조탁하고, 신호 보내기 행동을 통해서 뒷받침한다. 이러한 신념 체계는 네트워크의 중심에 위치하는 지도자들에 의해서 의식적으로 구축될 수 있다. 가족에서도, 기업에서도, 사회에서도 지도자들은 신념 체계를 만들 수 있다. 구체적인 내용이 무엇이냐에 따라서 이야기들은 놀라울 정도로 달라지는 집단 행동을 초래할 수 있다. 그 이야기 하나하나는 결국 우리가 다같이 견지하는 공통의 가치와 갈망으로 유지된다.

지금 우리 사회가 직면한 선택에 이 모든 것들이 다 중요하다. 이데올로기는 우리를 유혹한다. 왜냐하면 이데올로기들은 저마다 우리의 공통 가치에서 윤리를 도려내고 이성을 앞세우며 단 하나의 가치에 특권을 부여하기 때문이다. 그러나 이는 다른 모든 가치를 깔아뭉갠다. 그로 인해서 어떤 이데올로기든 간에 그것들은 어쩔 수 없이 우리 가치의 일부와 충돌하고, 따라서 그 가치들이 의존하는 심리적 토대와도 충돌한다. 어떤 이데올로기든 간에 자신의 가장 중요한 목표를 추구하다가 소속감을 해치더라도, "그것은 중요하지 않다." 그러한 목표를 추구하다가 일부 사람들이 굴욕을 당하더라도, "그게 대수인가?" 이데올로기들은 모두 "부수적인 민간인 피해"나 "불량품 파손"은 어쩔 수 없다고 생각한다. 이데올로기들은 이성이 최고라는 데에는 서로 동의하지만, 그것이 어떤 이성인가에 대해서는 의견이 갈린다. 이로 인해서 이데올로기가 밟아갈 길은 해결 불가능한 사회 갈등으로 이어질 수밖에 없다. 이데올로기들은 그것들이 꿈꾸는 유토피아로 우리를 진전시키기보다는 역겹고, 잔인하고, 단명한 삶으로 후퇴시킬 공산이 더 크다.

대중 영합주의자들도 우리의 지지를 얻고자 경쟁한다. 그들은 우리의 가치와 갈망을 자랑스럽게 여기지만, 우리의 실용적인 사고와 제도에 반영된 수백 년의 사회적 학습을 내버리고, 호혜성을 건설하는 우리의 능력을 무시한다. 그들도 우리를 퇴보시킬 것이다.

이 책은 다른 길을 제시한다. 그것은 우리의 가치 위에 구축되고, 실용적 사고로 갈고 다듬어지며, 사회 자체에 의해서 재생산되는 규범을 충족하는 윤리적 자본주의이다. 잘못 보면 너무 단순해 보이는 이 문장은 복잡한 논란거리를 많이 담고 있다. 이데올로기의 옹호자들은 "우리의 가치 위에 구축되다"에 난색을 띠며 거부할 것이다. 대중 영합주의자들은 "실용적 사고로 갈고 다듬어지다"에 난색을 표하며 거부할 것이다. 그리고 "사회 자체에 의해서 재생산되다"라는 구절은 무엇을 함축할까? 만고불변할 유토피아의 완성을 믿지 않는다는 것이다. 그것이 플라톤의 국가든 마르크스주의자들의 낙원이든 "역사의 종언"을 노래하는 승리의 경축이든 말이다. 그것들은 터무니없고 우스꽝스럽다. "재생산되다"라는 것은, 단지 사회 규범은 본래의 속성상 자기 파괴적인 길로 가지는 않는다는 뜻이다. 사회과학의 언어로 말하면, 우리는 모종의 **국소적** 안정을 추구한다는 것이다. 사회는 주기적으로 충격을 받을 것이다. 기후 변화와 같은 자연적인 충격도, 새로운 종교의 출현과 같은 정신적인 충격도 있을 것이다. 그러한 충격들로 말미암아 사회가 국소적 균형점으로부터 아주 멀리 벗어나서 완전히 다른 규범으로 향할 수도 있다. 그래도 우리의 규범은 그 자체의 모순에 짓눌려 붕괴하지는 않을 것이다.

이제 우리는 개인의 행동이 어떻게 의무를 통해서 형성되며, 그러한 사회적 과정이 왜 중요하고, 그것이 왜 잘못될 수 있고, 어떻게 그 과정을 바로잡을 수 있을지를 보여주는 체계적인 그림을 얻었다. 곧이어 나는 이러한 통찰들을 우리의 삶을 형성하는 세 가지 주된 유형의 집단인 가족, 기업, 사회에 적용할 것이다. **이러한 집단들의 지도자가 어떻게 호혜적 의무를 구축하여 공통 가치의 순리에 해롭지 않고 유익하게 작용하는 자본주의를 새롭게 조직할 수 있는지를 제시할 것이다.**

지금의 주된 정치 담론은 윤리의 틀을 개인이 요구할 권리와 수급권으로 쪼그라트렸다. 이것은 의무를 정부에게로 넘기는 담론이다. 내가 강조하는 호혜적 의무는 이것과 아주 다르다. 누군가가 어떤 권리를 누리려면 다른 누군가가 의무를 져야만 한다. 새로운 의무가 하나 생겨야만 새로운 권리 하나의 행사를 성사시키는 행동의 변화가 일어난다. 새로운 권리가 생겨도 어떤 식으로든 그에 대응하는 의무가 없다면, 그것은 공허한 권리이다. 호혜적 의무는 새로운 권리 하나하나를 그에 대응하는 새로운 의무와 짝지어서 이 문제를 해결한다.

권리는 의무를 내포하지만, 의무는 반드시 권리를 내포하지는 않는다. 아이들에 대한 부모의 의무는 그들의 법적인 권리를 훨씬 넘어선다. 구조의 도리도 권리와 짝지어질 필요가 없는 의무이다. 우리가 물에 빠진 어린아이를 구하려고 나서는 것은 그 아이의 고통 때문이지 권리 때문이 아니다. 많은 의무를 창출하는 데에 성공하는 사회는 권리에만 의존하는 사회보다 더 관대하고 조화로울 수 있다. 의무와 권리의 관계는 과세와 공적 지출의 관계와 같은데, 이것이 까다로운 부분이다. 공적 지출을 거론할 때에 구미권 유권자들은 대부분 지출로 얻게 될 혜택을 그 재원의 조달 비용과 반드시 견주어 보아야 한다는 점을 배웠다. 공적 지출의 혜택과 비용을 견주어보지 않으면, 정치인들이 선거 때에 지출을 확대하겠다고 약속했다가 선거가 끝나고 세수보다 많은 돈을 써서 결국 물가만 상승한다.[29] 새로운 의무가 세수의 증가와 비슷하듯이, 권리의 창출은 지출의 증가와 비슷하다. 권리가 충분히 합당한 것일 수 있지만, 합당성의 여부는 그 권리에 상응하는 의무를 공적인 논의에서 거론해야만 확립될 수 있다.

그러한 진단과 평가가 빠진 채 예전의 법률 문구로부터 새로운 권리를 뽑아내는 과정은 돈을 찍어내는 것과 같다. 개인의 권리가 새로 발권되는 지폐처럼 쏟아지는 셈이다. 새로운 권리에 상응하는 새로운 의무를 창출하지 않는 한, 그 적자분을 메우기 위해서 무엇인가를 쥐어짜게 된다. 사람들이 새로운 법적 권리에 부응하는 의무를 떠안기 싫어하면, 법적 권리와는 상관없는 다른 의무들(이를테면 호혜성의 관행)과 구조의 도리에 해당하는 것들이 야금야금 침식되기 쉽다.

권리가 강조됨에 따라서 법률가들이 특권을 누렸다. 법률가들은 대개 법이나 조약 같은 모종의 성문화된 규정에서 출발해서 그것에 어떤 권리가 함의될 수 있는지를 도출한다. 곧이어 판결이 내려지면 그러한 판례의 각 결정은 그것에 또다시 모종의 권리가 함의될 수 있는지를 가늠할 선례가 된다. 이처럼 전문 법률가들이 기존의 법률에 함의되는 새 권리를 "발견하는" 과정으로 말미암아 이들이 "발견하는" 것과 대다수 사람의 윤리적 상식이 야금야금 괴리되는 사태가 여러 사회에서 일어났다. 최근 영국에서 일어난 사소한 예를 보자면, 법원이 이제는 학교에서 "어머니"와 "아버지"라는 말을 사용해서는 안 된다고 결정했다. 그 말이 새로 발견된 동성 부부의 권리를 침해한다는 이유에서였다. 이 사안에서 판사는 소수의 사람에게 이로움을 주고자 새로운 권리를 만들어냈지만, 그 권리는 다른 수백만 가정의 어린이 양육에 보탬이 되는 근본적인 이야기들을 파괴해버렸다. 이로움에 비해서 해로움이 이처럼 광범위하다는 점에서 어머니와 아버지라는 말을 쓰지 말라는 요구는 실용주의를 누르고 이데올로기가 승리했음을 말해준다. 이기적인 권리 주장은 상호 존중을 좀먹는다.

우리가 다른 사람들에 대한 새로운 의무를 인정할수록 우리는 번영을 이룩할 역량이 향상된 사회를 건설한다. 그 의무를 수수방관할수록 그 반대의 결과를 빚는다. 그저 보기만 하면서 내버려두는 행동이 되풀이되면서 자본주의 사회는 병들었다. 이로 인해서 나타나는 대표적인 징후가 사회적 신뢰의 추락이다. 다가올 수십 년 동안신뢰가 어떻게 변할지를 미리 말해주는 지표로, 이미 그동안 미국청소년층이 느끼는 신뢰가 어떻게 변해왔는가를 꼽을 수 있다. 오늘날의 청소년은 내일의 성인이다. 미국에서 나타난 추세가 유럽에서도 거세게 일고 있다. 10대 미국인들이 느끼는 신뢰는 **40퍼센트** 폭락했다.• 이 신뢰의 추락은 모든 사회 계층에서 일어났지만, 빈곤층에서 가장 심하게 나타났다. 로버트 퍼트넘이 말하듯이, 이런 현상은피해망상이 늘어난 것이 아니라 "사람들이 악의적인 사회 현실 속에서 살고 있다"는 것을 말해준다.[30] 번영의 약속에도 불구하고, 요즘현대 자본주의로부터 얻는 것은 으르렁거리는 맹견에게 낭패를 당할 때처럼 공격과 수치, 공포일 때가 많다. 번영의 약속을 이루려면서로를 존중하는 우리의 의식이 새롭게 구축되어야 한다. 실용주의가 우리에게 일러주는 것은 이 과정을 이끌어가려면 상황의 맥락을눈여겨보고 증거를 중시하는 사고를 지침으로 삼아야 한다는 것이다. 그것이 우리가 지향하는 바이다.

• 구체적으로 신뢰가 추락한 기간은 지난 35년 동안이다. 이 기간에 "사람들 대부분을 믿을 수 있다"는 진술에 피설문자들이 동의하는가를 물어서 얻은 응답 결과의추이에서 드러난 것이다.

제3장

윤리적 국가

윤리적 목적을 좋은 발상으로 이어가는 국가들은 기적을 이룩해왔다. 1945년에서 1970년 사이, 나의 세대는 바로 그러한 시기를 경험하면서 자랐다. 국가는 사회를 이롭게 하려는 목적을 분명히 의식하면서 자본주의를 활용했고, 그 덕분에 우리는 국가가 성취하는 빠른 속도의 번영을 경험했다. 언제나 그랬던 것은 아니다. 지금은 그렇지 못하다.

성년기 초반에 1930년대를 맞이한 부모 곁에서 나는 그 시기에 국가가 얼마나 지독하게 실패했는지 간접적으로 배웠다. 부모의 이야기를 들으면서 대량 실업으로 빠져드는 붕괴의 비극을 감지했다. 국가와 그것이 반영하는 사회는 완전 고용을 그들의 책임으로 인식하는 윤리적 목적의식이 없었다. 대량 실업에 맞서서 무엇을 해야 하는지를 가르쳐줄 만한 착상도 국가와 사회에 존재하지 않았다. 그로 말미암아 그들은 자본주의를 운영하면서 극적인 오류를 저질렀다. 대기 중이던 파시즘과 마르크스주의 이데올로기들이 기회를 노리고 있었다. 독일과 이탈리아에서만 두 이데올로기가 세를 얻는 데에 성공했지만, 그것만으로도 세계적인 재앙을 촉발하기에는 충분했다.

수많은 대중의 삶이 황폐해졌지만, 국가와 사회는 뒤늦게야 그에 놀라서 목적의식을 발견했다. 미국에서는 루스벨트가 일자리를 마련해줄 국가의 의무를 적극적으로 수용했다. 그것이 그가 표방한 "뉴딜"이다. 사람들은 뉴딜이 윤리적이라고 보았기 때문에 루스벨트를 선출했다. 새로운 착상도 나타나서, 케인스가 『고용, 이자, 화폐에 관한 일반 이론(The General Theory of Employment, Interest and Money)』에서 대량 실업에 대처하기 위한 분석을 내놓았다. 처음에는 케인스의 책이 정부의 호응을 얻지 못했다. 대공황이 한창이던 1936년에 그의 책이 나오기는 했지만, 대공황으로부터의 탈출은 재무장을 위한 군비 확충이 우연히 수요를 촉진한 덕분이었다. 폴 크루그먼이 약간 비틀어서 말했듯이, 제2차 세계대전은 역사상 최대 규모의 경기 부양책이었다. 그러나 케인스의 분석은 전후에 완전 고용을 유지하는 데에 활용되었고, 그러다가 1970년대에 물가가 오르면서 점차 적합성을 잃었다.

1930년대에 국가는 사람들의 기대를 저버렸고, 지금 또다시 그러고 있다. 요즘 "자본주의"라는 말은 수많은 사람들에게 경멸감을 불러일으킨다. 그러나 독소 같은 그 말 속에 담긴 시장과 규칙 그리고 기업의 네트워크는 우리에게 1945–1970년의 기적과 1929–1939년의 비극을 선사했다. 나의 세대는 비극을 비껴가는 행운에 더해서 기적을 경험하면서 살았고, 기적은 계속될 수밖에 없다고 안일하게 상상했다. 전혀 그렇지 않음을 요즘 세대는 계속 배우고 있다. 새로운 불안은 경제적 격차가 증폭되는 데에 뿌리를 두고 있다. 번창하는 대도시와 죽어가는 지방 도시 사이의 지역적 분단이 갈수록 커지고 있다. 권세와 성취감을 주는 일자리를 가진 사람들과 발전의 여지없이 막다른 일자리로 내몰리거나 아예 그런 일자리마저 없는 사람들 사이의 계급 분단도 갈수록 커지고 있다.

1930년대 대공황기에도 그랬듯이 자본주의는 이처럼 새로운 불안을 만들어냈다. 구조적인 변화로부터 생겨나는 이러한 사회적 균열을 치유하려면 국가가 필요하다. 그러나 1930년대에도 그랬듯이 국가와 그것이 반영하는 사회는 이 새로운 문제에 대처할 그들의 윤리적 의무를 인식하는 데에 둔감했다. 그들은 문제가 커지기 전에 대처하기는커녕 새로운 불안이 위기의 수준으로 불거질 때까지 방관했다. 국가를 구성하는 사람들보다 국가가 더 윤리적일 수는 없다. 물론 국가가 나서서 호혜적 의무를 북돋울 수 있고, 사람들이 새로운 의무를 수용하도록 조금씩 설득해나갈 수 있다. 그러나 시민들의 가치와 동떨어진 가치를 강제하려고 하면 신뢰를 잃게 되니, 국가의 권위는 좀먹히기 시작한다. 국가의 윤리적 한계는 그 사회의 윤리적 한계에 따라서 정해진다. 지금 국가의 윤리적 목적 결여는 사회 전반에 걸친 윤리적 목적의 쇠락을 반영한다. 우리 사회의 분단이 계속 심해지면서 분단의 저편에 있는 사람들을 대하는 사회의 관대한 태도도 계속 약해졌다.

이러한 목적의 결여를 더욱 악화시킨 것은 1930년대와 마찬가지로 실용적 견지에 뿌리를 둔 새로운 사고를 마련하지 못했다는 점이다. 이 책의 제3부에서 나는 이러한 혁신적 사고의 공백을 메우려고 노력한다. 우리 사회의 해로운 분단과 균열을 치유할 실용적인 접근법을 제시할 것이다. 그러나 그에 앞서서, 국가의 윤리적 실패와 아울러 그것의 뿌리를 이루는 우리 사회의 윤리적 변화를 짚어보아야 한다.

윤리적 국가의 부상

윤리적 국가(ethical state)의 전성기는 전후 첫 20년이었다. 국가는 윤리적 목적이 충만한 웅장한 시대를 맞이하여 전에 없던 호혜적 의무를 줄줄이 만들어냈다. 이례적으로 아주 넓은 범위에 걸쳐서 시민들 서로가 서로에 대하여 부담하는 새로운 의무가 창출되었고, 국가의 관리하에 두어졌다. 이것을 산뜻하게 담아내는 이야기가 "요람에서 무덤까지" 그리고 "뉴딜"이었다. 출생 전 임신기의 의료 서비스로부터 고령 연금에 이르기까지 국가가 운영하는 나라 차원의 사회보험에 갹출금을 냄으로써 사람들은 서로를 지켜주기로 했다. 이것이 공동체적인 사회민주주의가 지향하는 윤리이다. 이 사회민주주의 윤리가 정치 스펙트럼의 중앙에 포진했다. 미국에서는 양당의 절충이 의회에 자리를 잡은 시기였고, 독일에서는 "사회적 시장경제"의 시기였다. 영국에서는 선도적인 정책 사업인 국립의료서비스(NHS)를 보수당 정치인이 이끄는 연립 정부하에서 자유당 소속의 인물이 고안하여 노동당 정부가 시행했고, 국가가 운영하는 이 의료제도를 보수당 정부도 계속 유지했다. 1945년에서 1970년 사이에 북아메리카와 유럽 모두에서 정치적 대결의 소란과 연기가 일었더라도, 그 근저에 있는 주류 정당 지도자들 사이의 정치적 이견은 극미했다.•

그러나 사회민주주의의 성공을 떠받친 것은 너무 당연해서 대수롭지 않게 여겨진 하나의 유산이었다. 제2차 세계대전을 통한 대공

• 1950년대 영국 정치에서 생겨난 용어 "버츠켈리즘(Butskellism)"은 보수당을 이끄는 리처드 버틀러와, 노동당 지도자 휴 게이츠켈 두 사람의 생각이 기본적으로 같다는 것을 뜻했다.

황으로부터의 탈출은 의도하지 않은 경기 부양책을 훨씬 넘어서는 일이었다. 그것은 지도자들이 만들어낸 소속과 상호 의무의 이야기들을 매개로 이루어진 막대한 공동의 노력이었다. 그 과정에서 각 나라를 커다란 공동체, 즉 정체성을 공유하고 의무와 호혜성을 수용하는 의식이 탄탄한 사회로 바꿔놓는 커다란 유산이 생겼다. 그래서 사람들은 개인의 행동을 집단적 결과로 연결하는 사회민주주의의 이야기들에 기꺼이 부응할 준비가 되어 있었다. 전후 초기 수십 년 동안 부유한 사람들은 80퍼센트가 넘는 소득세율에 부응했다. 청년층은 군의 징병에 부응했다. 영국에서는 범죄자들조차 비무장 경찰력의 집행에 필요한 암묵적인 제약에 부응했다. 이 덕분에 국가의 역할이 엄청나게 확장될 수 있었다. 그 결과로 자리를 잡은 것이 사회민주주의가 내걸었던 정책 의제이다.

그러나 사회민주주의 국가는 갈수록 공리주의와 롤스주의 전위대들에게 장악당했고, 윤리적 국가는 가부장적 국가로 변해갔다. 새 전위대들이 다음 사실만 인식했다면 이것이 큰 문제가 되지는 않았을 것이다. 그것은 공유 정체성을 계속해서 갱신해가지 않으면 그 이례적인 유산은 소모되는 자산이라는 사실이었다. 그들은 이를 깨닫기는커녕 정반대로 행동했다. 공리주의 전위대는 하나로 통합된 세계를 지향하는 글로벌리스트였고, 롤스주의자들은 피해자 집단의 독특한 정체성을 치켜세웠다. 사회민주주의 의제의 토대가 점차 무너지다가 2017년에 이르러 사회민주당들은 구미권 전역에서 유권자들에게 버림을 받았고 실존적인 위기로 내몰렸다.[1] 왜 이런 일이 일어났을까? 그 배경을 제2장에서 소개한 개념들을 바탕으로 이해할 수 있다.

윤리적 국가의 쇠락 :
사회민주주의 사회는 어떻게 해체되었는가?

사회민주주의의 붕괴는 이중의 악재 때문이었다. 한편으로는 호혜적 의무가 야금야금 무너지는데, 다른 한편으로는 경제 구조의 변화로 타격을 받는 사람들이 자꾸 늘어나니 호혜적 의무의 필요성은 오히려 더 절실해진 것이다. 이 기간의 극적인 경제 성장에 동반된 대가는 복잡성이 대단히 증폭되었다는 것이다. 복잡성의 증대는 더 전문적인 숙련 기능을 요구했고, 그로 인해서 교육 수준이 높은 사람이 필요해졌다. 이것이 전례가 없을 만큼 고등 교육의 팽창을 촉진했다. 이 육중한 구조 변화의 물결이 사람들과 사회의 정체성에 충격을 초래했다.

여러 가지가 뒤섞인 이 충격이 사회민주주의에 치명타로 작용했다. 그 과정이 어떻게 일어났는지를 살펴보기 위해서 곧이어 한 모형의 윤곽을 묘사할 것이다. 좋은 모형은 복잡한 현상을 단순화하면서도 놀라울 것이 없는 가정에서 출발하지만, 놀라운 결과에 도달한다. 이상적인 사례에서 좋은 모형은 지금까지는 우리가 깨닫지 못했던 것인데 모형의 결과 덕분에 명백해지는 무엇인가를 압축해낸다. 대개 모형은 방정식 여러 개를 나열함으로써 성립되지만, 나는 이 모형의 윤곽을 몇 줄의 문장으로 제시할 것이다.[2] 꽤 단순한 내용이지만 모형이 어떻게 작동하는지 파악하려면 인내심이 조금 필요하다. 그 보상으로 제법 의미 있는 통찰을 얻을 수 있다. 약간의 심리학으로 출발해서 경제학을 약간 보태는 모형이다.

여기에서 등장하는 심리학은 아주 단순하지만 **합리적인 경제적 남**

성의 기괴한 병증보다는 상당히 덜 저속하다. 이 인간형은 석기시대에 멸종했고, (앞에서 본 것처럼) 합리적인 사회적 여성으로 대체되었다. 나는 그녀가 어떻게 행동하는가에 대해서 조지 애컬로프와 레이철 크렌턴이 개척한 정체성 경제학의 통찰을 활용한다. 자, 우리 모두에게 객관적인 정체성이 두 개 있다고 가정해보자. 하나는 우리의 일자리이고, 다른 하나는 우리가 소속하는 나라이다(달리 말해서, 국적 또는 국민 정체성).* 정체성은 우리가 존중을 획득하는 원천의 하나이므로 이 두 정체성은 각각 얼마간의 존중을 창출한다. 각 정체성이 존중을 얼마나 창출하는지 구체적으로 나타내기 위해서 이렇게 가정해보자. 우리가 일자리에서 얻는 존중은 일자리에서 발생하는 소득을 반영한다. 그리고 나라에서 얻는 존중은 나라의 위세와 품위를 반영한다. 그러면 이제, 개인이 선택할 요소를 추가하자. 그것은 어느 정체성을 자신의 가장 돋보이는 으뜸 정체성으로 강조하는가 하는 점이다. 일자리와 나라, 두 가지로 주어지는 객관적 정체성은 우리가 어쩌지 못한다고 해도 그중 어느 것을 가장 중시할지는 선택할 수 있다. 내가 어느 정체성을 강조점으로 선택하는가에 따라서 내가 얻는 존중의 효과가 달라질 수 있다. 그 선택을 일종의 카드라고 상상해보라. 즉, 두 정체성 중 어느 것에든 이 카드를 얹으면 선택된 정체성이 창출하는 존중이 한 번 더 생겨서 곱빼기로 늘어난

---

* "일자리"와 "나라"에 해당하는 원어는 "job"과 "nationality"이다. 저자가 펼치는 다양한 문맥에서 "job"은 "고용(또는 돈벌이)"뿐 아니라 "종사하는 일(의 내용)"도 함축한다. "nationality"는 보통 "국적"을 뜻하지만, 여기서는 꼭 법적인 국적만이 아니라 "내 나라는 어디인가?"에 스스로 내리는 답, 즉 어느 나라 사람이라는 "사실"뿐 아니라 "정체성"도 포괄한다. 너무 좁은 의미로 국한되는 "국적"보다 간단히 "나라"로 번역하면 자연스럽게 읽히는 문맥이 많다.

다고 하자. 정체성을 선택하는 이 "으뜸 카드"를 행사함에 따라서 사람들이 새로운 두 집단으로 나뉘는 추가적인 효과가 발생한다. 한 집단은 자신의 일자리를 으뜸 정체성으로 택하는 사람들이고, 다른 집단은 나라를 으뜸 정체성으로 택하는 사람들이다. 따라서 으뜸 정체성을 선택하는 것은 이 두 집단 중 어디에 소속할 것인가를 선택하는 것이기도 하다. 덩달아 나는 그 집단의 회원 자격으로부터 존중을 더 획득하는데, 그것의 크기는 그 집단의 회원들이 보유하는 존중의 크기에 따라서 달라진다.

이것을 모두 합쳐보면, 이를테면 존중을 대접받는 식당에서 각 개인이 획득하는 존중은 네 접시에 담겨서 나온다. 한 접시는 우리의 일자리에서 나오고, 또 한 접시는 우리의 나라에서 나온다. 그리고 일자리와 나라 중 어느 쪽을 으뜸 정체성으로 선택했든 간에, 그로부터 얻는 접시만큼의 존중이 한 번 더 나온다. 마지막으로, 같은 으뜸 정체성을 선택한 집단에 소속함에 따라서 주어지는 네 번째 접시의 존중이 나온다. 이 마지막 접시의 존중을 구체적으로 나타내기 위해서 그것의 크기를 간단히 해당 집단의 각 구성원이 이미 앞서서 받아놓은 세 접시의 존중을 평균한 값이라고 가정하자. 자, 그러면 일자리와 나라 중 우리는 어느 것을 으뜸 정체성으로 택할 것이며, 그 결정을 어떻게 내릴까?* 이 대목에서 경제학이 필요하다. 우리의 **합리적인 사회적 여성**은 존중으로부터 자신의 효용을 획득하며, 그것을 **극대화한다**. 이 극대화가 여기에서 "합리적이다"에 부여하는 의미

• 우리는 물론 "욕망"을 어떻게 충족할 것인지에 대해서도 결정을 내린다. 그러나 이것은 모형이 조명하는 무대에서 배제할 수 있다.

이다. 이것으로 이 자그마한 모형을 전후 사회의 역사에 적용할 준비를 마쳤다.

제2차 세계대전이 끝난 직후의 상황을 보면, 임금 불평등은 소소하고 나라의 위세와 품위도 높다. 그래서 최상위 고임금 노동자들조차 존중에서 얻는 효용을 극대화하기 위해서 자신의 일자리가 아니라, 자신의 나라를 으뜸 정체성으로 선택한다. 네 접시로 대접받는 존중의 양을 개인별로 합산하면, 그것의 분포가 사회 전반에 걸쳐 상당히 균등하게 나타난다. 모든 개인이 그들의 나라, 즉 국민 정체성(national identity)으로부터 동등한 존중을 얻는다. 또한 모든 개인이 나라를 으뜸 정체성으로 택하기 때문에 각 개인이 곱빼기로 받는 존중의 양도 같다. 그리고 모두가 똑같은 으뜸 정체성을 선택했기 때문에 각 개인이 자기가 소속한 으뜸 정체성 집단으로부터 얻는 존중도 같다. 따라서 개인별로 존중의 양이 달라지는 차이는 소소한 임금 차이밖에 없다.

이제, 이 행복한 결과가 무너지는 과정을 살펴보자. 시간이 흐르면서 복잡성이 증폭됨에 따라서 특출난 교육을 받고, 그에 상응하는 특출난 일자리를 얻으며, 높은 생산성에 상응하는 특출난 임금을 받는 사람들이 점차 늘어난다. 이러한 과정이 계속되다가 어느 지점에 이르면, 고숙련 집단의 최상층은 그들의 으뜸 정체성을 나라에서 그들의 숙련 기능으로 바꾼다. 왜냐하면 그렇게 하면 그들의 존중이 극대화되기 때문이다.

이런 변화가 일어나면 개인이 획득하는 마지막 접시의 존중, 즉 서로 같은 으뜸 정체성을 선택했던 사람들의 집단에서 생겨나는 존중에서 격차가 벌어지기 시작한다. 자신의 일자리를 으뜸 정체성으로 선택하는 사람들은 그들의 집단에 소속함으로 말미암아 더 많은 존중을 얻는다. 반대로, 나라를 으뜸 정체성으로 고수하는 사람들은 존중을 잃는다.• 이처럼 격차가 생기면 그것 자체가 자신의 으뜸 정체성을 나라에서 일자리로 바꾸도록 점점 더 많은 사람을 부추긴다. 그래서 결국, 이 과정은 어느 지점에서 끝날까?

어쩌면 모든 사람이 자신의 으뜸 정체성을 바꾸는 결말에 이를지도 모르고, 그럴 가능성도 없지 않다. 그러나 이보다 개연성이 높은 결말은 저숙련 일자리의 사람들이 계속 자신의 나라를 으뜸 정체성으로 유지하는 상황이다. 이와 같은 결말을 전후 사회의 출발점과 견주어보자. 우선, 고숙련 집단이 국민 정체성에서 이탈했다(공리주의 전위대도 여기에 포함된다). 그 결과로 그들은 출발점에서보다 존중을 더 많이 획득한다. 반면에 국민 정체성을 으뜸 정체성으로 고수한 저숙련 집단은 존중을 상실한다. 가장 많이 존중받는 사람들이 국민 정체성을 으뜸으로 선택하는 집단에서 이탈한 탓에 이 집단에 소속함으로써 얻는 존중이 줄어들기 때문이다.

모든 모형이 그렇듯이, 이 모형도 대단히 환원적이다. 그러나 세부 사항의 늪으로 빠져들지 않고도 우리 사회가 왜 그리고 어떻게 이음매가 풀리면서 분열되었는가를 설명하는 데에 분명히 도움이 된다. 모형이 전개되는 과정 내내, 각 개인은 자신의 존중을 극대화할 뿐이다. 그러나 경제의 구조 변화 때문에 균열의 틈새가 벌어지기 시작한다. 고숙련 기능을 갖춘 사람들은 으뜸 정체성을 그들의

• 이것은 나라에 대한 자부심이 떨어지기 때문이 아니라, 나라를 으뜸 정체성으로 삼는 집단에 소속함으로써 획득하는 품위와 위세가 유능한 고숙련자들이 그 집단에서 이탈함에 따라서 점차 줄어들기 때문이다.

일자리로 바꾼다. 이를 묘사하는 완벽한 표현을 영국의 경제학자 앨리슨 울프가 당시 「뉴욕 타임스(*The New York Times*)」의 국제면 편집부장 수전 치라와 나눈 대담에서 포착했다. 치라는 앨리슨에게 "일은 보람을 준다. 일은 정체성과 밀접하게 얽혀 있다"고 말했다.[3] 반면에 교육 수준이 그들만 못한 사람들은 자기 일에서 신날 것이 그들만 못하고 국민 정체성을 고수하다가 변두리로 내몰린다고 느끼기 시작했다.

변두리로 밀려난 사람들보다 더 많은 존중을 획득하는 고숙련 집단 중 잘난 체하는 사람들은 자기들이 정말 자신의 숙련 기능을 으뜸 정체성으로 삼고 있음을 남들에게 분명히 보여주려고 애쓴다. 이 대목에서 신호 보내기 이론에서 마이클 스펜스가 제시한 핵심 통찰 하나를 활용하면, 그들이 어떤 식으로 그러한 행동에 나설 것인지를 들여다볼 수 있다. 그러니까 내가 가장 중시하는 으뜸 정체성에서 나라를 버렸음을 신빙성 높게 내보이려면, 내가 그렇게 선택하지 않았다면 감히 하지 못할 행동을 할 필요가 있다. 즉, 나는 나라를 깎아내릴 필요가 있다. 이것은 상류층 엘리트들이 그들 자신의 나라를 그렇게도 자주 적극적으로 폄하하는 이유를 설명하는 데에 도움이 된다. 그들은 존중을 얻으려고 하는 것이다. 이를 통해서 그들은 결정적으로 그들 자신을 그들만 못한 사람들과 차별화한다. 나라라는 공유 정체성에서 이탈하는 그들에게 따돌림을 당하는 사람들은 그로 인해서 존중을 잃는다. 따라서 상류층 엘리트가 나머지 사람들의 분개심을 촉발한다고 해서 놀랄 것은 없다. 나는 이 이야기가 웬만큼은 낯설지 않게 들릴 것이라고 기대한다.

학력도 훌륭하고 숙련 기능도 뛰어난 이 새로운 계급은 우파 인사들뿐 아니라 좌파 인사들도 포함한다. 우파 인사들은 개인의 재능에 따라서 이득을 누릴 자유를 중시하는 자유 지상주의 이데올로기를 신봉했고, 좌파 인사들은 공리주의 이데올로기나 롤스주의적 권리를 신봉했다. 후자인 좌파 상류층 집단은 그들 자신의 국민 정체성을 벗어던졌을 뿐만 아니라 다른 사람들에게도 그러도록 권장했다. 또한 피해자로 간주될 만한 특징을 갖춘 사람들에게 피해자라는 특징을 그들의 으뜸 정체성으로 삼도록 고무했다.

공유 정체성의 상실이 초래하는 악영향들

이렇게 공유 정체성이 해체되면 사회가 작동하는 방식에 좋지 않은 파급 효과를 초래한다. 사람들의 정체성이 고숙련 기능과 국민 정체성으로 양극화됨에 따라서 상류층 사람들에 대한 신뢰가 무너지기 시작했다.[4] 이런 사태가 어떻게 일어났을까?

제2장에서 소개한 커다란 그림을 상기해보자. 남들을 도우려는 의욕은 세 가지 이야기가 합쳐져야 생겨난다. 그것은 어떤 집단에 속한다고 느끼는 **소속감을 공유하고,** 그 집단 내의 **호혜적 의무를 수용하며,** 어떤 행동이 집단의 행복을 가져온다는 인과관계를 통해서 행동의 **목적을 제시하는** 이야기들이다. 그러나 사람들의 공유 정체성이 무너지면, 이 소속과 의무와 목적의 이야기는 효력을 잃는다. 당연히 잘사는 사람들이 그들만 못한 사람들에 대한 책임을 인정할 의욕도 무너진다.

베푸는 아량이 싹트는 밑바탕은 대부분 호혜성이다. 이것을 발판으로 우리는 힘이 약한 이타성과 구조의 도리를 넘어서 훨씬 강력한 호혜적 의무로 껑충 뛰어오르고, 그 덕분에 높은 세율에도 기꺼이 부응한다. 그러나 의무의 호혜성이 성립되려면, 먼저 조정 문제가 해결되어야 한다. 당신이 의무의 호혜성을 수용했다면 나 또한 당신에 대한 의무를 수용할 용의가 있지만, 당신이 의무를 수용한다는 것을 내가 어떻게 알 수 있는가? 마찬가지로 내가 의무를 수용했다는 것을 당신은 어떻게 알 수 있는가? 호혜적 의무를 이행해야 할 상황에 부응하려면 서로에 대한 신뢰가 필요하다. 우리는 어떻게 서로를 신뢰하게 될까?

사회심리학의 실험에서 밝혀졌듯이, 그 답은 우리에게 공통의 지식(공유 지식)이 필요하다는 데에 있다. 즉, 우리가 바로 이런 의무를 수용한다는 사실을 우리들 각자가 알아야 할 뿐만 아니라, 그 사실을 나는 물론 당신도 알고 있다는 사실까지 우리들 각자가 알 필요가 있다. "내가 알고 있다는 것을 당신이 알고 있다는 것을 내가 알고 있다……"와 같이 되풀이되는 신뢰의 메아리가 필요하다. 바로 이것이 한 집단의 네트워크에서 공유되는 소속, 의무, 목적의 이야기들이 점진적으로 이룩하는 것이다. 그러한 이야기들에는 소속감을 공유하는 경계가 어디까지라는 주장이 들어 있기 마련이고, 그에 따라서 호혜성이 적용되는 범위가 정의된다. 모두가 그 이야기들을 들어서 알고 있음을 서로 알고 있다는 사실 덕분에 그러한 정의에 힘이 실린다. 또한 그러한 공통 지식이 경험상 어디까지 퍼져나가더라는 감각도 보태진다. 기본적으로 이야기는 언어로 표현되기 때문에 집단의 크기에는 넘어서기 어렵다는 자연적인 상한이 있다. 언어를 공유하는 집단이 무한정 커질 수는 없는 탓이다.[5] 반면에 공유 언어가 있다고 해서 집단의 크기에 어떤 하한이 보장되는 것은 아니다.

같은 언어 집단 내에서도 사람들의 정체성은 심하게 분열될 수 있기 때문이다. 가령 공유 정체성을 해치는 행위가 일어나면, 이미 호혜성이 적용된다고 정의되어 있던 집단도 약해질 뿐만 아니라, 이질적인 집단들에 묶어서 호혜적 의무를 적용할 여지도 더욱 좁아진다.

그동안 우리 사회가 정말, 한편으로는 국민 정체성을 내버리고 자신의 일자리를 중시하는 평균 소득 이상의 사람들과, 다른 한편으로는 국민 정체성을 고수한 사회 하위층 사람들로 양극화되었다는 것에는 의심의 여지가 별로 없다. 트럼프와 브렉시트, 르펜이 득세한 이후로 이 두 집단이 그 양극화를 분명하게 의식하고 있음에도 의심의 여지가 별로 없다.

지금까지의 이야기는 고학력, 고숙련 인구층이 대개 자신의 핵심 정체성에서 나라를 무시하는 길로 들어서면서 형편이 그들만 못한 사람들은 쇠락한 지위에 고착되는 결과를 가져왔다는 것이다. 이것이 사회 전반의 공유 정체성이 약해지는 결과를 초래했고, 그로 인해서 잘사는 사람들이 그들만 못한 사람들에 대해서 느끼는 의무감이 약해졌다. 이는 결국, 넉넉한 사람들은 가난한 사람들을 돕기 위해서 높은 재분배 세금을 기꺼이 부담해야 한다는 1945년 이래 구축된 이야기의 밑바탕을 갉아먹었다. 이러한 설명은 적어도 1970년 이후 최고 세율의 막대한 인하와 맞아떨어진다.

자, 그러면 이제 한 발짝 더 나아가 따져보아야 할 문제가 있다. 잘사는 사람들이 느끼는 의무감이 약해졌음을, 전체 인구 중 못사는 사람들이 잘 알고 있다는 문제이다. 어쨌거나 그것을 알아채지 못하기란 꽤 어려울 뿐만 아니라, 그 사실은 인구의 빈곤층에게 중요한 일이다. 사정이 이러하다면 그 사실이 과연 평범한 사람들이 그들보다 "잘난 사람들"을 신뢰하는 정도에 영향을 미칠 것인가? 질문 자체로 그 답은 명백해진다. 신뢰는 추락할 것이다. 유능한 고학력 집단이 그들 자신을 그들만 못한 사람들과는 다른 존재로 간주할 뿐만 아니라 스스로 책임 능력을 한정하는 특권까지 챙긴다면, 그처럼 타자로 내몰리는 사람들이 예전처럼 모든 사람의 으뜸 정체성이 같다고 확신했던 시절과 다를 바 없이 고학력자 집단을 계속 신뢰하는 것은 어리석은 일이다. 우리는 사람들이 어떻게 행동할지를 예측할 수 있다고 확신할 때에 그들을 신뢰한다. 나아가 우리의 예측을 더욱 신뢰할 때에는 우리가 "마음 이론"의 기법을 안전하게 사용할 수 있는 상황이다. 이는 당신의 행동을 예측하려고 할 때에 내가 당신의 처지에 놓였다면 나는 어떻게 행동할 것인가를 상상하는 것이다. 그러나 이 방법은 당신과 내가 같은 신념 체계를 공유한다고 확신하는 정도만큼만 믿고 쓸 수 있을 뿐이다. 당신과 나의 신념 체계가 근본적으로 다르다면, 나는 당신의 처지에서 생각할 수 없다. 왜냐하면 나는 당신의 행동을 결정하는 그 정신세계에 살고 있지 않기 때문이다. 결국 "나는 당신을 못 믿는다"라는 결론에 이른다.

그런데 공리주의 전위대는 심지어 신뢰의 추락을 예견하고 그것을 예방할 해법도 제안하는 이론을 개발했다. 헨리 시지윅은 케임브리지 대학교의 윤리철학 교수이자 벤담의 열렬한 추종자이다. 그는 지배층 전위대가 그들의 진짜 목적을 나머지 인구가 모르도록 숨기는 것이 그 해법이라고 주장했다. 즉, 신뢰의 추락을 속임수로 예방할 수 있다는 것이다.* 물론, 1970년대 이래 신뢰의 심각한 추락을

---

* 그의 뒤를 이은 케임브리지 교수 버나드 윌리엄스는 시지윅의 이 주장을 호되게

더욱 악화시킨 요인은 공공정책을 지휘하는 전위대가 새로운 균열에 대처하는 데에 실패했음이 사실로 드러났다는 것이다. 그러나 터무니없게도 오히려 사태를 악화시킬 시지윅의 제안에서 드러나듯이, 문제의 근원은 단지 그러한 결과상의 실패보다 훨씬 깊다.

신뢰의 추락이 사회민주주의가 와해되는 과정의 마지막은 아니다. 신뢰가 추락하면 그다음 단계로 사람들이 서로 협력할 능력이 영향을 받는다. 복잡성이 증폭된 사회에서는 수많은 상호 작용이 신뢰에 의존한다. 따라서 신뢰가 무너지면, 협력을 엮어내는 실오라기들이 하나둘씩 끊어지기 시작한다. 사람들은 좋은 행동을 집행하기 위해서 법적 메커니즘에 더 기대기 시작한다(법률가들에게는 이것이 좋은 소식이지만 나머지 사람들에게는 꼭 그렇지만은 않다). 유능한 실력자들은 자신의 으뜸 정체성을 남들과 공유하지 않기 때문에 동료 시민들에 대한 의무감이 약해지고, 그만큼 더 그들의 행동은 기회주의로 흘러가게 된다. 심지어 그들은 나머지 인구를 "멍청이"로 간주하는 지경까지 이르러서 멍청한 봉들을 등쳐먹는 자신의 실력에 자부심을 느끼기도 한다. 폭로된 전자우편에서 보듯이, 이러한 정서가 금융 기업 상위층에 널리 퍼져 있던 것으로 보인다. 조지프 스티글리츠가 적절히 묘사했듯이, 금융 위기 이전 여러 해 동안 미국 금융계의 비즈니스 모형은 "멍청한 봉들을 발견하기"였다. 당연히 이것은 사회 기저에서 불평등을 심화시키는 구조적인 경제적 작용을 증폭시킨다.

비판하며, "총독 관저(Government House)"식 공리주의라고 불렀다.

우리는 왜 광범위한 국민 정체성을 경계하는가?

개인의 정체성에서 국가를 으뜸으로 여기는 것에 대한 경계는 충분히 이해할 만한 일이다. 국가주의(nationalism, 또는 국민주의)는 정말 끔찍한 사태를 초래했기 때문이다. 모든 정체성은 자신으로부터 배제할 특징을 은연중에 정의한다. 그러나 배제할 특징이 묵시적인 것에 머물지 않고 명시적인 데다가 적대적일 때에는 그러한 배제 관념이 독소로 변한다. 즉, "우리"가 "그들이 아님"으로 정의되고, "그들"은 증오의 대상이 되며, 우리는 그들이 고통받기를 바란다. 그러한 정체성들은 적대를 전제한다. 어떤 맥락에서는 적대적 정체성이 오히려 건강할 수도 있다. 가령 스포츠 팀들은 분명한 적수 개념을 가짐으로써 성과를 높인다. 많은 기업들이 또한 그러하다. 그러한 경쟁은 사람들이 더 많이 노력하게끔 자극하므로 우리 모두에게 이롭고, 이것은 자본주의의 장점임에도 저평가되는 점들 중의 하나이다. 반면에 역사상 가장 해로운 적대적 정체성의 형태는 민족, 종교, 국가와 같은 커다란 집단 정체성이었다. 그로 인해서 폭력적인 집단 박해, 지하드(이슬람교의 성전), 세계대전이 일어났다.

독일만큼 그러한 적대적 정체성으로 인해서 고통을 겪은 사회도 드물다. 지금의 독일 땅에서 번영을 누리던 사회는 17세기 가톨릭과 신교도 간의 30년전쟁으로 완전히 황폐해졌다. 이 전쟁은 결국 베스트팔렌 조약으로 매듭지어졌는데, 이것은 기본적으로 으뜸 정체성을 종교에서 국가로 바꾸는 것이었다. 베스트팔렌 조약은 평화를 불러왔지만, 종국에는 독일을 국가사회주의, 홀로코스트, 세계대전과 패전의 지옥으로 몰고 갔다. 그러니 요즘 대다수의 독일인들이 더 큰 정체성을 원하고 유럽의 정체성에 열정적인 것도 놀라운 일은 아니다.

그러나 유럽은 정치체를 적당히 얹어놓기만 하면 되는 땅덩어리가 아니다. 앞에서 보았듯이, 정치체는 정치 권력의 단위들이 그에 대응할 공유 정체성과 일치할 때에 더 효과적으로 작동할 수 있다. 그러지 못하면, 정체성을 뜯어고쳐서 권력에 맞추거나, 권력을 뜯어고쳐서 정체성에 맞출 필요가 생긴다. 현대 사회의 어디에서나 정치 권력은 아주 소소한 수준의 강제력과 아주 높은 수준의 자발적인 준수에 의존한다. 자발적인 준수라는 대목에서 우리는 권력을 권위로 바꿔놓는 의무감을 다시 만난다. 그 의무감이 없다면, 권력이 직면하는 것은 세 가지 선택지밖에 없다. 첫째는 사람들이 준수하도록 힘으로 밀어붙이는 효과적인 강제 수단을 사용하는 것이다. 이는 북한이 택한 선택지이다. 둘째는 마찬가지로 강제 수단을 시도하다가 국가에 반발하는 조직적인 폭력을 유발하는 것이다. 이는 시리아가 택한 선택지이다. 셋째는 권력이 자신의 한계를 인정하고 연극 속의 무대로 후퇴하는 것이다. 즉, 권력은 무시당할 것임을 알면서도 명령을 내리고, 명령을 받는 사람들은 그다지 심한 소란 없이 준수하지 않을 수단을 찾는다. 이는 유럽 위원회가 재정 준칙의 목표치에 대한 회원국들의 준수를 달성하려는 과정에서 경험한 것인데, 준칙을 어기지 않고 목표치를 달성한 나라는 핀란드밖에 없다.

풍요로운 현대 사회의 사람들은 권력이 이미 권위로 전환된 환경에서 자라났고, 그래서 그것을 당연하게 생각한다. 이 전환을 이룩하기가 아주 힘겨운 사회에서 평생 일해온 나로서는 이것이 값지지만 어려운 일이고, 언제든 위태로워질 수 있음을 알게 되었다. 유럽을

하나의 정치 단위로 건설하는 일은 새롭게 커다란 정체성을 구축해
야 하는 일인데, 이는 극도로 어려운 과제이다. 그처럼 커다란 차원
에서 공동의 노력을 기울이는 일은 조직하기도 어렵고, 정체성과 의
무의 이야기를 실어나를 수단, 즉 언어마저 심하게 나뉘어 있다. 유
럽에는 공통의 언어가 없다.* 공감하는 사람이 별로 없는 중앙 기구
에 권위를 실어주려고 시도했다가는 권력이 권위를 상실할 수도 있
다. 그러면 수많은 지역 정체성이 생겨나면서 개인주의로 내달리는
붕괴의 길이 열릴지도 모른다. 그것은 **경제적 인간**이 득실거리는 지
옥이 될 것이다.

실제로, 더 커다란 정체성을 구축하기는커녕 오히려 축소된 정체
성으로 돌아가려는 사람들이 많다. 500년 넘게 카탈루냐 사람이자
동시에 스페인 사람으로 살아왔지만, 이제는 카탈루냐 사람으로만
사는 생활로 돌아가고자 하는 사람들이 많다. 300년 넘게 스코틀랜
드 사람이자 동시에 영국 사람으로 살아왔지만, 이제는 스코틀랜드
사람으로만 사는 생활로 돌아가고자 하는 사람들이 많다. 커다란 우
리보다 아주 작은 우리를 선호하는 것이다. 또한 이탈리아 북부 사
람들은 150년 넘게 이탈리아 사람으로 살아왔지만, 그곳의 정당 북
부 동맹은 "북쪽 사람"으로 사는 생활로 돌아가고자 한다. 50년 넘게

---

* 유럽 연합과 그 회원국들이 공동으로 관리하는 공식적인 교육 시설로 "유럽 학교"
  가 설립되었고, 이 학교들은 적어도 정예 학생들을 대상으로 새로운 유럽의 정체
  성을 형성할 것이라고 생각되었다. 그러나 새로운 연구에서 밝혀진 바로는 학생
  들이 유럽의 정체성을 자유주의적 세계주의(liberal cosmopolitanism)로 여기는 이
  데올로기에 심하게 주입당해서 그에 동조하지 않는 사람들은 진짜 유럽인이 아니
  라고 생각할 지경에 이르렀다. 이 새로운 학교제도는 공유 정체성을 구축하기는
  커녕 사회 상류층을 그들이 속하는 사회의 정체성에서 떼어놓는 또 하나의 장치
  가 되고 말았다.

유고슬라비아 사람으로 살았던 슬로베니아 사람들은 꿈에 그리던 분리를 성취했고, 그것이 여타 유고슬라비아 사람들에게 미친 영향은 재앙적이었다. 이 책을 집필하고 있는 지금, 카탈루냐 사람들에게서 영감을 얻은 브라질 남부 지방이 분리를 추구하고 있다. 가장 충격적인 것은 나이지리아의 비아프라 공화국이 다시 돌아온 것이다. 50년 전 나이지리아에 참살의 전쟁을 초래했던 비아프라의 분리 운동이 또다시 선동의 바람을 타고 있다. 겉보기에는 전부 달라 보이는 이들 분리 운동에는 하나의 공통점이 있다. 그곳들은 부유한 지역이며, 나라의 다른 지역에 대한 의무에서 벗어나려고 한다. 카탈루냐는 17개 스페인 지방 중에서 가장 부유한 곳이고 가난한 지역으로 이전되는 세금 지불에 반대한다. 스코틀랜드 국민당의 선거 구호는 오래도록 "그것은 스코틀랜드의 석유이다"였다(사실은 그 석유가 아주 멀리 떨어진 북해에 있는 것인데도 그렇다). 북부 이탈리아는 나라에서 가장 부유한 지역이고, 그들의 분리주의 주장은 가난한 지역으로 새어나가는 재정 이전을 지적하면서 분개한다. 예전의 유고슬라비아에서 어느 지역이 가장 부유했을지 짐작이 가는가? 브라질에서 가장 부유한 지역 세 곳은 어디일까? 나이지리아에서 석유는 어느 지역에서 나올까? 자기 결정의 권리를 강조하는 가식적인 이야기들에 가려져 있지만, 이러한 정치 운동들은 사회민주주의 국가의 해체를 선명하게 보여주는 또 하나의 현상이다. 즉, 광범위한 공유 정체성 위에 구축된 호혜적 의무에 분개하는 것이다. 그러한 분리주의 운동은 자본주의 못지않게 탐욕과 이기심이라는 별칭으로 불려도 마땅하다. 그러한 별칭이 붙지 않은 것은 분리주의 운동의 목적이 좋아서가 아니라 영리한 홍보 전략 덕분이다.

우리에게는 커다란 공유 정체성이 필요하지만, 국민주의는 이를 구축하기 위한 길이 아니다. 오히려 국민주의는 대중 영합주의 정치인들의 지지 기반 구축에 이용되고 있고, 그들이 애용하는 이야기는 같은 나라에 사는 다른 집단에 대한 혐오이다. 그들의 전략은 오로지 사회 일부분의 결속을 구축하고자 사회의 다른 일부와 척을 지는 균열을 유발하는 것이다. 그로부터 생겨나는 적대적 정체성은 사람들의 아량과 신뢰, 협력에 치명적이다. 상류층 고학력자들은 바로 이 점에서 국민주의를 배격하는데, 이 대목에서는 물론 그들이 옳다. 그러나 지금, 그들은 공유 정체성의 토대가 될 만한 대안을 전혀 내놓고 있지 못하다. 실상을 보면, 고학력자들은 오히려 저학력 시민들과 더는 동질감을 느끼지 않는다고 말하고 있다. 공리주의 원리를 적용하여 저학력 동료 시민과 외국인 간에 차이를 두지 않기 때문이다. 강력한 의무(즉, 호혜적인 의무)는 공유 정체성에서만 나온다는 것을 상기하면, 그들의 이러한 태도가 뜻하는 바는 다음과 같다. 세계 어느 곳에 사는 외국인들과 비교하더라도 비엘리트 동료 시민에게서 그들이 느끼는 동질감이 더 낫지 않으며, 따라서 그들이 느끼는 동료 시민들에 대한 의무감이 외국인에 대한 것보다 더 중하지 않다는 것이다.

이처럼 시민들이 공유하는 정체성이 마모되고 있다는 증거를 새로운 설문조사에서 엿볼 수 있다. 요즘 영국 미디어에서 지레짐작하는 바로는 청년층이 부모 세대보다 사회 내의 빈곤층에 대해서 더 관대한 자세를 취한다고 한다. 그러나 2017년 대규모로 이루어진 무작위 설문조사의 결과는 아주 달랐다. 응답자들은 다음과 같이 두 가지 상반되는 진술 중 하나를 선택해야 했다. 그중 하나는 "납세 의무가 개인 재산보다 더 중요하다"였고, 이와 나란히 제시된 반대 진술은 "열심히 일한 보상을 누리려면 내가 번 돈을 조금이라도 더 내 돈으로 지켜야 한다"였다. 미디어의 허구와는 반대로, 35세 이상 연령층은 납세 의무를 선택한 반면, 18–34세 연령층은 내가 버는 돈은 내 돈으로 지켜야 한다는 개인주의적 윤리로 많이 기울어 있었 다. 이것은 공유 정체성이 소모성 자산이라는 이론과 전적으로 일치 한다.[6]

의무에 대한 부응이 차츰 약해지면 권리 행사가 충족되지 못하고, 따라서 정부에 대한 신뢰가 추락한다. 이러한 추세가 구미권 사회의 곳곳을 휩쓸고 있다. 이와 심각하게 얽혀 있는 문제가 바로 앞에서 언급한 내국인 동료 시민과 세계의 외국인 시민에 대한 의무를 어떻 게 안배할 것인가 하는 문제이다. 실제적인 측면에서 볼 때, 의무의 체계를 호혜적인 국내적 의무로부터 비호혜적인 세계적 의무로(즉, 일국의 시민으로부터 "세계의 시민"으로) 전환하는 과정은 근본적으 로 다른 세 가지 중의 하나를 뜻할 수 있다. 그중 어느 것이 당신에 게 적합하다고 보는지 자문해볼 수 있을 것이다.

하나의 가능성은 당신이 1945–1970년 국민적인 공유 정체성을 전제로 국가의 조세 체계를 건설한 세대 못지않게 빈곤층에 대해서 관대한 태도를 견지하지만, 당신은 지금 빈곤층을 국가 차원이 아니 라 세계 차원에서 정의하고 싶어한다는 것이다. 이는 극적인 결과를 불러올 수 있다. 현대의 선진 경제는 평균적으로 소득에서 40퍼센트 가량의 세금을 거두어서 다양한 형태(빈곤층에 대한 직접 지출, 빈곤 층에 더 이로운 사회적 지출, 거의 모두에게 이로운 사회간접자본 지출)로 재분배한다. 당신은 빈곤층 지원에 너그러우니 여전히 나라

소득의 40퍼센트를 세금으로 거두는 데에 만족하지만, 그 세금이 나라 차원이 아니라 세계 차원에서 분배되기를 원한다. 즉, 당신이 보기에 내국인 동료들에 대한 의무는 세계적 의무에 비해서 특별할 것이 전혀 없다. 그러나 세계의 불평등을 고려하면, 이러한 태도는 빈국에 대한 원조금의 막대한 증가를 초래할 것이다. 즉 세금으로 거두는 소득의 40퍼센트 가운데 커다란 비중이 국외 빈곤층에 지원될 것이다. 이처럼 세금이 지출되는 방향이 세계 빈곤층으로 바뀌면, 당연히 국내 빈곤층의 처지가 대폭 나빠진다. 당신은 그것을 윤리적으로 중요하지 않은 문제라며 무시할 수 있다. 지금 당신이 부응하는 사람들의 필요가 국내 빈곤층의 필요보다 더 절박하다는 것이 당신의 판단이다. 그러나 국내 빈곤층은 마땅히 놀라고 걱정할 만한 일이다.

두 번째 가능성은 당신이 이전 세대 못지않게 동료 시민들에 대한 관대함을 유지하지만, 지금은 세계에 대해서도 그와 동등하게 관대함을 적용하고 싶어한다는 것이다. 이렇게 되면 더욱 극적인 결과가 초래된다. 세금이 대폭 늘어나야 하기 때문이다. 동료 시민들에게 베푸는 수준을 그대로 유지하고, 아울러 세계 인구를 향해서도 그와 같은 정도로 후하게 베풀려면 유능한 사람들의 세후 소득이 아주 큰 폭으로 떨어져야 한다. 이것은 한 나라가 독자적으로 할 수 있는 일이 아니다. 왜냐하면 국내 유능한 인구층의 상당수가 국외로 이민을 떠날 것이고, 그러면 국내 빈곤층의 처지가 오히려 나빠질 것이기 때문이다. 이것은 가슴은 뜨겁지만 머리가 없는 정책이다.

세 번째 가능성은 세계 시민을 중시하는 당신이 으뜸 정체성에서 국가를 빼버렸지만, 당신의 진의가 전 세계 사람들에 대한 의무감을 전보다 아주 크게 배려한 것이 아니라, 실은 단지 동료 내국인들에 대한 의무감만 줄였다는 것이다. 이 경우 당신은 성가신 상황에서 벗어나 행복해진다. 당신에게 자꾸 너그럽게 베풀라고 잔소리하던 불편한 의무가 이제는 세법에서 사라졌으니 세금이 줄어들 수 있다. "당신은 버는 돈을 당신 돈으로 지킬 수 있다." 그들, 그러니까 당신의 가난한 동료 시민들은 처지가 나빠질 것이다. 이는 머리만 있고 가슴이 없는 정책이다.

상류층 고학력자들은 국민 정체성을 경멸하면서 윤리적으로 우월한 고지를 점령했다고 주장한다. "우리는 모든 사람을 배려한다. 이것을 모르는 당신들이 개탄스럽다." 그러나 이렇게 윤리적 우위를 주장하는 것이 정말 정당할까? 가령 한 세대가 더 흐른 뒤에 "세계 시민"이라는 새로운 정체성이 충분히 자리를 잡아서 공공정책에 완전히 반영된다고 상상해보라.[7] 그에 따라서 국민 정체성에 바탕을 둔 조세정책이 다른 내용으로 완전히 바뀌었다고 상정하는 것이다. 그러한 미래가 실현된다면, 앞에서 본 "세계 시민"에 대한 세 가지 해석 중에서 어느 것이 주를 이룰 공산이 가장 클 것 같은가? 나는 첫 번째와 세 번째 사이의 절충이 될 것이라고 본다. 즉, 세계 빈곤층에 베푸는 크기는 좀더 늘어나겠지만, 그 증가분을 상쇄하고도 남을 만큼 국내 빈곤층에 베푸는 크기가 대폭 줄어들 것이다.

수수께끼

지금 풍요로운 현대 사회에 닥친 수수께끼가 하나 있다. 엄연한 사실로, 공공정책의 영역은 어쩔 수 없이 공간에 제약된다. 공공정책을 승인하는 정치 과정부터가 그러하다. 전국적인 총선거와 지방선거를 통해서 선출되는 사람들은 일정한 지역을 대표하는 권한을 가진다. 정책들 자체도 결국에는 일정한 공간에 적용된다. 학교 교육과 의료 서비스에는 관할 구역이 있고, 사회간접자본의 효력도 구체적인 공간에서 발생한다. 세금을 내는 것도, 그 세수를 바탕으로 정부에서 베푸는 혜택도 일정한 공간에서 집행된다. **우리의 정치체들은 공간에서 작동한다**는 이 사실에서 우리는 벗어날 수 없다. 실제로 우리의 정치체들은 압도적으로 **국가**라는 공간에서 작동한다. 그러나 우리의 정체성과, 그것을 뒷받침하는 사회 관계망에서 공간의 역할은 갈수록 약해지고 있다.

1945-1970년에 걸친 사회민주주의 시대는 우리가 실감하는 공동체가 나라 전체로 확장되는 이례적인 역사를 바탕으로 구축되었다. 그러나 복잡성이 증폭된 결과로 나타난 "숙련 기능의 분단"이 (따라서 일자리와 소득의 분단이) 깊어지면서 장소에 기반하는 공간적인 정체성과 사회 관계망은 이미 시들해졌다. 게다가 스마트폰과 소셜 미디어로 인한 행동의 변화가 대세를 이루면서 사람들이 공유하는 공간적 정체성을 공격하는 더욱 거센 물결이 들이닥치기 시작했다. 스마트폰은 개인주의의 극단을 달리고 있다. "좋아요"의 건수를 인상적으로 올려보려고 "셀카"가 "친구들"에게 무차별적으로 게시된다. 우리는 장소 기반의 공동체가 메말라가는 것을 목도하고 있을 뿐만 아니라, 실제로 체감하며 살고 있다. 카페나 열차 같은 공공장소에서 우리는 사람들과 바로 곁에 앉아 있어도 각자의 스크린에 시선을 고정한 채 서로 투명인간이 되어버린다. 공공정책을 통해서 우리를 묶어주던 공간이 이제는 우리를 사회적으로 묶어주지 않는다.

공간은 그것을 대체하는 공동체가 된 수많은 디지털 반향실의 공격 뿐만 아니라, 더 근본적으로는 서로 대면하는 상호 작용을 피하고 불안한 자기애의 고립으로 빠져드는 심리적 퇴각으로부터 공격을 받고 있다. 내가 예상하기에 정치체와 인적 유대가 서로 멀어지는 이 괴리를 역전시키지 못하면 우리 사회는 퇴행할 것이다. 베푸는 아량도 갈수록 줄어들고 신뢰와 협력도 약해질 것이다. 이러한 추세 는 이미 진행 중이다.

원리적으로야 공간을 초월해서 우리의 정치 단위를 재설계할 수 있다. 짐작건대 실리콘 밸리에는 그러한 미래의 실마리가 눈빛에 번 득이는 기술계 괴짜들이 있을 것이다. 그것은 어디에서 살든 상관없 이 각 개인이 자신의 선택에 따라서 자유롭게 가입하고 또 탈퇴할 수 있는 정치체일 것이다. 그 정치체마다 자신의 화폐를 가질 수 있 을 테고, 각각 그 자신의 비트코인을 만들 터이다. 각 정치체가 그 자신의 세율, 복지 급여, 의료 체계도 가질 수 있다. 이미 어느 나라 의 법적 관할권에도 속하지 않은 채 바다에 떠다니는 섬을 만들려는 구상도 나와 있다. 이것이 매력적으로 들리는가? 만일 그렇다면, 무 슨 일이 생길지 생각해보라. 부유한 사람들은 그러한 인공 정치체들 가운데 세율이 낮은 곳을 골라서 참여할 것이다. 수십억대 재산가들 은 이미 그렇게 행동하고 있다. 자기 회사가 수입을 올리는 곳과는 동떨어진 법적 소재지에 회사를 설립해놓고, 그들 자신은 모나코에 거주한다. 한편, 아픈 사람들은 의료 서비스가 후한 정치체를 골라서 참여할 것이다. 그러한 정치체들은 부채를 감당하기 어려워지면 당 연히 지급 능력을 상실하고 파산할 것이다.

비공간적인 정치 단위는 환상이다. 따라서 현실적으로 유일한 선택지는 공간적 결속을 되살리는 것이다. 실제적인 측면에서 대다수 정치체가 국가 차원에서 작동한다는 점에서 어쩔 수 없이 국가 차원의 공유 정체성이 필요하다. 그러나 우리는 국가로 묶이는 국민 정체성이 독소로 작용할 수도 있음을 알고 있다. 정치체의 실효성을 갖추기에 충분하면서도 위험하지 않은 결속을 만들 수 있을까? 이것은 사회과학이 대답해야 할 중요한 질문이다. 우리 사회의 미래가 그 답에 달려 있다.

국민주의자들은 국민 정체성 관념을 지적 재산권에 버금갈 정도로 포획했다. 그들은 실로 국민 정체성의 유구한 전통을 자신들이 이어간다고 생각하는 것처럼 보이지만, 사실은 그렇지 않다. 많은 사회에서 전통적인 국민 정체성은 모든 사회 구성원들을 진정으로 포용한다. 유대계 오스트리아 사람으로 영국에서 살고 있던 비트겐슈타인은 제1차 세계대전 당시 자국을 위해서 싸우러 오스트리아로 돌아갈 의무를 확고하게 인식했다. 이와 같은 전통적인 국민주의 형태와는 달리, 새로운 국민주의자들은 민족이나 종교와 같은 기준에 따라서 국민 정체성을 정의하려고 한다. 국민주의의 이러한 변종은 비교적 최근에 출현한 것이고 파시즘의 후계이다. 국민 정체성을 이처럼 새롭게 정의하면 그 사회에서 살아가는 수백만 시민들을 배제해 버린다. 새로운 국민주의자들은 사회를 "우리"와 "그들"로 분리하려는 의도를 꽤 명시적으로 드러낸다. 그뿐 아니라, 스스로 정의한 그들의 "우리" 안에서도 그들을 불쾌하게 여기는 사람들이 많아서 내부에서 분열을 촉발하기까지 한다. 그들의 부상은 격렬하게 사회를 나눠놓는다. 마린 르펜은 프랑스를 하나로 묶지 못했고, 오히려 2 대 1로 분열시켰다(3분의 2가 그녀에게 반대표를 던졌다). 도널드 트럼프는 미국 사회를 반반으로 양극화했다. 따라서 공유 정체성의 손실로부터 활기를 얻는 그러한 국민주의로 공유 정체성을 되살릴 가능성은 전혀 없다. 오히려 그것은 앞으로 기대할 공유 정체성의 전망마저 파괴할 것이다. 따라서 그 같은 국민주의는 신뢰와 그것이 촉진하는 협력을, 그리고 상호 존중과 그것이 촉진하는 아량을 갉아먹을 것이다.

국민주의자들과는 다른 집단으로, 고학력 상류층의 "세계 시민들"은 그들의 국민 정체성을 내버리고 있다. 그들은 자신들이 사회적으로 우월하다는 신호 보내기의 즐거움을 만끽하면서 그러한 이기적인 행동이 윤리적으로 고상한 것이라고 굳게 믿는다. 새로 부상한 두 시민 집단인 이들 국민주의자들과 "세계 시민들"에 대해서 피할 수 없는 극명한 결론은 그토록 막대한 비용을 들여 건설된 공유 정체성의 기반을 그들 모두가 갉아먹을 위험이 크다는 것이다.

비트겐슈타인은 혼란스러운 생각의 덫에 걸린 사람들을 병 속에 들어가 출구를 찾지 못하는 파리들에 비유했다. 좀처럼 밖으로 빠져나오지 못하는 파리들과는 달리, 우리는 이 수수께끼에서 탈출할 출구가 필요하다.

이제 애국주의에 대해서 살펴보자.

소속과 장소, 그리고 애국주의

모든 사람이 번영을 누리도록 사회가 기능하려면 공유 정체성이 탄탄할 필요가 있다. 과연 그럴 필요가 있는가? 이는 적합한 질문이 아니다. 사회 결속을 부인하는 사람들은 기후 변화를 부인하는 사람들 못지않게 어리석다. 세계에서 가장 행복한 나라들인 덴마크, 노르웨이, 아이슬란드, 핀란드, 그리고 아시아에서 가장 행복한 나라인 부탄을 보면, 강력한 공유 정체성의 중요성이 입증된다. 그러나 애석하게도 이 다섯 나라가 사회적 결속을 구축한 전략은 하나같이 다른 대다수 사회에서는 활용할 수 없는 것들이다. 이들은 나라 전체에 공통된 독특한 문화를 중심으로 공유 정체성을 건설해왔다. 내가 보기에 그 공통 문화의 실제 내용이 대단히 중요한 것 같지는 않다. 덴마크와 노르웨이의 휘게(hygge)와 부탄의 불교 사원 사이에는 공통점이 별로 없다. 그러나 공통 문화라는 기준에서 보면 대다수 사회가 딱 두 부류로만 갈린다. 언제나 문화가 너무 다양해서 공통 문화가 현실적인 선택지가 될 수 없는 경우가 아니면, 공통 문화가 이미 확립된 경우이다. 이러한 우리 사회의 양상을 한탄할 것이 아니라, 우리는 현대성과 양립할 수 있는 공유 정체성을 재구축하기 위해서 실행 가능한 전략을 고안할 필요가 있다.

나라 전체에 걸쳐서 공유 정체성을 구축하는 데에 성공한 과거의 방법들은 이제 유용하지 않다. 선사시대의 영국에서는 스톤헨지를 세우는 광대한 공동의 노력으로 공유 정체성이 구축되었을지 모른다. 이것은 "단일한 섬나라 문화의 미래상을 반영하는 통일적인 사업"이었다.[8] 14세기 잉글랜드에서는 프랑스와의 전쟁을 통해서 공유 정체성이 구축되었는데, 그 과정에서 너무나 불가능해 보이는 혼합물의 결속이 이루어졌다. 즉, 노르만족, 지도자들이 노르만족에게 도륙당한 앵글로색슨족, 앵글로색슨족을 도륙한 바이킹족, 앵글로색슨족에게 점령당해서 문화를 말살당한 브리턴 사람들이 한 나라로 묶였다. 19세기에는 유럽 전역에서 민족적 순수성이라는 허상에 따라서 공유 정체성이 구축되었다. 20세기 중엽에는 공유 정체성이 전쟁으로 구축된 뒤에 특이한 문화에 힘입어 유지되었다. 미국에는 야구가 있었고, 영국에는 차[茶]가 있었고, 독일에는 돼지고기와 맥주가 있었다. 그동안 우리 사회가 다문화로 변해왔기 때문에 이제는 야구도 차도 돼지고기와 맥주도 점차 그 독특성을 잃어가고 있다. 이런 식의 접근법 중에서 어느 것도 우리에게 탄탄한 전략이 되지 못할 공산이 크다.

매력적으로 들리는 전략이 하나 있기는 하다. 사람들이 공유하는 가치를 중심으로 공유 정체성을 구축하는 것이다. 이 접근법을 좋아하는 사람이 많은데, 그 이유는 누구나 자신의 가치가 옳다고 믿으므로 그것이 공유 정체성을 구축할 토대로 적합해 보이기 때문이다. 그런데 현대 사회 어느 곳에서나 믿기지 않을 만큼 다양한 가치가 존재한다는 것이 문제이다. 현대성을 정의하는 특징 중의 하나가 이것이기도 하다. 이러한 여건에서 공유 가치를 고집하면, 우리는 결국 다른 가치들을 강력하게 배제하는 결론, 즉 "당신이 우리와 같은 가치를 중시하지 않는다면, 꺼져라"에 이르고 만다. 도널드 트럼프와 버니 샌더스는 둘 다 미국인이지만, 그 두 사람이 함께 견지하는 가치이면서 동시에 미국을 다른 나라와 구분해줄 가치가 단 하나라도 있는지 찾아보라. 대다수 서구 사회에 대해서도 정치 지도자들을 적당히 고르면 똑같은 문제를 던질 수 있을 것이다. 어떤 사회에서든 모든 사람이 고수하는 가치들만을 추리면 몇 개 되지 않아서, 그것들만으로는 한 나라가 다른 나라들과 구분되지 않는다. 따라서 그러한 가치들로는 호혜적 의무를 구축할 수 있을 만한 터전이 정의되지 않는다.

국민 정체성이 인기를 잃으면서 가치를 중시하는 정체성의 세가 강해졌는데, 그 결과는 추악하다. 이른바 "반향실" 현상에 동반하여 의견이 같은 사람들끼리만 교류하기가 대단히 쉬워졌고, 그 덕분에 가치 중심 정체성의 세가 더욱 강해졌다. 이 가치 기반의 반향실들은 사회의 결속을 회복하는 길이 되기는커녕 구미권 사회를 갈가리 찢어놓고 있다. 필시 그러한 가치 기반의 네트워크에서 오가는 모욕, 험담, 폭력 위협—한마디로 혐오—의 수준은 지금의 민족과 종교에 얽힌 학대보다 심할 것이다.

결국 가치가 민족이나 종교와 다를 바 없이 공유 정체성을 구축하기 위한 기준으로서 커다란 난관에 봉착한다면, 그밖에 무엇이 있을까? 차라리 국가를 해체하고 정치 권력을 국제연합으로 이전해서 세계 시민이라는 의제를 구현하려고 노력해야 할까? 그러나 현실적으로 "국제"—말 그대로 "나라와 나라 사이"—연합이라는 이름이 말해주듯이, 이 조직은 개인이 아니라 나라를 정치적 권한의 기초 단위로 전제한다. 왜냐하면 실현 가능성을 갖춘 효과적인 공유 정체성의 가장 큰 실체는 당연히 대다수 사회에서 국가이기 때문이다. 만일 세계적 차원에서 정치 권력이 집중되면, 사람들은 그러한 권력의 결정에 자발적으로 부응하지 않을 것이다. 그러면 권력이 권위로 자리 잡지 못한다. 결국, 세계 정부는 소말리아 상황이 전 세계로 확장되는 사태에 근접할 것이다.

효과적이면서도 포괄적인 정체성에 대한 답은 우리 모두에게 아주 명백한 것이다. 그것은 **장소에 대한 소속감**이다. 한 가지 예로, 나는 왜 나 자신을 요크셔 사람이라고 여길까? 물론, 나는 솔직한 발언과 가식 없는 그들의 가치를 좋아한다. 그러나 이것이 진정한 이유는 아니다. 최근에 나는 영국에서 처음으로 내각의 장관으로 지명된 이슬람교도 여성인 세이다 와르시 남작과 함께 아침 라디오 방송에 출연했다. 그녀와 나는 그때 서로 처음 만났고, 두 사람이 각자 출판한 새 책에 관해서 담화하는 방송이었던 만큼 자연스럽게 유대감이 생길 자리는 아니었다. 그런데도 나는 금세 그녀를 편안하게 느꼈다. 그녀는 웨스트요크셔의 브래드퍼드에서 성장했고, 내가 자라면서 배운 그곳의 멋진 말씨로 말했다. 나는 50년 동안 옥스퍼드에서 생활하면서 그 말씨와 차츰 멀어졌는데도, 그 말씨가 너무 반가웠던 탓에 그녀가 나에게 느끼는 것보다 내가 그녀를 더 편안하게 느낄지 모른다고 여겼다. 그러나 우리는 기본적으로 말씨라는 자그마한 표시 덕분에 똑같은 장소에 대한 소속감을 공유했다. 그러한 표시로 어휘도 있었다. 우리 두 사람은 모두 BBC에서 마실 차를 "끓여서 (brew)"가 아니라 "담가서(mash)" 달라고 말했다.

이러한 일화를 상당히 일반적인 틀로 이해할 수 있다. 사람들은 소속을 갈구하는 근본적인 욕구가 있다. 소속감에서 핵심적인 차원은 너는 누구?와 너는 어디?이다. 이 두 가지는 모두 어린 시절에 정해지고, 보통 평생 지속된다. 너는 누구?에 답할 때에 우리는 어떤 집단과의 동질감을 나타낸다. 즉, 나에게 내면화된 그 집단의 정체성을 드러낸다. 이것이 지금까지 정체성 경제학이 주목해온 것이다. 너는 어디?에 답할 때에 우리는 어떤 장소에 고향이라는 정체성을 부여한다. 고향이 당신에게 무엇을 뜻하는지 자문해보라. 대다수 사람에게 그것은 그들이 자라난 장소를 뜻한다.

현대 생활에 동원할 수 있는 가장 효과적인 국민 정체성의 개념은 사람들을 같은 장소에 대한 소속감으로 묶는 것이다. 장소는 양파처럼 여러 겹으로 이루어져 있다. 가장 안쪽의 핵심은 우리의 집이다. 그러나 우리가 집에 부여하는 정체성에서 집이 있는 지역이나 도시도 큰 부분을 차지한다. 마찬가지로 도시에 주어지는 의미의 큰 부분은 나라에서 나온다. 유럽에서는 소속감이 유럽 연합으로 확장되는 부분도 있다. 보통 어떤 나라에서든 그 나라 사람들은 다양해 보일 뿐만 아니라 그들이 수용하는 가치도 다양하지만, 그들은 집과 고향이 위치하는 장소를 공유한다. 이 정도면 충분한가?

희망을 품어볼 만한 것이, 장소에서 비롯되는 정체성은 진화 과정에서 우리 정신의 깊은 곳에 하드웨어처럼 단단히 장착된 특성 가운데 하나라는 사실이다. 그것은 비교적 최근에 언어를 통해서 소프트웨어처럼 장착된 가치가 아니다. 장소 기반의 정체성은 깊이 새겨질 뿐만 아니라 강력하다. 갈등을 분석하는 연구에서 하나의 표준적 개념은 공격자가 승리하는 데에 필요한 공격자와 방어자의 비율이다. 당연히 이것은 군사 테크놀로지의 영향을 받지만, 일반적으로 인류의 갈등 역사에서 방어자는 공격자보다 더 맹렬하게 싸우기 때문에 그 비율이 대략 3대 1이다. 놀랍게도 이 비율은 다수의 종(種)에서 똑같다. 그러한 종들이 진화한 경로를 역으로 거슬러올라가면, 영토 본능은 대략 지난 400만 년에 걸쳐서 단단히 장착된 것으로 보인다.[9] 영토를 방어하려는 본능은 뿌리가 대단히 깊고, 우리는 집이라는 관념과 단단히 묶여 있다.

따라서 우리의 "열정"이 물려받은 유전적 속성에서부터 우리는 장소에 대한 소속감이 강하다. 그러나 제2장에서 보았듯이, 이야기를 통해서 소프트웨어처럼 장착되는 가치들도 중요하다. 이야기는 기억을 보조한다. 이야기 덕분에 우리는 소속된 장소를 단지 현 상태의 순간적인 이미지만이 아니라, 진화의 과정으로 읽을 수 있다. 지금의 모습에 이르기까지 우리가 살아가는 곳이 겪어온 겹겹의 변화를 이해할수록 장소에 대한 애착은 깊어진다. 이 기억은 그곳에서 성장한 모든 사람에게 공통되는 지식이고, 그곳 사람들의 공통 정체성을 보강해준다.

주류 정치인들은 지난 수십 년 동안 소속의 이야기들을 의식적으로 회피했고, 적극적으로 폄하하기까지 했다. 정치인들은 나라의 사회 관계망에서 중심에 위치하는 우리의 최고 소통관들이지만, 사람들이 공유하는 소속감을 능동적으로 약화시킴으로써 우리의 행복을 좌우하는 호혜적 의무의 쇠락을 부채질했다. 그들은 오히려 압도적으로 공리주의나 롤스주의로 기운 윤리를 내세웠고 자신들이 가부장 국가의 최고봉에 있다고 생각했다. 따라서 나라에 대한 소속감의 이야기들은 저절로 국민주의자들의 몫으로 돌아갔다. 그 이야기를 탈취한 국민주의자들은 그것을 분열을 조장하는 자신들의 의제에 이용했다. 그 와중에 윤리적 국가는 시들해졌다.

2017년 프랑스의 마크롱 대통령은 이러한 태만의 패턴을 깼다. 그는 나라에 폭넓게 자리 잡은 두 가지 정체성인 국민주의와 애국주의를 구분하는 새로운 어휘를 개척하면서 자신을 국민주의자가 아니라 애국주의자라고 묘사했다. 애국주의 이야기는 공통의 영토에 소속되어 있다는 감각을 전달한다. 이러한 애국주의 이야기들을 활용해서 소속감을 국민주의자들로부터 탈환할 수 있을 뿐만 아니라, 그것을 다시 사람들의 정체성에서 중요한 요소로 되살릴 수 있다. 영국의 총인구를 대상으로 실시된 새 설문조사는 이런 전략의 실효성을 뒷받침하는 증거를 제시한다. 이 조사에서는 전 인구에 걸쳐서

"애국주의"라는 말에서 무엇이 연상되는지 질문했고, 그것을 다른 여러 정치적 개념과 비교했다.[10] 그 결과를 보면 아주 고무적이다. 애국주의로부터 연상되는 상위 네 가지 특징은 "매력적이다", "영감을 준다", "만족스럽다", "가슴에 호소한다"이다. 이것은 이 설문에서 물은 모든 이데올로기와 대조적이다. 가장 인상적인 것은 이와 같은 "애국주의"에 대한 호감이 모든 연령층에서 나타날 뿐만 아니라, 다른 사안에서는 정치와 사회 분야의 의견 상충이 심한 집단들에서도 골고루 나타난다는 점이다.

애국주의는 국제관계 속의 국가 행동을 바라보는 관점에서도 국민주의와 날카롭게 구분된다. 자신의 나라를 "최우선"으로 친다고 떠벌리는 국민주의자들의 담론은 국제관계를 다른 나라의 요구에 순순히 응하지 않는 고집 센 나라가 승리하는 제로섬 게임으로 묘사한다. 마크롱 대통령을 대표적인 사례로 꼽을 수 있는 애국주의는 상호 이익을 위한 협력의 담론을 고무한다. 그는 상당히 명시적으로 호혜적인 책임 수용을 새롭게 구축하려고 한다. 유럽 내에서는 경제 문제에 관하여, 북대서양조약기구(NATO) 내에서는 사하라 사막의 경계인 사헬 지역의 안전에 관하여, 그리고 세계적으로는 기후 변화에 관하여 그러한 태도를 취한다. 그럼에도 마크롱은 프랑스의 이해를 위해서 일하고 있다. 이탈리아의 한 회사가 프랑스에서 가장 중요한 조선소를 매입하려고 하자 프랑스의 국익을 보호하기 위한 개입에 나선 것을 보면, 그는 공리주의자가 아니다. 게다가 아주 중요한 것으로, 국민주의와 달리 애국주의는 공격적이지 않다.

다른 모든 이야기가 그렇듯이, 장소에 대한 소속감 공유를 고무하는 이야기들도 말과 행동이 일치하지 않으면 신뢰를 잃는다. 양파처럼 겹겹이 형성되는 소속감의 중심에는 집이 있다. 집에 대한 애착이 약하면 바깥층들도 약해진다. 젊은이들이 소속감을 상실하는 이유 중의 하나는 집을 사기가 훨씬 더 어려워졌기 때문이다. 인구 중자기 주택을 소유한 가구의 비율을 보여주는 자가 보유율은 소속감의 가장 깊숙한 핵을 나타내는 실제적인 지표이다. 자가 보유율을 예전 수준으로 회복하려면 지적인 공공정책이 필요하다. 이에 대해서는 뒷부분에서 자세히 거론할 것이다.

소속감을 공유하는 심리적인 토대는 장소이지만, 이를 목적의식적인 행동으로 보완할 수 있다. 나라는 공공정책의 거반이 이루어지는 자연스러운 단위인 만큼, 나라 차원의 공공정책을 통해서 추구하는 공통의 목적에서도 우리의 공유 정체성이 생긴다. 그러한 목적이 호혜적인 행복 증진의 행동을 뒷받침하기 때문이다. 목적의식적인 행동의 이야기들은 우리가 서로에 대한 의무를 이행하면 어떻게 우리 모두의 후생이 점차 향상될 수 있는가를 설명한다. 서로에 대한 의무의 이행이 전제하는 바는 당연히 그러한 호혜성의 영역을 정의하는 공유 정체성의 수용이다. 정치인들이 목적의식적인 행동에 관해서 무슨 말을 하는지 잘 들어보라. 그것이 공유 정체성을 건설하는 이야기인지, 아니면 그것을 훼손하는 이야기인지 구분해보라. 전쟁을 치르던 시기의 목적의식적인 행동에 관한 이야기들을 보면, 당연히 압도적인 취지가 상호 이익이다. 따라서 그러한 이야기들은 공유 정체성을 강화한다. 1945-1970년에 걸친 기적의 시기에도 공적인 이야기들의 주를 이룬 것은 그러한 내용이었다. 요즘 우리 정치인들이 별생각 없이 쏟아내는 목적의식적인 행동의 이야기들을 보면, 우리의 이해가 다른 어떤 집단과 충돌한다고 생각할 근거를 마련해주는 것들이다. 그동안 정치인들은 사람들이 적대적인 정체성을 가지도록 적극적으로 부추겼다. 그러한 정체성들은 사회에 독소로 작용한다. 서로 적대적인 이해관계의 이야기들은 따로따로 보면 모두 옳을지도 모르지만, 그것들이 자꾸 누적되면 사회를 좀먹는 폐해가 너무 커져서 집단적인 행복을 퇴보시킨다.

정치인들은 무엇보다도 소통관들이다. 다양한 문화와 가치가 공존하는 사회 안에 공유 정체성을 건설하는 것은 서로가 함께 행복을 누리는 데에 꼭 필요하지만, 힘겨운 일이다. 그 일이 바로 지도자들이 수행해야 할 기본적인 임무이다. 정치인들은 그동안 사람들이 공유하는 (장소에 대해서든 목적에 대해서든) 소속감의 이야기를 멀리했고, 의도하지는 않았더라도 그로 말미암아 가부장적 국가의 의무 이행 능력이 침식되는 과정을 부채질했다. 다행히 우리가 만들어갈 수 있는 미래의 여지는 아직 많다.

제4장
윤리적 기업

내가 영국에서 청년기를 보낼 당시 온 나라에서 가장 존중받는 기업은 임피리얼 케미컬 인더스트리즈(ICI)였다. ICI는 과학적 혁신에 더해 커다란 규모를 잘 활용하여 굉장한 명망을 이룩했고, 그 회사에서 일하는 것은 그 자체로 자부심이었다. 이는 회사의 임무를 드러낸 진술에도 드러나 있다. "우리는 세계에서 가장 훌륭한 화학 기업을 목표로 한다." 그러나 1990년대에 들어서 ICI는 임무 진술을 변경했다. 바뀐 내용은 이러했다. "우리는 주주 가치의 극대화를 목표로 한다." 이런 변화에 앞서서 무슨 일이 일어났으며, 그것이 왜 중요한 일이었을까?

기업은 자본주의의 핵심에 있다. 자본주의를 탐욕적이고 이기적이며 썩었다고 경멸하는 대중 정서의 주된 원인은 자꾸 나빠지는 기업의 행동에 있다. 이 문제에서 경제학자들은 도움이 되지 못했다. 노벨상 수상자인 밀턴 프리드먼은 기업의 유일한 목적은 이익을 내는 것이라는 자신의 처방을 1970년 「뉴욕 타임스」에서 처음으로 소리 높여 주창했다. 프리드먼의 생각이 경영 관리의 사다리를 타고 퍼져나감에 따라서 이 견해가 점차 경영 대학원의 표준이 되었고,

ICI와 같은 주력 회사들로 흘러들어갔다. 이것이 영향을 미쳤다.

현대 자본주의에 대해서 사람들이 가장 역겹다고 느끼는 단 하나의 특징이 있다면, 그것은 이익을 내려는 바로 그 강박관념이다. 요즘 "기업의 가장 중요한 목적은 이익 창출이어야 한다"와, 이와 대비하여 "이익 창출은 여러 목적들 가운데 단지 하나의 고려 사항이어야 한다"를 사람들에게 제시하고 그중 하나를 선택하라고 하면, 프리드먼과 같은 편에 서는 사람들은 3 대 1의 비율로 소수이다. 응답자들을 연령대별로 나누거나 다른 문제들에 대한 의견별로 구분한 각 소집단 안에서도 이 문제에 대한 응답 비율은 동일하게 3 대 1로 나타난다.[1]

프리드먼과 여론 중에서 어느 쪽이 옳을까? ICI에 일어난 일에서 하나의 단서를 찾을 수 있다. 프리드먼에게서 영감을 받은 새로운 임무 진술이 ICI 임직원의 동기를 더 높여주었을까? 어떤 회사의 어떤 노동자든 간에 아침에 일어나면서 한 번이라도 "오늘 나는 주주 가치를 극대화할 거야"라고 생각해본 사람이 있을까? 임무 진술이 변했다는 것은 회사 이사회의 주안점이 바뀌었음을 말해준다. 그전까지 이 회사는 세계 일류의 화학 기업이 되고자 노력했고, 그것은 회사의 노동력과 고객과 미래를 중시한다는 것을 함축했다. 그러다가 주주들에게 배당의 기쁨을 주는 방향으로 선회했다. 40세 미만의 독자들은 아마도 ICI라는 이름을 들어보지 못했을 것이다. 왜냐하면 그 주안점 변경이 재앙적인 결과를 초래했기 때문이다. ICI는 쇠락의 길로 접어들어 다른 회사에 인수되었다.•

• 이런저런 일화가 정곡을 찌르기도 한다. 2018년 1월 파키스탄 중앙은행에서 연례

이제 학술계 의견은 여론과 일치한다. 2017년 영국 학술원은 가장 중요한 프로그램으로 "기업의 미래"를 출범시켰다. 옥스퍼드 대학교의 금융학 교수 콜린 메이어와 같은 대학교 경영 대학원의 전 원장이 지휘하는 이 프로그램은 가장 중요한 핵심으로 "기업의 목적은 자신의 고객과 노동력에 대한 의무를 이행하는 것"이라고 정했다. 이익률은 바로 이러한 목적을 지속적으로 달성하기 위해서 충족되어야 하는 제약 조건이지, 목적이 아니다. 기업은 왜 잘못된 길로 들어섰을까? 공공정책은 그 잘못을 어떻게 바로잡을 수 있을까?

윤리적 기업인가, 아니면 흡혈 오징어인가?

훌륭한 기업은 흡혈 오징어•처럼 행동하지 않아도 된다. 대기업, 가령 유니레버나 포드, 네슬레를 생각해보라. 그 기업들에서 평범한 피고용자가 회사의 목적에 대해서 말할 때에 어떤 이야기를 할 것 같은가? 그들이 "소유주를 위해서 돈을 버는 것"이라고 말할까? 그런 철학을 바탕으로 경영하는 기업은 아주 드물다. 유니레버에서 일하

공개 강연을 하면서 나는 ICI를 목적의식을 상실한 회사의 예로 들었다. 강연이 끝나자 고상해 보이는 신사가 내게 다가왔다. 알고 보니, 그는 ICI에서 고위 경영진으로 근무했던 적이 있었다. 그 순간, 나는 내 지식이 짧았다고 사과할 준비에 돌입했다. 웬걸, 그는 손을 내밀어 내게 악수를 청하더니 회의에 회의를 거듭할 때마다 주주 가치가 경영진의 강박관념이 되어버렸음을 내게 확인해주었다. 진정한 목적의 상실이 ICI를 파괴했다는 것이 그의 판단이다.

• "흡혈 오징어(vampire squid)"는 골드만삭스를 비판하는 데에 사용되었던 이미지이다. 이것이 골드만삭스를 경멸조로 묘사한 것이든 아니든 간에, 이 표현이 오징어를 경멸조로 묘사하는 것이 아님은 최근의 연구에서 드러나고 있다. 알고 보니 오징어들은 아주 지적이고, 비사회적이며, 탐욕적인 악의를 가지고 있다는 것이다. 이는 경제학자들이 인간에게 잘못 부여한 그 특징이다.

는 사람들은, 보통 빈곤과 질병이 심한 탓에 비정부 단체들의 자기 홍보 활동보다는 유니레버의 기여가 더 귀중한 사회에 저렴한 식품과 비누를 공급하기 위해서 일한다고 말할 개연성이 더 높다. 포드에서 일하는 사람들은 그들이 제조하는 자동차의 특색에 관해서 말할 개연성이 더 높다. 나는 인도네시아에 들르려고 이동하다가 우연히 일군의 네슬레 노동자들과 마주친 적이 있다. 그들은 인도네시아 현지 농민들에게 새로운 기회를 만들어준 유제품 사업장을 운영하고 있었다. 이 지역에 공공질서가 무너진 적이 있었는데, 그때 농민들은 마을로 달려가 유제품 사업장을 약탈자들로부터 지키기 위해서 그곳을 에워쌌다. 농민들의 마음을 움직이는 목적을 가진 사업은 곧 일하는 사람들이 자부심을 느낄 수 있는 성취이다. 기업은 사람들이 자신의 사회에 공헌할 수 있는 일자리를 창출한다.

반면에, 노동자들조차 정말로 기업의 목적은 돈을 버는 것이라고 여기는 회사들도 있다. 그처럼 노골적으로 직원들에게 공언한 어느 투자은행이 있었는데, 그곳은 자신의 모욕적인 임무 진술을 출입구 로비에 걸어놓았다. "우리는 오직 돈만 번다." 이 참담한 철학에 고무된 영리한 피고용자들은 점차 논리적으로 진일보하는 진화를 만들어냈다. "우리는 우리 자신을 위한 돈밖에 벌지 않는다"라는 것이 그 진화였다. 이로써 프리드먼에게 훈련된 경영진의 지혜로는 전혀 내다보지 못했던 전략을 가장 영리한 피고용자들이 만들어내는 길이 열렸다. 피고용자들이 그들 자신을 위해서 돈을 버는 아주 효율적인 방법이 있었다. 바로 피고용자에게 상여금이 지급되는 거래를 기업이 떠안도록 하는 것이었는데, 그러한 거래로 인해서 기업은 눈에 보이지 않는 미래의 손실 위험에 노출되었다. 당연히 피고용자들의 이러한 행동으로 말미암아 기업은 파산했다. 그 기업의 이름은 베어스턴스이다. 이 회사의 파산은 2008-2009년의 금융 위기를 격발했고, 그로 인해서 전 세계가 부담한 비용을 헤아리면 그와 버금가는 사태가 세계대전밖에 없을 정도이다.* 미국이 부담한 비용만 해도 대략 10조 달러로 추정된다.

ICI와 베어스턴스가 당한 운명에서 중요한 점이 하나 드러난다. 기업은 목적의식을 필요로 한다는 점이다. 최고 경영자는 자신의 위치를 활용해서 모두가 같은 목적을 공유한다는 의식을 형성할 수 있다. 이것이야말로 고위 경영진의 핵심적인 책임이자 능력이다. 우리는 앞에서 그러한 경영자의 행동이 어떤 작용을 하는지 보았다. 로버트 우드 존슨은 존슨 앤드 존슨의 목적을 잘 표현하는 신조를 만들었고, 수십 년이 흘러 그것이 얼마나 중요한지 밝혀졌다.

50년 전으로 거슬러올라가면, 그때 전 세계 역사상 가장 성공적인 기업은 제너럴 모터스(GM)였다. 이 자동차 회사는 이익률이 대단히 높았고 규모도 어마어마하게 컸다. 그러나 2009년에 이르러 파산하고 말았다. GM의 쇠락은 불가항력적인 데다가 파장이 너무 커서 쇠락하는 동안뿐 아니라(문제 진단을 위한 경영 컨설팅이 되풀이되었다) 파산 후에도 대단히 상세하게 분석되었다. 무엇이 GM의 숨통을 끊었을까? 토요타였다.[2]

---

* 미국 재무부의 요청에 따라서 JP모건이 나섬으로써 베어스턴스 자체는 구제를 받았다. 그러나 베어스턴스가 파산했다는 사실이 알려지자 그보다 훨씬 큰 은행인 리먼 브라더스로 채권자들이 몰리는 인출 쇄도가 격발되었다. 리먼 브라더스는 도저히 구제가 불가능할 만큼 덩치가 크다고 여겨졌지만, 결국에는 너무 덩치가 커서 만일 파산하면 재앙적인 결과를 피할 수 없는 대마불사(too big to fail) 은행이었음이 드러났다.

토요타가 미국 자동차 시장에 침투하기 시작한 시기에 GM의 최고 경영진은 그것이 일부 지역에 국한된 문제라고 진단했다. 미국 해안 지역의 사람들만이 토요타의 자동차를 샀고, 내륙 시장은 여전히 강건했기 때문이다. 그래서 새로운 현상을 설명하기가 아주 쉬웠다. 해안 지역 사람들이 조금 별난 행동을 하고 있지만, 점차 진정될 것이라고 진단을 내렸다. GM에는 불행하게도 이 안일한 진단은 틀린 것으로 드러났고, 해안 지방의 전염이 내륙으로도 번졌다. 새로 나온 진단은 제조 기술에 주목하여 일본인들이 로봇을 사용한다는 점을 지적했다. 토요타는 시종일관 놀랄 정도로 협조적이어서 일본에 있는 자사의 공장을 살펴보라고 GM을 초청하기까지 했다. 토요타 공장을 방문하는 팀에게 GM의 최고 경영자가 내린 지시는 "모든 것을 촬영하라. 그들에게 로봇이 있다면 우리도 로봇을 확보할 것이다"였다. 그런데 로봇을 확보하는 이 전략이 완전히 이행되고 나니 결정적인 사실이 밝혀졌다. 토요타가 효과를 보려고 취했던 행동이 무엇이었든 간에 그것이 로봇은 아니라는 점이었다. 그다음 국면에서 토요타는 너그러운 아량으로 두 회사가 합작 투자를 해서 캘리포니아에서 똑같은 자동차를 만들자고 GM에 제안했다. 그래서 결국, 이 합작 공장에서 겉보기에는 똑같은 자동차가 생산 라인에서 굴러나올 때, 한 대씩 번갈아서 GM 상표와 토요타 상표를 달고 따로따로 판매되었다. 이 단계에 이르렀을 때에 토요타의 자동차는 소비자로부터 고장이 거의 없다는 아주 탄탄한 평판을 확립한 상태였다. 1998년 미국에 도착하자마자 우리 부부는 토요타 자동차를 샀는데, 과연 20년이 지나서도 우리는 그 자동차를 타고 있다. 이 평판에 대해서 시장이 "배당"을 지불했다. 캘리포니아 생산 라인에서 굴러나

오는 똑같아 보이는 자동차임에도 토요타 상표를 달고 있으면 3,000 달러의 웃돈이 붙었다. 그것이 품질의 차이에서 비롯되었다면, 무엇이 그 차이를 초래했을까?

토요타는 수십 년 전에 노동자들과 관계를 맺는 방식에서 새로운 형식을 개척했다. 조립 라인에서 일하는 평범한 노동자들을 "품질 써클"이라고 불리는 소단위의 팀들로 조직해서 각 팀의 노동자들에게 품질 관리의 책임을 준 것이다. (공교롭게도 품질 써클이라는 개념은 미국에서 고안되었는데, 일본에서 열정적으로 수용되었다. 아마도 그것이 일본의 문화와 잘 어울렸기 때문일 것이다.) 결정적인 조치는 각 팀에 담당 구역의 조립 라인에서 발생하는 불량을 최대한 일찍 발견하는 임무를 부여한 것이었다. 경영진은 "불량은 보배다"를 애창 가사처럼 계속 고취했다. 가령 어떤 노동자가 불량을 하나 발견한다면, 그는 무엇을 해야 할까? 토요타의 경영진이 도입한 가장 극적인 조치는 조립 라인 전체를 쭉 따라서 그 위에 매달아두는 안돈(Andon) 줄을 설치한 것이었다. 이들은 어떤 노동자라도 조립 라인에서 불량을 포착하면 가장 가까운 줄을 잡아당기도록 했다. 그러면 즉시 조립 라인이 전부 멈춘다. 조립 라인식 생산은 그 속성상 고도로 통합되어 있기 때문에 라인이 멈추면 막대한 비용이 발생한다. 토요타 공장에서 그 비용은 **분당 1만 달러**였다. 한 노동자가 라인을 불필요하게 중단시키면, 그는 자신이 1년 내내 회사에 기여하는 생산적 가치보다 훨씬 큰 비용을 단 몇 분 만에 허비할 것이다. 그러므로 이 정책은 노동자들이 (회사를 적대시하지 않고) 회사를 위해서 일할 것이라고 경영진이 정말로 신뢰했음을 말해주는 것이었다. 달리 말해서, 그 정책은 회사의 목적의식과 잘 들어맞는 노동자들의 목적의식에 의지하는 것이었다. 내가 보기에 과연 그 노동자들이 "나는 주주의 가치를 극대화하려고 노력한다"고 생각했을지 의심스 럽다.

반면에 GM의 품질 관리 방식은 완성된 자동차들 중에서 일부 표 본을 골라 검사하는 통상적인 방법이었으니, 토요타의 방식과는 완 전히 달랐다. 마침내 새로운 최고 경영자가 문화가 바뀌어야 하는 문제임을 이해했다. GM의 경영진과 미국 자동차 노조 간의 반목을 상호 신뢰로 바꾸어야 했다. 이어서 "그들에게 로봇이 있다면, 우리 도 로봇을 확보할 것이다"가 "그들에게 안돈 줄이 있다면, 우리도 안돈 줄을 설치할 것이다"로 바뀌었다. 최고 경영자의 지시로 GM 의 조립 라인 전체에 안돈 줄이 설치되었다. 그리하여 최고 경영자 가 문화 변혁을 선포할 수는 있었지만, 조립 라인의 하찮은 현장 관 리자는 평범한 노동자들의 태도를 더 잘 알고 있었기 때문에 곧이 어 무슨 일이 일어날지도 알고 있었다. 수십 년 동안 쌓여온 반감이 하루아침에 녹아 없어질 수는 없었다. 회사에 재앙적인 피해를 초 래할 기회가 주어지자 몇몇 노동자들이 그 기회를 놓치지 않고 잡 았다. 겉으로는 그럴싸하지만 잘못된 이유로 안돈 줄을 잡아당기는 경우가 생겼고 생산성이 엉망으로 추락하자, 조립 라인의 관리자들 에게 책임이 추궁되었다. 어쩔 수 없는 현실에 직면한 현장 관리자 들은 안돈 줄을 손이 닿지 않는 천정에다 매달았다.* 문화를 바꾸려 고 한 최고 경영자의 시도는 경영진이 노동자들을 신뢰하지 않음을

---

* GM 하급 관리자의 이 행동을 타이레놀 사태가 터졌을 때의 존슨 앤드 존슨 하급 관리자의 행동과 대조해보라. 무엇이 그러한 차이를 빚겠는가?

아주 선명히 드러낸 채 실패로 끝났다. 적대적 정체성은 더욱 심해졌다.

납품업자와의 관계에서도 비슷한 일이 벌어졌다. 토요타는 납품업자들과 여러 해 동안 협력관계를 일구었다. 더 좋은 부품을 만들어야 최종 생산물도 좋아지기 때문에 양측 모두 공통의 과제에 직면해 있었다. 그러려면 장기적인 관점이 필요했다. 오르내리는 시장의 순환에 따라서 토요타가 납품업자를 다루면서 채찍을 휘두를 때도 있을 것이고, 힘의 균형추가 납품업자로 넘어갈 때도 있을 것이다. 만일 각 당사자가 일시적인 장점을 이용한다면, 장기적으로 둘 다 손해를 볼 것이다. 점차 그들은 서로를 신뢰하는 방법을 배웠다. 반면에 GM은 자신이 드센 상대임을 자랑스러워하면서 할 수 있을 때마다 납품업자들을 한계점까지 밀어붙였다. GM이 결국 변화의 필요성을 깨달았을 때에는 이미 너무 늦은 시점이었다. 노동자들의 경우와 마찬가지로 자신이 활동하면서 구축한 단단한 신념 체계의 덫에 걸린 GM은 꼼짝달싹하지 못하는 처지에 놓였다.

독일 볼프스부르크 시에 위치한 자동차 회사 폭스바겐의 노동자들은 오랜 세월 동안 자신들이 속한 회사의 목적을 이렇게 이야기했을 것이다. "정말로 좋은 차를 만드는 것이다." 옥스퍼드는 자동차 회사 브리티시 모터 코퍼레이션(BMC)의 본고장이어서 한때 영국의 볼프스부르크에 해당하는 곳이었다. 노동자 문화에서 폭스바겐과 BMC의 대조는 토요타와 GM의 대조와 비슷했다. 독일의 어느 국제경기장에서 열린 축구 경기를 보다가 텔레비전 카메라 앞의 관중이 폭스바겐의 머리글자 "VW"를 새긴 깃발을 자랑스럽게 흔드는 것을 보고 깜짝 놀랐던 일이 생각난다. BMC의 노동자들이 그러한 광경을 연출하는 것은 상상할 수도 없는 일이었다. 그들의 파업으로 결국 BMC는 파산했다. 그러나 폭스바겐은 2016년에 굵직한 추문에 휩싸였다. 이 회사의 디젤 자동차에 미국에서 수행되는 배기 가스 검사를 속임수로 통과하기 위한 장치가 달려 있었기 때문이다. 이 장치를 고안한 엔지니어들은 어떤 동기에서 그 작업을 했을까? 단지 개인적인 상여금이었을까? 그럴 것 같지는 않다. 그보다는 엔지니어들이 회사의 목적에 전적으로 부응했지만, 해당 검사를 도입한 미국의 입법 목적에 수긍하지 않았을 개연성이 높다. 그들은 가령 그러한 입법이 독일 자동차의 수입을 제한하려는 은밀한 수단이라고 생각했을 수도 있다. 아니면, 해당 검사를 요식 행위로 보고 대응했을 가능성도 있다. 물론 그들의 행동은 완전히 잘못된 것이었다. 공해 배출을 개선하도록 "좋은 자동차"라는 그들의 비전을 갱신해야 했지만 그러지 못한 것이다. 회사에 미친 영향 면에서도 그들의 선택은 재앙적인 결과를 빚고 말았다. 그러나 나처럼 공공 부문의 편안한 일자리에 있는 많은 사람들이, 민간 부문 노동자들이 탐욕과 공포에 휘둘려 산다고 상상한다면 이는 그들을 모욕하는 착각이다. 증거를 보면 오히려 민간 부문의 일자리 만족도가 공공 부문보다 상당히 더 높다. 일례로 민간 부문의 노동자들은 질병을 이유로 일을 쉬는 빈도가 훨씬 더 낮다.

이렇게 보면 자본주의에서 태생적으로 더러운 것은 아무것도 없다. 이익은 기업의 목적을 정의하는 것이 아니라, 기업에 규율을 강제하는 제약이다. 그러나 베어스턴스와 ICI, GM의 이야기는 심각하게 잘못된 무엇이 있음을 말해준다. 그것이 무엇일까?

누가 기업을 통제하는가?

그 답은 기업에 대한 통제권을 엉뚱한 사람들이 가지고 있었다는 데에 있다. 자본주의가 자본주의라는 이름으로 불리는 이유는 위험을 감수하고 자본을 내놓은 사람들에게 기업의 소유권을 부여하기 때문이다. 그 배경의 원리는 위험을 떠안은 사람들이 기업을 통제할 필요를 가장 절실히 느낄 뿐만 아니라 경영자들을 꼼꼼히 따져볼 동기도 가장 강하다는 것이다. 그러나 이 원리는 점차 현실과 멀어졌고, 갈수록 더 심하게 괴리되었다.

기업이 파산하면 많은 사람들이 고통받는다. 그 위험 부담은 자본 출자자를 넘어서 훨씬 더 많은 사람들에게 영향을 미친다. 기업 파산으로 아마도 가장 큰 손실을 볼 사람들은 그 회사에서 장기간 일했던 노동자들일 것이다. 그들이 회사 안에서만 값어치 있는 숙련 기능과 평판을 축적해왔을 것이기 때문이다. 파산한 회사가 해당 지역에서 커다란 고용주라면 그곳에 집을 소유하는 사람들은 모두 커다란 자본 손실을 입을 것이다.

고객도 피해를 볼 것이다. 사소한 예로, 2017년 모나크 항공이 파산하자 10만 명이 오도 가도 못하고 발이 묶였다. 더 심각한 예로, 현대의 공급망에서는 기업이 서로 얽히고설키며 의존하기 때문에 한 회사가 파산하면 바이러스처럼 그 충격이 세계 경제 곳곳으로 전달된다. 바로 그 때문에 리먼 브라더스 같은 중간급 투자은행의 파산이 금융 위기를 동반하는 대대적인 피해를 초래했다.

기업에 융자 형식으로 자금을 공급한 사람은 주식을 매입한 주주와 마찬가지로 피해를 보지만, 주주만이 소유권에서 발생하는 권한을 가진다. 반면에 주주가 전혀 피해를 보지 않을 때도 있다. 교수로서 나는 영국의 모든 대학교를 포괄하는 한 펀드에서 관리하는 연금에 가입할 권리를 부여받는다. 그 펀드는 여러 회사들의 주식을 보유하고 그것에서 나오는 수익으로 재정을 조달한다. 그렇다면 그중 한 기업이 파산하면 나의 연금도 손실을 볼까? 감사하게도 그렇지 않다. 왜냐하면 그 손실에 대한 책임이 모든 대학교를 합친 대학 시스템 전체로 넘어가기 때문이다. 펀드 설정 계약에 따르면, 심지어 대학교 자체가 몇 곳 파산하더라도 펀드가 안고 있는 부채는 나머지 대학교들에게로 넘어간다. 남아 있는 그 대학교들은 자금 부족분을 어떻게 해결할까? 궁극적으로 나의 연금을 지급하기 위한 부채는 여러 세대의 학생들에게로 넘어갈 공산이 크다. 이것을 읽는 학생들에게 나는 정말 심심한 감사를 느낀다고 분명히 말하고 싶다. 그러나 학생들이 그러한 위험을 떠안는 대가로 나의 연금 펀드가 보유하는 기업들의 경영에 대한 통제권을 얼마나 가지는가?

기업은 자신의 장기적인 성과를 중시할 동기가 있는 사람에게 설명의 책임을 다해야 하고, 경영의 오류를 포착할 충분한 지식을 가지고 있어야 한다. 그러나 주식 소유가 고도로 분산된 상황에서는 무임승차의 문제가 생긴다. 이는 산산이 흩어진 주주들 가운데 아무도 경영진의 장기 전략이 과연 훌륭한지 들여다보려는 동기가 별로 없다는 문제이다. 독일에서는 은행이 주식 소유자들을 대신하여 주식을 보유하고 기업 경영에 능동적으로 관여함으로써 이 감독 역할을 한다.* 미국을 비롯한 세계의 많은 지역에서 이 감독 역할을 하는

---

* 독일에서는 회사법을 비롯하여 각종 제도적 장치를 통해서 소액 주주들이 자신이

주체는 성공적인 기업을 설립한 뒤, 거부권 행사에 충분한 지배 지분을 계속 보유하는 창업주 가문들이다. 단 한 나라, 영국에서만 프리드먼의 비전이 완벽하게 구현되었는데, 이 나라의 기업은 수백만 주주들의 행동을 통해서 이익과 긴밀하게 연동한다. 그들이 회사에 책임을 추궁하는 방식은 이익이 계속 오르지 않으면 보유 중인 주식을 시장에 팔아버리는 것이다. 영국은 그동안 하나의 경제 이데올로기를 적용하는 실험 대상이었다. 영국의 은행은 기업 경영에 대한 관여를 대단히 회피했다. 기업의 창업 가문들은 과세 체계로 인해서 보유하던 주식을 모두 처분했다. 그래서 기업에 대한 법적 통제권은 오직 주주들의 수중에 있지만, 그들 중 80퍼센트가 연금 펀드와 보험 회사들이다. 이 대주주들이 채택한 관행은 "회사를 좋아하지 않으면 주식을 팔라"는 것이다. 주식에 대한 그들의 결정은 이제 기본적으로 최근의 주가 변동으로부터 섬세한 추론을 도출하는 컴퓨터 알고리즘에 바탕을 두고 있다. 현재 주식 시장에서 일어나는 거래의 60퍼센트가 이런 식으로 자동화되어 있다. 그 세계의 슈퍼스타들은 사회에서 가장 정교한 수학 지능을 가진 사람들로, 가격 변동의 패턴을 감지하는 천재적인 알고리즘을 고안한다. 그것에는 회사에 장기간 관여할 때에만 얻어지는 직접적인 지식이 결여되어 있다. 회사와 그 경영진, 회사의 노동력 그리고 회사의 앞날에 대한 전망 같은 핵심적인 판단 요소가 그러한 지식이다.

보유하는 주식을 은행에 "예치하면(deposit)", 은행이 그 주주들의 의결권을 대리 행사하는 힘을 가진다고 한다. 다음 자료를 참조. Jeremy Edwards and Marcus Nibler, "Corporate Governance in Germany: The Influence of Banks and Large Equity-Holders," University of Cambridge, January 1999. https://www.ifo.de/DocDL/ces_wp180.pdf

어떤 연금 펀드가 자사 주식을 팔든지 말든지 회사 경영진이 왜 신경을 써야 할까? 영국에서 경영진에 대한 가장 큰 위협은 맞수 기업에 인수당하는 것이다. 당연히 회사의 주가가 낮을수록 이러한 위협이 더 쉽게 일어난다. 주식 소유의 여하에 따라서 얼마나 대조적인 결과가 나타나는지 미국의 허시와 영국의 캐드버리, 두 초콜릿 회사를 보면 쉽게 알 수 있다. 허시 가문은 거부권 행사에 충분한 지배 지분을 계속 유지했지만, 퀘이커교 자선 활동의 모범으로도 꼽히던 캐드버리 가문은 보유하던 주식을 시장에 팔았다. 미국의 식품 회사 크래프트가 초콜릿 시장의 점유를 확대하려고 애쓰던 중 캐드버리를 표적으로 삼았다. 연금 펀드들은 그들이 보유하던 캐드버리 주식을 때맞추어 팔았고, 캐드버리는 독자적인 회사로 살아남지 못했다. 그런 만큼 회사를 경영하는 실질적인 힘은 회사 이사회가 이런 운명을 피할 수 있는가에 달려 있다. 따라서 회사 이사회는 선제적으로 분기마다 실적을 점검할 것이고, 그에 따라서 최고 경영자를 갈아치우려고 할 것이다. 요즘 최고 경영자들의 재직 기간은 보통 4년에 불과하다.

그동안 최고 경영자의 보수가 갈수록 단기 성과 지표에 더 긴밀하게 연동되는 점진적인 변화가 일어났다. 이 문제는 금융 시장이 가장 "발달되어" 있고, 동시에 최고 경영자의 재직 기간이 가장 짧은 영국과 미국에서 가장 극심하게 나타난다. 이러한 변화가 금융권을 넘어 차츰 비금융권 회사들의 최고 경영자 보수가 정해지는 방식으로도 전염되었다. 최고 경영자들의 높아진 위험 감수를 반영한다고는 해도 그들의 보수는 같은 회사 노동자들의 평균 보수를 크게 앞지르며 점점 빠르게 높아졌다. 영국에서는 지난 30년 동안 최고 경영자의 보수가 같은 회사 노동자 보수의 30배였다가 150배로 높아졌다. 이것도 미국에 비하면 소소한 편이다. 같은 기간 동안 미국에서는 최고 경영자의 보수가 같은 회사 노동자 보수의 20배였다가 231배로 높아졌다. 그러나 객관적인 지표로 판단할 때, 이 기간에 기업계의 성과는 전반적으로 향상되지 않았다. 높아진 보수는 명백히 성과 향상에 대한 보상이 아닐뿐더러, 단지 위험 감수가 늘어났다고 주어지는 보상도 아니다. 대기업의 보상 위원회에 속한 사람들은 그들끼리 네트워크를 형성하는 또 하나의 집단이다. 그러한 집단들이 모두 그러하듯이, 그곳에서 오가는 이야기들이 점차 신념 체계를 형성한다. 앞에서 제시했듯이, 시간이 흐르면서 우리 사회는 국민 정체성이 갈라지면서 숙련 기능 중심의 정체성들로 분열되었다. 이 커다란 과정의 축소판 중 하나가 최고 경영자의 동료 집단이 자사의 노동자들로부터 다른 회사의 최고 경영자들로 바뀐 것이다. 따라서 보상 위원회의 구성원들이 얼마가 "공정한" 보수인가를 판단하는 최고 경영자들 네트워크의 규범은 점차 높아졌다. 한 고위 경영자는 그들 사이에서 이런 말을 들었다고 한다. "그는 500만 달러를 버는데, 나는 고작 400만 달러밖에 벌지 못한다. 이건 공정하지 않다." 이러한 인식의 핵심에는 탐욕조차 존재하지 않는다. 이들 최고 경영자들의 다수는 쾌락주의자가 아니라 의욕이 넘치는 일 중독자들이다. 그 핵심은 정체성이 새롭게 정의됨에 따라서 그것에서 비롯되는 동료 존중의 근원도 달라졌다는 것이다. 400만 달러를 버는 그 최고 경영자는 아마 그에게 부족한 100만 달러로 무엇을 살 수 있었을지에 대해서는 생각조차 하지 않았을 것이다. 그러나 다음번 다보스 모임에서 500만 달러를 버는 그 최고 경영자 동료가 동정하듯이 은

근히 잘난 척하는 모습에 대해서는 생각해보았을 것이다.

　그동안 금융 부문은 자신이 설파하는 내용을 그대로 실행에 옮겼다. 기업이 단기 성과의 동기 유발을 위해서 보수를 높이 끌어올려야 한다면, 금융 부문 자신도 그와 똑같은 모형을 적용해야 할 것이다. 그들은 망설이는 기색도 없이 최고 경영자의 보수가 회사 노동자의 보수에 비해서 빠르게 치솟는 상승 행진을 주도했다. 은행업계에서는 이 비율이 500 대 1에 도달했고, 금융 위기를 겪은 뒤에도 전혀 줄어들지 않았다. 이것이 기를 쓰고 금융업계의 최상층까지 올라가는 사람들의 윤리적 구성을 바꿔놓았다. 도이체 방크가 최고 경영자로 발탁한 에드슨 미첼은 진지하고 엄격한 이 은행의 독일식 문화를 지나치게 사나운 문화로 바꿔놓았다. 그는 "용병들을 채용했고……그들은 윤리에 개의치 않았다."[3] 윤리가 완전히 증발한 공백 지대도 생겼다. 금요일 저녁마다 트레이딩 팀들은 외설적인 구경거리를 찾아다녔고, 성탄절 파티에서는 고위직 직원의 쾌락을 위해서 성매매 여성을 고용했다. 미첼은 가족에 대한 의무를 공공연하게 경멸했다. 도이체 방크는 세계 최대의 은행으로 급속히 성장했지만, 성매매업소 경영자에게 더 적합한 윤리관을 가진 사람들이 경영하는 회사로 변해갔다. 미첼은 항공기 추락 사고로 사망했는데, 그의 은행도 그에 버금가는 운명을 맞이했다.

　먹이사슬의 좀더 아래쪽에서는 보험사와 연금 자산을 비롯해서 각종 펀드를 운용하는 펀드 매니저들이 활동한다. 그들은 자신이 운용하는 포트폴리오 내의 증권들의 분기별 시세 평가액을 잣대로 평가받는데, 이러한 평가 방식이 자산 운용업에는 잘 들어맞는 듯하다. 단 하나의 척도로 성과가 쉽게 측정되기 때문이다. 그러나 정말로 바람직한 결과에 보상이 돌아가도록 유인을 설계하기는 대단히 어렵다. 자산을 운용하는 펀드 매니저들은 단기 성과를 기준으로 평가받지만 풍성한 보수를 누리고, 따라서 자신이 투자하는 회사들을 똑같이 단기 성과를 기준으로 판단한다.

소유자에게 통제권을 부여한 데에 따른 영향

이러한 평가 방식이 연금을 운용하는 입장에서 궁극적으로 현명한 전략일까? 한 기업을 책임지는 최고 경영자의 일이 분기별 이익이 계속 오르도록 절박하게 버둥거리다가 그의 급여계좌에서 잠자던 스톡옵션의 행사일이 다가오면 "황금 낙하산"을 챙겨서 회사를 떠나는 것이 되고 말았다. 그렇다면, 누가 최고 경영자가 되든 간에 무엇이 영리한 전략일까? 그것은 당연히 분기별 이익률을 밀어올리는 변화를 되도록 큰 폭으로, 그리고 되도록 빨리 만들어내는 것이다. 영국산업연맹(CBI)의 대표 캐럴린 페어베언은 이렇게 진단한다. 그녀가 우려하는 것은 기업들이 "목적을 희생하면서 주주 가치에 집착한다"는 점이다.[4] CBI는 영국 대기업들의 이해를 대변하는 로비 집단이다. 그곳의 대표가 몽상에 빠진 급진주의자가 되기는 대단히 어려운 일이다.

　최고 경영자가 분기별 이익률을 밀어올려야 한다면, 그 일을 어떻게 할 수 있을까? 세 가지 선택지가 있다. 첫 번째는 회사와 노동자들 그리고 납품업자와 고객에 걸쳐서 서로 신뢰하는 훌륭한 관계를 정립한 존슨 앤드 존슨 같은 회사를 건설하는 것이다. 이렇게 하면 결국 근사한 보상이 따르지만, 문제는 시간이 오래 걸린다는 것이다.

두 번째 선택지는 생산에 중요하지 않은 모든 지출을 삭감하는 것이다. 이것은 마치 회사에는 고통이 따르더라도 사회에는 값진 효율을 추구하는 것처럼 들린다. 그러나 예전의 최고 경영자들이 이미 군살을 도려냈을 것이기 때문에, 생산에 당장 영향을 미치지 않으면서 가장 쉽게 삭감할 수 있는 지출 항목 가운데 남아 있는 가장 큰 범주는 투자이다. 당연히 때가 되면 투자 삭감은 산출량에 악영향을 미치겠지만, 그야 어쨌든 "때가 되면" 그 최고 경영자도 떠날 것이다. 세 번째 선택지는 생산이든 투자든 실질적인 의사결정에 시간을 낭비하지 말고, 회사의 회계 장부를 뜯어고치는 것이다. 회계사 이외의 사람들은 회계업계에서 회계 장부 규칙을 분명하게 확립해놓았을 것이라고 상상하지만, 실제 관행은 그렇지 않다. 이익을 불리기도 하고 줄이기도 하며 이쪽 자회사의 이익이 저쪽 자회사로 이동하도록 꾸밀 수 있는 회색 지대가 많다.[5]

당신이 최고 경영자라면 이 중에서 어느 것을 택하겠는가? 우리는 지금 두 번째 선택이 초래하는 현상을 미국과 영국에서 볼 수 있다. 기업들은 이익률이 높은데도 투자를 선택하지 않고 있다. 이러한 행태를 보여주는 놀라운 증거가 증시에서 주식이 매매되는 기업(상장 회사)과 매매되지 않는 기업(비상장 회사) 간의 대조적인 투자율에서 나타난다. 상장 회사들의 투자율은 2.7퍼센트에 불과하지만, 비상장 회사들의 투자율은 9퍼센트이다. 선진국 가운데 경제 규모에 대비한 금융 부문의 크기가 가장 큰 영국을 보면, 기업의 연구개발 투자가 선진국 평균보다 훨씬 낮다.[6]

당연히 분기별 이익에 매달리는 기업들은 장기적 관점을 견지할 능력을 갖춘 기업들보다 장기적인 성과가 나쁘다. 이익률만 보더라도 그렇다. 그러나 이미 전임 최고 경영자가 투자를 더 줄일 여지가 없을 정도로 삭감했다면, 아마도 현직 최고 경영자가 달려갈 길은 세 번째 선택지가 될 것이다. 회계 장부에 손을 대는 일은 그 속성상 속임수가 드러날 정도로 아주 심하게 밀어붙인 상황을 제외하면 감지하기가 어렵다. 그러나 속임수를 밀어붙이다가 결국 밝혀지고 마는 사태가 주기적으로 일어난다. 미국에서 전설적인 사례는 엔론이라는 회사였다. 엔론에 버금가는 영국의 두 사례 중의 하나는 미러 그룹 뉴스페이퍼의 최고 경영자, 로버트 맥스웰이다. 그는 언젠가 공적인 조사를 받았을 때 "상장 기업의 경영에 부적합하다"라는 지적까지 받았다. 또다른 사례는 기사 작위까지 받은 바 있는 BHS(British Home Stores) 백화점의 최고 경영자 필립 그린이다. 두 사람은 모두 자기 회사의 연금 기금을 거덜 내서 수천 명의 피고용자를 궁핍한 처지로 내몰았다. 맥스웰은 속임수가 발각될 찰나에 자신의 초대형 요트에서 뛰어내렸다. 그린이 지금도 가지고 있는 초대형 요트는 그를 성토하는 사람들에 의해서 BHS 구축함(BHS Destroyer)이라는 적절한 별칭이 붙었다. 어쩌면 초대형 요트가 "창의적인" 회계를 미리 말해주는 선행 지표일까?

두 번째와 세 번째 선택지 모두 사회에 심각하게 해로운 결과를 초래한다. 굵직한 기업들이라면 좀더 장기적인 견지에서 경영해야 하지만 그것에 충분히 관심을 두지 않는다는 것도 심각한 문제이고, 기업의 공식 회계 장부가 신빙성을 잃는다는 것도 심각한 문제이다.

지금까지 우리는 최고 경영자들이 훌륭한 기업을 일구는 장기적 프로세스에 힘을 쏟지 않고 갈수록 더 단기적 수법으로 치닫고 있음을 보았다. 그러나 설상가상으로, 장기적인 접근법을 택하려는 최고 경영자와 이사회조차도 그러기가 더욱 어려워지고 있다. 경영자와 노동자 간의 임금 격차가 너무 커졌기 때문이다. 존슨 앤드 존슨, ICI, 폭스바겐, 토요타의 이야기들에서 잘 드러나듯이, 장기적인 전략에서 핵심 요소는 노동자들을 설득해서 회사와 동질감을 느끼도록 하는 것이다. 이야기는 행동과 모순되지 않아야만 효력을 발휘할 수 있다. "우리는 모두 한 배에 탔다"라고 노동자들에게 말하면서 자신은 일반 직원의 500배나 되는 보수를 받아 챙긴다면, 상당히 냉소적인 반응을 유발할 공산이 크다. 생산 라인의 노동자는 이렇게 생각하게 될지도 모른다. "당신이 그 권한으로 회사를 약탈하고 있으니 나는 다음번 휴식 시간이 필요할 때 안돈 줄을 잡아당겨주지." 내 행동을 따라하지 말고 내가 시키는 대로만 하라는 식으로는 좀처럼 효과를 볼 수 없다.

자, 연금 펀드들의 현행 전략은 과연 현명한가? 그렇지 않음은 상당히 명백하다. 연금을 운용하는 펀드는 연금 지급일이 다가올 때에 가입자들에게 제법 괜찮은 금액을 지급할 능력을 갖춰야 할 분명한 의무를 지고 있다. 그들이 이 의무를 이행할 수 있느냐 없느냐는 단 하나의 요인에 달려 있다. 그것은 그들이 보유하는 자산의 장기 수익률이다. 이것은 연금 펀드가 보유하는 회사 주식들의 꾸러미가 장기간에 걸쳐서 얼마나 좋은 성과를 올리는가에 달려 있다. 연금 펀드들을 모두 합쳐서 볼 때, 그들의 수익률은 시장의 수익률을 초과하지 못한다. 따라서 그들의 의무 이행 능력은 그 나라 경제에 존재하는 기업들의 장기적인 성과에 달려 있다. 기업 경영진을 바로 이 과업과는 다른 방향으로 몰고 감으로써 연금 펀드들은 스스로 의무 이행 능력을 계속 떨어뜨렸다.

이 문제에 맞서 무엇을 할 수 있는가

이 침울하고 장황한 문제들을 뒤로하고 이제 실제적인 해법을 살펴볼 때이다. 다행히 이 문제들은 자본주의의 불가피한 특징이 아니라 공공정책이 잘못되었기 때문에 생긴 결과이다. 그리고 그 잘못은 바로잡을 수 있는 것들이다. 공공정책이 잘못된 이유는 낡은 이데올로기들끼리 요란하게 치고받는 와중에 정책이 하찮게 여겨졌기 때문이다. 우파 이데올로기는 "시장"에 대한 신뢰를 주창하면서 모든 정책 개입을 경멸한다. 그들의 해법은 "정부는 기업에서 손을 떼라. 규제를 완화하라!"이다. 좌파의 이데올로기는 자본주의를 경멸하면서 기업과 펀드의 관리자들을 탐욕적이라고 비난한다. 그들의 해법은 기업에 대한 국가 통제, 그리고 경제를 좌우하는 중요한 거점들을 국가가 소유하는 것이다. 이 근본주의적 이데올로기들은 둘 다 근거가 빈약한 데다가, 공적인 토론의 준거가 그것들에 장악된 탓에 생산적인 사고가 가로막혔다.

　새롭게 접근하기 위한 출발점으로 우리는 대기업의 사회 내 역할에 대한 철저한 검토가 그동안 제대로 이루어진 적이 한 번도 없었다는 점을 인정해야 한다. 대기업 이사회는 사회 전반에 영향을 미치는 중요한 결정을 내리지만, 그것들의 현행 구조는 서로 조율되지 못하고 따로따로 이루어진 개별 결정들의 산물이다. 그 결정들 하나하나가 나올 때마다 미리 내다보지 못한 모종의 또다른 결정이 뒤따르는 식이었다. 미국 건국 당시 연방주의자들은 강렬하고 예리한 공적 토론을 거쳐서 헌법과 국가 거버넌스 시스템을 기초한 문헌을 작성했는데, 기업의 거버넌스 시스템은 아주 조금이라도 그것에 버금갈 만한 과정을 전혀 거치지 못했다. 기업을 겨냥하는 공공정책은 조금씩 이어붙이는 식으로 형성된 탓에 기업 경영의 통제권에 관한 근본 현안을 한 번도 제대로 다루지 못했다. 실효성 있는 해법이 되려면 법적인 통제권을 부여받는 여러 이해관계 간의 평형을 다시 설정하는 것에서 시작해야 한다.

기업 내 권력의 변경

현재 영미권 나라들의 경우 기업의 이사들은 기업 소유주의 이해를 위해서 경영해야 한다고 법으로 규정되어 있다. 예를 들면 영국 회사법의 조문에 대한 일반적인 해석이 그러하다(그러나 회사법의 조문 자체에는 그보다 더 폭넓게 고려할 여지가 있다*). 그다음 핵심으로, 기업 소유주는 오직 해당 기업의 주식을 보유하는 사람들로 한정된다. 이런 시스템이 자본주의 본래의 고유한 요소는 아니다. 이것이 생긴 이유는, 기업 성장의 초창기인 18세기에 사업에 결정적인 제약 조건이 위험을 떠안을 최소 규모 이상의 투자 자금을 충분히 조달하는 것이었기 때문이다. 이제 그러한 세상은 지나갔고, 자금 조달 방식도 바뀌었다. 지금은 위험 분산과 정보 수집, 기업 거버넌스에 대한 점검을 통해서 재무적 손실 위험에 일상적으로 대처한다. 또한 위험한 투자에 자금을 조달해주려는 의욕적인 자본이 풍족하

• 존 케이의 설명에 따르면, 회사법 조문의 세세한 언어에는 이사회가 더 넓은 관점을 취하도록 고무하는 대목들이 있다. 그러나 내가 그 내용을 대기업 한 곳의 회장에게 언급하자 그는 고개를 가로저었다. 자신이 법적으로 주주들의 이해에만 봉사할 수밖에 없음은 분명한 사실이라는 것이다. 즉 일정한 문화가 조문을 해석하는 것이다.

다(그 증거가 닷컴 상승세와 그에 뒤따라서 주택 저당 채권에서 파생된 유동화 증권의 상승세였다). 사람들은 이제 의결권이 없는 주식을 기꺼이 산다. 이런 무의결권 주식 보유자는 기업에 관여할 통제권은 없지만, 여타 주주들과 똑같은 위험을 떠안는다. 현재, 분산되지 않는 가장 큰 위험은 아마도 장기간 근속하면서 자신의 인적 자본을 단 하나의 회사에 투자한 피고용자들의 위험일 것이다. 그리고 해당 회사의 장기적인 공급 계획에 발이 묶여 있는 고객들도 그러하다. 그러나 장기근속 피고용자들과 고객들은 보통 회사 이사회에 대표되지 않는다. 이 두 집단 중 어느 쪽이든 그들을 이사회에 대표하는 것은 얼마든지 가능하고, 가끔 실제로 일어나는 현상이다. 그러한 회사를 "상호 회사(mutuals)"라고 부른다.

영국에서 가장 존경받는 회사는 이제 ICI가 아니라, 존 루이스 파트너십이다. 오래 존속하면서 엄청난 성공을 거둔 이 회사의 권력 구조는 대단히 이례적이다. 이 회사를 소유하는 주체는 회사 노동자들의 이해를 위해서 경영되는 신탁 기금이다. 이러한 소유 방식을 반영하여, 회사는 이익의 큰 몫을 노동자들에게 연례 상여금으로 지급한다. 더구나 최고 경영자든 상점 보조원이든 동등하게 대우해야 한다고 생각한다. 그래서 회사 이익을 분배하는 상여금의 지급률은 최고 경영자나 상점의 노동자나 똑같다. 회사를 운영하는 방식에 대해서 모든 노동자가 발언권을 가진다. 그들의 발언권은 좁은 지역과 광역과 전국 차원에서 구성되는 다층적인 평의회를 통해서 반영되고, 회사의 의사결정을 주관하는 최고 평의회 위원의 80퍼센트가 선출을 통해서 정해진다. 존 루이스는 주주가 아니라 회사에 직접적인 이해 관계가 있는 노동자나 고객 같은 사람들이 집단적으로 소유하는 상호 회사의 한 예이다. 새로 채용되는 노동자나 새로 확보되는 고객은 점차 그들에게 주어지는 권리를 축적해서 퇴직자나 발길을 끊은 고객이 누리던 자격을 넘겨받는다. 즉 회사에 참여하고 그래서 회사의 성과에 이해관계를 가지는 사람들에게 소유와 통제권이 주어지도록 회사가 설계된 것이다.

예전에는 이러한 구조를 갖춘 회사들이 많았지만, 이 구조에는 치명적으로 작용하는 단 하나의 유혹이 있었다. 그것은 현재 시점에서 소유와 통제권을 부여받은 사람들이 회사의 존재 형태를 바꿀 법적인 권한을 누린다는 점이다. 즉, 그 권한으로 그들의 회사를 상호 회사로부터 소유주들이 금융 시장에서 회사 주식을 매매할 수 있는 상장 회사로 바꾸는 것이 가능하다. 회사의 형태를 그렇게 바꾸면, 현세대의 "소유주들"은 미래의 수익을 모두 포괄하는 회사의 자본 가치를 통째로 획득한다. 따라서 앞으로 등장할 모든 후속 세대의 참여자들은 그로 인해서 소유와 통제권을 물려받을 기회를 영원히 박탈당한다.* 영국에서는 1986년의 법률 변경으로 이러한 "탈상호화"를 실행할 여지가 생겨났다. 그러기 전의 법률을 뒷받침했던 것은 그러한 식의 회사 형태 전환을 비윤리적이라고 여기는 사회 규범이었다. 그러나 1980년대의 새로운 금융 문화가 도래하면서 의무의 규범이 약해졌다. 때로는 유혹이 너무나 강력한 것으로 드러났다.

---

* 여기에서 회사의 자본 가치(capital value)란 회사가 지금으로부터 먼 미래에 걸쳐 거둘 장기적인 수익을 모두 현재 가치로 환산한 값, 즉 미래 수익이 "자본화된 가치(capitalized value)"를 뜻한다. 이것이 곧 상장 후 회사 주식 총계의 가치이다. 이 주식이 금융 시장에서 매매되므로 상장 이전의 회사 규칙대로 후속 세대가 소유와 통제권을 물려받을 수 없다. 이 전환 과정을 비상장 회사가 상장 회사로 전환하는 기업 공개라고도 부른다.

미국에서는 골드만삭스의 공동소유자(파트너) 한 세대가 그 새로운 윤리가 열어주는 기회를 잡았다. 그 파트너들은 다른 세대와 달리 정직한 행동보다 기민한 영리함이 특출난 것으로 유명했다. 그들은 기업 공개를 성사시킨 덕분에 이전 모든 세대의 파트너들이 경험한 지독한 빈곤으로부터 탈출할 수 있었다. 영국에서는 주택금융조합(미국의 저축대부조합에 해당)의 대다수가 탈상호화되었다. 그중 규모가 가장 컸던 핼리팩스 주택금융조합은 150년에 걸쳐 건설된 유구한 역사의 거대한 회사였다. 잉글랜드 북부의 한 소도시에서 보잘것없이 출발하여 수백만의 주택 매수자에게 효율적인 담보 대출을, 수백만의 소액 저축자에게는 안전을 제공하는 거대 금융 기업으로 성장한 곳이다. 이 웅장한 회사의 소유 구조를 바꾼 덕분에 "아마추어식" 고객 관리에 따르는 성가신 부담에서 벗어난 경영진은 영국 최대 은행으로 성장한 이 회사에 대한 철저한 정밀 검토를 분기별 이익을 주시하는 "전문적인" 펀드 매니저들에게 맡겼다. 그 무렵 이사회 임원이었던 존 케이가 그 검토 결과를 눈여겨보았다.[7] 해방을 맞이한 경영진은 소액 저축자들의 예금을 수신하고 그 돈을 주택 매수자들에게 대출해주는 지루한 작업으로부터 사업 영역을 확장하면 분기별 이익을 높일 수 있다고 결정했다. 파생상품을 매매하는 금융 시장에서 거래하면 큰돈을 벌 수 있다는 것이다. 그러한 판단에 대해서 케이는 파생상품 시장의 도박성 거래로 돈을 벌려면 다른 거래자들이 손실을 보아야 한다는 점을 지적하면서 핼리팩스가 승자에 속할 것이라고 판단하는 이유가 무엇이냐고 물었다. 최고 경영자는 대단히 영리한 거래자들을 채용했다고 설명했다. 이 허풍에 대해서 케이는 해당 거래자들을 직접 만나보았더니 신뢰할 만한 수준에는 약간 미치지 못한다는 간결한 논평만을 남겼다. 그러나 그의 의구심에도 불구하고 핼리팩스의 이익은 이 새로운 전략을 도입한 뒤에 급격히 불어났고, 따라서 최고 경영자의 정당성이 입증된 듯했다. 그러고 얼마 후, 그들은 완전히 망했다. 핼리팩스는 다른 은행의 구제를 받을 수밖에 없었고, 곧이어 어마어마한 손실 규모가 조금씩 드러나기 시작했다. 전문적인 펀드 매니저들이 주도하는 우매한 경영진의 광기로 말미암아 자그마한 발걸음에서 시작한 상호 회사로부터 150년에 걸쳐 성장한 세계 일류 사업체가 한 세대 안에 파산했다. 그러나 나는 개인적으로 불평할 처지가 못 된다. 오래 전에 나의 용돈을 마련하려고 어머니가 핼리팩스 주택금융조합에 저축계좌를 개설했는데, 그후로 나는 그 계좌를 정리할 짬을 내지 못했다. 그 덕분에 계좌에 남아 있던 이자가 주식으로 바뀌었고 그것을 제때에 팔아서 약간의 횡재를 챙겼기 때문이다.

이와 같이 살펴보면, 결과로 나타나는 증거만 보더라도 노동자의 이해관계를 회사 이사회에 대표하도록 법적 효력을 마련할 근거는 충분하다. 그러한 변화가 비현실적인 것도 아니다. 독일에서는 회사의 법적 구조에 따라서 오래 전부터 노동자를 대표하는 것이 의무 사항이다. 그로 인해서 재앙이 일어나기는커녕 독일 회사들은 계속 월등한 성과를 달성했다. 그런데 노동자를 이사회에 대표하더라도 그들이 회사 소유주와 공모하여 대표되지 않은 이해관계를 부당하게 이용하는 것을 어떻게 막을 수 있을까? 그러한 불이익을 당할 만한 가장 분명한 당사자는 사용자, 즉 고객일 것이다.

기업의 서식지 : 생존을 위한 경쟁

기업들은 일정한 서식지 내에서 존재하고 각 기업은 그 안에서 자신에게 적합한 틈새를 발견한다. 이 서식지에서 벌어지는 생존 투쟁이 기업을 고객의 이로움에 봉사하도록 강제하는 규율이다. 용어를 생물학에서 경제학으로 번역하면, 서식지는 시장이고 생존 투쟁은 경쟁이다. 각각의 종은 진화의 작용을 통해서 자신의 환경에 적합하도록 적응한다. 이 진화의 작용에 상응하는 경제학의 표현은 순조롭게 작동하는 자본주의의 역학이다. 가령 생존하려고 서로 싸우는 와중에 기업들은 더 저렴하고 더 효과적인 제품을 만들려고 노력하고, 그에 따라서 우리 모두가 이로움을 누린다.

경쟁의 적은 기득권이다. 기득권은 그 힘을 이용하여 경쟁을 가로막는 장애물을 설치하며, 동원하는 전략도 광범위하다. 그러한 전략들의 스펙트럼에서 합법적인 것으로는 로비가 있다. 로비는 특권을 얻기 위해서 엄청난 자원을 소모하는 일종의 산업 부문처럼 성장했다. 그러한 전략의 스펙트럼 한중간에 부패가 있다. 부패는 돈을 받는 대가로 허가와 법원의 결정을 내주거나 독점권을 승인하는 공직자의 권한을 남용하는 것이다. 요즘 밝혀지는 소식을 보면, 남아프리카 공화국의 전임 대통령 주마는 혜택을 받은 대가로 자신의 권한을 이용하여 굽타 가문의 비즈니스 제국에 귀속되는 지대를 생성해주었다. 스펙트럼의 반대편 극단은 국가를 통째로 포획하는 것이다.

공산주의에서는 그 본연의 권력 집중으로 인해서 책임의 식별과 추궁이 원천 봉쇄되었고, 따라서 기득권이 계속 활개를 쳤다. 사람들 대다수가 이 점을 인식하고 있다. 예를 들면 자본주의가 부패로 오염되었다는 의견이 등장하는 설문조사에서 공산주의에서는 부패가 훨씬 더 심하다는 의견도 등장한다. 3대에 걸친 북한 김씨 왕조의 기괴한 생활상에서 드러나듯이, 무소불위의 전능한 국가는 기득권을 견제하는 것이 아니라, 오히려 기득권의 궁극적인 승리를 이룩한다. 공산주의 사회에서는 기업의 서식지를 없애버린 탓에 기능 장애가 너무 심해졌고, 그로 인해서 정치적 탄압을 당할 것임에도 불구하고 사람들은 그곳에서 탈출하려고 했다. "장벽을 세워라!"의 시조는 외국인들의 유입을 막으려는 도널드 트럼프가 아니라, 자국의 국민들을 국내에 묶어두려는 공산주의 체제의 절박한 시도였다. 나는 사람들이 장벽을 넘어가려고 기어오르는 장면들을 접하면서 자랐지만, 요즘 젊은이들의 머릿속에는 그러한 기억이 없다. 그들은 그런 이야기를 책에서 배울 뿐이지만, 책은 역사의 다른 부분을 더 중시한다. 열 살이 된 나의 아이는 하드리아누스 방벽에 대해서는 알지만 베를린 장벽에 대해서는 모른다. 시험 삼아서 당신의 아이들에게 물어보라.

시장이 시작된 이래 힘센 사람들은 우위를 누리기 위해서 늘 경쟁을 제한하려고 했다. 그들이 누리는 우위가 어떤 성질의 것인지 공직자들이 혹시 알 수도 있겠지만, 그보다 기득권자들 자신이 훨씬 많이 안다. 더욱이 그들은 좁게 정의되는 집단이라는 점에서 그들 자신의 이해관계를 위한 공동 행동을 조직하기가 쉽지만, 그들과 적대관계에 있는 일반 대중의 이해관계는 산만하게 흩어져 있어서 그렇지 못하다. 경쟁은 이 장애물을 극복한다. 같은 사업으로 활동하는 기업들은 유사한 정보를 보유하기 때문에, 일단 그들이 경쟁에 뛰어들면 기득권자들은 우위를 잃는다. 공직자들이 그 기득권에 관해서 알든 모르든, 그것은 아무런 관계가 없다. 일단, 일반 대중의 이해관계를 위해서 경쟁을 유지해야 한다는 원리가 인식되면, 경쟁을 이용하여 각각의 세세한 기득권이 저지르는 도둑질을 격퇴할 수 있다. 경쟁에 반대하는 자들은 그것이 불공정하고, 파괴적이며, 기존 사업자들이 제공하는 (거짓으로 지어낸 모종의) 혜택을 무시하는 것이라고 주장한다. 이러한 주장의 배후에는 이기심이 숨어 있다. 즉, 그것은 동기가 앞서는 추론이다.

GM과 베어스턴스를 규율한 것은 시장이지 공적 개입이 아니다. 그러나 경쟁만으로는 충분하지 못할 때가 있다. 이처럼 더 까다로운 상황에서는 공공정책이 필요하다.

기득권은 경쟁을 가로막는 장애물을 인위적으로 만들기 위해서 노력하는 반면에, 경제의 몇몇 부문에서는 규모의 경제가 유별나게 강력한 탓에 테크놀로지 차원의 장애물이 경쟁을 가로막는다. 규모의 경제는 해당 산업이 네트워크에 의존할 때에 가장 두드러진다. 전력을 공급하려면 전선의 네트워크, 즉 배전망이 필요하다. 물을 공급하려면 수도관의 네트워크가 필요하다. 철도 서비스를 공급하려면 철로의 네트워크가 필요하다. 때로는 서비스를 네트워크에서 분리하는 것이 가능하기는 하다. 철도 서비스 회사들이 공동으로 사용하는 철로 네트워크에서 경쟁하기도 하고, 발전 회사들이 공동 배전망을 사용하면서 경쟁하기도 한다. 그러나 네트워크 자체는 자연 독점이다. 인터넷 경제의 출현은 세계적인 독점으로까지 확장될 수 있는 새로운 네트워크 산업들을 만들었다. 이런 회사들은 통상적인 정의에 따른 자본, 즉 설비와 건물 등 유형자산이 거의 필요 없다. 그보다 훨씬 중요한 그 회사들의 가치는 무형자산, 즉 그들의 네트워크에 있다.[8] 유형자산과는 달리, 이런 무형자산은 경쟁자들이 복제하기가 대단히 어렵고, 물리적인 형태가 없다는 점에서 공공정책에 제약되는 고정된 소재지가 없다. 페이스북, 구글, 아마존, 이베이, 우버는 모두 그들이 자리 잡은 각각의 틈새에서 세계적인 자연 독점으로 확장될 수 있는 네트워크의 사례들이다. 규제를 받지 않는 사적 소유하의 자연 독점이라는 점에서 이 사업체들은 대단히 위험한 존재들이다.

그밖에도 경제 내의 많은 부문에서 정도가 덜할 뿐 똑같은 프로세스가 작용하고 있다. 생산성 향상과 맞물려서 복잡성이 꾸준하게 증폭됨에 따라서 다른 산업들에도 네트워크와 같은 특성들이 나타났다.[9] 이로 인해서 그러한 각 산업 안에서 최상위 기업의 지배력이 더욱 강해지고 있다. 월마트는 물류에 내재하는 네트워크 특성을 새롭게 발굴하여 소매업에 활용했다. 규모에서 가장 앞서는 은행들은 금융에서 새로운 규모의 경제를 수확했다. 그런 식으로 경제 전반에서 나타나는 생산성과 기업 이익의 증대가 그러한 최상위 기업들에 집중되었다.[10] 자연 독점만큼 극단적이지는 않아도 이처럼 규모에서 생기는 이득 덕분에 그 기업들은 그들보다 규모가 작은 경쟁자들의 자본 수익률을 초과하는 프리미엄을 벌 수 있다. 당연히 이런 기업들의 주식을 소유하려는 경쟁이 주가를 밀어올리므로 초기 출자금을 댄 본래의 주주들은 이 규모의 프리미엄을 횡재 수익으로 획득하게 된다.

크다는 것 자체가 테크놀로지 차원에서 압도적인 이익률을 뜻하는 상황에서는—그로 인해서 극단적인 자연 독점의 결과를 빚거나, 아니면 그보다 덜 극적인 양상으로 지배적 기업의 이례적인 이익률을 초래하기 때문에— 경쟁이 무력해질 수밖에 없다. 이러한 상황에서는 무엇인가 좀더 정밀하게 표적을 조준하는 공공정책 도구가 필요하다. 통상적인 선택지는 정부 규제와 공적 소유이지만, 둘 다 그 나름의 제한이 따른다.

규칙이 효력을 발휘하는가?

기업 이사회들의 의도가 아무리 좋더라도 정부 규제가 꼭 필요할 때가 있다. 규제를 통해서 규칙을 강제하면 모든 기업이 똑같은 정책을 따르게 되지만, 문제를 이사회의 판단에 맡겨버리면 기업마다 대응이 달라지게 마련이다. 일례로, 탄소 배출량을 줄이기 위해서 큰 공을 들이는 기업이 있고 그러지 않는 기업이 있다면 비효율적이고 불공평할 것이다.

그러나 소비자를 착취하는 기업들의 문제에 대처하고자 그러한 규칙을 적용하려고 하면 엄청난 제약이 따른다. 규제는 자연 독점 사업자의 해체를 목표로 삼을 수도 있고, 그들이 소비자들에게 물리는 가격의 통제를 목표로 삼을 수도 있다. 독점 사업자를 해체하면 강제로 해당 부문에 경쟁을 조성하게 되지만, 테크놀로지로 유발되는 규모의 경제는 계속 독점을 향해서 치달을 것이므로 정책 개입을 계속해야 한다. 설령 개입을 계속하더라도 규모의 경제를 가로막는 것은 정책이 비효율을 강제하는 꼴이다. 가격 통제의 목표는 규모의 경제에 따르는 이득을 기업이 독차지하지 못하도록 견제하여 소비자에게도 혜택을 베풀도록 강제하는 것이다. 이것에도 제약이 따르는데, 앞의 다른 맥락에서 이미 살펴본 정보 비대칭의 문제이다. 이미 보았듯이, 기업 경영진과 그들의 실적을 평가하는 펀드 매니저, 이 양측은 알고 있는 정보에 격차가 있어서 서로 대등하지 못하다. 지금의 맥락에서는 기업 경영진과 규제 당국자 사이의 정보 비대칭이다. 그동안 가장 극적인 비대칭은 금융 시장에서 규제 당국자와 은행업계 사이의 문제였다. 그러나 기업계 어디에서나 이 문제가 상존한다. 기업은 자신의 비용과 시장에 대해서 규제 당국자가 행여 수집할 수 있는 것보다 훨씬 나은 지식을 보유하고 있어서 문제가 완전히 해결될 수는 없다.

이 문제에 대한 정책 대응으로는 가격 통제를 겨냥한 최선의 추측을 영리하게 설계된 경쟁과 조합하는 독점권 경매 입찰이 틀림없이 가장 효과적일 것이다. 독점권 경매의 장점은 3G 휴대전화 통신망 사용권을 매각한 영국 정부의 사례에서 볼 수 있다. 처음에 영국 재무부는 개연성 높은 이익률 추정값을 입수해서 통신망의 합리적인 가격을 산출하려고 노력했고, 그래서 목표 가격으로 20억 파운드가 적절할 것이라는 결론을 내렸다. 다행히 정보 비대칭 문제가 너무 심해서 그 추정값이 틀렸을 가능성이 있으니 그 대신 통신망을 경매에 부치라는 학술계 경제학자들의 의견을 재무부가 받아들였다. 경매 결과, 낙찰가는 무려 200억 파운드였다. 경매에서 승리한 기업이 지불한 값이 20억 파운드든 200억 파운드든, 당연히 그 기업은 통신망 고객들로부터 그들에게 허용된 최대한의 사용료를 뽑아냈을 것이다. 그러나 독점 사업자에게 빼앗긴 소비자 가치가 그나마 경매를 통해서 정부의 횡재 소득으로 포착되어 재정 수입에 보태졌다.

이 경매 방식의 난점은 정부의 약속을 얼마나 믿을 수 있는가 하는 점이다. 정부가 일정한 사업 계약을 정해놓고 주관하는 독점권 경매에서 기업들도 응찰가를 잘못 산정할 수 있다. 물론 기업은 정부보다 훨씬 나은 정보를 가지고 있어서 규제 당국자만큼 큰 실수를 저지르지는 않을 것이다. 그야 어쨌든, 만일 기업이 너무 큰 금액을 응찰하면 이익 압박의 고초를 겪을 것이고, 극단적인 상황에서는 파산을 통해서 정부와의 사업 계약을 파기할 것이다. 이처럼 상황이 나빠질 위험을 기업이 수용하겠다고 나올 때는 오직 그에 못지않게 상황이 좋아질 공산도 커서 이익 전망이 있다고 판단하는 경우뿐이다. 반대로, 경매에 응하는 기업들이 모두 잠재적 이익을 낮게 추정할 수도 있는데, 그러면 경매의 승자가 지불한 낙찰가가 너무 낮은 가격이었음이 드러날 것이다.* 그러나 독점 사업 계약을 따낸 기업이 높은 이익을 거두고 있다고 보이면, 선거로 인해서 시야가 짧은 정치인들은 애초에 규제 당국자가 결정한 사업 계약을 뒤집으려는 유혹을 받게 된다. 그러한 정치적 개입의 확률이 높다고 기업이 우려할수록 경매 응찰가는 낮아질 것이고, 그러면 경매 승자가 앞으로 벌게 될 이익은 그만큼 높아질 것이고, 그러면 다시 정치적 개입이 일어날 확률도 그만큼 높아진다……이처럼 낮은 신뢰는 악순환을 부른다.

이것이 유일한 문제라면, 정치 주기에 맞추어 계약 기간을 단축하는 것이 해결책일 수 있다. 가령 임박한 선거에서 비롯되는 압력을 최대한 줄이기 위해서 선거와 선거 사이 중간 시점으로부터 그다음 중간 시점까지로 계약 기간을 잡는 방법도 있을 것이다. 그러나 기

---

* 경쟁자들을 따돌리기 위해서 응찰가를 너무 높게 써내서 낙찰받은 뒤에 후회하는 "승자의 저주"라는 말이 있듯이, 낙찰가가 너무 낮아지는 경우가 그다지 흔하지는 않을 것이다.

업 행동에서 중요한 문제가 착취적 가격 부과만은 아니다. 식수나 전력 공급 같은 공익 서비스가 지속성을 유지하려면, 해당 기업이 이익의 상당액을 시설 재투자에 써야 한다. 그런데 계약 기간이 짧을수록 기업은 사회에 바람직한 투자를 하려고 하지 않는다. 이론상으로는 규제 당국자가 투자 행위 자체를 규제하려고 나설 수도 있지만, 이것은 가격 설정보다 훨씬 더 많은 정보가 필요한 일이다. 현실적으로 규제 당국자는 어떤 투자가 바람직하고, 그런 투자에 얼마나 큰 비용이 들어갈지에 대해서 잘 알 수가 없다. 규제를 적용하는 데에는 한계가 있다.

일종의 공익 서비스처럼 커져버린 글로벌 인터넷 서비스에 관한 규제 문제는 대단히 심각하다. 그러한 서비스를 규제하려면 보통 세계적인 대응이 필요하지만, 규제할 능력은 압도적으로 국가 차원에 머물러 있다. 다수의 국가가 협력하기가 더욱 어려워지는 이유는 그러한 인터넷 회사들이 압도적으로 미국 기업이기 때문이다. 자국 기업들이 이익을 누리는 사업을 다른 나라들이 규제하자고 하면, 미국 정부는 기껏해야 이중적인 모호한 태도를 보일 것이다. 반독점 분야의 전문 변호사 게리 리백의 진단은 이러하다. "EU가 반독점법을 동원해서 지배적인 미국 기술 기업들의 힘을 견제하는 데에 행여 성공할 수 있을까? 그럴 수는 없다……반독점법을 집행하는 EU의 나약한 노력은 결코 실질적인 결과를 낼 수 없을 것이다." 더욱이 규제가 효과를 거두더라도 미국 기업들은 그것을 쉽게 반미 행위로 포장할 것이다. 규칙이 먹히기 어렵다.

이렇게 규제에 내재하는 문제가 있다는 점에서 요즘 시류를 타는 대안은 공적 소유이다.

공적 소유

지금 영국에서는 정부가 규제하고 민간에서 운영하는 공익 서비스에 대한 불만이 아주 커서 사람들 대다수가 철도, 수도, 전력 회사와 같은 공익 서비스 회사들을 공적 소유하에 두는 국유화를 선호한다. 이는 참 얄궂은 일인데, 왜냐하면 이 공익 서비스 회사들이 원래는 모두 공적 소유하의 독점 회사였을 뿐만 아니라, 그 회사들의 성과를 못마땅해하는 대중의 불만이 그것들을 사적인 영리 회사로 바꾼 계기였기 때문이다. 그러나 공적 소유가 부적합하다고 여겼던 대중의 기억은 베를린 장벽에 관한 기억보다 10년이나 더 오래된 것이다. 공적 소유하에 있을 때에 공익 서비스 회사들은 피고용자들에게 포획당하는 문제에 시달렸고, 대단히 빈번한 파업으로도 그 문제가 표출되었다. 또한 정부가 관리하는 회사이다보니 정치에 휘둘려서 서비스 가격이 너무 낮아졌고, 그로 인해서 충분한 투자가 따르지 못했다. 현재 거론되는 이야기들은 이데올로기를 중심으로 양극화되어 있다. 그런데 야릇하게도 좌파는 이 산업들의 국유화를 원하지만 그것에 국가의 의미를 두려고 하지 않는 한편, 우파는 국가의 의미를 두려고 하지만 국유화는 원하지 않는다.

현실적으로는 민간 기업이 경영할 때에 좀더 효과를 보는 산업이 있는가 하면, 효과가 나빠지는 산업도 있다. 이것은 민간 기업과 규제 당국 사이의 정보 비대칭이 얼마나 심한가 하는 정도가 산업마다 큰 차이가 있다는 사실과 일맥상통하는 현상이다. 합당한 척도로 판단할 때, 철도는 민간 기업하에서 운영 효과가 좋아지는 반면에 수도는 나빠진다. 철도가 민간이 경영할 때에 잘 돌아간다는 증거는 소비자 이용률에서 가장 분명하게 나타난다. 얼마나 심하게 투덜대든 간에 사람들은 그들의 의사를 철도 서비스를 이용하지 않는 행동으로 표시했다. 철도 이용률은 1998년의 사유화 이전 공적 소유하에 있던 수십 년간 매년 떨어지다가 사유화 이후로 매년 빠르게 상승했다. 민간이 경영할 때에 수도의 운영 효과가 나빠진다는 증거는 무엇보다 아주 높은 이익률이 배당으로 빠져나간다는 점에서 드러난다. 이는 그만큼 민간 기업과 규제 당국 간의 정보 비대칭이 심하다는 것을 반영한다.

그렇다면, 무엇이 통할까?

살펴본 바와 같이 정부 규제와 공적 소유에는 모두 심각한 제약이 따른다. 그렇다면, 고려하지 않은 다른 접근법은 없을까? 세 가지가 있다.

과세

크다는 것이 자연스럽게 더 높은 생산성, 따라서 더 높은 이익률을 뜻하는 산업에서 규모로 인한 이례적인 이득은 "경제적 지대"의 일종이다. 그러한 지대는 경제학에서 중요한 개념이며, 뒷부분에서 대도시와 망가진 도시 간의 괴리 확대를 거론할 때에 중요한 요소가 될 것이다. 경제학자들이 뜻하는 이 용어의 의미는 어떤 활동이 자신이 의존하는 노동자와 자금의 조달, 기업을 유인하는 데에 필요한 수준을 초과하여 획득하는 수익률이다. 이 지대가 사라지면 그것을 취득했던 사람들은 모두 형편이 나빠지겠지만, 지대를 창출하던 그 활동 자체는 지대 없이도 아무 영향을 받지 않는다. 민간 독점자들은 경제적 지대를 취득한다. 그보다는 눈에 덜 띄지만, 크다는 것이 이례적인 생산성을 뜻하는 산업에서 최대 규모의 기업들 또한 경제적 지대를 취득한다. 과세의 미래는 이러한 지대를 세금으로 거두는 작업을 더 잘하는 데에 있다. 다른 과세와는 달리, 경제적 지대에 대한 과세는 그 정의 자체로 생산적 활동의 동기를 저해하지 않는다. 오히려 이러한 과세가 거둬가는 것은 노동의 수고, 저축의 기다림, 위험 감수의 용기가 벌어주는 소득 이외의 것들이다.

최대의 규모가 최고의 생산성을 뜻하는 상태에 도달한 산업들에서는 법인세율을 기업의 규모에 따라서 차등화하자는 논리가 성립된다. 그동안 학계에서는 규모가 클수록 이익률이 더 높다는 것을 몇몇 산업을 실례로 입증했다. 그러한 연구에 사용된 데이터를 과세율 차등화를 설계하는 데에도 사용할 수 있을 것이다. 이 과세의 목적은 규모의 경제를 방해하자는 것이 아니라 규모의 경제로 생기는 이득 가운데 일부를 사회를 위하여 세금으로 거두자는 것이다. 얄궂게도 우리는 이미 규모에 따라서 과세율을 차등화하고 있지만, 잘못된 방식으로 하고 있다. 아마존 같은 새로 출현한 네트워크 독점자들은 세금 속임수 덕분에 오프라인 업계의 독점자들에게 부과되는 세금을 회피하면서 막대한 이득을 누린다. 과세의 효과는 사전에 충분히 파악되지 않기 때문에, 영리한 접근은 조금씩 단계를 밟아가는 것이다. 즉 규모에 따라서 차등화되는 새로운 세율을 소소한 수준에서 도입하고 나서 그 결과를 평가하는 것이다. 그러한 결과들 가운데 충분히 예측할 수 있는 것들 중의 하나는 대기업들의 반대 로비가 굉장히 강력하리라는 점이다.

공익을 기업 이사회에 대표하기

기업 이사회가 결정하는 일들 가운데 기업의 경계를 넘어 광범위하게 영향을 미치지만 규제하기에는 적합하지 않은 것들이 많다. 규제는 오히려 큰 피해를 유발하기 쉬운 무딘 망치이다. 가령 최고 경영자들은 투자 지출을 너무 줄이려는 편향이 있는데, 그러한 과소 투자도 기업이 커다란 영향을 미치는 의사결정 중의 하나이다. 그러나 기업에 이익의 일정 비율을 투자하도록 강제하는 규제를 도입하면, 소련식 경제 계획의 가장 나쁜 특징들 가운데 상당수를 그대로 재현할 것이다. 한 건의 투자에 관해서 현명한 결정을 내리려면 세세한 증거를 풍부하게 검토하고 판단해야 한다. 서너 가지 규제 항목으로 압축될 수 없는 일이다.

이러한 제약을 극복하기 위한 최선책은 규제를 강화하는 것이 아니라, 의사를 결정하는 바로 그 기관실 안에 공익을 집어넣는 것이다. 공익, 달리 말해서 공공의 이해관계는 기업 이사회에 직접 대표될 필요가 있다. 그렇다고 공익을 대표한다는 것이 기업을 자선 단체처럼 경영해서 "공익"을 대변한다는 사람들이 환호할 만한 온갖 명분을 위해서 기업의 이해를 희생하라는 뜻은 아니다. 기업의 가장 중요한 목적이 사회에 장기적으로 이로운 방향과 일치해야 한다고 하더라도, 기업이 그러기 위해서 사용할 수 있는 기본적인 수단은 기업 자신의 핵심 역량에 집중하는 것이다. 반면에 기업 이사회의 결정에서 기업의 작은 이득을 위해서 아주 분명하고도 중요한 공공의 이해관계가 희생되어서는 안 된다. 이것이 공익을 대표한다는 것의 의미이다.

공익을 기업 이사회에 가장 효과적으로 대표하려면 어떻게 해야 할까? 공익에 대한 충분하고도 마땅한 고려를 모든 기업 이사회 구성원들에게 의무화하도록 법률을 바꿀 수 있을 것이다. 법적인 책임이 부여되면, 이사회 구성원이 공익의 중요한 측면을 무시하는 선택을 했을 경우에는 민사나 형사 소송을 당할 수 있을 것이다. 법률의 틀을 짤 때, 기업이 공공의 작은 이득을 위해서 커다란 손실을 부담해서는 안 되겠지만 기업의 작은 이득을 위해서 공공의 이해에 커다란 손실을 유발한다는 합당한 추정이 가능한 사안일 경우 법적 소송이 가능하도록 명시하면 될 것이다. 이러한 법적 조항을 알고 있으면서도 그러한 문제를 결정할 때에 이사회 차원의 토의를 개최해서 토의 내용을 회의록에 요약하는 일에 신경 쓰지 않는다면 이사회로서 경솔한 행동일 것이다. 입법 후에는 초기 판례들이 차츰 쌓일 것이고 그 결과들이 이런저런 방향으로 너무 치우친 것으로 드러나면 법률을 개정하면 된다.

기업 이사회에 공익을 대변하는 선례가 미국에서 공익 회사(Public Interest Company)라는 새로운 회사 범주로 나와 있다. 이 회사들이 위임받는 임무는 영리와 공익 두 가지이다. 이사회는 이 둘을 모두 고려해야 한다. 이것은 올바른 발상이지만, 현 상황에서는 공익 회사가 결코 기업계 전체에서 극미한 부분을 넘어서지는 못할 것이다. 사실, 그런 회사가 있다는 것 자체가 그밖의 모든 회사는 공익을 위해서 운영되지 않는다는 점을 은연중에 강조하는 셈이다. 현재 공익 회사로 등록된 기업들은 시범 사업으로 보는 편이 더 적합하다. 이러한 회사들의 행동을 연구함으로써 발상을 정교하게 다듬어가면 임무로 부여할 위임 사항의 수정안을 기업계 전체에 안전하게 적용할 수 있는 단계까지 갈 수 있다.

공익을 감시하기

어떤 규제든 영리하게 처리하는 요식 행위에 무력해질 수 있고, 어떤 세금도 영리한 회계로 줄어들 수 있다. 위임받은 임무가 무엇이든 동기가 앞서는 추론으로 얼버무릴 수 있다. 이런 행동들을 막을 방법은 오직 모든 것을 감시하는 경찰력밖에 없다. 이것이 뜻하는 바는 일일이 간섭하고 캐묻는 **가부장적 국가**가 아니라, 시민으로서 자기 역할을 하는 평범한 사람들을 뜻한다.

일단 어느 사회에 기업의 올바른 목적을 이해하고 그것을 규범으로 수용하는 시민들이 충분한 수에 도달하면, 시민들 스스로가 기업을 양질의 행동으로 유도하는 닻이 된다. 좋고 나쁜 행동에 대한 우리의 대응이 존중과 수치의 온건한 압력으로 작용한다. 이것은 호혜적 의무의 광대한 네트워크를 지탱하는 시스템이자, 성공적인 모든 사회의 특징이다. 이 온건한 감시 역할에 모든 사람이 참여할 필요는 없다. 참여자들이 어떤 임계 수준의 규모를 넘어서면, 기업의 부당한 행동에 따르는 위험이 너무 커져서 그럴 생각을 품기 어려워진다. 대기업 정도의 회사라면 중요한 결정에 관해서는 어쩔 수 없이 많은 사람들이 알게 된다. 그들 중 소수의 사람만 윤리적으로 행동해도 온당한 행동을 강제할 수 있다. 대개의 경우 소수의 사람이 공익이 희생될 위험이 있다고 지적하면, 공익은 중요하지 않다는 태도를 대놓고 드러낼 사람은 아무도 없을 것이다. 드문 경우이지만 심지어 용감한 한 사람으로 충분할 때도 있다. 그는 내부 고발자로 행동하는 셈이다. 어느 기업에든 기존의 정체성뿐만 아니라 새로운 정체성을 흔쾌히 수용하려는 괜찮은 사람들이 많이 있다. 그들은 공익의 수호자가 되는 데에 자부심을 느낄 것이다. 은행업계가 상승세를 타던 절정기에 대형 투자은행 한 곳에서 사회적 기업을 촉진하기 위한 작은 팀을 설치하기로 한 적이 있다. 대단히 역동적인 그곳 회사 문화를 창출하는 것은 아마도 상여금이라는 동기 유발일 터인데, 그 팀에서 일하게 되면 상여금을 포기해야 했다. 그래서 경영진은 그 팀으로 옮기고자 하는 사람이 과연 있을지 미심쩍어했다. 그 4명의 팀원 모집을 알리는 사내 공지가 적절한 절차를 거쳐 회람되었다. 그런데 놀랍게도 1,000명이 지원했다. 대기업 안에는 목적의식을 가지고 일할 동기가 충분한 사람이 부족하지 않다.

당신의 회사가 훌륭한 목적의식을 가지도록 고무하면 이는 그 행동 자체로 사회에 공헌하는 일이다. 반면 그런 목적이 없는 회사에서 계속 일하는 것은 개인으로서 자신의 영혼을 파괴한다. 다음 장에서 보듯이, 행복은 금전적인 성공에서 나오지 않는다. 당신이 사회적 목적이 없는 회사에서 일하고 있고 그것을 바꿀 현실적인 전망이 보이지 않는다면—물론 현실적으로 가능할 때—당신의 **일자리를 바꾸라**. 나는 재능이 출중한 조카들을 둔 복을 누리고 있는데, 그중 내가 가장 큰 찬사를 보내는 조카는 자동차 판매원으로 일했다. 조카의 회사는 그 업종의 상투적인 거래 수법을 원했고, 그것은 골드만삭스 직원들이 전자우편에서 고객을 "멍청이"로 부르는 것과 비슷한 방식이었다. 날카로운 윤리적 목적의식을 가진 젊은이로서 그는 급여는 줄더라도 고객에게 도움이 될 기회를 더 많이 제공하는 일자리로 옮겼다. 그 조카는 훨씬 더 행복해졌다고 나에게 말한다.

이런 새로운 정체성, 규범, 이야기들이 우리 사회를 더 나은 곳으로, 그리고 우리의 삶을 더 보람차게 만들어줄 것이다. 그러나 그 정체성과 규범과 이야기는 무엇보다 하나하나 새로 만들어가야 하는 것들이다. 어떤 기업도 단독으로는 이 일을 할 수 없다. 가령 어느 회사가 직원들에게 공익에 계속 집중하자고 당부하면 그저 또 하나의 홍보성 언사로 비치기 쉽고, 하찮은 일로 취급될 것이다. 그러나 좀더 깊은 시선으로 보면 보통 한 회사의 지배적인 기업 문화는 다른 회사들의 지배적인 문화를 반영한다. 기업이 좋은 행동을 하는 문화를 확립하는 데에 성공하는 나라들이 있다. 조립 라인의 노동자들이 스스로 품질을 감시할 것이라고 믿으라는 발상은 미국에서 나왔는데, 이를 토요타가 수용할 수 있었던 이유는 아마도 일본의 노사 협력 문화가 더 탄탄했기 때문일 것이다. 다른 사례로는 제2차 세계대전 전에 영국 노동조합 회의에서 영국의 적대적인 노사관계보다 더 나은 행동을 제안한 바가 있다. 전후에 독일의 노사 관계가 이것의 영향을 크게 받았다. 전후의 독일은 영국 노동조합들이 영국 시스템의 결점에서 배운 것들을 받아들여 자신들의 노사관계를 구축했다. 패전의 여파로 기득권이 파괴된 독일은 정책을 새로 설정할 수 있었던 반면에, 영국에서는 승전 덕분에 기득권이 그대로 잔존할 수 있었다.[11]

호혜적 의무를 이행하는 기업 행동의 재구축은 정부가 이룩해야 할 막대한 공공재요, 공익이다. 앞의 제2장에서 새로운 의무가 어떻게 구축될 수 있는지 그 개요를 보았다. 우리는 최소 임계 규모에 도달하는 **윤리적 시민들**을 구축할 필요가 있다. 윤리적 시민들은 기업의 목적을 이해하고 기업이 사회에 기여할 수 있는 중요한 역할을 인식하는 사람들이다. 이들은 이러한 목적이 함축하는 규범을 인정하면서 존중과 불신의 두 가지 압력을 통해서 기업이 그러한 의무를 이행하도록 고무한다.

시민들은 정부에서 흘러나오는 그저 좋은 뜻의 말들을 너무 많이 듣는 탓에 무엇을 듣더라도 무시하는 것이 습관화되었다. 그러니 출발점은 신뢰를 다시 구축하는 일이다. 어떻게 하면 의혹에 찬 청중의 신뢰를 얻을 수 있는가 하는 수수께끼의 해법, 신호 보내기를 앞에서 살펴보았다. 그 개요를 짚어보면, 신호는 미심쩍어하는 청중에게 당신의 진짜 모습을 드러내주는 무엇이다. 그것은 어떻게 작동하는가? 노벨상 수상자 마이클 스펜스는 유일한 해법은 당신이 청중이 의심하는 바로 그런 사람이라면 너무 큰 비용이 들어서 엄두도 내지 못할 행동을 하는 것이라고 보았다. 거의 확실한 것은, 당신이 그들이 우려하는 악당이 아니더라도 그러한 행동을 하려면 달갑지 않겠지만, 막대한 비용을 들여야 한다는 점이다. 당신은 신뢰를 얻기 위한 비용으로서 감당할 수 있지만, 악당은 감당할 수 없을 행동을 발견할 필요가 있다. 이 통찰을 염두에 둘 때, 현 상황에서 정부는 무엇을 할 수 있을까?

지금 시민들이 기업을 경멸하고 있음을 상기하라. 그들은 기업이 탐욕과 부패와 착취 행위에 물들어 있다고 생각한다. 대세를 이루는 이 이야기가 변해야 한다. 그러나 당신이 꺼내는 첫마디가 기업은 사회에 아주 유익하다는 식의 말이라면, 많은 사람들이 귀를 닫을 것이다. 당신이 할 수 있는 극적인 일들이 있다. 은행업계 임원 중 금융 위기 동안에 저지른 행동으로 인해서 감옥에 간 사람은 없다고 분개하는 사람들이 많고, 이는 마땅히 분개할 일이다. 그들이 감옥에 가지 않은 것은 위기를 초래한 행동이 의도적으로 회사를 망치기 위해서가 아니었고, 단지 무모했기 때문이다. 자동차 운전자가 무모한 운전으로 누군가를 살해하면 이런 행위를 지칭하는 과실치사(manslaughter)라는 용어가 살인죄와 구분하여 따로 마련되어 있다. 살인죄는 과실치사와 달리 의도적인 살해를 지칭한다. 과실치사에 상응하는 범죄, 이를테면, 은행치사(bankslaughter)를 시스템 전체에 중요한 회사들 모두에 적용할 필요가 있다. 일단 황금 낙하산을 타고 퇴직한 뒤에도 최고 경영자를 골프장에서 끌어내서 과거 재직 기간에 범한 잘못의 책임을 물을 수 있다는 사실이 알려지면, 책임 있는 자리에 있는 사람들이 정신을 차릴 공산이 크다.

일단 당신의 기개와 의지를 상당히 보여주었다면, 국가적 전략을 간단하게 제시하는 내용으로 넘어갈 수 있다. 아마도 기업의 목적에서 시작하면 좋을 것이다. 기업은 지속 가능하면서도 생활 수준의 꾸준한 향상을 다시 이루어냄으로써 사회에 이로움을 주는 것이어야 한다. 이러한 목적에서 이탈한 기업이 왜 많은지 설명하라. 이러한 현 상태를 바로잡기 위한 정부의 정책들을 설명하라. 그리고 가장 중요한 것으로, 그 정책들의 한계를 설명하라. 그다음으로 사회 전체에 걸쳐서 **윤리적 시민**의 새로운 역할에 나설 사람들을 초청하라. 성공적인 이야기들이 모두 그렇듯이, 변화는 하루아침에 이루어질 수 없다. 변화를 이루어내기까지 정부의 서로 다른 대변자들 여럿이 전달하는 지속적이고 일관된 메시지가 반드시 필요하다. 그러나 모든 이야기가 그렇듯이 행동이 말과 일치되지 않으면 변화는 치명적으로 훼손될 수 있다. 돌이켜보면, 1945–1970년 시기에 서구 대다수 정부의 정치 지도자들은 새로운 호혜적 의무를 많이 만들어내는 데에 성공했다. 비록 호혜적 의무를 건설하는 그 이야기들이 구체적으로 기업에 관한 것은 아니었더라도 필시 **윤리적 기업**이 압도적 다수를 이루는 데에 힘이 되었을 것이다. 기억할 것으로, 그 시절의 최고 경영자들은 자신의 노동자들에게 지불하던 급여의 20배만을 자기 급여로 챙겼다. 지금의 최고 경영자들은 자신의 노동자들에게 지불하는 급여의 231배를 자기 급여로 챙긴다. 윤리적 기업은 사라지고 **흡혈 오징어**가 그 자리를 차지했다. 시대는 계속 변해왔다. 이제 다시 새로운 시대로 바뀌어야 한다.

제5장

윤리적 가족

개인의 경계 너머로 자아를 확장하도록 우리를 이끌어주는 모든 실체 중에서 가장 강력한 것은 가족이다. 남편과 아내는 공개적으로 그들 자신을 호혜적 의무에 결속한다. 부모가 아이들과 결속하는 것 또한 인지상정이다. 부모는 아이들을 보살피고, 세월이 흐르면 아이들이 부모를 돌보는 경우가 꽤 많지만 그러한 상호주의(호혜성)를 기대할 수 있다고 해도 그것을 좀처럼 권리로 주장하지는 않는다. 고령에 이르러서 돌봄을 받으면 감사할 일이지만, 아이에게 베푸는 돌봄은 무조건적이지 거래로 인식되지 않는다. 그래도 자식들은 부모에게 보답하는 돌봄을 의무로 여길 때가 상당히 많다. 이러한 부모 자식 관계에서 의무와 권리의 미세한 괴리를 훌륭하게 묘사하는 요크셔 지방의 오래된 농담이 있는데, 이는 한 아들의 부족한 윤리를 꼬집는다. "어머니, 한평생 저를 위해서 고되게 일하셨어요……이제는 어머니 자신을 위해서 일하러 나가세요." 의무의 관계망은 배우자와 아이들을 뛰어넘어서 멀리까지 확장되기도 한다. 아주 오래 전 사회에서는 가족의 의무가, 요즘에는 아주 먼 관계가 되어버린 친척, 가령 16촌(8대 조상이 같은 동일 항렬의 방계) 형제에까지 확장되었다.

가족도 네트워크이다. 3대로 구성된 전형적인 핵가족에서 중간 세대의 부모가 네트워크의 중심을 이루면서 이전 세대로부터 전해지는 이야기들을 다시 전할 때가 많다. 윤리 규범을 생성하는 기본 형식으로 이야기를 활용하는 것은 국가나 기업보다 가족의 차원에서 훨씬 더 분명하게 드러난다. 가족은 소속감을 생성하는 자연적 단위이다. 우리는 아주 어릴 때부터 가족 속에서 양육되기 때문이다. 물리적으로도 근거리에서 생활하지만, 그러한 친밀감은 소속의 이야기들로 더욱 보강된다. 그 이야기들이 새로 태어나는 각 세대를 가족에 결속시킴으로써 새롭게 "우리"를 만들어낸다. 의무에 관한 이야기들은 지켜야 할 도리를 전한다. 우리의 행동을 그것이 초래할 결과와 연결하는 다른 이야기들도 사용된다. 여느 가족과 다를 바 없이 내 가족에게도 영웅과 말썽꾼이 등장하는 이야기들이 아주 많다. 그 이야기들을 상기하면서 각 이야기를 소속, 의무, 승화된 이기심의 세 범주로 분류해보면 재미있다.

네트워크가 작동하는 집단에서는 모두 그렇듯이, 이 이야기들은 이리저리 조합되어서 서로 잘 맞아떨어지는 하나의 꾸러미, 즉 신념 체계를 형성한다. 같은 피붙이라는 끈끈한 토대 덕분에 가족 안에서는 서로 경쟁하는 신념 체계들이 공존할 공간이 풍부하지만, 1945년 시점에는 하나의 신념 체계가 서구 사회 전체에 걸쳐 거의 보편적으로 자리 잡고 있었다. 여기에서 나는 그 신념 체계를 윤리적 가족이라고 부를 것이다. 그렇다고 이것이 유일하게 윤리적인 신념 체계라는 뜻은 아니다. 사실, 오늘날 많은 가족들의 가치관과는 놀랄 정도로 다른 것이기도 하다. 나는 단지 장기간에 걸쳐 대다수 가족들에게 아주 폭넓게 자리 잡았던 윤리적 체계에 붙일 이름표로 "윤리적 가족"을 사용할 뿐이다.

1945년의 윤리적 가족에서 중간 세대를 이루는 부부는 그들의 위 아래로 부모와 아이들 두 세대를 돌보는 일을 호혜적인 의무로 수용했다. 이는 보통 상당히 큰 부담을 뜻했지만, 누구나 세 세대를 다 거치게 되므로 그것을 당면한 시기에 책임으로 수용해야 할 의무로 생각했다. 그러한 구조는 대단히 안정적인 신념 체계였다. 공유하는 정체성을 바탕으로 지켜야 할 호혜적 규범의 영역이 정의되었고, 승화된 이기심이 그러한 과정을 뒷받침했기 때문이다. 우선, 가족에 소속한다는 공유 정체성이 하루하루를 살아가는 현실이자, "서로를 존중하는" 영역으로서 쉽게 확립되었다. 또한 애착의 정감으로부터 서로가 호혜적으로 책임을 떠안는 규범이 자연스럽게 생겼다. 나아가 그 규범들이 목적의식으로 더 보강될 수 있었다. 즉 충분한 수의 가족 구성원이 규범을 준수하면 모두가 장기적으로 누리는 물질적 혜택이 뒤따랐고, 그러한 목적을 의식하는 "승화된 이기심"이 규범의 준수를 뒷받침했다.

1945년 시점에는 거의 모든 사람이 그러한 가족에 소속되어 있었다. 그러나 그후로 수십 년이 지나는 동안 심대한 변화가 일어났다. 구미권 사회 전역에서 사람들은 자기 가족에 대한 의무를 내던지기 시작했다. 이혼율이 폭발적으로 높아지다가 미국에서는 1980년경에, 영국에서는 그보다 조금 뒤에 최고점을 찍었다. 그러나 고학력자들과 저학력자들로 갈라지는 새로운 분단이 여러모로 확대되면서 두 집단에서 극명한 차이가 드러났다.

오래도록 탄탄했던 윤리적 가족이라는 신념 체계는 이런저런 충격에 흔들리며 위태로워졌다. 윤리적 가족이 시들해지자 그로 인해서 사회적 괴리도 더욱 심해졌다. 그러한 괴리 확대가 몇 가지 추악한 결과를 초래했다.

상류층에 가해진 충격들

윤리적 가족의 규범을 타격한 첫 번째 충격은 테크놀로지였다. 산아 제한을 위한 피임약 덕분에 젊은 여성들이 자신의 삶을 통제할 수 있게 되었다. 즉, 만일의 수정에 뒤따르는 결과를 전과 달리 피할 수 있어서 성관계와 임신을 분리할 수 있었다. 이로 인해서 서로 잘 맞는 동반자를 발견하는 과정이 수월해졌다. 일시적인 성관계의 위험성이 감소하여 예전에는 근심거리이기만 했던 "반지 하나에 걸린 난리"가 결혼 전 동거를 통해서 훨씬 더 믿을 만한 탐색 과정으로 바뀌었다. 필립 라킨은 그의 기민한 시행에서 이렇게 썼다. "성교가 시작되었다 / 1963년에."

해방은 테크놀로지의 지원을 받는 성에서 시작되었지만, 곧이어 그것을 뛰어넘어 아주 멀리 나아갔다. 지성을 타격하는 심대한 충격이 일었고, 그 여파로 개인들은 그들을 제약하는 고루하고 갑갑한 윤리적 가족의 많은 규범을 벗어던졌다. 가족에 대한 의무는 자신에 대한 새로운 의무로 바뀌었다. 그것은 개인적 성취를 통한 자아실현의 의무였다. 법률이 바뀌어 이혼이 쉬워졌다. 수월해진 이혼의 기저에 흐르는 변화를 말해주는 한 지표는 이혼이 비난받지 않는 일이 되었다는 것이다. 이제 이혼한 두 당사자의 어느 쪽에도 잘못은 없었다.

그 지적인 충격은 당연히 대학교의 교정에서 시작되었고, 따라서 교육 수준이 높은 새로운 계층에 주로 영향을 미쳤다. 그들은 윤리적 가족의 가장 밑바탕을 이루는 관념, 즉 존중은 의무의 이행에서 나온다는 것에 도전했다. 그들의 새로운 윤리의식은 가족 대신에 자아를 내세웠고, 의무 이행으로 얻는 존중 대신에 자아실현으로 얻는 존중을 내세웠다. 여성들에게 호소력을 발휘한 자아실현의 변형은 페미니즘이었고, 남성들에게 호소력을 발휘한 변형은 돈 많은 한량, **플레이보이**였다. 이전에는 물리쳐야 할 유혹으로 인식되었던 행동들을 움켜쥐어야 할 자아실현의 계기로 인식하는 새로운 개념이 나타났다. 새로운 계층의 많은 가정에서 부부의 어느 한쪽은 그들의 자아를 실현하려면 이혼이 불가피하다는 사실을 발견했다.

남녀가 이 새로운 규범에 적응해가는 사이, 엘리트끼리 짝짓는 결혼의 성격이 변했다. 대학이 대대적으로 늘어나는 추가적인 충격이 가세했기 때문이다. 대학이 팽창하니 교육 수준이 높은 남성과 여성의 숫자가 균등해졌고, 이것이 배우자를 고르는 짝짓기를 대폭 향상시키는 또 하나의 파고를 일으켰다. 고학력층 남녀는 서로 잘 맞는 동반자를 발견하는 방법을 배웠다(이런 짝짓기 향상은 나중에 온라인 사이트를 통한 데이트 짝짓기로 계속 이어졌다). 얼마 후 이러한 흐름을 더 보조하는 낙태의 합법화가 이루어져, 피임 다음의 2차 방어선이 구축되었다. 예전에 중간 세대 부부가 따르던 규범은 성별의 위계질서와 그들 위아래의 두 세대를 돌보는 호혜적 의무였지만, 대다수 고학력 가정에서는 예전의 이 규범이 부부가 개인적 성취를 통한 자아실현을 서로 격려해주는 새로운 규범으로 바뀌었다.[1]

동거와 동류 교배(또는 동질혼) 덕분에 고학력자들은 서로 잘 어울리는 부부로 자리를 잡아갔고, 그 덕분에 그들의 이혼율은 낮아졌다. 성취도가 높은 부모들은 자신의 성공을 자식들에게도 물려주기를 열망했다. 그래서 예전의 양성 간 교육 불균등을 반영했던 성별 위계질서는 사라지고, 고학력층 부모 양쪽이 합세하여 자식의 조기 영재 교육에 달려드는 조류가 나타났다.

나는 어린 시절에 숙제할 때에 주변의 도움을 받지 않았다. 부모의 지도나 감시도 없었고, 과외 선생도 없었다. 나의 부모는 지식 면에서나 재정 면에서나 그럴 처지가 못 되었다. 그러나 내가 학교에 다닐 때에는 엘리트 집안의 자제들조차 방과 후 도움을 거의 받지 않아서 다행히 나는 그들과 경쟁할 수 있었다. 그러나 지금 엘리트 부모에 속하는 나는 열한 살인 아들 앨릭스에게 과학을 가르치고, 아내는 라틴어를 가르치는 데다가, 한술 더 떠서 과외 선생까지 한 명 두고 있다. 아들의 같은 학급 어린이들도 모두 이와 비슷한 식으로 도움을 받는다. 그동안 파격적으로 규범이 변했다. 만일 또 하나의 충격이 없었더라면, 아마도 예전의 시스템이 계속 이어졌을 것이다. 그 충격은 중산층이 대폭 증가했다는 점과, 그에 동반해서 대학 교육의 최상위 자리를 다투는 경쟁이 치열해졌다는 점이다. 내가 소속되어 있는 옥스퍼드 대학교가 영국 인구에서 학부 신입생을 선발하는 비율은 1960년대보다 크게 줄었다(그동안 옥스퍼드 대학교는 신입생 선발을 세계화했고, 사실상 그것은 보통 국외 엘리트 자제의 선발을 뜻한다). 그뿐 아니라, 영국 중산층이 팽창하니 전보다 훨씬 더 많은 가정이 자신의 아이들을 옥스퍼드로 보내고 싶어한다. 일단 일부 아이들이 부모의 영재 교육으로 우위를 확보하기 시작하자 다른 학부모들도 그 부모들과 비슷한 수준으로 해야 했고, 그러지 않으면 자기 아이들이 얻을 기회의 질은 자꾸 더 나빠졌다. 예전의 규범은 자신의 안정성을 유지할 만한 상황의 범위를 뛰어넘는 충격을 받았고, 곧이어 무너졌다. 그 결과로, 고학력 계층의 자식 양육은 시간을 더 소모해야 하는 일이 되었다. 이들 가정은 그에 맞추려고 출산을 억제하여 아이들의 수를 줄였고, 따라서 가정의 크기도 줄었다.[2] 예전에는 성공한 사람이 전리품처럼 뽐내는 것이 아내였다면, 요즘에는 그것이 아이들이다. 독자들이여, 나도 전리품 자식을 하나 길렀습니다.•

고학력 계급의 새로운 자아실현에 뛰어든 사람들 가운데 진정 더 행복해진 사람들이 많았다. 물론, 이혼의 유행이 희생자들을 내기는 했지만 말이다. 우리는 모두 그들이 어떤 희생자들인지 잘 안다. 내가 보기에 가장 두드러진 사례는 다른 여성과 같이 자아실현에 뛰어든 남편에게 버림받은 탓에 자기 아들을 볼 수 없는 아내와, 다른 남성과 같이 자아실현에 뛰어든 아내에게 버림받은 탓에 자기 딸을 볼 수 없는 남편이다. 자신의 자아실현을 앞세운 사람들은 아마도 틀림없이 자기 잘못은 없다는 이야기를 지어냈을 것이다. 그러나 이혼율이 누그러든 뒤에도 이혼의 유행은 사회 규범에 흔적을 남겼다. 안정적인 애정관계에 들어서기 전에는 아이를 가지지 않는다는 것이 윤리적 가족의 규범이었는데, 어떤 이유에서든 독신 생활을 유지하는 고학력자들에게는 이 규범이 공허하고 쓸모없는 것이 되었다.

• 샬럿 브론테의 『제인 에어(*Jane Eyre*)』에 등장하는 "독자여, 나는 그와 결혼했습니다(Reader, I married him)"를 흉내 내어 적은 문장이지만, 유머 감각이 부족한 일부 독자들에게 밝히건대, 이것은 농담이다. 나의 첫째 아이가 "전리품 자식"의 구색을 갖추기는 했어도 부모가 자신의 성취에 기여했다고 하면 그 아이로서는 마땅히 분개하고 헛소리라고 느낄 것이다.

독신자로서 자아실현에 아이가 필요하다면 아이를 하나 두자는 것이다. 적어도 구미권 사회에서는 그렇다. 이 점에서 일본은 다른 선진국과는 다른 길로 갔다. 일본에서는 전리품 아이를 기르기 위한 압력이 서구 사회보다 훨씬 더 치열했다. 그래서 한 부모 양육은 두 부모 양육과 경쟁할 수 없었고, 일본의 고학력 독신 여성들 사이에는 자랑거리가 될 수 없는 아이를 양육하기보다 반려동물을 기르는 경향이 나타났다.[3]

자녀 세대에 대해서는 그들을 영재 교육으로 기르는 새로운 조류가 생겼지만, 늙어가는 세대에게는 그에 상응할 만한 것이 새로 나타나지 않았다. 윤리적 가족에서는 고령자들이 중간 세대의 가정에서 같이 생활하거나 바로 근처에서 돌봄을 받는 것이 상례였다. 나의 조부모 항렬에서 배우자를 잃은 할머니는 자식 중 한 명의 바로 옆집에서 생활했고, 배우자를 잃은 할아버지는 두 자식과 함께 생활했다. 나는 같은 집에서 바로 옆방을 쓰는 큰아버지와 함께 살면서 성장했다. 그러한 가구 구조가 여전히 눈에 띄는 동네들이 있기는 하지만, 이제는 흔하지 않다. 고학력층 부부의 부모는 자식과 함께 사는 경우가 줄어들었다. 그뿐 아니라, 예전에는 자식들로부터 얼마간의 금전적인 지원을 받기도 했지만, 요즘에는 반대로 부모가 중간 세대에게 금전적 지원을 하는 경우가 훨씬 많다. 이것은 한편으로 은퇴기에 들어선 고학력 고령자들의 생활이 더 풍요로워졌기 때문이기도 하지만, 다른 한편으로는 조부모와 부모가 세 번째 세대의 양육에 성공하려는 공동의 목표를 위해서 세대 간 협력을 하는 새로운 현상이 부추긴 것이기도 하다. 예전 윤리적 가족의 틀에서는 중간 세대가 위아래 양쪽 세대를 돌보는 호혜적 의무의 규범을 따랐다.

부모는 아이들에 대한 의무를 이행했고, 그에 상응하여 장성한 자식은 늙은 부모에 대한 의무를 이행했다. 그러한 규범이 뒷받침된 이유는 의무 이행이 모두에게 이롭다는 승화된 이기심을 목적의식으로 품었기 때문이다. 그러나 이제는 그러한 이야기들이 더는 사실이 아닌 세상이 되었다.

핵가족의 경계 밖에서도 호혜적 의무는 사그라들었다. 가정의 크기가 줄어드는 추세에 더하여 숙련 기능자의 지리적 이동이 심해져서 대가족은 거의 없어졌다. 이 경우에도 가장 극단적인 변화를 예로 들어보자. 나는 집에서 8킬로미터 이내에 사는 숙모와 삼촌 12명과 어울리며 성장했지만, 내 아이들은 그러한 친척이 단 한 사람도 없이 성장하고 있다. 대가족 단위의 윤리적 가족이 핵가족 단위의 왕조 가족으로 바뀌었다.

고학력자들은 그들끼리 일종의 계급을 형성하면서 호혜적 의무가 꽤 복원되거나 오히려 더 강화된 새로운 형태의 가족을 일구었다. 이러한 패턴이 데이터에서도 드러난다. 1965년 이 계급 내에서 혼외 출생아는 매우 드물어서 5퍼센트에 불과했고, 오늘날에도 여전히 5퍼센트에 머물러 있다.[4] 처음에 급증했던 이혼은 다시 줄어들어서 2010년의 이혼 빈도는 결혼 6건당 1건으로 낮아졌다. 혼외 출생이 드물고 이혼도 드무니, 고학력층 가운데 한 부모 가정에서 자라는 저연령 어린이도 예전의 아주 낮은 수준으로 돌아가서 지금은 10명당 1명 미만이다.

개인적 성취를 통한 자아실현의 새로운 윤리가 다소 좋지 않은 점들을 동반하기는 했어도 이 정도는 저학력 계급을 타격한 충격에 비하면 정말 아무것도 아니다.

하류층을 타격한 충격들

실리콘 밸리의 테크노크라트들이 인터넷의 새로운 사회적 네트워크 덕분에 혐오가 줄어들 것이라고 내다본 것처럼, 피임약과 낙태 덕분에 원하지 않는 아이들의 출생이 줄어들 것이라고 내다보는 사람들이 있었다. 자료를 보면 피임약과 낙태에 동반하여 10대 소녀들 가운데 (고학력층 절반을 뺀) 하위권 절반의 저학력층에서 성행위가 급증한 것으로 나타난다. 이 10대 소녀 집단에서 16세 이전에 성행위를 경험한 소녀들은 1960년대에 5퍼센트에 불과했지만, 2000년에는 23퍼센트에 달했다. 반면에 대졸 여성들의 경우 미성년 시절에 성행위를 경험한 비율은 2000년에도 11퍼센트에 불과했다.[5]

그러나 피임약은 신중한 예측이 따라줄 때에만 임신을 예방할 수 있었다. 이 점에서 고학력자들이 유리했다. 그리고 개인적 성취를 중시하는 새로운 윤리적 신념 체계 안에서는 낙태 결정이 편안한 것이었던 반면, 가족의 의무를 중시하는 오래된 신념 체계에서는 심란한 근심거리였다. 이 점도 고학력자에게 유리했다. 그래서 빚어진 결과는 오래 사귈 의향이 전혀 없는 성행위로 인해서 10대 저학력자들의 임신이 폭발적으로 늘어났다는 것이다. 이 10대 어머니들이 택할 수 있는 선택지로 네 가지가 있었다. 하나는 아이의 아버지와 결혼하는 오래된 선택지이다. 서둘러 치러야 하는 결혼의 전통은 아주 오래된 것이다. 또다른 오래된 선택지는 10대 미혼모가 아기를 데리고 부모의 집에서 계속 생활하는 것이다. 나의 증조할머니는 이 방법에 의지하여 살았는데 동네에서 심각한 문제를 겪지는 않았다. 세 번째 선택지는 개인적 성취를 추구하는 고학력 여성의 새 유형을 모방해서 독신 어머니로 분가하는 것이다. 이에 대해서는 가부장적 국가가 재정 지원과 사회적 주거를 마련해주었다. 마지막 네 번째는 아이의 아버지와 동거하는 새 모델을 개척하는 것이다. 보통 아이의 아버지들은 공식적인 결혼보다는 동거를 덜 경계했다. 물론, 두 사람의 관계가 결혼하지 않고도 안정적일 수 있지만, 동거는 대부분 지속적인 관계로 이어지지 못하고 평균 14개월 정도만 지속될 뿐이다.[6]

하류층을 타격한 결정적인 충격은 경제적인 것이었다. 제조업의 쇠퇴와 더불어 중년 남성들이 일자리를 잃었다. 그전부터 저학력층 가정에서는 자아실현의 새 윤리를 전혀 수용하지 않는 경우가 많았고, 새로 맺어진 부부들도 윤리적 가족의 규범을 고수하여 남편이 가장 역할을 했다. 가장의 권위는 생계비를 벌어오는 역할에서 나왔다. 이러한 역할 규정에는 끔찍한 함축이 내포되어 있었는데, 일터에서 불필요한 사람이 되면 집에서도 불필요한 사람이 됨을 뜻했다. 그러한 결혼은 꽉 짜인 상호 존중의 네트워크였지만 비대칭적인 관계가 되어버렸다. 아내는 여전히 존중을 유지한 반면, 남편은 아내가 있다는 것 자체에서 더 큰 존중의 상실을 경험했다. 때로는 남편이 폭력을 휘둘러서 권위를 되찾으려고 했고, 때로는 우울의 심연으로 빠져들었다. 당연히 이러한 상황은 이혼을 부르는 화근이 되었다.[7]

이것도 데이터에 나타난다. 저학력자들의 이혼은 처음에는 고학력자들과 마찬가지로 급증했지만, 고학력자들과 달리 계속해서 늘어났다. 2010년에 이들의 이혼 빈도는 결혼 3건당 1건으로 고학력자들의 두 배에 달했다.

이처럼 가족이 해체되는 문제에 대처하고자 나선 가부장적 국가는 윤리적 가족이 뒷받침하던 아이들에 대한 의무가 아니라 "어린이의 권리"라는 명분으로 개입했다. 어린이의 이 새로운 권리는 출생으로부터 성년기에 도달할 때까지 자신에게 유전자를 물려준 두 부모에 의해서 양육될 권리를 포함하지 않았다. "어린이의 권리"를 위한 국가의 의무는 아이가 학대받고 있다고 볼 근거가 있으면 오히려 아이를 친부모로부터 격리하는 것이었다. 아이들이 부모의 손에 숨지는 사건들이 대대적인 이목을 끌면서 그러한 국가의 의무는 갈수록 더 엄격해졌다. 일례로 미국에서는 의사가 아이의 몸에 난 상처를 보았을 경우, 그 상처가 부모 때문에 생긴 것이 아니라고 확신할 수 없는 한 해당 사안을 의무적으로 당국에 보고해야 했고, 당국은 아이를 부모로부터 격리할 의무를 이행해야 했다. 그러나 그러한 사태에 대하여 "어린이의 권리"가 규정한 요건은 아이들이 격리된 이후 다른 가정에 입양될 때까지 최고 수준의 돌봄을 보장할 것과, 당국의 입양 알선이 여론의 비판을 받을 여지가 없을 만큼 행정 절차를 철저하게 점검하여 집행하라는 것이었다. 현실적으로는 아이들을 친부모로부터 격리하는 사례가 아주 많이 일어난 반면에 새 부모에게 입양되는 경우는 저조했다. 그로 인해서 불가피하게 나타난 결과는 격리는 되었지만 갈 곳이 정해지지 않은 "불확실한 상태(limbo)"의 아이들이 많이 늘어났다는 것이다. 현재 영국에서 그러한 아이들이 7만 명을 헤아린다. 현실적으로 "불확실한 상태"란 아이들을 일정 기간 양육할 잠정적인 수양부모에게 국가가 돈을 지불한다는 것을 뜻했는데, 아이들을 이 수양부모로부터 저 수양부모에게로 내돌리는 일이 많았다. 아주 명백한 일로, 이러한 위탁 양육은 육아에 필요한 중요한 기준에서 모두 실패한다. 그처럼 아이와 맺어지는 관계는 상거래와 유사한 반면, 아이들에게는 분명한 사랑이 필요하다. 그러한 관계는 일시적이라는 것이 분명히 드러나는 데에 반해, 아이들에게는 영구적인 관계가 필요하다. 더욱이 그러한 관계는 아이들에게 소속감을 주지 못한다.

사회적 괴리의 영향

이처럼 특정 집단에서 선별적으로 가족의 의무가 해체됨에 따라서 가장 심각한 영향을 받은 것은 아이들이다. 그러한 영향이 가장 두드러진 나라는 미국이고, 앞으로 유럽의 문화도 그 길을 따라갈지 모른다. 오늘날 미국의 전체 어린이 가운데 18세에 이를 때까지 한 부모 가정에서 자랄 것으로 추산되는 비율은 절반이 넘는다.[8] 앞에서 분석한 내용에서 드러나듯이, 이 현상은 계급에 따라서 차이가 아주 크다. 미국의 전체 가구 중에서 교육 수준이 상위 절반에 속하는 고학력 계급에서는 아이들에 대한 가족의 의무가 대체로 복원되었을 뿐 아니라 향상되었다. 반면에 나머지 절반인 저학력 가정에서는 한 부모 슬하나 부모가 없는 아이들이 표준으로 자리 잡았고, 이는 이 집단의 전체 어린이 가운데 3분의 2에 달한다.

이것이 중요한 문제일까? 불행하게도 그렇다. 한 부모 가정에 대한 낙인찍기를 금기시하는 분위기는 강하기도 하거니와 충분히 이해할 만한 일이다. 그럼에도 지금까지 인과관계를 추적하는 엄밀한 사회과학에서 밝혀진 내용을 무시할 수는 없다. 아이들은 출생부터 성년기까지 그들에게 유전자를 물려준 두 부모 슬하에서 양육될 때에 더 좋은 성과를 보인다.[9] 심지어 한 부모 가정마저 누릴 수 없는 처지의 아이들도 많아졌다. 그리고 양육의 책임이 갈수록 더 부모로부터 국가로 넘어가고 있다. 그러나 그처럼 국가가 나서는 사회적 가부장주의가 거둔 성과는 좋지 못하다. 이것이 놀랄 일은 아니다. 무연고 어린이를 돌보는 보육원이든 위탁 양육이든, 국가가 마련해 주는 돌봄에는 마이클 샌델이 다른 맥락에서 말하기는 했지만 "돈으로 살 수 없는 것들"이 함축하는 결점이 있기 마련이다. 사람들에게 돈을 지불해서 아이들을 돌보게 하는 것은 부모의 돌봄을 보조할 수는 있지만, 부모를 대신하지는 못한다.

학력 수준이 낮은 절반의 인구층에서는 많은 가정이 빈 껍데기로 해체되고 있는 반면, 학력 수준이 높은 절반의 인구층에서는 왕조 가족이 번창하고 있다. 새로운 영재 교육 모형을 도입한 고학력자 가정에서는 부모가 양육에 들이는 공이 극적으로 늘어났다. 예전과는 판이하게 고학력자의 아이들은 부모가 분명한 목적의식하에 조성하는 집약적인 상호 작용의 혜택을 누린다.

조기 영재 교육은 시간이 흐를수록 더 큰 성과를 거두는 누적 효과를 발휘한다. 일단 이러한 가정 교육은 일찍 시작된다. 실제로 아이들의 취학 전 경험이 결정적이라는 점이 요즘 확인되고 있다. 10여 년에 걸친 학교 교육의 성과 차이를 예측할 수 있는 지표가 6세때에 벌써 드러난다. 간단히 말해서, 취학 전 서너 해 동안 가정에서 이루어지는 교육이 그후 12년 동안 학교가 주관하는 교육보다 더 중요하다는 뜻이다.

그러한 격차는 부모의 양육 목적에서부터 시작되고 점차로 양육 기법들을 통해서 굳어진다. 가난한 독신 부모는 스트레스를 훨씬 많이 받기 쉬워서 그들의 우선 사항은 영재 교육이 아니라 어지러운 생활상을 통제하는 지루한 일상이다. 학교 교육을 중도에 이탈한 부모들은 아이들의 복종을 독립심보다 거의 4 대 1의 비율로 더 중요시한다. 대학원 교육을 받은 부모들은 이 비율이 정반대로 뒤집혀 있다. 스트레스로 유발되는 부모의 행동은 아이들의 비(非)인지적 발달에 해로운 것으로 밝혀졌다. 지금은 비인지적 능력이 인지적 능력과 적어도 같은 정도로 중요하다고 알려져 있다.[10] 그뿐 아니라, 인지적 능력 또한 일찍부터 차이가 벌어지기 시작한다. 가장 일찍부터 나타나는 인지적 능력 차이는 언어이다. 조기 영재 교육을 하면 저연령 아이들에게 말을 건네는 활동이 일찍 시작된다는 점을 주목할 필요가 있다. 널리 알려진 한 연구에서 유치원에 취학할 시점까지 아이들이 듣는 단어의 수가 부모의 계층에 따라서 1,300만 개나 차이가 났다. 아이들이 듣는 단어들 자체도 다르다. 전문직 부모의 아이들은 사기를 떨어뜨리는 단어보다 북돋는 단어를 8배 더 많이 듣는다. 반면에 복지 급여로 생활하는 부모의 아이들이 듣는 단어 가운데 사기를 북돋는 단어는 사기를 떨어뜨리는 단어의 절반밖에 되지 않는다. 그다음, 읽기에서 차이가 난다. 부모가 책을 읽어주는 것은 아이의 발달을 촉진하며, 취학 준비도의 차이를 설명하는 개별 요인들 가운데 가장 큰 요인이다. 그다음 문제로 당연히 돈에서 차이가 난다. 조기 영재 교육을 도입함에 따라서 가정의 교육비 지출이 막대하게 늘었다. 1980년대 이래 미국에서 상위 10퍼센트 소득층의 가정 교육비 지출은 두 배로 늘어서 가구당 연간 6,600달러로 증가한 반면, 하위 10퍼센트 소득층에서는 가구당 750달러로 오히려 감소했다. 게다가 아이들에게 결정적인 시기인 취학 전의 교육에서 가장 큰 차이가 난다.

학교 교육을 받는 기간에도 아이들 간에 이미 크게 벌어져 있는 격차가 더욱 벌어지는 똑같은 패턴이 계속 이어진다. 2001년 미국에서 수학과 읽기 분야의 소득 계층 간 격차는 한 세대 전보다 약 33퍼센트 더 벌어졌다. 이 격차는 똑같은 패턴으로 계속되며, 똑같은 요인이 격차의 확대를 주도한다. 그 요인은 가정의 기초부터가 다르다는 것이다.

이처럼 고학력 계급과 저학력 계급 간의 격차가 초래한 가장 극적인 영향은 최근 로버트 퍼트넘이 미국 어린이들에 관해서 발견한 것인데, 커다란 영향을 미친 연구이다. 그는 인지 능력별로 아이들의 집단을 분류해서 대학교에 입학할 승산을 분석했다. 당연히 부모의 높은 인지 능력을 물려받을 공산이 큰 고학력 계급의 아이들이 대학교에 입학할 승산이 더 클 것이라고 예상하기 마련이다. 그러나 퍼트넘은 인지 능력이 미국에서 **최하위** 집단에 속하는 고학력 계급 아이들의 대학 입학 승산이 인지 능력이 미국에서 **최상위** 집단에 속하는 저학력 계급 아이들보다 더 높다는 사실을 발견했다. 새로 자리 잡은 조기 영재 교육은 전리품 아이뿐 아니라 "위장된 바보"도 길러 낸다.

사회 불평등은 심해지고 사회 내의 계층 이동성이 정체되거나 줄어드는 추세는 최근에 나타난 것이어서 이에 관한 통계 분석은 기본적으로 내가 속한 세대에서 다음 세대로 넘어가는 변화를 추적한다. 그중 가장 근심스러운 소식은 이런 식으로 파악된 두 세대 간의 변화가 사회 불평등이 실제로 얼마나 오래 이어지는가를 큰 폭으로 과소평가하기 쉽다는 것이다. 최근에 기발한 제목의 괄목할 만한 저서로 『아들도 높이 떠오른다(*The Son Also Rises*)』를 발표한 그레고리 클라크는 가정 간의 불평등이 여러 세대에 걸쳐 이어지는 현상을 연구했다.[11] 보통 계층 이동성을 측정하는 방법은 한 세대를 그다음 세대와 비교하는 것밖에 없지만, 그는 희귀한 성(姓)을 이용하는 영리한 기법을 발견했다. 이 방법을 동원하면 수백 년의 긴 세월을 추적하기가 훨씬 쉬워진다. 당연히 클라크가 이 연구에서 주로 추적한 것은 남자 쪽 혈맥이었고, 이는 그러한 가족사 대부분에서 가장의 역할을 추적했음을 뜻한다. 그래서 그가 발견한 것은 집안의 성공이 보통 수백 년에 달할 만큼 대단히 끈질기게 계속된다는 것이다. 클라크는 단지 한 세대에서 그다음 세대로 넘어가는 변화만을 측정하는 통상적인 계층 이동성 지표가 그처럼 오래도록 이어지는 불평등과는 너무 거리가 멀다는 것을 밝힌다. 아울러 그러한 편차가 왜 생기는지 그럴듯한 설명도 제시한다. 세대에 세대를 거듭해도 소실되지 않고 계속 전해지는 모종의 자산이 있다는 것이다. 어떤 자산이 그럴 수 있을까? 금융 자산이 그런 식으로 전해지기는 어렵다. 윗대에서 모아놓은 재산은 아래 세대의 말썽꾼 하나로 얼마든지 소실될 수 있고, 부자는 3대를 못 간다는 말도 그래서 나왔을 것이다. 클라크는 소실되지 않는 자산으로 결국 두 가지를 꼽는다. 하나는 유전적인 자산인데, 유전자의 상속이 중요하기는 해도 여러 세대가 거듭되다 보면 유별나게 유용한 유전자도 짝짓기로 인해서 희석될 공산이 크다. 다른 하나는 클라크의 표현으로 가족 문화이다. 이것은 가족이라는 네트워크 집단 내의 행동을 조성하는 신념 체계의 규범과 이야기를 줄여놓은 표현이다. 그 네트워크의 중심에 위치하는 가장은 가족 문화가 계속 이어지도록 유도하는 데에 적합한 위치에 있다. 우리는 엘리트 부모들이 자신의 문화를 전수하는 데에 상당한 공을 들이며,[12] 아마도 무엇보다 성공에 유리한 특성들을 후대에 물려주려고 한다는 것을 알고 있다. 물론 세부적인 특성은 시간이 흐름에 따라서 변할 것이다.

희귀한 성을 추적하는 동일한 기법을 사용하여 사회 계층의 반대편, 즉 세대를 거듭하여 사회 바닥층에서 벗어나지 못하는 가정들에 대해서도 측정할 수 있다. 클라크는 여러 세대에 걸쳐 가난이 오래도록 이어지는 똑같은 패턴을 발견했다. 대를 거듭하여 실패가 전해지는 것이다. 수백 년 동안 대를 거듭하여 지속되는 실패가 금융 재산의 결핍이 대를 거듭하여 전해지기 때문이라는 것은 개연성이 희박한 설명이다. 금융 재산은 어떤 형태로든 타인에게 빚을 청구할 권리인데, 빚은 상속될 수 없기 때문에 금융 재산의 결핍도 대를 거듭하여 오래도록 이어질 수 없다. 사실, 지금껏 역사의 대부분에서 대다수의 사람들은 대를 거듭하여 남들에게 빚을 갚으로고 청구할 자산을 보유하지도 물려주지도 못했고, 따라서 금전적 형태로 대를 거듭하여 오래도록 이어지는 재산은 지금껏 대다수 사람에게 아무것도 없었다.

클라크는 서로 인접한 세대들만을 대상으로 한 통상적인 계층 이동성 지표가 왜 실제보다 계층 이동을 과장할 공산이 큰지 설명한다. 그 핵심을 끄집어내기 위해서 단순화해서, 각 세대의 성공을 초래하는 원인이 가족 문화와 행운밖에 없다고 가정해보자. 각 세대는 가족 문화를 물려받고, 그에 더하여 무작위 제비뽑기인 "운명의 수레바퀴"를 돌려서 행운을 뽑는다. 가족 문화가 온전히 아래 세대들로 전수된다면, 계층 이동의 유일한 원인은 행운이다. 그러나 자기 세대에서 재수가 더 좋아지거나 나빠지는 운의 변화는 첫 세대에서나 후속 세대 중 어느 세대에서나 동일하며, 첫 세대를 바로 다음 세대와 비교하든 먼 훗날의 다른 세대와 비교하든 마찬가지이다. 일부러 과장한 이 모형을 전제할 때에 우리가 첫 번째 세대와 두 번째 세대를 비교해서 측정하는 계층 이동성은 첫 번째 세대와 열두 번째 세대를 비교해서 측정하는 계층 이동성과 같을 것이다. 전자만을 측정하는 것은 사회 내의 계층 이동이 활발하다는 환상을 유발할 수 있다.*

윤리적 가족의 복원

윤리적 가족에는 권력과 학대의 관계를 그럴싸하게 치장한 고루하고 갑갑한 측면들이 있었는데, 우리는 이제 그러한 측면들을 많이 걷어냈다. 반면에 윤리적 가족에서 탈출하는 "해방"에는 자아의 발견으로 가장한 이기심과 거의 다를 바 없는 측면들이 있었다. 이와 비슷하게, "세계 빈곤층"을 걱정한다면서도 가족을 뒷받침할 책임을 부인하는 공리주의적 태도의 이중성을 들여다보면, 그것은 새로 깨달은 윤리의식이라기보다 손쉽게 즐기는 윤리적 가식에 더 가깝다. 찰스 디킨스는 『황폐한 집(*Bleak House*)』에서 자신의 가족과 이웃의 궁핍한 사람들을 나 몰라라 하면서 아프리카에 보낼 파견단 조직에는 열성인 자선 활동가 젤리비 부인을 등장시켜서 그러한 태도를 날

---

* 첫 번째 세대와 두 번째 세대를 비교해서 측정한 계층 이동성(A)과 첫 번째 세대와 열두 번째 세대를 비교해서 측정한 계층 이동성(B)이 같다는 저자의 설명은 다음과 같이 이해할 수 있을 것이다. 즉, 운은 무작위적인 성공 요인이어서 세대마다 동일하고 따라서 계층 이동을 유발하기에는 무력한 반면, 가족 문화는 온전히 전수된다고 가정했기 때문에 가족 문화로 인한 계층 격차는 세대 간에 그대로 유지된다는 것이다. 따라서 이는 계층 이동성 A가 가령 30퍼센트이고 계층 이동성 B가 이와 똑같이 30퍼센트인 상황에서 A만을 보고 계층 이동성을 판단하면, 계층 이동성의 실상을 과대평가할 수 있다는 뜻이다.

카롭게 꼬집는다.

좀더 근본적으로 살펴보면 가족에 대한 의무 이행보다 개인적 성취를 통한 자아실현을 앞세우는 데에는 심리적인 결함이 있어 보인다. 기존 사고방식의 심층을 뒤집어놓는 책, 『인간의 품격(*The Road to Character*)』에서 데이비드 브룩스는 성취를 통한 보람을 찬양하는 익숙한 이야기로 시작하지만, 그것의 공허함을 파헤치면서 논의를 역전시킨다. 그는 다른 사람들에 대한 의무의 이행으로 보람을 회복하는 것이 앞으로 지향해야 할 방향이라고 지적한다.[13] 자기 자신에게 집중함으로써 자아를 발견한다는 주장은 매혹적이지만, 이를 반박하는 강력한 반론도 있다. 이를 가장 잘 표현한 것은 아마도 나치의 손에 사형당하기 전에 디트리히 본회퍼가 죽음을 기다리면서 자신의 증언을 기록한 『옥중서신 : 저항과 복종(*Widerstand und Ergebung*)』일 것이다. 그는 우리가 일상에서 마주하는 다른 사람들의 투쟁 속에서 "우리 자신을 상실함으로써" 스스로를 발견한다고 적었다. 본회퍼는 자유를 발견하는 길은 자아에 예속되는 것이 아니라 자아에서 탈출하는 것이라고 말한다. 사회심리학의 새로운 증거도 본회퍼와 브룩스의 견해를 뒷받침한다. 우리는 개인적 성취가 불충분할 때보다 의무를 이행하지 못할 때에 더 크게 후회한다는 것이다. 뛰어난 심리학자 마틴 셀리그먼은 행복의 성취를 연구하는 프로그램을 꾸준하게 수행했다. 그의 결론은 분명하다. "당신이 행복을 원하더라도 성취만을 중시하면 행복을 얻지 못할 것이다……친밀한 인간관계는 삶의 전부는 아니지만 행복에 결정적이다."[14] 윤리적 가족은 사라지고 그 자리를 권리를 획득한 개인이 차지한 결과는 승리보다는 비극으로 드러나고 있다.

이 문제와는 동떨어진 것 같지만, "더 약한 것"이 "더 강한 것"이 될 수 있음을 입증한 경제학의 획기적인 연구가 있다. 책임을 떠안는 사람이 신임을 얻어서 효과를 보려면 자신의 권력을 어느 정도 버릴 필요가 있다는 것이다. 책임을 떠안을 수 있다는 것은 그 자체로 이기심을 승화한 것이니, 어느 정도의 권력은 포기할 수 있다. 전문가풍으로 말해서 이것은 "책임 수용의 테크놀로지"를 사용해서, 수시로 이랬다저랬다 하여 신뢰를 잃는 "시간적 비일관성 문제"를 해결했음을 뜻한다(이 관계를 발견한 연구자들은 노벨상을 받았다). 물가 상승을 해결하려고 사용된 책임 수용의 테크놀로지는 중앙은행의 독립성을 보장하는 것이었다. 그리고 태어날 아이의 육아를 해결하는 테크놀로지는 결혼이었다. 역설적으로 서구 사회는 물가 상승을 진정시킨 책임 수용의 테크놀로지를 확립하던 시기에 친부모에게 양육될 아이들의 권리를 지켜주던 책임 수용의 테크놀로지는 체계적으로 파괴했다. 마치 정치에 휘둘리는 중앙은행이 돈을 찍어내는 초반의 달콤한 질주로 빠져들듯이, 결혼이라는 결속의 파괴가 해방의 달콤한 질주로 빠져든 것이다. 다수의 서구 사회에서 결혼은 종교적인 관행과 얽혀 있는 탓에 우리는 종교와 대등한 순전히 세속적인 장치를 찾게 된다. 여기에 혁명적인 것은 없다. 모든 서구 사회에서 결혼은 기독교보다 먼저 시작된 것이니만큼 결혼이라는 공개적인 책임의 수용에서 종교적 형태와 세속적 형태는 얼마든지 공존할 수 있기 때문이다. 그 두 가지 형태 중에서 어느 것이든, 결혼이라는 책임 수용의 테크놀로지가 발휘하는 힘은 상호 의무를 공개적으로, 또한 명시적으로 수용하는 것에서 나온다. 이 의무를 바탕으로 생겨나는 존중과 수치가 결혼이라는 테크놀로지가 활용하는 힘이다.

앞의 제2장을 상기해보면, 책임 수용의 테크놀로지는 그것을 사용하는 본인의 사익에도 이롭다. 왜냐하면 의무 준수에 목적을 부여한다는 점에서 책임 수용의 테크놀로지도 앞에서 거론한 사례들과 다를 바 없이 "승화된" 이기심이기 때문이다. 우리가 바라는 결과를 가져올 진정한 인과관계를 이해하고 나면, 호혜적인 의무 준수는 합리적인 것이 된다. 경제학의 통찰은 신임을 얻는 공개적인 책임 수용의 가치를 포착한 한편, 직전에 살펴본 심리학의 통찰은 개인적 성취에 앞서서 의무 이행의 가치를 포착한다. 승화된 이기심이 다른 상황에서의 호혜적 의무들도 보완하고 뒷받침하듯이, 경제학의 통찰은 심리학의 통찰을 보완한다.

이제 너무 많이 들어서 조금은 질릴 만도 한 이야기가 성취를 통해서 보람을 얻으라고 열망을 파는 것인데, 앞에서 살펴본 통찰들을 함께 활용하면 그런 이야기를 강력히 반박할 수 있다. 그러나 경제학과 심리학의 그런 통찰을 전부 동원한다고 해도 가족의 영역이 좁은 범위로 위축되어버린 새로운 현실에 대처하기는 어렵다. 대가족 형태의 윤리적 가족은 모두 사라졌고, 이제는 핵가족 형태의 왕조 가족이 자리를 잡았다. 가족의 테두리가 너무 비좁아진 이러한 현실에 어떻게 대응할 수 있을까? 다행히 기술의 진보가 가져온 훌륭한 결과가 하나 있는데, 바로 수명이 늘었다는 점이다.* 수평적인 방계 가족은 축소되었지만, 수직적인 직계 가족은 확대되었다. 그래서 지금은 3대를 넘어 4대로 이루어진 가족이 많다. 그러한 가족에서 최고령 세대는 꽤 널따란 범위를 관장하는 어른이다. 각 세대가 두 아이

---

* 갈수록 내가 더 환호하는 발전이다.

를 둔다고 치면(마지막 세대는 미성년), 최고령 생존자는 자기 슬하의 3대에 걸쳐서 핵가족 네 가정과 구성원 20명을 아우른다. 그러한 직계 가족의 최고 어른인 할아버지와 할머니가 아무런 목적 없이 뒷방 늙은이로 물러나 있을 필요는 없다. 확장된 윤리적 가족의 의무를 감시하며 존중의 힘을 되살리는 역할을 그들에게 부여하자.

개인적인 후기

10년 전, 아내와 나는 윤리적인 선택에 직면했다. 나와 내 사촌 사이에는 서로 운명이 갈리는 소용돌이가 한 차례 더 굽이쳐서 사촌의 손주로 태어난 영유아들이 가부장적 국가(조지 오웰의 『1984』에 버금가는 사태의 완곡어법으로 적는다)의 "돌봄"을 받게 되었다. 새로운 영국 교육계 엘리트의 현행 규범에서는 그 아이들을 우리가 거두어야 한다는 주변으로부터의 사회적 압력이 전혀 없었고, 그만큼 우리 집안의 가정들은 불편하지 않은 여건에서 그 아이들에 대한 책임을 이해했다. 나는 우리 가족이 그 문제를 놓고 서로 둘러대거나 얼버무리지는 않았다고 말하고 싶다. 지금 그때를 돌이켜보면서 당시 세세한 생각의 줄기들을 재구성하기는 어렵지만, 우리 마음을 움직인 가장 커다란 것은 돌아가신 어른들 세대가 과연 우리에게 무엇을 바랐을까 하는 점이었다. 돌아가신 뒤임에도 그분들은 나의 자존감에 맹렬하게 윤리적 압력을 행사했다. 커다란 영향을 미친 또다른 요인은 아프리카 문화를 오랫동안 접하면서 대가족으로 확장된 그곳의 윤리적 가족 규범을 우리가 존중했다는 점이다. 뜻밖에 국가 덕분에 일이 수월해지는 운도 따랐다. 새로 도입된 법률에 따라서 대가족 간편 입양제가 마련되어 대단히 고통스러운 입양 절차를 신속하게 처리할 수 있는 통로가 열렸기 때문이다. 담당 공무원들의 의견도, 친부모를 포함한 우리 가족의 의견도 입양에 대해서 만장일치의 찬성으로 나왔다. 그 덕분에 필요한 서류 작성과 행정 절차에 동반하는 점검 그리고 부대 비용의 지불을 서둘러 처리했음에도 불구하고, 출생 초기의 결정적인 시기 가운데 8개월에 불과한(!) 기나긴 시간을 보낸 뒤에야 입양을 완료할 수 있었다. 그 한 해 동안에 6,500만의 인구가 사는 나라에서 표준적인 경로를 통해서 입양된 어린이는 60명에 불과했다. 그러니 잠정적인 위탁 양육의 불확실한 처지에 놓인 어린이들이 7만 명에 달한다는 통계가 나오는 것이다. 그 숫자가 매년 늘어나고 있다.

막 걸음마를 뗀 두 아이가 집에 오던 날, 함께 있던 아프리카 친구들이 어깨를 으쓱하는 동작으로 "우리 클럽에 온 것을 환영한다"라고 말했다. 우리 부부의 영국인 친구들은 우리에게 "대담하다"라고 말했는데, 이 말은 영국의 정치 풍자극 「예, 장관님(Yes Minister)」의 어법으로 "그 일을 후회할 것이다"를 뜻했다. 그로부터 10년이 지나는 사이 우리는 후회는커녕 가족의 의무를 더욱 분명히 느꼈다. 우리가 이렇게 겪은 일은 아프리카에서처럼 우리 사회에서도 정상적인 일이 되어야 한다. 그러나 풍요롭고 윤리적인 사회에서는 우리가 한 일이 필요할 이유도 없어야 한다.

제6장

윤리적 세계

윤리적 세계는 어떤 모습일까? 이데올로기의 옹호자들은 저마다 그 나름의 처방을 내놓는다. 공리주의 이데올로기는 "최대 다수의 최대 행복"을 성취하기 위해서 재정 자원의 이전을 담당할 가부장적인 세계 정부를 요구할 것이다. 롤스주의 법률가들은 국제연합의 "인권" 주장에서 줄곧 영향력을 확대해왔다. 이 불협화음에 인기 있는 유명인들도 감정을 잔뜩 이입하며 가세한다. 일례로, 머리가 없는 가슴의 대변인들 중의 한 명인 안젤리나 졸리는 "세계 평화"를 원한다.

이와 달리, 앞의 제2장에서 다룬 핵심 원리를 적용하면 윤리적 세계의 개념을 윤리적 국가와 윤리적 기업, 윤리적 가족의 개념과 유사하게 생각할 수 있다.

원리 1 호혜성과는 무관하게 다른 사회에 대한 의무를 인정한다.
　　　　이것은 구조의 도리에 해당하고, 난민, 대규모의 절망, 기초적인
　　　　사법질서를 결여한 사회에 대한 의무를 포함한다.
원리 2 더 많이 공헌하고자 하는 나라들은 그들끼리 더 광범위한
　　　　호혜적 의무를 건설한다.

원리 3 이렇게 건설되는 호혜성을 뒷받침하기 위해서 한 집단에
공동으로 소속한다는 인식을 형성하고, 목적을 의식하는 공동의
행동을 통해서 각 참여자의 승화된 이기심을 고무한다.

1945년의 국제 사정은 그러한 윤리적 세계로부터 얼마나 동떨어
져 있었을까? 아마 상상할 수 있는 최대한일 것이다. 오래된 네 가지
악몽이 세상을 휘감고 있었다. 우선, 나의 부모 세대는 평생 깨어 있
는 시간의 3분의 1 동안 세계 전쟁을 겪었다. 그리고 그들은 세계
경제가 번창하던 시기에 태어났다가 곧이어 이웃 나라들이 기회주
의적으로 서로를 빈곤으로 몰아넣는 보호주의로 치닫느라 세계 경
제가 붕괴되는 과정을 겪었다. 그들은 또한 제국의 시대를 겪었다.
영국, 프랑스, 러시아, 일본, 오스트리아, 포르투갈, 벨기에, 독일, 이
탈리아의 각 제국은 그즈음 선명하게 드러나는 부조리의 압력에 의
해서 해체되기 시작했다. 더욱이 나의 부모 세대는 독일, 러시아, 스
페인, 이탈리아를 장악한 파시즘과 마르크스주의 이데올로기가 초
래한 끔찍한 공포를 겪었다. 이렇게 물려받은 재앙에 더하여, 제2차
세계대전은 종전과 더불어 유산으로 두 가지 재앙을 남겼다. 새로
출현한 공격적인 공산주의 체제가 세계의 3분의 1을 장악한 데에 이
어, 나머지 세계도 장악하려고 들 것이라는 전망이 그중 하나였고,
다른 하나는 중부 유럽의 해체로 인해서 곧 서유럽으로 몰려들 엄청
난 규모의 난민이었다.
  당시 정치 지도자들은 "이런 상태로는 시작할 수 없다"는 직감에
압도당할 만도 했다. 그러나 그들은 앞의 세 가지 핵심 원리를 활용
하여 윤리적인 세계를 만들어가기 시작했다. 우선 그들은 호혜성과

는 상관없이 발생하는 다른 사회에 대한 의무(구조의 도리)를 인정했고 그것을 이행하기 시작했다. 또한 목적을 구체적으로 정한 새로운 클럽(여러 회원국이 참여하는 국제조직)을 형성하여 아직 시도해보지 않은 국가 간 호혜적 의무의 광범위한 잠재력을 활용하기 시작했다. 그리고 직접적인 이득만을 추구하는 기회주의적인 이기심을 승화된 이기심으로 바꿔나가는 인과적 고리를 통해서 그러한 클럽들을 보강했다. 이것은 놀라운 성취였고, 효과를 보기 시작하여 세계는 점진적으로 더 좋은 방향으로 변해갔다.

그러나 그 성공을 물려받은 운 좋은 세대의 지도자들은 그러한 성과를 창출했던 과정을 이해하지 못했다. 재앙의 잔해로부터 성공을 일군 영리한 실용주의는 종적을 감추고 그 자리를 공리주의와 롤스주의 이데올로기 옹호자들의 매혹적인 이야기들이 차지했다. 그들은 전대로부터 물려받은 유산을 점차 갉아먹었다. 지금의 세계가 1945년의 세계만큼 비윤리적인 것은 전혀 아니지만, 여전히 해야 할 일이 많다. 1945년 이래 괄목할 만한 성취, 그에 뒤따른 퇴보, 그리고 앞으로 해야 할 일이 이 장에서 논의할 내용의 골격이다.

윤리적 세계의 구축

1945년 지도자들의 훌륭한 식견 중에서 가장 근본적인 것은 개별 국가들의 기회주의적 행동을, 동료 압력으로 집행되는 공통의 의무로 바꿔야 한다고 생각했다는 점이다. 그러나 동료 압력이 작동하려면 그 나라들이 공유하는 정체성이 필요한데, 이는 1930년대에는 갖춰져 있지 못한 것이었다. 점차 호혜적 의무를 수용하고자 하는 나라들의 새로운 클럽들이 설립되었고, 목적을 의식하는 행동을 중심으로 그 나라들이 공유하는 소속감을 형성해갔다.

가장 시급한 우선 과제는 국제적 안보였다. 소련이 유발하는 공포 분위기에 대응하여 1949년 새로 설립된 클럽이 NATO이다. 그 핵심 원칙은 회원국 간의 호혜적인 안전 보장이었다. 그들이 공유하는 정체성은 공통의 위협에 대응하는 민주주의 사회였다. 소수의 무임승차자가 있었지만, 새로운 의무는 승화된 이기심의 이야기로 강화되었다. 그것은 유감스럽게도 너무나 믿을 만한 "단결하라. 그러지 않으면 죽는다"는 이야기였다. 말과 일치하는 행동이 이루어졌고, 그 과정에서 결정적인 순간은 1962년 쿠바 미사일 위기와 1980년대 초 크루즈 미사일의 배치였다. 새로 수용된 호혜적 의무가 평화 유지의 성과를 거두는 사이, 공산주의 내부에서는 내적인 긴장이 많이 쌓여갔다.

소련이 새로운 위협이기는 했지만, 유럽 안에서는 여전히 독일이 오랜 공포의 대상이었다. 프랑스는 단 70년 동안 독일과 세 차례나 치명적인 전쟁을 치렀다. 이 문제에서도 승화된 이기심의 필요성은 분명했지만, 전쟁이 남긴 증오가 장애물로 작용했다. 해결책은 그러한 현실을 인정하고 천천히 가는 길을 택하되 공동의 노력을 계속해서 조금씩 반복하는 것이었다. 1951년에 시작된 이 노력이 유럽 경제 공동체(EEC)로 확대되었다. NATO와 마찬가지로 이 클럽의 핵심 원칙은 호혜적 의무의 수용이었다.

이웃을 빈곤화하는 1930년대 보호주의의 빗장을 풀어가기 위해서 또 하나의 새로운 클럽으로 관세 및 무역에 관한 일반 협정(GATT)이 설립되었다. 1947년부터 1964년까지 GATT는 여섯 차례에 걸쳐서 호혜적인 무역 자유화의 결론을 이끌어냈다. 여기에서도 결정적인 동인은 승화된 이기심이었다. 보호주의가 결국 어떤 결과를 초래했는지 모든 당사자가 알고 있었다.

1930년대에 경험한 대공황에 대응하여 새로운 클럽이 하나 더 설립되었다. 국제통화기금(IMF)은 회원국들이 일정 조건에 따라서 출자금을 납입하고, 일련의 규칙과 감독을 수용하기로 약속하며, 그 대가로 위기가 발생할 때에 융자를 받을 권리를 얻는 공적인 은행이었다. 사실상 IMF는 거대한 상호 보험 시스템이었다.

이처럼 새로 태어난 국제적 클럽들을 뒷받침하는 것은 모두 호혜성의 원리였다. 이 공통의 원리를 경제협력개발기구(OECD)가 창출하는 동료 압력이 보강했다. OECD는 (교육 성과의 순위를 매기는 국제 학생 평가 프로그램[PISA]과 같은) 회원국 성적표와 정책의 상호 진단을 통한 국가별 비교를 고무했다.

구체적인 목적을 가진 이 클럽들은 저마다 회원국 자격에 대한 정의와 제한이 있었고, 회원국 집단 내의 호혜적 의무가 있었으며, 승화된 이기심을 고무할 설득력도 갖추고 있었다. 이 클럽들이 점차 세계를 바꾸어갔다. 각 클럽은 그 나름의 속도에 따라서 결실을 일구어나갔지만, 그것들이 누적되어 나타난 성과는 실로 놀라웠다.

NATO는 1989년 소련의 해체와 냉전의 종식으로 극적인 결실을 보았다. 유럽 내에서는 EEC가 스페인, 그리스, 포르투갈과 같은 나라들을 점차 민주주의에 안착시키는 한편, 역내 무역 비중을 높여감으로써 가난한 회원국이 부유한 회원국을 따라잡을 수 있도록 유도했다. GATT는 1986년의 마지막 협상에서 세계 무역을 더 확대하여 커다란 경제적 이득을 창출할 토대를 놓았다. IMF는 경제 위기에 대응하는 안전망 역할을 했다. 이 시기를 통틀어 가장 큰 구제 금융은 1976년 영국의 정치 위기 때에 이루어졌는데, "영국이여 안녕, 그동안 너를 만나 즐거웠다"라고 머리기사를 뽑은 「뉴욕 타임스」의 예측과는 달리 IMF의 금융 지원이 이 위기를 막았다. 영국이 위기를 피한 것은 이전 세대에서 케인스와 영국 공직자들이 바로 그러한 사태에 대비하여 IMF를 설립했기 때문이다. 그들은 국가적 영웅이 되어야 마땅하다.

이러한 호혜적 의무로 결성된 클럽들과 병행하여 세계 지도자들은 구조의 도리를 이행하기 위한 새로운 국제기구들도 설립했다. 이 일에서도 이들은 영리했다. 이들은 구조의 도리를 풍요로운 각 나라에 맡겨두지 않고 세계적 현안에 대처할 기관을 설립했다. 이 기관들은 그런 의무 이행의 새로운 규범을 집행하기 위해서 풍요로운 나라들 상호 간의 호혜성 원리를 활용했다. 난민들을 배려하기 위해서 국제연합 난민기구(UNHCR)가 출범했고, 기근 발생기에 식량을 제공하기 위해서 국제연합 세계식량계획(WFP)이 출범했다. 또한 극빈국들의 건강 향상을 지원하기 위해서 세계보건기구(WHO)가 출범했다. 그러나 가장 중요한 조직은 세계은행이었다. 세계은행은 풍요로운 나라와 가난한 나라, 두 집단으로 회원국을 구분하여 운영했다. 전자의 집단은 부유한 나라들이 상호 규율을 통해서 자금을 내놓도록 했고, 그처럼 하나로 묶어서 조성된 기금으로 후자의 집단에 자금을 조달해주었다.

그 시절에 이런 국제기구들은 구조의 도리에 대한 집단적인 대응이라는 점에서 전례가 없던 것이었고, 전후 세계에서 새롭게 창출되는 호혜적 의무를 보완하는 훌륭한 행동이었다. 이러한 구조의 도리에 속하는 의무들 중에서 어느 것이든 누구도 그 당위성에 이의를 제기하지 않았고, 집단적인 행동으로 그 의무를 이행했다. 되돌아보면 그런 논란이 없었다는 것도 인상적인 일이다.

1945년의 세계 지도자들은 새로 설립한 클럽과 구조의 도리를 이행할 국제기구와 병행하여 세계 정부의 초기 형태인 국가 간 회의체를 부활시켰다. 제1차 세계대전 후에 설립되었다가 실패하여 기능이 정지된 국제연맹 대신에 국제연합이 등장했고, 국제연합 내의 안전보장이사회가 세계 질서의 경찰 역할을 맡기로 했다. 국제연맹과 마찬가지로, 국제연합은 선의가 컸음에도 불구하고 효과적일 때가 별로 없었다. 안전보장이사회의 5개 상임 이사국은 호혜성 실현에 적합한 적은 수라는 조건은 충족했지만, 미국과 소련 간의 이데올로기 대립 때문에 승화된 이기심에 필요한 신뢰가 구축될 수 없었다. 다른 한편으로 클럽 중심의 국제기구에서 실질적인 발언권을 가지지 못한 나라들끼리 모여서 "77 그룹"을 결성했는데, 역설적이게도 국제연합은 이처럼 배제된 나라들의 클럽으로 행동함으로써 가장 큰 성과를 거두었다.

윤리적 세계의 침식

이들 국제적 클럽은 호혜성을 준거로 활동했고, 그 밑바탕의 규범은 의리와 공정이었다. 그러나 점차 실용주의는 밀려나고 이데올로기가 주도권을 차지했다. 동시에 WEIRD가 선호하는 배려와 평등이 이전의 규범을 밀어내고 새로운 규범으로 자리 잡았다. 이를 바탕으로 필요하다면 누구나 포용해야 한다는 요구가 뒤따랐다. 국제 클럽들은 이 고상한 포부에 응하여 회원국도 늘리고 열망도 키웠다.

  NATO 회원국의 수는 창설 당시 12개국에서 현행 29개국으로 늘었고, 덩달아 NATO의 유럽 방어선이 동쪽으로 더 이동했다. 창설 회원국들 사이에서는 진정한 호혜성의 요소가 상당히 남아 있었지만, NATO의 회원국 확대는 기본적으로 미국의 안전 보장이 군사 역량이 부족한 나라들에 적용된다는 것을 뜻했다. EEC는 창립 6개국 클럽에서 28개국의 EU로 확대되었다. EEC에 적용되던 규칙의 영역도 무역과 민주주의로부터 공공정책의 대부분을 포괄할 만큼 확장되었다. GATT를 해체하면서 확대 재편된 세계무역기구(WTO)는 회원국을 거의 전 세계로 확대했고, 그에 조응하여 WTO와 연동하는 규제의 영역도 농업, 서비스, 지적 재산권으로 대폭 확장되었다. 마찬가지로, IMF도 거의 전 세계로 회원국을 확대했고 소관 영역을 확장했다.

  클럽의 회원 수가 늘어난 만큼 호혜적 의무를 집행하던 결속력이 약해지기 시작했다.* 이에 대응하여 각 국제기구는 효력이 약해지는 길로 가기도 했고, 중심국들이 좌지우지하는 준제국(準帝國)으로 변신하는 길로 가기도 했다. 후자의 경우, 중심국들이 종속적인 회원국들에 불이익을 주는 식으로 규칙을 집행하게 된다. 전자의 경로를 택한 클럽도 있었고, 후자의 경로를 택한 클럽도 있었다.

  먼저 효력을 잃어가는 경로를 살펴보자. NATO의 경우, 호혜성은 창설 회원국들 사이에서도 약해졌다. 현재 29개 회원국 가운데 5개국만이 국내총생산(GDP)의 2퍼센트를 국방에 지출하겠다는 클럽의

---

* 영국 정부는 바로 이런 이유에서 EU의 확대를 예민한 사안으로 취급했다.

약속을 이행한다. 그에 대응해서 미국의 이행 의지도 약해지기 시작했다. 그러나 효과적인 클럽이었다가 회원국이 전 세계로 확대되면서 비효과적인 국제기구로 변신한 대표적인 사례는 WTO이다. GATT가 초기 17년 동안 여섯 차례의 다자간 무역 협상을 이룬 것에 반해서, WTO는 23년 동안 단 한 차례의 협상도 결론을 내지 못했다.

이제, 논란이 더 심한 제국으로 가는 경로를 보자. EEC가 EU로 확대되고, 또한 IMF가 클럽 회원국들 간의 상호 은행에서 빈국들을 위한 세계적인 기금으로 확대됨에 따라서 두 국제기구는 모두 제국과 비슷한 조직으로 변해버렸다. 이 조직을 통해서 한 나라의 정부가 다른 나라의 정부에게 이래라저래라하는 일이 생긴다. EU의 경우, 의무 준수를 목적과 융합했던 승화된 이기심이 규칙을 하달하는 식의 광범위한 규범들로 바뀌었다. 그러한 규범을 정하고 집행하는 주체는 중심국들인데, 이 나라들은 현재 클럽에 도움을 청하는 세 탄원자 그룹(동유럽, 남유럽, 영국)과 의견의 대립이 심하다. 나는 그런 규범들에 대해서 의견을 말하고 싶지도 않고, 규범을 정하고 집행하는 프로세스에 대해서도 많은 말을 하고 싶지 않다. 다른 측면에서 볼 때, EU는 가치가 여전히 막대할 뿐만 아니라 더 많은 것을 이룩할 잠재력이 있는 클럽이다. 그러나 이제는 EU가 회원국들이 서로를 지원하는 호혜적인 클럽이 아니라는 점은 분명하다. 그동안 시간이 갈수록 EU에서는 힘센 나라들이 다른 나라들에게 이래라저래라 지시하는 경향이 심해졌다.

IMF는 세계은행처럼 구조의 도리 이행을 기본 임무로 하는 세계적인 기금으로 변했다. 구조의 도리는 본래의 성격상 호혜적이지도 않으며 조건을 내걸지도 않는다. 그러나 IMF와 세계은행의 중심을 이루는 자금 공여국들은 "의무"를 "권력"으로 변질시켰고, 두 국제기구는 이 중심국들에 지배당하는 조직으로 변했다. 자금 공여국은 먼저 특정한 경제정책의 수용을 조건으로 내걸고 지원을 했다. 그러나 그 자체로 충분히 나쁜 이 발상은 순식간에 정치적 영향력이 막강한 비정부 단체들에 탈취당했다. 현재 구미권에서 나오는 원조는 환경과 인권에 관한 필수 요건들이 조건으로 따라붙고, 그 요건들이 선진국에서조차 충족되지 못할 정도로 엄격할 때가 많다. 예를 들면 세계은행의 프로젝트는 전부 다 "환경 영향 평가"를 받아야 한다. 여러 건의 수력 발전 사업을 위한 세계은행의 자금 지원이 성사되지 못했는데, 그 사업들이 인권을 침해한다고 비정부 단체들이 판단했기 때문이다. 심지어 도시의 도로를 확장하는 사업도 구미권 인권 활동가들로 인해서 저지당했다.* 세계은행이 빈국들에서 수행하는 사업들에도 탄소 배출량 기준이 적용되었는데, 고소득 국가들에 적용되는 기준보다 상당히 높은 수준이었다. 이것은 아프리카의 지독한 전력 부족을 감안하면 매우 분개해야 할 일이다.** 이 사안에 대해서도 나는 과장해서 말하고 싶지 않다. IMF와 세계은행은 여전히

---

* 세계은행의 김용 총재는 불법 거주자들이 도로 확장에 쓰일 토지를 기회주의적으로 점유한 경우를 예로 들었다. 도로를 확장하려면 그들을 이주시켜야 했고, 상당히 많은 보상금을 그들에게 지급해서 사업을 추진하려고 했지만, 인권 로비가 이것조차 가로막을 만큼 강력했다고 말하면서 내게 불만을 토로했다.

** 아프리카에서 대통령직을 수행했고 대단히 존경받는 인물이 나에게 이렇게 설명했다. "대통령 재임시 나는 내각의 장관들에게 이렇게 지시했습니다. '세계은행이나 IMF 앞에서는 절대로 거절하는 말을 하면 안 된다. 그러면 너무 위험하기 때문이다. 그러나 절대로 세계은행이나 IMF가 우리에게 하라는 대로 행동해서는 안 된다. 왜냐하면 그들을 신뢰할 수 없기 때문이다.'"

이로운 일을 대단히 많이 하고 있고, 앞으로도 훨씬 더 많은 것을 이룩할 우리의 주된 장치이다. 그러나 이 국제기구들은 그동안 목적이 다른 의제들에 포획당했다.

윤리적 세계를 다시 구축하기

호혜적 클럽과 구조의 도리는 둘 다 작동할 필요가 있다. 호혜적 클럽이 필요한 이유는 가부장적인 세계 정부는 실현 가능성도 없고 바람직하지도 않기 때문이다. 그러한 세계 정부가 우리 모두를 통치하려고 했다가는 그것에 부응하지 않으려는 반발에 압도당할 것이다. 오래된 클럽들을 부활시키는 쪽보다는 경제적, 군사적 세력의 현 상태를 반영하는 다목적의 클럽을 새로 형성하는 쪽이 수월할지도 모른다. 그러한 클럽은 세계적으로 이로운 호혜적 의무의 기회를 많이 발굴할 수 있을 것이다. G20은 충분히 포괄적이지만, 큰 효과를 보기에는 현실적으로 너무 크고 이질적이며, 일회적인 데다가 무임승차가 심하다. G7은 그보다 규모가 작고 탄탄하지만, 지금은 중국과 인도가 모두 빠져 있어서 회원국 구성이 잘못되어 있다. 중국, 인도, 미국, EU, 러시아, 일본으로 구성된 6개국의 작은 그룹이라면 경제와 군사 면에서 세계 역량의 충분한 비중을 포괄하므로 이 나라들의 집단적 이해가 세계의 문제를 바로잡는 일과 일치할 수 있을 것이다. 이 나라들의 집단 행동에 다른 나라들이 무임승차를 하더라도 별 상관은 없다. 반면에 이 6개국에 속하는 각 나라는 자신이 무임승차를 하면 다른 회원국들도 똑같이 행동할 것임을 알 것이다. 이 그룹의 각 나라는 무임승차를 하기에는 몸집이 너무 크다.

그런 클럽을 형성하는 데에는 두 가지 난점이 있다. 하나는 6개국이 공통점은 전혀 없는 반면에 각각의 지정학적 이해가 서로 충돌한다는 점이다. 그러나 기후 변화와 대역병, 취약 국가와 같은 전 세계적인 문제들이 자꾸 불거지고 있어서 6개국 공통의 이해는 점차 커질 것이다. 그들이 보유하는 뚜렷한 공통의 특징을 그들도 인식하게 될 것이다. 그 공통점은 그들이, 그리고 오직 그들만이 집단 행동을 통해서 그러한 문제들을 바로잡을 덩치가 된다는 점과 아울러 다른 5개국의 행동에 무임승차하기에는 각자가 너무 크다는 점이다. 다른 난점은 가슴만 있고 머리가 없는 이상주의자들이 제기할 충분히 예상 가능한 반대이다. "그렇다면 거기에서 배제된 나라들은 무엇인가?"라는 불만이 틀림없이 나올 것이다. 그러나 세계 차원의 집단 행동을 도출하기 어렵다는 점을 고려하면, 이 문제를 극복하는 데에 적당한 충분히 작은 그룹이 존재한다는 것은 거기에서 배제된 나라들에도 아주 이로운 일이다. 그리고 배제된 나라들도 얼마든지 6개국이 나서는 문제 해결에 동참할 수 있다. 배제된 나라들도 각자 행동에 나서야 한다는 점에 대해서 6개국이 비공식적으로 합의하기만 하면 된다. 이 6개국이 서로 짜고 나머지 나라들을 골탕 먹이기로 합의할 만한 사안이 생길 공산은 희박하다. 그 6개국이 서로 이질적이기 때문이다. 이것이 국제무대에서 우리에게 필요한 새로운 클럽이다. 그러한 클럽을 형성하려면 여러 해가 걸리겠지만, 중요한 세계적 현안에 효과적으로 행동해야 한다는 밑바탕의 기본적인 논리를 따라가면 점차 그 목적지에 도달할 수 있을 것이다.

　호혜적 클럽과는 별도로 국제무대에서 구조의 도리를 더욱 효과적으로 이행할 조직도 필요하다. 성년기에 접어든 이래 내 삶의 전부를, 우리에게 그러한 구조의 도리가 있다는 점을 인식하도록 잘사는 나라 사람들을 고무하는 일로 보냈다. 우리는 지금껏 그러한 의무 이행의 측면에서 형편없이 일해왔다. 박수갈채를 받고 생색만 내려는 유혹 때문에 실용적인 효과가 늘 뒷전으로 밀려났다. 그러한 사례들을 다음의 항목별로 살펴보자.

난민 •

먼저, 난민을 구조해야 할 우리의 도리를 보자. 공포나 기근 때문에 자신이 살던 지역을 탈출하는 사람들이 전 세계에 6,500만 명을 헤아린다. 그중 3분의 1이 난민이 된다. 근거지를 상실한 그들은 자신의 삶을 정상으로 복구하려고 분투하기 마련이다. 생활할 만한 익숙한 장소를 찾아야 하고, 가족을 지탱하기 위한 일자리를 구해야 하며, 같은 공동체 출신의 다른 사람들과 군집을 이루어 살려고 한다. 이런 딱한 사정은 이해할 만한 일이지만, 이웃한 나라의 정부가 대응하기 난감한 일이기 쉽다. 이웃 나라의 시민들 또한 가난하고 그들 자신의 필요를 충족하기도 어려운 처지일 공산이 크다.

어느 사회든 이웃한 사회에 대해서 느끼는 의무는 자연스럽게 호혜적인 것으로 다가온다. 따라서 이웃 사회에 대한 의무감이 비호혜적인 구조의 도리보다 더 클 수 있다. 그러나 난민이 쏟아져 나올 만큼 극단적인 대규모의 재난이 발발하면 세계적인 구조의 도리도 생긴다. 피난처 역할을 할 수밖에 없는 이웃 사회가 겪을 난관을 다른 나라들이 나 몰라라 하면 그 사회는 불평할 이유가 있다. 이웃

• 이 소절은 다음 자료를 바탕으로 기술되었다. Betts and Collier(2017).

사회는 난민들이 국경을 넘어 자국의 영토로 들어오도록 허용해야 하지만, 멀리 떨어진 부유한 사회도 할 일이 있다. 인접한 피난처는 이웃의 의무를 이행하고, 부유한 사회는 구조의 도리를 이행하면서 두 사회가 협력할 수 있어야 한다. 이 일에서 우리는 한편으로는 위기 상황에 인접한 사회와 연대하라고 요구하는 가슴의 원리와 더불어, 다른 한편으로는 비교우위에 따라서 우리의 책임을 분담하라는 머리의 원리를 지침으로 삼을 수 있다.

머리로부터 나올 조언의 내용은 복잡하지 않다. 이웃 사회는 피난처를 제공할 최적의 장소이다. 근거리에 위치하니 접근하기 쉽고 그곳에서 다시 돌아오기도 쉬우며, 아마도 난민들에게 익숙한 환경을 제공할 유사한 조건을 갖추고 있을 것이다. 이 책을 집필하고 있는 지금, 최근에 발생한 난민은 베네수엘라로부터 바로 인접한 콜롬비아로 이동했다. 풍요로운 사회는 그러한 곳들로 일자리를 불러들일 국제적인 기업을 보유하고 있다. 또한 난민 가정들이 다시 자급할 수 있도록 복구하는 과정을 도와줄 돈도 있고, 아울러 난민을 수용하는 이웃 사회가 부담한 비용을 보상해줄 돈도 있다. 지난 수 년 동안 혼란스러웠던 난민정책이 아니라, 바로 이러한 것들이 미래를 위한 전략이다.

HIV[*]

보통 어느 사회에서나 그 안에서는 호혜성이 강하기 때문에 동료 시민들에 대한 의무가 세계에 대한 의무보다 무겁기 마련이다. 그러나

---

[*] 이 소절은 다음 자료를 바탕으로 기술되었다. Collier and Sterck(2018).

때로는 다른 나라 시민에 대한 우리의 의무가 동료 시민들에 대한 의무보다 무거울 때도 있다. 빈곤국에서 HIV(인간 면역 결핍 바이러스)로 고통받는 사람들이 그러한 경우이다. 레트로바이러스에 대항하는 현대적인 의약품 덕분에 HIV 감염자들은 연간 1,000달러 미만의 비용으로 여러 해 동안 정상적인 삶을 영위할 수 있다. 프랑스의 시라크 대통령과 미국의 조지 W. 부시 대통령의 윤리성을 높이 살만한 일로, 두 사람은 구조의 도리로 이행해야 할 일이 하나 있다면 HIV 감염병 치료비를 지원하는 일이 바로 그것이라고 인정했다. 그 돈을 지원받지 못하면 틀림없이 임박한 죽음에 내몰릴 가난한 아프리카 사람들이 수천 명에 달할 판이었고, 그 사람들의 신원도 분명했다. 두 대통령은 생명을 구하는 이 비용을 지출하는 일에 자국의 국민들이 하나의 집단으로서 기꺼이 동의할 수 있을 만큼 부유하다고 생각했다.

그렇다면 WEIRD는 이러한 도리에 어떻게 대응했을까? 공리주의 이데올로기에 젖어 있는 보건 경제학자들은 그러한 돈의 지출에 반대했다. 그들은 구조의 도리에 동반하는 윤리적 호소력을 완전히 무시한 채, HIV 감염병 이외의 여러 가지 질병들에 예방적으로 개입하면 사망 위험을 조금 더 낮춤으로써 똑같은 금액의 돈으로 더 많은 생존연수(life-years)를 구제할 수 있다고 주장했다. 그러니까 이 말은, HIV 감염자들이 전부 죽도록 내버려두는 쪽이 비용 면에서 더 효율적이라는 것이다. 한편 생명을 구할 수 있는 또 하나의 명백한 방식이 있었는데, 머리 없이 가슴만 앞세우는 대중 영합주의자들은 그것에 반대하는 선동에 나섰다. HIV는 대개 성교를 통해서 전염되는 것이기 때문에 만일 사람들에게 여러 동반자와 성관계를 맺으면

안 된다고 설득할 수 있다면, 그와 동시에 전염률은 대폭 떨어질 것이다. 무세베니 우간다 대통령이 수차례의 국민 담화 방송을 통해서 바로 이 효과를 거두었다. 그러나 행동 변화 운동가들은 그것에 반대했다. 반대 이유는 그런 방송이 HIV 감염자들에게 그들의 행동이 빚은 결과에 대한 윤리적 책임이 있음을 시사할 수도 있는 탓에 본의 아니게 그들에게 낙인을 찍을 수도 있다는 것이었다. 이 사례에서도 기억해야 할 것이 있는데, 피해자는 윤리적 행위자일 수 없다는 것이다.

대규모의 절망에서 구조할 의무

현재, 아프리카의 많은 청년들이 품는 미래의 희망은 유럽으로 탈출하는 것이다. 이것은 비극이다. 이러한 희망은 명백히 대규모의 절망을 해결할 만한 대책이 되지 못하는 데다가, 가장 총명하고 우수한 청년들이 빠져나가면 가난한 사회의 문제는 더욱 악화되기 쉽다. 윤리적인 세계라면, 그 세계의 각 사회가 젊은이들에게 믿을 만한 희망을 줄 수 있는 여건을 갖추어야 한다. 풍족한 사회의 역할은 소수의 총명한 젊은이들을 자신의 변두리에서 살아가도록 유인하는 것이 아니라, 스스로의 본고장인 사회에 남아 있는 많은 젊은이들에게 기회를 만들어주는 것이다.

모든 구조의 도리가 시작되는 출발점은 구조받는 사람들에 대한 존중이다. 구조에서 가장 중요한 것은 자율성을 복원하고 또 높여주는 일이지, 그들에게 권위를 주장하는 일이 아니다. 국제적 지원은 이런저런 사회적, 정치적 조건에 관한 그럴싸한 말들의 잡동사니가 아니라, 윤리적인 기업들이 부족하고 그 기업들이 절실한 사회로 그것들을 유치하는 데에 목표를 두어야 한다. 아울러, 부패한 기업 활동도 줄여야 한다. 기초가 부실한 취약 국가들은 현대적 기업이 마련해줄 수 있는 일자리를 절실하게 필요로 하지만, 훌륭한 회사들이 그런 나라들로 들어가려는 경우는 거의 없다. 시장 규모는 작은데 떠안을 위험은 커서 기업들이 회피하기 때문이다. 이와 같은 상황을 바꾸려면, 그러한 나라에서 일자리를 창출하여 공공의 혜택에 공헌하는 기업에 공적인 자금으로 보상해주는 것이 필요하다. 2017년 세계은행과 영국은 기업과 공동으로 활동하는 기관들(각각 국제금융공사[IFC]와 영연방개발공사[CDC])을 지원할 용도로 원조 기금을 사용하는 방법을 처음으로 개척했다. 이에 대해서 가슴만 있고 머리가 없는 대중 영합주의들은 끔찍한 태도로 대응했다. 원조 기금은 그들이 사진발을 받아야 할 사업에 쓰여야 하는데, 바로 그 우선적인 사업에서 이탈했다는 것이다.

결론

머리와 가슴을 결합하면 세계적인 불안의 위협에 대처할 새로운 호혜적 클럽들을 창출하고, 또한 구조가 필요한 사람들에게 효과적인 지원책을 마련해줄 실용적인 지침을 발견할 수 있다. 이전 세대의 세계 지도자들은 훨씬 더 근심스러운 상황을 물려받았지만, 이 두 가지를 모두 성취했다. 나아가 그들은 다음 세대에 훨씬 나아진 (물론 완벽하지는 않아도 변화를 일구어낸) 세계를 물려주었다. 그들의 후계자들은 그 유산을 누리는 복에 겨워서 이데올로기와 대중 영합주의에 탐닉하는 사치로 흘렀다. 그로 인해서 호혜적 클럽은 약해졌고 구조의 도리는 오염되었다. 우리는 지금 그에 따르는 대가를 치르고 있다. 그러나 실용주의적 접근으로 돌아간다면, 우리는 윤리적 세계를 회복할 수 있을 뿐만 아니라, 과거 그 어느 때보다도 더 훌륭한 윤리적 세계를 만들 수 있다.

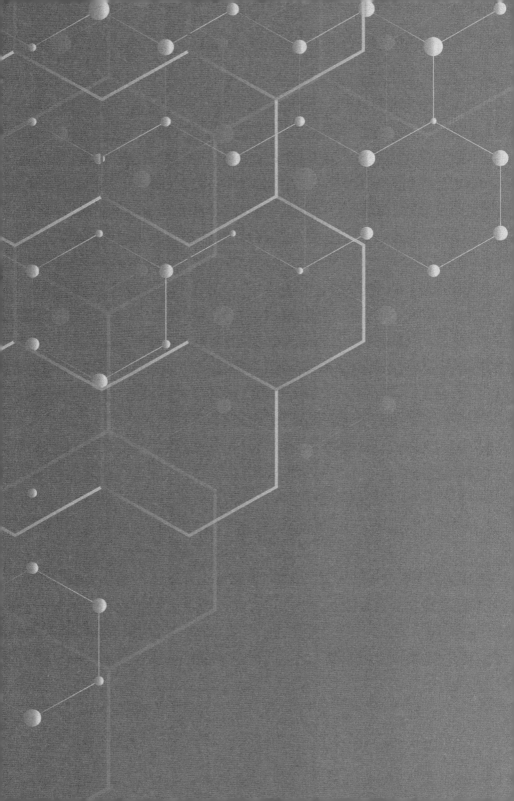

제3부

포용적 사회의 회복

제7장

지리적 분단

번영하는 대도시, 망가진 도시

런던, 뉴욕, 도쿄, 파리, 밀라노, 구미권 세계 곳곳에서 대도시는 나라의 다른 지역들을 크게 앞지르며 도약하고 있다. 이 격차가 계속 벌어져서 소득이나 일자리 성장, 주택 가격 중에서 그 어느 것으로 측정하더라도 분단의 실상이 여지없이 드러난다. 이것은 비교적 최근의 일로 1980년경부터 나타난 현상이며, 그때까지는 지역 간 소득 격차가 계속 줄어들었다. 미국이 전형적인 사례이다. 100년 동안 미국 내의 지역 간 소득 격차는 거의 연 2퍼센트의 속도로 줄어들었지만, 1980년부터 대도시는 가파른 성공 가도를 달리는 와중에 다수의 지방 도시들은 급격한 경제 쇠퇴를 겪었다. OECD의 새 분석에 따르면, 지난 20년 동안 고소득 국가들의 상위권 지역과 나머지 대다수 지역 간의 생산성 격차는 60퍼센트 더 벌어졌다. 영국도 전형적인 사례이다. 1977년 이래 인구가 북쪽에서 남쪽으로 이동하는 가운데 소득 격차가 계속 확대되었다. 1997년 영국에서 지방 전체의 경제 규모는 런던의 4.3배를 차지했지만, 2015년에는 3.3배로 줄어들었다.

당연히 이러한 상황은 점차 새로운 정치적 분단으로 나타났다. 지방에서는 분통을 터트리는 불만이 일었고, 이에 응수하는 대도시의 태도는 자신만만한 경멸이었다. 미국에서 등장한 경멸의 표현은 "항공 여행 때에나 내려다보는 도시들(flyover cities)"이었는데, 최근 영국에서는 한술 더 떠서 「파이낸셜 타임스(*Financial Times*)」의 정치 평론가 재년 가네시로부터 대도시가 지방 도시들의 "시체에 발이 묶인(shackled to a corpse)" 처지라는 말까지 나왔다. 이런 말들 속에 공감은 어디에 있는가? 호혜적 의무라는 생각은 어디에 있는가? 그러한 공감과 의무는 무자비하게 무시당했고, 전에는 대도시와 지방을 묶어주었던 공유 정체성이 소실되면서 공감과 의무도 같이 사라져버렸다. 이를 반영하는 현상으로 대도시는 트럼프와 브렉시트, 르펜과 이탈리아의 정당 오성운동과 같은 반항적 진영에 압도적으로 반대표를 던진 반면, 망가진 지방 도시들은 그들의 정치 운동에 호응했다.

이 새로운 분단을 주도한 경제적 요인들은 무엇인가? 이 문제에 맞서서 무엇을 할 수 있는가?

새로운 분단을 주도하는 요인은 무엇인가?

이 새로운 분단을 초래하는 요인들의 기저에는 산업 혁명 때부터 시작된 단순한 두 가지 역학이 작용한다. 하나는 생산성과 전문화의 역학이다. 이를 지칭하는 낯익은 말은 "체험 학습"인데, 사람들이 전문화하는 과업의 수가 적을수록 더 숙달된 기능을 육성할 수 있다는 것이다. 다른 하나는 생산성과 규모의 역학이다. 이를 지칭하는 낯익은 말은 "규모의 경제"이다.

규모와 전문화의 효과를 얻으려면, 사람들이 도시에 모여서 군집을 이룰 필요가 있다. 회사가 충분한 규모로 작동하려면 노동자를 많이 끌어모아야 하고, 고객도 많이 확보해야 할 뿐만 아니라 회사가 다른 유사한 회사들과 가까이 위치해야 한다. 노동자들은 전문화가 진행될수록 서로 다른 보완적인 전문 기능을 가진 다른 노동자들과 가까운 곳에서 일할 필요가 있다. 도시는 이러한 갖가지 연결을 구현하는 인접성을 마련해준다. 그러나 도시가 그처럼 연결된 인접성을 갖추려면 지하철, 도로, 고층 건물, 공항, 철도망에 막대한 투자를 해야 한다. 1980년대까지는 유럽과 북아메리카의 도시들만이 그러한 시설을 갖출 여력이 있었다.

이처럼 편리한 연결에 따르는 생산성의 보상은 정말 놀라울 정도여서 많은 도시들이 특정 산업의 기업들이 근거리 내에 밀집하는 "군집 구역(또는 그 구역에 밀집한 기업들의 군집체)"을 육성했고, 그 덕분에 해당 기업들이 일류 기업으로 발돋움할 수 있었다. 나의 고향인 셰필드는 그처럼 전문화된 철강 제조사들의 군집체와 아울러 고도로 전문화된 노동력을 구축했다. 1980년경 이 도시들의 전형적인 노동자는 밀집된 산업 군집체가 없는 세계 다른 곳들의 노동자들보다 놀라울 정도로 생산성이 높았다. 일반적으로 소득은 생산성을 따라가기 때문에 군집체가 발달한 지역 사람들은 놀라울 정도로 더 풍요롭게 살았다.

이러한 상황이 1980년경부터 동시 발생적인 서로 다른 두 프로세스, 즉 지식의 폭발적인 팽창과 세계화로 인해서 흔들리기 시작했다. 지식의 폭발적인 팽창은 전문화와 도시화의 오랜 상호 작용에 막강한 동력을 공급했고, 그로 인해서 가장 규모가 큰 거대 도시들의 극적인 성장을 초래했다. 세계화는 규모가 창출하는 이득을 더 커다란 차원에서 새롭게 활용할 가능성을 열었지만, 동시에 기존의 산업 군집체들에 새로운 경쟁의 물결을 몰고 와서 그들의 종말을 초래할 때도 있었다.

지식 혁명과 대도시의 부상

1980년대부터 지식 경제가 기하급수적으로 팽창했다. 이를 주도한 동력은 대학교에서 수행하는 기초 연구가 전에 없던 규모로 팽창했고, 동시에 이를 보완하는 기업의 응용 연구도 확대되었다는 것이다. 인간에게 이롭도록 물질을 활용할 잠재력은 물리학의 근본 법칙에 의해서만 제한된다. 물질세계를 완전히 제어하는 일은 극도로 복잡한 탓에 우리는 여전히 그 과정의 초반에 머물러 있다. 새로운 발견의 징검다리를 하나씩 밟아가면서 이 복잡한 세계를 탐험하는 중이고, 그러한 점진적인 과정을 통해서 생산성 혁명을 이루어갈 것이다. 그러나 인간의 제한된 능력이 복잡성을 이해하고 제어할 수 있는 유일한 길은 우리 중에서 가장 유능한 사람들이 계속 전문화하는 것이다. 세상에 알려진 것들을 전부 다 안다고 진지하게 주장할 만한 사람들은 15세기의 어느 시기를 마지막으로 모두 죽었다. 오늘날 우리 중에서 가장 영리한 사람들은 하나의 좁은 분야에서 지식의 최전방에 도달해 있고, 그만큼 그들은 다른 모든 분야의 최전방에서 접근하기가 더욱 어려운 좁은 분야에 관해서 훨씬 많은 것을 알고 있다. 이것은 연구에서뿐만 아니라 상업적 가치가 있는 숙련 기능에서도 그렇다. 예를 들면 법률은 갈수록 더 복잡해져서 법조계 내의 전문 영역들은 더욱 세밀하게 구분된다. 대학의 팽창은 연구만 창출한 것이 아니라 그러한 다양한 분야의 숙련 기능에 전문화할 실력을 갖춘 졸업자들도 창출했다.

그러나 전문화와 도시 사이의 근본적인 상호 작용은 계속 작동한다. 전문화가 극도로 심화되면 서로 다른 전문가들이 가까이 있어야만 생산적인 효과를 거둘 수 있다. 그래서 전문화가 심화될수록 서로 보완적인 전문가들이 밀집하는 더 커다란 군집체가 필요해지고, 그만큼 잠재적인 고객들도 더 많이 확보할 수 있어야 한다. 런던에 있는 전문 변호사는 다른 전문 분야의 동료 변호사들, 자신의 전문성을 활용하는 고객들, 그리고 법원과 근거리에 위치한다. 그런 변호사가 작은 도시에 있으면 연중 많은 시간을 할 일 없이 보낼 것이다.

이처럼 갖가지 전문 인력이 군집을 이루려면 뛰어난 연결성을 제공하는 대도시가 필요하다. 영국의 주된 국제공항 두 곳이 모두 런던과 그 인접 지역에 위치하고, 고속철도 유로스타의 철도망은 런던의 도심을 파리와 브뤼셀로 연결한다. 런던 광역권은 영국 기간 철도망의 전부와 자동차 도로망 대부분의 중심이다. 지하철도 있다. 런던 중심부의 평균적인 노동자가 지하철을 이용하면 그곳의 다른 250만 노동자 누구와도 45분 이내에 접촉할 수 있다. 런던은 정부가 위치하는 곳이기도 해서 공공정책의 주관 부처와 긴밀히 접촉해야 하는 활동의 최적 입지이다.

국제무역의 장벽이 제거됨에 따라서 잠재적 시장이 국내 시장에서 세계 시장으로 확대되었고, 그로 인해서 고도로 전문화된 인력의 군집 형성으로 얻는 이득이 한층 더 커졌다. 런던에 군집한 서비스들의 주된 시장은 예전에는 영국이었지만 지금은 세계이다. 따라서 현재 런던의 법조계 시장은 훨씬 더 전문화된 변호사들의 서식지로 변했고, 그들의 숙련 기능과 생산성도 그에 상응하여 높아졌다. 당연히 그들의 소득도 엄청나다.

따라서 대단한 고소득자들이 많이 상주하면서 이들의 수요에 부응하는 서비스 시장이 생긴다. 거주자들과의 인접성이 중요하니 레스토랑, 극장, 상점 등이 돈은 많지만 시간은 부족한 사람들의 변덕스러운 온갖 입맛을 충족하기 위해서 몰려든다. 그리고 고급스러운 서비스들이 생겨서 군집을 형성하므로 세계의 갑부들이 몰려드는 새로운 유입이 일어난다. 런던, 뉴욕, 파리에는 모두 억만장자들이 거주하는데, 그들은 모두 다른 곳에서 번 돈을 그곳에서 쓴다.

자, 보라. 이것이 번영하는 대도시이다!

세계화 혁명과 지방 도시의 몰락

이러한 대도시의 사정과는 전혀 다른 사태가 셰필드나 디트로이트, 릴에서 일어났다. 나는 1960년에 셰필드 방문자가 "와, 여긴 정말 번창하는 도시구나!"라고 말했던 일을 기억한다. 1990년에 그렇게 말한 사람은 아무도 없었을 것이다.

1960년대의 셰필드에서처럼 군집체를 형성한 일류 기업들은 새로 출현하는 경쟁자들을 크게 앞서는 장점을 누렸지만, 그렇다고 난공불락의 조건을 갖춘 것은 아니었다. 셰필드는 철강 생산에서 자연적인 우위를 보유하지 못했다. 기업들을 그곳으로 유인했던 특징은 빠르게 흐르는 좁은 하천이 숫돌바퀴에 동력을 공급한다는 점이었다. 20세기에 이르자, 셰필드의 우위는 기업과 숙련 노동자들이 이미 그곳에 모여 있다는 것뿐이었다. 각 회사가 그곳에 머문 이유는 다른 회사들도 그곳에 있었기 때문이다. 노동력의 생산성은 높았지만 그들의 임금에 반영되었고, 따라서 기업의 이익률이 특별히 높지는 않았다.

세계의 반대편에서는 부상하는 시장경제인 한국이 새롭게 철강 산업을 일구고 있었다. 한국의 철강 산업은 자신의 기업 군집체를 건설하면서 색다른 장점을 누렸는데, 노동력이 훨씬 더 저렴하다는 점이었다. 1980년에 이르자 한국에서 철강을 생산하는 것이 셰필드에서 생산하는 것보다 약간 더 이익률이 높았고, 따라서 한국 기업들은 세계 시장에서 셰필드 기업들에 앞서는 경쟁력을 발휘하기 시작했다. 셰필드의 철강 산업은 수축되기 시작했고, 한국의 철강 산업은 팽창하기 시작했다. 셰필드의 기업 군집체가 축소됨에 따라서 상호 의존적인 다수 기업들의 근거리 밀집으로부터 창출되던 이득, 이른바 "집적의 경제"가 감소했다. 따라서 비용이 증가했다. 반면에 한국의 기업 군집체는 팽창하여 비용이 감소했다. 그 결과는 폭발적이었다. 14세기에 제프리 초서가 지은 『캔터베리 이야기(The Canterbury Tales)』에 처음으로 언급된 바 있는 셰필드의 철강 산업은 놀라운 속도로 무너져버렸다. 아버지의 대를 이어서 일하던 숙련 노동자들은 실업자가 되었고 숙련직을 얻을 가망이 없었다. 이처럼 체계적인 충격이 유발하는 비극은 영화 「풀 몬티」에 생생하게 기록될 만큼 인상적이었다. 재앙을 배경으로 펼쳐지는 이 영화의 가슴을 후비는 자기모멸적인 유머는 무슨 일이 일어났는가를 잘 포착한다. 나는 고향인 그곳에서 일어난 일들을 통렬하게 경험했다. 그러나 한때 번영했던 많은 도시들에서도 같은 사태가 되풀이되었고, 조사이어 웨지우드가 개척했던 도자기 생산 회사들의 군집체가 푹 꺼지듯이 소멸해버린 스토크도 그중 한 곳이다. 이 도시들을 비롯한 그밖의 다른 모든 사례들보다 1980년대 이래 미국 디트로이트에서 일어난 사태는 더욱 험악했다.

그 도시들이 회복될까? 우파 이데올로기의 옹호자들은 정부가 간섭하지만 않으면 시장이 문제를 해결할 것이라고 생각한다. 불행하게도 이것은 이데올로기적인 신념일 뿐이다. 우리가 실제로 적용할 지식을 얻으려면 전문가들이 필요하다.

시장은 기업 군집체의 붕괴에 대응하지만, 붕괴된 것을 대체할 새 군집체를 형성하지는 않는다. 오히려 처음에 나타나는 시장의 반응은 주거 및 상가 부동산 가격의 폭락이다. 그 때문에 주택 소유자들은 주택 시세가 채무 잔액에 미달하는 덫에 걸려들고, 번창하는 도시로 이동하려고 버둥거리지만 그런 도시의 주택은 훨씬 더 비싸다. 상가 부동산 가격의 폭락이 새로운 활동을 유인하기는 하는데, 그러한 활동들은 나라 경제의 변두리를 구성하는 것들이다. 즉 국지적 권역의 창고라든가, 부동산 비용이 아주 저렴한 조건에서만 살아남을 수 있는 저생산성 제조업, 아니면 저렴한 부동산과 저임금, 비정규 노동에 의존하는 콜센터이다. 도시가 그러한 활동들로 채워짐에 따라서 부동산 가격과 임금이 어느 정도 회복되기는 한다. 그러나 이내 더 발전할 여지가 없는 막다른 길에 가로막힌다. 이러한 활동들은 숙련도가 낮고, 따라서 그 노동력은 복잡한 전문화에 의한 지속적인 생산성의 상승에 더는 참여하지 못한다.[1] 대도시에 있는 슈퍼스타급 기업들은 계속 테크놀로지의 최전방을 달리고, 따라서 대도시 인구는 소득이 계속 상승하는 혜택을 누린다. 그러나 대도시의 테크놀로지와 소득은 망가진 도시로는 흘러내리지 않는다. 일례로 미국에서 나온 새 데이터를 보면, 임금이 높은 첨단기술 직무는 갈수록 더 최대 규모의 기업 군집체들로 집중되고 있다.[2] 전문가풍의 표현으로, 선두주자로부터 후발주자로 테크놀로지가 확산되는 속도가 둔화된 것이다.[3]

자, 이것이 "자, 보라!"의 생동감은 빼고, 망가진 도시들이 처한 상황이다.

새로운 분단에 대처하기

앞에서 살펴본 분석은 선진권 경제 어디에서나 왜 대도시는 빠르게 번창하는 반면에 지방 도시들은 굴욕적인 쇠락에 시달리는지를 설명하는 데에 도움이 된다. 이 문제에 대응하여 무엇을 할 수 있을까? 그동안 친숙하게 다가오는 "해법들"이 많이 나왔다. 이데올로기 옹호자들은 갖가지 해법들을 쏟아내지만, 과신에 눈이 먼 막다른 길로 달려갈 뿐이다.

이 새로운 분단에 대처하는 과제에서 대중 영합주의자들은 가장 손쉬운 해법을 발견한다. 이처럼 증폭되는 격차가 **새로** 나타난 것이므로 그들은 이 현상이 나타나기 이전으로 시계를 되돌리자고 한다. 그러기 위한 그들의 정책은 시장의 세계화를 거꾸로 되돌리는 보호주의이다. 독자들은 이러한 대응을 경멸하기 전에 그것이 자명할 만큼 어리석지는 않음을 인식해야 한다. 몇 가지 중요한 점에서 과거가 많은 사람들이 보기에 현재보다 더 나았다면, 과거의 경제를 복원하는 전략을 채택하는 것은 실제로 실현성도 높고 안전해 보일 수 있다. 더구나 사람들은 변화를 더 수용하면 결국 모든 것이 나아진다는 무성의한 장담은 믿을 것이 못 된다는 것도 배웠다.

그럼에도 불구하고 시계를 과거로 되돌리는 전략은 실패할 수밖에 없다. 그 핵심적인 이유는 일류 기업의 군집체들을 새로 확립한 한국과 같은 신흥 시장 국가들은 시계를 과거로 되돌리는 데에 아무런 관심이 없다는 데에 있다. 세계화 덕분에 그들은 전례가 없을 만큼 빈곤을 줄일 수 있었다. 만일 한국이 계속 철강 산업을 장악한다면, 영국이 보호주의를 얼마나 동원하든 간에 세계 시장에서 압도적이었던 셰필드의 우위를 되살릴 수는 없다. 보호주의는 기껏해야 셰필드에 영국의 **국내** 철강 시장만 확보해줄 뿐이다. 그러나 그것은 셰필드가 예전에 확보했던 높은 생산성을 복구해줄 만큼 크지 않을 뿐만 아니라, 그로 인해서 영국의 철강 비용이 상승할 것이므로 철강을 사용하는 영국의 모든 산업에 불리하게 작용할 것이다.

보호주의는 셰필드를 소생시킬 수도 없을뿐더러 무역을 제한하는 일련의 정책들 때문에 런던이 누리고 있던 번영까지 퇴보시킬 수도 있다. 셰필드의 철강 산업 군집체가 쉽게 해체될 수 있다는 것이 입증되었듯이, 런던의 금융 군집체도 완전히 붕괴될 가능성이 있다. 런던의 현란한 번영은 힘겹게 살아가는 영국 지방에서 보면 모욕이고, 따라서 런던의 금융 중심지가 허물어지면 꽤 고소해할 지역도 있을 것이다. 그러나 그러한 태도도 어리석은 전략이다. 런던과 같은 대도시는 석유처럼 고갈되는 자원이 아니어서 유전보다 훨씬 더 좋다. 이 황금알을 낳는 오리가 아무리 거슬리더라도 오리의 숨통을 조이는 것보다 더 나은 전략들이 있다. 그러나 안타깝게도 원고를 쓰고 있는 지금, 영국은 브렉시트 전략을 통해서 바로 그 일을 벌일 태세이다. 브렉시트는 영국의 금융 부문이 다른 유럽 도시들로 옮겨가는 변화를 체계적으로 유발할 것이다.

　그러지 말고 황금알을 줍는 편이 낫지 않은가? 달리 말해서, 대도시에 과세하여 얻는 재원을 지방 도시들을 되살리는 데에 쓰는 것이 좋지 않겠는가?

　그러한 제안을 접하면 이데올로기의 옹호자들은 저마다 침이 튈 만큼 열변을 토할 것이다. 우파는 높은 세율이 동기 저하를 유발할 것이라며 도도하게 거들먹거릴 것이고, 지방을 놀고먹는 건달들로 가득한 거대한 "복지의 거리(Benefit Street)"로 바꿔놓을 것이라고 구시렁거릴 것이다. "시체에 발이 묶이는" 꼴이라는 말도 튀어나올 것이다. 반면에 좌파는 런던 금융가의 돈을 뜯어내려고 너무 열광하는 바람에 깜짝 놀란 기업들의 탈출을 본의 아니게 촉발하여 집적의 경제를 와해시킬지도 모른다.

　좌우파 둘 다 자기편의 지지자들을 설득하는 데에 유리한 진실을 충분히 보유하고 있지만, 올바른 주장이 될 만큼 충분한 진실은 아니다. 우파가 인지하는 진실은 지방 도시들을 복지의 거리로 바꾸는 것이 목표여서는 안 된다는 것이다. 행복은 존엄과 목적에서 생기는 것이지, 단지 소비할 여력이 얼마나 되는가에서 생기지 않는다. 보수가 좋지 않은 일자리를 공적인 급여로 보충하는 전략은 노동자 스스로 자부할 수 있는 숙련 기능의 습득이 필수적인 일자리의 창출을 대체할 수 없다. 즉 목표는 생산적인 일자리이지, 비생산적인 일자리의 소득에다가 공적 보조금을 보태는 것이 아니라는 점이 우파가 포착하는 진실이다. 좌파가 인지하는 진실은 대도시 고소득 전문 인력의 돈을 뜯어먹는 사람들이 거들먹거리며 누리는 풍요는 윤리에 어긋난다는 것이다. 이 사람들은 마땅히 자신의 소득을 번다고 생각하지만, 그렇지 않음을 곧 입증할 것이다.

내가 제안하는 전략은 자연스럽게 두 가지로 나뉜다. 하나는 대도시에 대한 과세이고, 다른 하나는 지방 도시의 소생이다. 각 전략은 서로 다른 별개의 분석을 바탕으로 수립된다.

과세와 대도시 : "우리가 번 돈"이라고?

과세는 윤리성과 효율성을 모두 지침으로 삼아야 한다. 윤리는 그 자체의 내재적 가치 때문에도 중요하지만, 비윤리적인 세금은 저항과 탈세를 부르기 때문에 중요하기도 하다. 효율이 중요한 이유는 세금이 제반 가격 사이의 괴리를 유발하는 쐐기 역할을 하기 때문이다. 일례로, (소비세나 부가가치세가 부과되면) 어떤 제품에 소비자가 지불하는 가격이 생산자가 지불받는 가격보다 높아진다. 그러한 세금 쐐기(tax wedge)는 자원의 배분을 왜곡하고, 따라서 효율을 떨어뜨린다.

좌우파 이데올로기 옹호자들이 생각하기에 그들이 과세에 관하여 알고 있다고 여기는 내용은 서로 극과 극으로 갈려서 우리 정치에 독소로 작용했다. 실용주의적인 처방 하나로 기존의 한계를 돌파할 수 있다. 즉, 새로운 영리한 세금이 윤리성과 효율성 두 기준 모두에서 기존의 세금보다 월등하다.

어떤 세금이든 과세를 설계할 때에는 아마도 윤리적인 근거가 효율성보다 더 중요할 것이다. 과세 당국은 자발적인 납세에 결정적으로 의존하기 때문이다. 과세를 둘러싼 윤리적인 주장을 진단할 때에 표준적으로 활용되는 철학적 접근법은 **실용적인 추론**이다. 그러나 실용적 추론은 과세정책의 중심을 이룸에도 불구하고 통상적인 경제학 방법론의 일부로 포함되지 못했다. 그 결과로 지금껏 경제학자들은 대개 과세의 윤리적 측면들을 무시했다. 그들은 재무부의 자문가로 활동하면서 정부가 이미 약속한 사항이더라도 그것이 그들이 보기에 어리석은 것이었다면 약속을 어기는 세금을 제안할 때가 상당히 많다(물론 어리석은 약속이었다고 판단하는 그들의 생각이 옳을 공산이 아주 크기는 하다). 사실, 경제학자들은 단지 소득 **불평등**을 고려하는 것만으로 윤리적 문제들을 처리했다고 간주하는 것으로 보인다. 그러나 그들이 분석하는 소득 불평등이란 표준적인 공리주의 계산에 기초한 것이다.˙ 조너선 하이트가 발견했듯이 대다수 사람들의 판단에서 **공정성**은 평등이 아니라, **비례성과 응분**(공정한 공과 분별)을 뜻한다. 그러나 비례성과 응분은 계속 무시되었다.[4] 그러한 공리주의적 판단은 이런 식이다. 즉, 응분은 무시하자. 놀고먹는 사람들의 소득이 열심히 일하는 노동자들보다 적다면, 소득 이전이 "효용"을 높여준다. 합당한 권리나 자격은 따지지 말자. 연금 저축을 마련해놓고 은퇴하는 사람이 평생 해변에서 놀고 지낸 사람보다 소득이 많다면, 소득 이전이 "효용"을 높여준다. 의무는 생각하지 말자. 이제 무슨 말이 뒤따를지 그림이 보일 것이다. 공리주의 경제학자들이 어떤 소득 이전은 동기 유발을 저해하는 탓에 **비효율적**일 수도 있다고 경고할 때도 있지만, 그들은 그러한 소득 이전을 **비윤리적**이라고 인식하지 않을 것이다. 이처럼 폭넓은 윤리적 고려 사항이 사

˙ 공리주의 이론에서는 소득이 한 단위 증가할 때마다 "효용"은 줄어든다. 따라서 소득이 많은 사람에게서 (세금을 거두어서) 소득이 적은 사람에게로 소득을 이전시키면 총효용이 증가한다. 총효용이 증가하면 향상되었다고 보는 것이다.

각지대에 가려지는 것은 더 광범위한 현상의 한 예일 뿐이다. 이 사람들은 WEIRD하다.

일단 우리가 과세 설계에서 응분의 문제를 중요하게 취급해야 한다고 인정하고 나면, 집적에서 발생하는 이득에 접근할 명분이 대단히 강력해진다. 이것을 처음으로 포착한 사람은 19세기 미국의 언론인이자 정치경제학자인 헨리 조지였다. 당시에 그가 자신의 발상을 설명하자 선풍적인 관심이 일었다.

헨리 조지의 커다란 발상

헨리 조지는 집적에서 발생하는 이득에 독특하게 과세하는 윤리적 논거를 펼쳤다. 그는 집적에서 발생하는 이득이 왜 윤리적으로 독특한가를 보았고, 적합한 정책은 도시권 토지의 지가 상승에 과세하는 것이라고 결론지었다.

그의 통찰을 파악하기 위해서 몇 가지 질문을 차례대로 하나씩 던져보자. 먼저, "누가 집적의 이득을 획득하는가?" 이것을 철저히 따져보기 위해서 산업 혁명이라는 변화 과정을 하나의 패턴으로 정형화해보자. 자, 처음에는 모든 사람이 농부였다. 산업이 새 도시에서 시작되고, 사람들은 그 도시로 이동하여 공장에서 일한다. 공장들의 군집체가 커지면서 사람들은 농업에 종사할 때보다 생산성이 높아진다. 이 생산성 증가분이 임금에 반영된다. 왜냐하면 기업들이 노동자를 확보하려고 서로 경쟁하기 때문이다. 그러나 사람들이 공장에서 일하려면 그 근처에서 살아야 하고, 따라서 그들은 도시가 형성되고 있는 지역의 토지 소유주로부터 토지를 임차할 필요가 있다. 따라서 사람들이 도시로 이동함으로써 획득한 이득은 결국, 높아진 임금에서 이 임차료(rent, 경제학 용어로 지대)를 뺀 값이다.* 이 임차료가 농업과 산업의 생산성 격차보다 작은 값이기만 하면, 더 많은 사람들이 도시로 이동할 것이다. 그러나 사람들이 도시로 몰려들수록 임차료가 높아진다. 이 과정이 계속 진행되다가 상승하는 임차료가 생산성의 격차를 모두 먹어치우는 지점(즉, 임차료＝생산성 격차)에서 멈춘다. 그 지점에 도달하면 사람들이 도시로 이동할 유인이 더 생기지 않는다. 경제학의 특수 용어로 말하면, 균형점에 도달한 것이다. 그러나 이보다 더 짜릿한 것은, 우리의 질문에 답해줄 강력한 핵심 진술이 여기에서 나온다는 점이다. 즉, **집적에서 생기는 모든 이득은 토지주들에게 임차료로 귀속된다.** 이 이야기가 조금 불편하게 들릴 정치 스펙트럼의 오른쪽 끝에 있는 사람들에게 이것이 마르크스주의는 아니라는 점을 확실하게 말해둔다. 헨리 조지는 사회주의자가 아니었다. 그러나 영리한 경제학자였다. 그가 사망한 이후 여러 해가 지나서 두 경제학자가 그의 결론을 수학적 정리로 증명했다. 그들은 예의 바르게 그 정리를 "헨리 조지 정리(Henry George Theorem)"라고 명명했다.[5]

이어서 헨리 조지는 통상적인 경제학의 틀에서는 이해할 수 없는 두 번째 질문을 제기했다. "토지주들은 이 이득을 수취할 자격이 있는가?" 비록 경제학자들에게는 이해할 수 없는 질문이더라도 그밖의 모든 사람들이 보기에는 완벽하게 이해할 수 있는 것이다. 이 질문에 답하는 데에 수학적인 정리가 필요하지는 않다. 필요한 것은 실

• 문제를 단순하게 유지하기 위해서 전에 농부로 일할 때의 소득보다 공장의 임금이 더 높다는 점을 빼면, 사람들이 도시에서 살든 시골에서 살든 아무런 차이를 느끼지 않는다고 가정하자.

용적인 추론이다. 누가 어떤 소득을 얻을 자격이 있는지를 보기 위해서 우리는 그의 행동 가운데 그가 수취한 소득을 창출한 특정 행동을 추적하기 마련이다. 그러나 집적에서 발생하는 이득을 추적해 보면, 그것을 창출한 것은 도시에서 일하는 모든 사람의 행동이다. 도시에서 일하는 각자의 행동이 전반적인 생산성 상승에 기여한 것이다. 집적에서 발생하는 이득은 수많은 사람들 사이의 상호 작용이 창출한 것이고, 따라서 그것은 모든 사람들에게 이로움을 주는 집단적인 성취이다. 이것은 바로 경제학자들이 공공재라고 부르는 것이다. 그렇다면, 토지주들은 집적의 이득이 창출되는 과정에서 무슨 역할을 했을까? 그들이 무슨 일을 했든 간에 아무 일 없이 해변에 누워 있었어도 상관없었을 것이다. 실제로, 그들은 그렇게 시간을 보냈을 가능성이 상당히 크다. 그들은 어쩌다가 사람들이 모여들게 된 땅을 소유하고 있었기 때문에 그 소득을 벌게 되었다. 그들의 활동은 집적의 이득을 창출하는 데에 아무런 역할도 하지 않았다. 혼란스러운 경제학 어휘로 표현하면, 그들의 소득은 "경제적 지대"로 분류된다.

중요한 것은 원만한 윤리적 기준에서 볼 때, 토지주들이 그들이 소유하는 토지의 지가 상승에 따른 이득을 수취할 자격은 만일 그들이 일한 결과로 지가 상승의 결실을 얻었다거나, 아니면 지가 상승이 그들이 저축해서 축적한 자본의 수익률을 반영할 경우보다는 떨어진다는 점이다. 그렇다고 토지주들에게 아무런 청구권이 없다는 이야기는 아니다. 그들은 토지의 법적 소유자로서 부여받은 법적 권리에 근거하여 집적의 이득에 대한 청구권을 가진다. 그러나 이 청구권은 집적의 이득에 대한 그 도시의 모든 노동자들의 집단적인 청구권과 충돌한다. 노동자들의 이 청구권은 **응분**에 근거한다. 이처럼 합당한 기준들이 충돌할 경우, 실용주의는 우리를 도그마의 신전으로 퇴각하지 말고 절충을 하라고 요청한다. 그리고 과세가 수행하는 역할이 바로 절충이다. 가령 사회가 응분과 법적 권리가 일치하는 소득에 대해서 얼마간의 세율을 부과하기로 합의한다고 해보자. 예를 들면 농부가 자신이 생산한 수확물을 수취할 자격은 그 자신의 노동에서도 나오고, 동시에 농장에 대한 그의 소유권에서 부여받는 법적 권리에서도 나온다. 그 수확물에 과세하기로 사회가 합의한 세율이 30 퍼센트라고 해보자. 그렇다면, 집적의 이득을 반영하는 지가 상승으로 인해서 발생한 소득에 대해서는 세율을 얼마로 잡아야 할까? 그 세율을 결정할 때에 우리는 앞의 수확물 과세율 30퍼센트보다 상당히 높게 정해야 한다. 이것이 반영하는 사실은 지가 상승 소득에 대한 토지주의 청구권이 수확물에 대한 농부의 청구권보다 상당히 약하다는 점이다. 더욱이 집적의 이득에 세금을 매겨서 그 세수를 도시 전체에 이로운 일에 사용해야만 집적의 이득을 창출한 노동력이 그것의 일부를 받을 수 있다. 그리고 노동자들은 앞에서 살펴본 추론을 바탕으로 그 일부를 받을 자격이 있다.

헨리 조지의 발상은 지대와 그밖의 다른 형태의 소득이 **응분**이라는 관점에서 볼 때에 어떻게 다른가를 바탕으로 실용적인 추론을 적용한 초창기 사례이다. 그는 지가 상승으로 창출되는 지대와 자본 소득을 매우 신중하게 구분했고, 자본 소득은 윤리적으로 합당하다고 주장했다. 이 대목에서 보다시피 그의 주장은 마르크스주의도 대중 영합주의도 아니었다.

헨리 조지의 견해는 괴상한 것이었을까? 오히려 그의 윤리적인 상식은 커다란 반향을 일으켰다. 그의 저서 『진보와 빈곤(*Progress and Poverty*)』은 19세기 전체에 걸쳐서 미국 전역에서 가장 많이 팔린 책이다.

안타깝게도

헨리 조지는 도시의 지가 상승에 대해서 육중하게 과세할 강력한 윤리적 논거를 확립했다. 그러나 그의 정책들은 대중의 커다란 공감에도 불구하고 한 번도 제대로 구현된 적이 없다. 대도시 도심의 토지를 소유한 덕분에 큰 재산을 불린 사람들은 그 이득에 대한 과세에 반대했다. 그들이 취한 방법은 과세를 반박하는 윤리적 주장을 내세우는 것이 아니라 폭증하는 그들 재산의 일부를 사용하여 정치적 영향력을 사버리는 것이었다. 영국에서 런던 도심의 부동산을 많이 소유한 웨스트민스터 공작이 영국 상원의 의원 자리에 앉는 것은 아주 쉬운 일이었고, 그는 나라에서 가장 부유한 사람이 되었다. 미국에서는 자신의 핵심 사업이 뉴욕의 토지 거래였던 사람이 지금의 대통령이다.

그러한 세금을 도입하는 것이 너무 늦은 것은 결코 아니다. 유권자들은 헨리 조지의 시대보다 훨씬 교육 수준이 높으니 기득권의 저항을 극복할 정치적 동맹을 더 쉽게 맺을 수 있을 것이다. 더욱이 1980년대 이래 대도시권의 급격한 성장은 집적의 이득이 대폭 증가했음을 말해준다. 집적에서 발생하는 이득은 복잡성의 증폭과 그에 동반하는 숙련 기능 분화의 심화에 연유한다는 것을 상기하자. 따라서 지금은 헨리 조지의 시대보다 과표로 잡을 수 있는 집적의 이득이 훨씬 크다. 그만큼 이에 관해서 공공정책이 수행한 것이 아무것도 없다는 것은 갈수록 더 우스꽝스러운 일이 되어버렸다. 공공정책으로 대응하기는커녕 우리는 그동안 케케묵은 이데올로기가 주도하는 과세 논쟁에 발이 묶여 옴짝달싹하지 못했다.

그러나 이 소절을 시작한 "안타깝게도"라는 첫마디는 현재 그러한 공공정책이 없다는 데에 대한 탄식이 아니다. 그것은 대도시의 팽창에 동반하는 새로운 집적의 이득에 동력을 불어넣은 바로 그 복잡성 증대로 인해서 헨리 조지의 정리도 효력을 잃었음을 뜻한다. 토지 과세를 통해서 그 이득을 포착할 수 있다는 그의 주장은 이제 더는 정확하지 않다. 집적의 이득에 과세하자는 주장의 설득력은 여전히 강하지만, 그러려면 과세를 영리하게 재설계하는 것이 필요하다. 바로 전의 두 문장을 뒷받침하는 분석은 새로 나온 것이다. 동료 연구자 앤서니 베너블스와 나는 얼핏 보기에는 아무 관련이 없는 것을 연구하다가 우연히 그 착상을 얻었다(이런 우연은 학술적 발견에서 놀랍도록 자주 일어난다).[6] 나는 독자들이 새로운 발견의 흥분감을 맛볼 수 있도록 설명하려고 노력할 것이다. 아주 단순하게 그 착상을 제시할 수 있다. 실은 우리 두 사람도 아주 단순하게 그것을 발견했다. 단순한 두 시나리오를 찬찬히 따져봄으로써 독자들은 이 주제에 관한 경제적 사고의 최전방을 답사할 수 있다.

시나리오 I 대도시 노동자들의 숙련 기능이 서로 다르고 주거 필요가 서로 다른 경우

첫 번째 시나리오는 앞에서 소개한 농부와 산업 이야기의 변형인데, 단 하나의 차이점은 대도시로 이동할지 말지를 제각각 결정하는 사람들이 여기에서는 농부가 아니라 서로 다른 숙련 기능을 보유하면서 서로 다른 주택이 필요한 사람들이라는 점이다. 대도시가 마련해 주는 높은 연결성 덕분에 숙련 기능의 생산성은 더욱 높아진다. 높은 수준에 도달한 숙련 기능이 더 고도화될수록, 그 생산성은 대도시에 위치할 때에 더욱 높아진다. 그러나 사람들이 도시로 이동함에 따라서 전과 마찬가지로 임차료가 높아진다. 자, 그러면 누가 대도시로 이동하고 누가 그대로 눌러앉을까? 꽤 분명한 것은, 대도시로 이동해서 가장 큰 이득을 볼 사람은 아주 높은 수준의 고숙련 독신자들이라는 점이다. 따라서 사무실에서 오래 일하고 원룸 셋방으로 돌아가기 전에 저녁 여가를 도시의 거리에서 보내는 전문적인 기업계 변호사는 작은 도시에서 일할 때보다 생산성이 엄청나게 더 높아진다. 따라서 높은 생산성에 조응하는 굉장한 소득 중에서 그가 원룸 임차료에 쓰는 돈은 얼마 되지 않을 것이다. 경제학에서는 두 가지 선택지를 놓고 둘 다 "무차별하다(indifferent : 둘 다 똑같이 좋다)"고 하는 사람들을 주목하는 것이 유익할 때가 많은데, 우리의 예에서는 대도시로 이동할 것이냐 아니면 소도시에 머물 것이냐 하는 것이 바로 그 두 가지 선택지이다. 이 둘 중에서 어느 쪽이든 무차별하다고 할 사람들은 대도시로 옮긴 뒤의 생산성 증가분이 그들이 지불해야 할 임차료 증가분에 의해서 정확히 상쇄되는 사람들일 것이다. 누가 그러한 사람들일까? 그들 중 일부는 숙련 기능이 어중간한 반(半)숙련에 머무는 사람들일 것이다. 이들은 독신이면서 잠자리로 원룸 셋방만 있으면 되는 사람들인데, 대도시에서 버는 소득이 소도시에서 벌 때보다 그다지 높지는 않다. 다른 경우로는 숙련 기능의 수준은 아주 높지만, 가족 구성원들이 많아서 커다란 집이 필요하고 따라서 소득 증가분이 전부 임차료로 소모되는 사람들이 있을 것이다. 이런 사람들은 분석에 중요하다. 왜냐하면 그들이 대도시에서 살려고 하는 의욕은 그러지 않으려고 하는 의욕보다 아주아주 조금 더 클 뿐이기 때문이다(그들은 경계선에 걸쳐 있으며, 경제학에서는 그러한 상태를 아주 작은 정도의 차이를 뜻하는 한계적[marginal]이라는 용어로 묘사한다). 만일 그들이 대도시로 이동했는데 토지주가 임차료를 인상하면 그들은 대도시를 떠날 것이고, 따라서 토지주들은 임차인이 부족해질 것이다. 이 "한계적" 행위자들이 토지주들이 부과할 수 있는 임차료를 결정한다. 따라서 높은 소득을 올리는 그 기업계 변호사는 바로 옆의 원룸 셋방에서 사는 반숙련 독신자와 똑같은 임차료를 지불할 것이다. 바로 여기에서 우리는 중요한 핵심 진술에 도달한다. 즉, 그 기업계 변호사는 집적의 이득 중에서 일부를 획득할 수 있다.

일반화해서 말하면, 숙련 기능과 주거에 대한 필요의 차이로 말미암아 집적에서 발생하는 이득이 이제는 토지주들에게 귀속되지 않고 커다란 주거가 필요하지 않은 고숙련 독신자들에게 귀속되는 경우가 많다. 앤서니 베너블스와 내가 런던이나 뉴욕과 같은 대도시들에서 이 현상이 어떻게 나타날지 시뮬레이션을 해보았을 때, 집적에 따른 모든 이득의 약 **절반**이 결국 토지주가 아니라 그러한 사람들에게 돌아간다는 것을 발견했다. 여러 가지 차이점*을 반영하는 데이터 분석을 한 단계 보강하여 이번에는 뉴욕이나 런던보다 좀더 작은

---

* 이것이 어떤 차이점들인지는 저자가 기술하지 않았지만, 집적의 이득을 획득하는 고숙련자 소득의 유형이나 임차되는 주거의 유형을 좀더 세분하는 분석일 듯하다. 이 대목에서 참고 문헌이 안내되어 있지는 않아도 앞의 다른 주석에서 소개된 다음 문헌일 공산이 크다. Collier, P., and Venables, A. J.(2017), "Who gets the urban surplus?", *Journal of Economic Geography*, https://doi.org/10.1093/jeg/lbx043.

도시들을 시뮬레이션해보았더니, 토지주들에게 귀속되는 비중이 훨씬 더 낮아졌다. 여기에서 중요한 함의는 토지주들에게 아무리 육중하게 과세하더라도 집적에서 생기는 이득의 대부분을 정부가 과세 대상으로 포착할 수는 없다는 것이다.

이것은 좋지 않은 소식이다. 집적의 이득에 과세할 윤리적 논거는 여전히 강함에도 과세하기가 어렵다는 뜻이기 때문이다. 이 점을 살펴보기 위해서 이제 두 번째 시나리오를 살펴보자.

시나리오 2 법의 지배가 필요한 대도시

이 시나리오는 현실을 향해서 몇 걸음 더 나아가는데, 이로부터 더 강력한 핵심 진술이 하나 나온다. 우선, 세상에 단 두 종류의 생산물, 식품과 서비스만 있다고 가정하자. 그리고 많은 나라들이 존재한다고 가정하자. 식품은 모든 나라에서 생산될 수 있지만, 서비스는 법의 지배가 갖추어진 나라에서만 생산될 수 있다고 하자. 여기에서 법의 지배는 좋은 거버넌스(good governance)를 구성하는 다른 측면들을 포괄적으로 대신하는 조건으로 이해할 수 있다. 그리고 법의 지배가 갖춰지려면 그것을 뒷받침하려고 협력하고 함께 일하는 평범한 시민들의 행동이 필요하다. 만일 시민들 각자가 뒷짐을 지고 남들에게 맡겨버리면(즉 모든 사람이 무임승차를 하면), 법의 지배라는 공공재는 사라진다. 이 시나리오에서는 대다수 나라의 사람들이 무임승차를 하고, 따라서 법의 지배가 갖추어진 나라가 아주 드물다고 가정한다. 그래서 결국, 법의 지배를 갖춘 아주 소수의 나라에서만 서비스를 생산할 수 있고, 나머지 나라에서는 모든 사람이 식품만 생산한다.

집적의 이득은 서비스에서는 발생하지만, 식품에서는 발생하지 않는다고 하자. 따라서 법의 지배가 존재하는 소수의 나라에서는 이 서비스들이 생산되는 대도시가 생긴다. 서비스를 생산할 수 있는 나라는 많지 않으므로 서비스들은 세계 시장에서 식품보다 웃돈이 붙은 높은 가격에 팔린다. 따라서 서비스 수출국은 식품 수출국보다 더 번영한다.

이제 서비스 수출국에서 누가 이 번영의 이득을 누리는지를 탐색해보자. 새로 추가할 가정으로, 모든 나라에 두 종류의 노동자가 존재한다고 하자. 하나는 이례적으로 영리한 노동자들이고, 다른 하나는 나머지 모든 노동자들이다. 그리고 영리하다는 특징은 식품을 생산하는 농사에는 아무런 쓸모가 없다고 가정하자. 반면에 영리하다는 특징은 서비스를 생산하는 데에는 값어치가 클 수 있다. 그 값어치, 즉 서비스의 생산성은 영리한 사람들이 얼마나 많이 모여서 군집을 이루는가에 달려 있다. 서비스를 생산하는 영리한 사람이 혼자서만 일하면 농부 한 사람보다 생산성이 높지 않다. 그러나 그들이 대도시에 모여서 커다란 군집을 이룰수록 그들 모두의 생산성이 높아진다. 마지막으로, 앞에서 본 임차료에 관한 낯익은 가정, 즉 영리한 사람들이 대도시를 몰려들수록 임차료가 높아진다는 점을 추가하자.

자, 누가 집적의 이득을 획득할까? 그리고 과연 그들은 그 이득을 수취할 자격이 있을까? 앞의 시나리오와 마찬가지로 집적의 이득은 대도시에서 생활하는 노동자와 토지주가 나누어 가진다. 그들 사이에 이득이 어떻게 나누어질지를 상당히 알아낼 수는 있지만, 이것이 지금의 목적에서 중요한 문제는 아니다. 이 시나리오에서 핵심은 집적의 이득을 수취할 자격이 모호함 없이 분명한 사람들은 그 이득을 창출하는 데에 필수 불가결한 활동을 담당하는 딱 하나의 집단뿐이라는 점이다. 그들은 바로 집단적으로 법의 지배를 지탱하는 사회 곳곳의 평범한 시민들이다. 그러나 그들은 그 이득에서 **아무것도** 수취하지 못한다. 집적의 이득 가운데 일부는 서비스 부문의 영리한 노동자에게 귀속되고, 나머지는 토지주들에게 귀속된다. 그 이득의 일부분에 대해서 모호함 없이 분명한 윤리적 청구권을 가지는 집단이 아무것도 수취하지 못하므로 그 이득에 과세할 논거가 강하다. 그러나 앞의 시나리오와 마찬가지로 토지세만으로는 영리한 대도시의 노동력에 귀속되는 집적의 이득을 건드리지 못한다.

이 두 시나리오 모두에 공통된 중요한 특징을 꼽으면, 집적의 이득을 획득하는 영리한 노동자들은 진정 그들이 그것을 수취할 자격이 있다고 생각한다는 점이다. 이러한 그들의 생각은 자신의 소득이 높은 이유는 자신의 생산성이 높기 때문이라는 점을 근거로 삼는다. 나아가 자신의 생산성이 높은 이유는 자신이 고도로 숙련된 전문성을 육성했거나(시나리오 1), 자신이 이례적으로 영리하기 때문이라고(시나리오 2) 생각한다. 사실, 이러한 주장에는 충분한 진실이 담겨 있는 데다가 그들에게는 아주 편리한 생각이라는 점에서 그들이 그렇게 생각하는 것은 이해할 만한 일이다. 그러나 그것이 진실의 **전부**는 아니다. 대도시의 생산성은 나라 차원에서 마련되는 공공재에 의존한다. 법의 지배도 그러한 공공재이고, 연결성을 구현하기 위한 과거의 사회간접자본 투자도 그러하다. 이러한 공공재의 혜택은 모든 사람에게 조금씩 다 돌아가지만, 대도시의 숙련 노동자들이 훨씬 큰 혜택을 누린다. 더 근본적으로 보면, 집적의 이득은 그 속성상 집단적으로 창출된다. 그것은 수백만 노동자들이 서로 주고받는 상호 작용에서 나오는 결과이지, 고임금 노동자들 각자의 개별적인 노력에서 나오는 결과만은 아니다. 숙련도가 대단히 높은 사람들은 그들의 높은 생산성에서 일정 비율을 수취할 자격이 있지만, 전부를 수취할 자격은 없다. 또한 그들은 다른 사람들과의 상호 작용 덕분에 자신의 생산성이 높아질 일이 별로 없는 대도시 밖의 거주자가 자신의 생산성에서 소득으로 수취하는 비율과 같은 수준을 누릴 자격은 없다.

집적의 이득에 대한 과세의 효율성 명분

지금까지 나는 집적의 이득에 대한 과세에서 윤리성만을 고려했다. 그러나 경제학자들을 흥분시키는 또다른 과세의 측면은 효율성이다. 경제학자들이 효율에 열광하는 것은 마땅한 일인데, 그들은 마침내 집적의 이득에 대한 과세에 관하여 제안할 만한 값진 통찰들을 확보했다.

가장 중요한 통찰은 경제적 지대라는 개념이다. 경제적 지대는 누가 무슨 일을 하도록 유인하는 데에 필요한 수준을 초과하여 그에게 귀속되는 금액이다. 앞에서 우리가 고려한 윤리성 잣대에서는 이 개념이 아무런 상관도 없다. 가령, 스타급 테니스 선수가 그가 버는 토너먼트 상금에 미달하는 돈을 받고 경기에 응할 의향이 있다고 해서 그가 수취한 상금을 가질 윤리적 근거가 소멸하는 것은 아니다. 이 스타 운동선수는 자신의 이례적인 재능에 주어지는 경제적 지대를 버는 것이다. 하지만 그 재능은 그 선수의 것이므로 그의 재능에서 발생하는 소득도 그 선수의 것이다. 그러나 우리가 바라보는 관점을 윤리성에서 효율성으로 바꾸면 경제적 지대 개념은 대단히 유용해진다. 이 문단의 첫머리에서 소개한 경제적 지대의 정의상, 그 지대 소득에 대한 과세는 그 일을 할 것인가 말 것인가의 결정에 영향을 미치지 않는다. 따라서 그 과세 수입은 효율성을 희생해서 얻는 것이 아니다. 집적의 이득은 경제적 지대이다. 따라서 효율성의 잣대에서 보면 집적의 이득은 이상적인 과세 표적이다.

집적의 이득이 전부 토지주들에게 귀속되는 단순한 시나리오에서 토지주들의 이득에 과세한다고 해서 결코 도시를 둔화시키는 방향으로 토지주들의 행동이 바뀌지 않는 것은 명백하다. 앞에서 해변에서 유유자적하는 토지주들을 언급한 대목을 기억할 것이다. 그들에게 세금을 매기면 그들 역시 다른 사람들처럼 일할 필요가 있을지도 모른다. 그러나 다른 시나리오들에서도 지대 과세는 효율적이다. 원룸 셋방에서 생활하는 기업계 변호사는 임차료를 내고 남은 자신의 막대한 소득 중에서 일부를 잃을 것이다. 그러나 그가 작은 도시에서 일할 때보다 더 나은 생활을 유지할 수 있는 세율의 세금만 낸다면, 그는 계속 대도시에서 일할 것이다. 마찬가지로, 앞에서 본 다른 시나리오에서도 대도시에서 서비스를 생산하는 영리한 노동자가 농부로 일할 때보다 더 나은 생활을 유지할 수 있는 세율의 세금만 낸다면, 그는 세금을 물더라도 행동을 바꾸지 않을 것이다.

과세 효율 측면에서 볼 때, 경제적 지대를 찾아내는 것은 최고의 성과라고 할 수 있다. 과세로 인한 부수적 피해를 유발하지 않고 세수를 확보하기 때문이다. 이것이 사실이라고 믿기에는 너무 좋은 이야기 같다면 마음을 단단히 먹기 바란다. 그보다 더 좋은 이야기가 곧 나온다. 그 내용을 보기 전에 또 하나의 유용한 경제학 개념인 **지대 추구**를 살펴보자.

지대 추구는 위협적이다. 예를 들어보자. 가령 입법부가 일군의 생산자들에게 독점권을 부여하는 법률을 통과시킨다. 입법부가 왜 이런 일을 할까? 왜냐하면 로비 활동에 노출된 입법자들이 사례금의 유혹에 넘어가기 때문이다. 이 예시에서 독점권을 허가한 정부 규제는 지대를 창출한 것이고, 로비는 **지대를 추구한** 것이다. 뛰어난 경제학자 앤 크루거는, 지대로 1달러를 더 얻으려고 로비에 1달러를 더 쓰는 지경까지 지대 추구 활동이 증가할 것임을 증명했다. 지대 추구에 투입되는 자원은 완전히 낭비이다.

집적에서 발생하는 이득은 지대이다. 그렇다면, 집적의 이득도 지대 추구를 초래할까? 경제학자들은 한 번도 이 질문을 제기하지 않았는데, 그들이 이 질문을 무시한 단순한 이유가 하나 있다. 헨리 조지 정리가 맞고 그 이득이 토지주들에게만 귀속된다면, 지대를 추구할 까닭이 없기 때문이다. 토지는 공급량이 고정되어 있으므로, 로비나 그와 비슷한 어떤 활동에도 적합하지 않다. 그러나 헨리 조지 정리는 이제 맞지 않는다. 대도시에서 발생하는 집적의 이득 중의 대부분은 숙련 수준이 높고 주거 필요가 적은 사람들에게 귀속된다. 자세히 보면, 지대를 추구할 기회가 많다는 사실이 금세 드러난다. 사람들은 인맥이 넓은 친지에게 부탁해서 남들을 제치고 일자리에 비집고 들어간다. 더 많은 자격 조건을 갖추어줄 공부를 더 하기 위해서 수강료를 낸다. 취업 면담을 수백 건씩 치른다. 아니면, 결혼을 미루거나 출산을 미루어서 주거 필요를 억제한다. 이러한 행동들 각각이 지대 추구의 형태이다. 수익성이 높은 집적의 지대를 포착하려고 경쟁하느라 사람들의 행동이 왜곡된다. 지대 추구는 파이 전체의 크기를 늘려주지 않는다. 오히려 중년의 경력자들이 서로 달려들고 충돌하느라 그들의 행복이 집단적인 손실을 볼 뿐이다. 지대 추구로 인한 이러한 손실은 막대할 가능성이 크다.

집적의 이득에 과세하면 지대 추구의 압력이 줄어든다. 대도시에서 그런 일자리를 얻는 것이 여전히 시도할 만한 값어치가 있더라도 수익성이 줄어들기 때문에 사람들이 극단적인 행동으로 쏠리는 빈도는 낮아진다. 런던이나 뉴욕의 값비싼 아파트에 계속 거주하기 위해서 출산을 미루는 것은 너무 큰 희생일지도 모른다. 현재 우리의 번창하는 도시들에서 집적의 경제적 지대는 정말 놀라울 정도로 크다. 그 이득을 보려고 달려드는 행동은 달려드는 사람들에게도 피해를 유발할 터이지만, 서로 앞다투어 그러한 행동으로 쏠리는 사회 분위기 자체 역시 사람들의 눈을 가려서 그들의 삶에 초래될 되돌릴 수 없는 피해를 알아보지 못하게 만들 것이다.

종합 : 집적의 이득에 어떻게 과세할 수 있는가?

일반적인 착상으로서 이제 경제적 지대에 대한 과세는 현명한 것으로 인정받고 있다. 여기에 가장 큰 영향을 미친 최근의 주창자는 노벨상 수상자이자 경제 성장론을 개척한 로버트 솔로이다. 그는 경제적 지대가 증가했고, 따라서 과세는 경제적 지대로 표적을 바꿔야 하며 근로 소득에서 멀어져야 한다고 주장했다. 이것을 듬직한 배경으로 삼아, 나는 두 가지로 나누어 펼쳤던 논거를 이제 하나로 합칠 것이다. 집적 이득에 대한 과세는 윤리성과 효율성, 두 가지 근거 모두에서 영리한 정책이다. 이 두 가지 기준이 모두 중요한데, 경제적 지대에 대한 과세 이외에 이 두 기준을 모두 충족하는 세금은 거의 없다.

윤리적 근거에서 대도시권 집적의 이득에 대한 과세 논거는 유별나게 강력하다. 보통 임의의 세금에 대해서 우리가 희망할 수 있는 최선은 납세의 부담이 공평하게 분담되도록 하는 것이다. 그러나 이 경우에는 소득(집적의 이득)의 수취와 그 소득 창출의 응분(공과 분별)이 너무 동떨어져 있기 때문에 수취와 응분 사이의 괴리를 개선하려면 반드시 과세를 해야 한다. 또한 효율성 근거에서도 임의의 세금에 대하여 우리가 희망할 수 있는 최선은 보통 과세에 동반하는 부수적인 피해를 줄여서 세금의 비효율성을 최소화하는 것이다. 소소하게 들리는 이 조건마저 충족하는 세금은 상당히 드물다. 반면에 집적의 이득에 대한 과세는 지대 추구를 억제함으로써 심지어 효율성을 **높일** 가능성까지 있다.

물어야 할 질문은 실제로 어떻게 집적의 이득에 과세할 수 있는가이다. 그 이득이 도시의 토지주와 고숙련 도시 노동자들에게 나뉘어 돌아간다는 점을 상기하자. 따라서 이 이득을 과세로 포착하려면 이 두 집단에 높은 세율로 과세하되 서로 다른 세율로 접근해야 한다.

논리적으로 합당한 출발점은 토지와 건물(토지에 부착된 지상의 모든 정착물 재산)의 가치 상승을 과세 대상으로 포착하는 것이다. 가장 좋은 방법은 토지의 가치와 건물의 가치에 대하여 일정 백분율의 세금을 해마다 부과하는 것이다.* 이 과세로 거두는 세수는 **국세**

---

* 가치 상승에 대하여 일회성으로 과세하는 것보다 해마다 한 번씩 과세하는 것이 더 낫다. 왜냐하면 일회성 과세가 도입되면 개발업자들은 지가를 높이는 투자를 지연하고, 그 대신 자원을 해당 세금을 없애기 위한 로비에 쓸 것이기 때문이다.

로 귀속되어야 한다. 이 세수가 호되게 타격을 받은 다른 도시들에 재분배할 자원 조달에 필요할 것이기 때문이다. 그러한 도시들을 타격한 요인들이 바로 대도시에 이롭게 작용한 같은 요인들이기도 하다. 현재, 대도시의 지가 상승에 대한 과세는 다른 출처의 소득에 비해서 무거운 것이 아니라 오히려 가볍다. 더욱이 영국을 포함하여 많은 나라에서 거의 아무런 세금도 매기지 않는다. 이것은 세제 설계에서 기념비적인 오류이다. 19세기에는 정치인들이 "자격 없는 빈곤층" 문제로 고심했다. 21세기의 정치인들은 우리의 정책 태만이 유산으로 남긴 이 문제를 고심해야 한다. 지금 우리 사회에는 "자격 없는 부자"가 아주 많다. 불행하게도 그들 가운데 적지 않은 사람들이 정치인이다. 우파는 부유층을 보호하고 싶어하는 반면, 좌파는 그들을 거세게 비판한다. 우리는 부유층을 구분할 필요가 있다. 사회에 엄청나게 유익한 부자들이 있는가 하면, 집단적 노력의 결실을 그저 따먹기만 하는 부자들도 있다.

그러나 우리의 분석에서 가장 중요한 것은 토지주에게 귀속되지 않고 대도시 고숙련 노동자들에게 귀속되는 경제적 지대가 많다는 점이다. 이 지대를 과세 대상으로 포착하려면 과세 혁신이 필요하다. 즉, 세율을 지금처럼 단지 소득으로만 차등화할 것이 아니라, 고소득에 대도시라는 위치를 결합하여 차등화할 필요가 있다.

소소한 숙련 기능만을 보유한 대도시 노동자들은 집적의 지대를 전혀 획득하지 못한다. 그처럼 대수롭지 않은 숙련 기능 보유자들의

당연히 그 세금 때문에 투자가 죽는다고 주장할 것이다. 해마다 세금을 매기면, 투자를 지연할 전략적인 유인—정확하게는 "옵션 가치"—이 크게 줄어든다.

대다수는 지방에서 일한다. 따라서 변호사가 마실 아침 커피를 파는 런던의 소소한 숙련 기능자의 보수는 지방에서 기본값이 정해지고, 그것에다 원룸 임차료 시세의 전국 평균을 초과하는 런던의 임차료 증분을 내는 데에 필요한 금액을 보탠 것이 그의 보수가 될 것이다. 그렇다면, 소소한 소득자에게 과세할 전국적인 기본 세율은 그들 중에서 대도시에서 일하는 사람들에게도 역시 적합하다. 그러나 원룸 셋방에 거주하는 런던의 고소득 기업계 변호사는 집적의 지대를 획득하며, 이 지대는 다른 사람들에게도 분배되어야 한다. 따라서 그 변호사는 그가 지대를 벌지 못하는 지방에서 일할 때보다 높은 세율을 지불해야 한다. 이것은 이상한 것이 아니다. 그 변호사가 런던이 아니라 뉴욕에서 일하고 있다면 그가 소도시에서 같은 금액의 소득을 벌 때보다 8퍼센트의 가산 소득세를 이미 지불하고 있을 것이다. 그가 뉴욕의 경계 밖에서 거주하더라도, 뉴욕에서 일한다는 점이 과세의 기준이어서 그 가산세를 낸다. 그가 런던에서 거주하면서 일할 때에는 가산세를 내지 않지만, 낼 수 있는 처지일 것이다. 경제적 지대에 소소한 세율로 과세하면, 그 소득자들이 일자리를 바꾸는 일은 드물 것이고, 따라서 이 세금이 초래하는 피해는 현행 소득세보다 훨씬 작을 것이다. 풀어야 할 문제는 대도시 노동자의 고소득에 추가로 매길 가산세율을 어느 수준까지 높이면 그로 인한 효율성 비용이 현행 소득세 수준에 육박하지 않을지를 알아내는 일이다. 이 문제의 답을 찾는 일은 현대적인 재무 분석 기법으로 얼마든지 가능하다. 뉴욕에서 이미 적용하고 있는 관행과 나의 제안이 다른 점은 과세로 거둔 세수를 어디에 귀속시킬 것인가 하는 점밖에 없다. 뉴욕에서는 8퍼센트 가산세의 세수가 뉴욕 지방 정부로 귀속된다. 나의 제안은 그 세수를 국세로 귀속시켜서 디트로이트와 셰필드 같은 도시들의 재생에 이롭게 써야 한다는 것이다.

이 모든 것이 무엇을 뜻하는지 보자. 대다수의 사람들이 내는 단 하나의 세금인 기본 세율은 계속 전국적으로 적용된다. 다만, 고소득에 적용되는 각각의 세율에는 대도시의 고숙련 집단이 획득하는 집적의 지대를 과세 표적으로 잡는 대도시 가산세가 따라붙는다. 고숙련자 중에서도 그중 최상위 집단에게 돌아가는 집적의 이득이 훨씬 더 크기 때문에 가산세는 소득 수준이 높을수록 누진적으로 높아져야 한다.

이 과세를 현실에 적용하는 일은 놀라울 정도로 단순하다. 왜냐하면 세무 당국이 사람들의 거주지와 근무지를 파악하고 있기 때문이다. 뉴욕의 사례에서 보듯이, 실제로 다수의 세금이 이미 지리적 위치에 따라서 차등화되어 적용된다.• 이 과세의 장애물은 십중팔구 부유한 도시 거주자들에게 과다하게 쏠려 있는 정치적 영향력인데, 특히 그들에게 쏠려 있는 입법부 의석의 비중이 막대하다. 그들은 스스로 윤리적 자존감이 높다고 여길지라도 윤리적으로 공정하고 경제적으로 효율적인 이 과세 제안에 독선적인 태도로 격분할 공산이 크다. 그러나 여기에서 과세 대상은 경제적 지대이므로 과세로 인해서 동기가 저해된다는 둥, 응분에 맞지 않는 둥 하는 예상 가능한 반론들은 그저 자기 잇속만 챙기려는 태도이다. 그러니 산더미처럼 쏟아질 "동기가 앞서는 추론"에 대비해야 한다. 이 과세는 분석 면에

• 미국에서는 소득세가 주에 따라, 또 시에 따라서 다르다. 영국에서도 이제는 스코틀랜드와 잉글랜드의 세율이 다르다. 세무의 관리와 집행 면에서 이러한 세제 설계 방식과 나의 제안이 다른 점은 거둔 세수를 국세로 귀속시킨다는 점뿐이다.

서도 타당할 뿐만 아니라, 도시의 새로운 거만에 대응하는 과세로도 적합하다.

지방 도시의 재생 : "시체에 발이 묶였다"?

셰필드와 디트로이트, 스토크 같은 도시들을 어떻게 되살릴 수 있을까? 대도시에 과세하는 목적은 망가진 도시의 주민들을 위한 복지 급여 재원을 조달하는 것이 아니라, 그곳들을 생산적인 노동의 군집체로 복원하는 비용을 충당하는 것이다. 앞에서 보았듯이, 어느 군집체가 해체되면 시장은 그것을 새로운 군집체로 바꿔놓지 않는다. 그 대신, 도시는 점차 생산성이 낮은 활동들로 채워진다. 그런데 시장의 작용은 왜 새 군집체를 창출하지 못할까? 그리고 시장이 할 수 없는 일을 정부가 할 수 있다고 생각할 이유는 무엇일까?

하나의 군집체가 성공적으로 자리를 잡았다면 서로 다른 많은 기업들이 그곳에 위치를 정한 것이고, 그중에는 서로 경쟁하는 기업들도 있다. 기업들이 함께 군집체를 형성하면 규모의 경제를 공동으로 수확할 수 있고, 따라서 그들 모두가 비용 절감의 이로움을 얻는다. 일단 군집체가 형성되면, 그것이 유지되도록 시장의 작용이 뒷받침된다. 군집체에 속한 어느 기업도 그곳을 떠나려고 하지 않는다. 왜냐하면 오늘에 이어서 내일도 다른 기업들이 계속 그곳에 머물 것임을 알기 때문이다. 그러나 하나의 군집을 새로 형성하는 일은 훨씬 더 까다롭다. 기업은 서로 의존한다는 바로 그 이유 때문에, 만일 어느 한 기업이 보기에 다른 기업들이 새로운 위치로 이전하기로 결정할 것 같다면 그 기업도 같은 위치로 이전할 공산이 훨씬 클 것이다.

그러나 다른 기업들이 새 입지로 이전하는 결정을 내릴지 그 기업이
어떻게 알 수 있을까? 만일 최초의 선구자가 입지 이전을 실행하면,
그곳의 군집에 참여하는 두 번째 기업이 나타날 가능성이 있을 것이
다. 그리고 만일 입지 이전을 실행한 두 번째 기업이 나타나면, 세
번째 기업이 나타날 가능성이 있을 것이다. 그러나 기업들이 그러한
의사를 결정하는 일과 그 결정 사항을 공개하는 일을 작동시키는 시
장 메커니즘은 없다. 즉 군집체의 형성에는 조정 문제가 끼어들고,
따라서 조정자가 필요하다. 실리콘 밸리는 스탠퍼드 대학교가 중심
이 되어 조정이 이루어졌다. 그와 달리, 별로 인기가 없는 지역에서
는 무엇이 조정 역할을 할 수 있을까?

조정에 대한 민간 부문의 해법

조정 문제는 각 기업의 결정이 그밖의 모든 기업으로부터 영향을 받
기 때문에 발생한다. 이러한 작용을 경제학에서는 **외부 효과**라고 부
른다. 어떤 기업의 행동이 유발하는 외부 효과는 그 기업 자신이 아
니라 다른 기업들에 영향을 미치고, 따라서 그것을 유발하는 기업의
의사결정에는 고려되지 않는다. 그러나 이러한 상호 의존성을 해결
하는 시장의 해법은 존재한다. 하나는 국지적인 발상이고, 다른 하나
는 초대형 기업의 활용이다.

국지적인 발상

경제를 구성하는 부문 중에 자연스럽게 기업을 조정하는 역할을 하
는 부문이 하나 있는데, 금융이 그것이다. 최상의 효과를 발휘할 경
우, 금융 부문은 기업에 관한 정보를 신속하게 충분히 수집하고 미

래의 기회를 예상하여 자본을 배분한다. 법률로 영업 범위가 특정한 도시로 제한된 은행은 자신의 미래가 해당 지역 경제의 성공에 달려 있음을 이해할 것이다. 그러한 은행은, 자신이 자금을 조달해주는 각각의 기업이 초래할 외부 효과를 자신의 성과와 직결되는 내부 요인으로 고려한다. 각 기업이 유발하는 외부 효과가 은행에 자멸적이지 않으려면, 은행은 기업마다 갖가지 기회와 상호 의존성에 관해서 많이 배워야 할 필요가 있다. 따라서 이러한 은행은 앞선 제4장에서 묘사한 금융기관들과는 아주 다를 것이다. 그러한 국지적인 지역은행은 그저 공상에 불과할까? 전혀 그렇지 않다. 1994년의 법률 변경 이전의 미국에서는 그러한 은행들이 오히려 표준이었다. 영국의 경우에는 더 과거로 거슬러올라가야 하지만 미들랜드 은행이나 요크셔 은행과 같은 은행의 명칭이 국지적으로만 활동했던 은행이 과거에 존재했음을 말해준다. 더욱이 독일에서는 국지적인 지역은행이 여전히 흔하다. 잠재적으로는 글로벌 은행을 지향하는 정책 변경이 새로운 산업이 필요한 도시들에 더 넓은 자본 공급처를 열어줌으로써 그들의 자금 조달 여력을 높여줄 수 있었을 것이다. 그러나 글로벌 은행들은 관행적으로 국지적인 지역 차원의 지식에 투자할 동기가 거의 없다. 어떤 도시가 위축되기 시작하면, 글로벌 은행의 해당 도시 지점들은 여신을 줄이라는 지시를 받고, 회수된 자금은 다른 도시로 빠져나간다. 지역을 제한하는 국지화로 돌아가면 금융 부문이 사회적으로 유익한 역할을 담당할 동기가 유발될 것이다. 그 역할이란, 실물 경제에 관한 정보를 창출하고 판단하는 것이다.

초대형 기업의 활용

초대형 기업을 활용하면 조정의 필요성을 극복할 수 있다. 예를 들면, 아마존 같은 기업은 규모가 대단히 크기 때문에 자신의 활동만으로 하나의 군집체가 실현할 규모의 경제를 충분히 수확할 수 있다. 그러한 초대형 기업은 군집체 형성의 선구자가 되고도 남는다. 그러한 기업은 그 자체로 하나의 군집체이고, 자신이 위치한 지역으로 납품업체들 일체를 빨아들일 것이다. 대다수의 산업에서 기업이 그 정도로 크다는 것은 아름답지 못한 일이다. 왜냐하면 거대한 공룡 기업을 감당하기 어렵다는 문제점들 때문에 군집에서 생기는 갖가지 효율이 상쇄되기 쉽기 때문이다. 따라서 스스로 군집체를 형성할 만큼 커다란 기업이 정작 그것을 필요로 하는 도시의 대안이 되는 경우는 드물다. 일단, 초대형 기업이 자기 지역으로 들어오기를 바라는 망가진 도시들보다 그러한 기업의 수가 훨씬 적다. 망가진 도시들 가운데 결국 누가 초대형 기업을 유치할 것인가 하는 문제에 대해서는 시장을 통한 해결책이 있지만, 별로 좋은 해법이 되지 못한다. 새로운 입지를 찾는 영리한 초대형 기업은 자신의 입지 결정을 포상으로 걸고 도시들이 서로 경쟁하며 값을 제시하는 경매를 조직할 것이다. 그 포상을 획득해서 도시가 얻을 가치는 새로 형성될 군집체에서 발생해서 도시로 귀속될 집적의 이득이다. 이러한 경매에서 승리한 도시들과 패배한 도시들을 비교한 새로운 연구를 보면, 집적에서 발생하는 이득의 실체가 확인된다.[7] 그러나 그 경매의 승리자가 초대형 기업에 지불할 낙찰가가 얼마나 될지에 대해서 경매 이론이 우리에게 말해주는 바는 낙찰가가 포상의 가치와 같으리라는 점이다.* 그러니까 망가진 도시들이 직면한 조정 문제를 시장이

"해결하기는" 하지만, 새 군집체에서 발생할 이득 전부를 그것을 형성할 초대형 기업에게 넘겨주는 꼴이 된다. 이 책을 집필하는 기간에 아마존은 자신의 새로운 본부 입지를 선택하려고 미국 도시들이 참여하는 경매를 진행하는 중이다. 이 회사는 망가진 도시 하나를 소생시킬 수 있을 만큼 충분히 크지만, 거기에서 나오는 이득을 자신을 위해서 빨아낼 만큼 충분히 무자비하다.

조정 문제에 대한 공공 부문의 해법들

정부가 기업의 의사결정을 조정한다고 하면 시장 근본주의자들은 등골에 서리가 내릴 만큼 경악할 것이다. 그러나 이 소절을 쓰고 있는 싱가포르의 내 책상에서 보면 돋보이게 번창하는 이 도시의 전경이 눈에 들어온다. 지금껏 싱가포르는 공적인 계획으로 그러한 번영을 성취했다. 내가 처음 이 도시를 방문한 1980년, 싱가포르는 정부가 사양 산업이라고 판단한 의류 업종을 몰아내기 위해서 최저임금을 인상한 직후였다. 정부의 이 전략은 시장 근본주의자들의 맹렬한 비판에 부딪혔다. 최저임금은 대량 실업을 유발할 뿐이라는 것이었다. 미국과 유럽에서는 정부의 조정자 역할이 정치적으로 치우친 개입으로 점철된 난감한 역사를 남겼지만, 동아시아는 이것을 바로잡는 값진 사례로서 조정이 효력을 발휘할 수 있다는 점을 보여준다. 싱가포르를 일으켜 세운 리콴유는 집적의 경제학과 윤리도 잘 알고 있었다. 그의 정책에는 이렇게 말하는 그의 식견이 반영되었다. "지

• '승자의 저주'로 알려진 현상에서는 낙찰가가 심지어 포상의 가치보다 커질 가능성도 있다.

가 상승은 경제 발전과 공적 자금으로 건설한 사회간접자본이 초래한 결과인데, 나는 그로 인한 이득을 민간의 토지주들이 누려야 할 이유가 없다고 보았다."[8]

　정부가 조정자로 나서는 데에 따른 왜곡이 얼핏 보기에 가장 작은 접근법을 살펴보자. 집적의 이득에 대한 가산세를 대도시에 부과하기로 했다면, 그 세수를 망가진 도시의 기업에 대한 법인세를 낮추기 위한 재원으로 사용하면 좋지 않을까? 그다음, 어느 기업이 어디로 이동할지를 결정하는 일은 시장에 맡기는 것이다. 그러나 이런 발상은 조정 문제를 고려하지 않은 것이고, 따라서 시장은 일단 형성된 군집체를 유지하기는 해도 그것들을 새로 구축하지는 못한다는 똑같은 이유로 실패한다. 망가진 도시로 가는 기업들이 세율 인하의 덕을 본다는 것이 알려져 있어도 이것만으로는 어느 기업이 이동할지, 그 기업이 언제 어디로 이동할지를 개척자 기업이 아는 데에 도움이 되지 못한다. 또한 세율 인하를 동원해도 초대형 기업을 유치하는 일에서 망가진 도시의 시장(市長)들은 여전히 높은 대가를 경쟁적으로 제시하는 것 이상의 선택지가 없다. 게다가 초대형 기업이 주관하는 경매도 뜻밖의 양상으로 꼬인다. 망가진 도시들 모두가 이러한 세율 인하의 장점을 누릴 것이므로 각 도시가 경매에서 승리하려면 전과 다름없이 서로 경쟁하며 더 높은 대가를 제시하려는 유인에서 벗어나지 못한다. 세율 인하가 없을 때와 마찬가지로 초대형 기업은 경매에서 승리하는 도시가 얻을 가치와 같은 지불금을 획득할 것이다. 그러나 이제는 그것에 더해서 초대형 기업이 세율 인하까지 보너스로 챙길 것이다. 그렇다면, 무엇이 효과가 있을까?

개척자에게 보상하라

망가진 도시들은 역동성이 큰 기업들을 유치할 필요가 있다. 즉, 뒤따라서 새로운 군집체가 생겨나도록 발동을 걸어줄 만큼 활발한 기업이어야 한다. 그러나 그처럼 개척자로 활동할 기업은 드물다. 왜냐하면 다른 기업들이 따라붙지 않으면 개척 기업은 파산할 공산이 크기 때문이다. 다른 기업들이 따라붙더라도 개척자는 나중에 진입하는 기업들보다 불리한 여건에 놓인다. 개척 기업은 필요한 숙련 노동자를 구하려고 해도 마땅한 인력을 찾을 개연성이 낮다. 그동안 그 지역 노동자들을 활용한 기업이 없었는데 어떻게 그곳의 노동자들이 그러한 숙련 기능을 확보할 수 있었겠는가? 따라서 개척 기업은 다른 곳에서 숙련 노동자들을 데려와서 그들을 통해서 그 지역의 피고용자들을 점차 훈련해야 할 것이다. 이 과정에 비용이 많이 들어갈 것이다. 반면에 같은 도시에 사업장을 여는 두 번째 기업은 필요한 숙련 노동자를 채용하기가 수월해질 것이다. 개척자가 훈련해놓은 노동자들의 일부를 낚아채는 방법도 있다. 따라서 두 번째 기업의 초기 설립 비용은 개척자보다 낮을 것이고, 그만큼 자본 수익률이 높아질 수 있다.

달리 말해서, 군집의 개척자는 이른바 **선발주자의 불리**에 직면한다. 이것은 독특한 상황이다. 더 일반적으로는 개척자들이 **선발주자의 유리**를 누리지만, 이것은 새로운 **시장**이나 새로운 **테크놀로지**의 개척자들에게나 해당한다. 어떤 시장에서 선발주자가 되면 브랜드 충성도가 구축되기 때문에 해당 기업은 후속 진입자들보다 유리한 위치를 굳힌다. 일례로, 진공청소기의 선발주자 후버를 생각해보라. 그리고 어떤 기술에서 선발주자가 되면 그 기술의 특허를 보유할 수 있다. 일례로, 애플을 생각해보라. 반면에 개척 기업을 출발점으로 삼아서 형성될 새 **군집체**가 기성 기술을 사용하여 생산한 제품을 기성 시장에 판매할 것이라면, 그 개척자는 후발주자들이 피할 수 있는 비용을 부담하게 된다.

그러나 망가진 도시의 처지에서는 군집체를 개척할 기업의 사회적 가치가 크다. 그렇다면, 이 문제에 어떻게 대응할 수 있을까? 개척자가 창출하는 외부 효과 덕분에 공공의 혜택이 발생하므로 이 효과에 대해서 공적 자금으로 보상을 해주어야 한다. 원리적으로는 이것이 단순하고 명쾌하지만, 실제로 구현하려면 유능하고 전문적인 공공기관이 필요하다. 이것을 가장 효과적으로 운영하려면 어떻게 해야 할까?

개발은행

유익한 목적에 자금을 배정하는 것과 그 자금을 효과적으로 쓰는 것은 별개의 일이다. 기업 투자에 지출할 공적 자금을 처리하는 기관이 개발은행이다. 그들이 위임받은 임무는 어떤 공적인 목적을 촉진하기 위해서 민간 부문에 투자하는 일이다. 주요국의 정부들은 모두 개발은행을 두고 있다. 유럽 연합에는 거대한 개발은행인 유럽 투자은행이 있다. 일본과 중국에도 그에 해당하는 기관이 있다. 지방 도시를 재생하는 임무를 부여받은 개발은행은 대도시에서 거둔 새로운 세수를 지출하는 데에 활용할 장치가 될 수 있다. 개발은행 중에는 목적을 달성하는 데에 대단한 성과를 거둔 곳이 있는가 하면, 부패의 진흙탕으로 빠져드는 곳도 있다. 이와 같은 차이를 빚는 모든 문제는 개발은행이 위임받은 임무가 분명한가, 그들이 공적 기관의 높은 윤리적 무결성을 갖추었는가, 은행의 임무에 공감하는 의욕적인 직원들을 확보했으며 그들에 대한 업무 감독이 현실적인가에 전적으로 달려 있다. 여기에서 "현실적"이라는 말은 대단히 중요하다. 군집체 구축에 투자하는 것은 위험하고도 장기적인 사업이다. 어떤 투자가 과연 성공적인지 성공적이지 않은지는 여러 해가 지나도 모를 때가 많을 것이고, 실패도 많을 것이다. 정치인들과 개발은행의 해명을 들을 권리가 있는 공중이 이 점을 알고 있지 않으면, 은행은 너무 신중해져서 효과를 내기 어렵다. 지역 노동자들의 생산성을 높여줄 활동에 자금을 조달해서 망가진 도시를 소생시키려고 노력하는 개발은행은 대담하고, 정보에 밝으며, 집요할 필요가 있다. 벤처 자본의 사업 모형처럼 그러한 개발은행의 직원들은 하루하루의 관리 업무에 따라붙어야 할 때도 있고, 한 프로젝트에 여러 해 동안 일하는 의욕 충만한 직원도 결국 실패에 직면할 때가 있다. 개발은행은 자신이 관리하는 전반적인 포트폴리오와 그것의 장기적인 실적으로만 평가될 수 있다.* 그러나 통상적인 금융 시장이 도시 재생에 일반적으로 부적합하다는 점을 고려하면(제4장에서 거론), 적합한 직원을 갖춘 상태에서는 시도해볼 만한 일이다.

기업을 위한 준비 : 기업 단지 조성
개척 기업들은 그들이 활동할 적당한 장소가 있을 때에만 도시로 이

---

* 여기에서 언급한 개발은행에 관한 착상들은 영연방개발공사(CDC)의 최고 경영자인 다이애나 노블과 나눈 대화에서 비롯되었다. 그녀는 CDC를 가난한 나라들에 기업을 유치하려고 일하는 개발은행들 가운데 가장 목적의식적인 은행으로 재건했다.

동할 것이다. 그 기업들이 버려진 건물을 구입해서 자신의 필요에 적합하게 고쳐 쓸 수도 있지만, 군집체에 필요할 전용 공간과 사회 간접자본을 마련해주는 기업 단지를 조성할 수도 있다. 서로 근거리에 위치하는 것이 유용하다고 생각하는 기업들이 많다. 전에 있던 군집체가 사라져서 망가진 도시들에는 버려진 공장지대가 그대로 있을 가능성이 크다. 공적 자금을 사용해서 그러한 구역을 말끔하게 청소하고 새로운 기업 단지 조성을 집행할 기관을 도시 산하에 설치할 수 있다.

그러한 기관이 당면한 중요한 현안 중의 하나는 그들이 토지에 지불하는 가격이다. 일단 기관이 시장에 진입하면, 버려진 토지가 갑자기 값이 오른다. 기관이 토지를 사려는 매수세에 가담하기도 하지만, 군집체가 창출될 것이라는 전망이 토지의 미래 가치를 올린다. 이러한 지가 상승의 결과를 가져온 주체는 기관이므로 당연히 지가 상승분은 토지주가 아니라 기관에게로 돌아가야 한다. 영국에서는 이 원리가 1981년의 개발공사법으로 구현되었다. 그러나 판사들은 경제학이나 공공정책에 대해서 배운 바가 없고, 영리한 법정 변호사들은 입법에 사용된 어휘들의 의미를 비틀려고 노력한다. 이것은 "동기가 앞서는 추론"을 동원하는 지대 추구의 고전적인 예시이다. 지금까지는 영리한 법정 변호사들이 그런 식으로 공적 재정을 약탈하는 데에 성공했다. 기준 지가 산정에 활용되는 법률 해석은 결국 기관이 존재하지 않았을 경우의 지가와 기관이 존재할 경우의 지가, 두 값을 절충하는 것이었기 때문이다. 그 결과로 대개의 토지주들은 기관에 귀속되어야 할 지가 상승분의 막대한 부분을 획득할 수 있게 된다. 이것을 바로잡는 것은 가능하다. 그러나 애초에 입법 문안을 작성할 때부터 법조문을 좀먹는 법정 변호사들의 영향과, 공익을 존중하고 나아가 배려할 줄 아는 판사들의 능력 제한으로 인한 부작용을 예방할 수 있도록 신중해야 한다.

투자 진흥청

기업 단지를 조성하고 관리하는 기관들은 내부, 즉 도시와 그 시설들을 주목한다. 투자 진흥청은 외부, 즉 도시에 들어올 가능성이 있는 기업들을 주목한다. 우파 이데올로기 옹호자들의 말대로 시장이 이음새 없이 매끄럽게 작동한다면, 투자 진흥청은 돈을 낭비하는 일일 것이다. 아일랜드 사람들은 그렇지 않다는 것을 알고 있다. 1950년대 아일랜드는 유럽에서 가장 가난한 지역들 가운데 한 곳이었다. 이 현실을 바꾸려고 아일랜드 정부는 투자를 증진할 기관을 처음으로 도입했다. 이것이 국제적 기업과 일자리를 유치하는 데에서 놀라운 성과를 거두었다.• 아일랜드 투자 진흥청은 투자 유치에 적합한 산업들을 연구했고, 가능성 있는 기업들과 관계망을 구축했으며, 그 중 규모가 큰 기업들 중에서 하나를 "주축" 투자자 후보로 선정하여 따라붙었다.

그러한 기업 하나가 관심을 표명하면, 아일랜드 투자 진흥청은 그 기업과 함께 작업하면서 해당 기업이 아일랜드에서 활동할 때에 직면할 제반 문제를 미리 내다보는 방법을 습득했다. 그리고 해당 기업의 사업 내용을 어느 정도 파악한 뒤, 그러한 미래의 현안에 미리

• 이 소절의 토대를 이루는 지식에 관하여 조언해준 산업 경제학의 원로(이자 자부심 넘치는 아일랜드인)인 런던 정치경제대학교 경제학과장 존 서턴 교수에게 감사드린다.

대처하려고 노력했다. 가령 지방 정부와 같은 여타 공적 기관들이 어떻게 도움이 될 수 있는지 그들에게 조언해주었다. 해당 기업이 투자를 집행한 뒤에도 투자 진흥청과 기업의 관계는 중단되지 않았다. 애초에 해당 기업의 사업 내용을 파악하는 업무를 맡았던 직원이 계속 기업과 밀접한 관계를 유지하면서 새로운 투자 기회를 포착하려고 노력했다. 아일랜드에 유입된 외국인 투자의 절반 이상이 그처럼 최초 투자 이후의 후속 투자로 이루어졌다.

당연히 투자청과 기업 단지를 관리하는 기관은 서로에게 유익할 정보를 가지고 있으니 서로 보조를 맞춰서 일할 필요가 있다. 그러나 그들의 역할은 명확히 달라서 별도의 기관으로 존재하는 것이 마땅하다.

지식 군집 : 지역 대학교들

이제는 지방 도시들 대부분에 대학교가 있어서 이 대학교들이 자신이 위치한 도시의 재생에서 뛰어난 역할을 담당할 수 있을 것이다. 셰필드가 철강 산업의 붕괴를 겪고도 회복할 수 있었던 것은 그곳에 훌륭한 두 대학교들이 있다는 행운에 힘입은 바가 크다. 대학교에서 다루는 몇몇 학술 분야는 기업계에 적용할 수 있는 지식을 창출하는 데에 아주 적합하다. 지식은 군집 형성과 특별히 친화력이 강한 활동 중의 하나이다. 일례로, 지식은 이전에 서로 별개였던 최근의 두 진보가 결합되면서 발전할 때가 많고, 따라서 서로 다른 연구자들이 가까이 위치하면 유익하다. 더구나 지식은 기초 연구로부터 응용 단계로 저절로 흘러가지 않는다. 추가적인 진보를 위해서 사람들이 어디를 들여다보아야 할지를 배우는 것은 보통 기초 연구가 응용될 때이다. 따라서 지식을 응용하는 기업과 대학의 인접성은 기업과 대학에 모두 도움이 된다. 이러한 프로세스를 분명히 보여주는 대표적인 사례가 스탠퍼드 대학교와 실리콘 밸리의 연결, 그리고 하버드와 MIT 두 대학교와 번창하는 보스턴의 연결이다.

반면에 학술계 사람들은 학문 연구가 그 쓰임에 따라서 오염되지 않아야 한다고 거창하게 주장할 때도 있다. 물론 번영하는 사회는 그러한 지식에 자원을 써야 하지만, 망가진 도시의 대학교들은 지역 사회에 대한 자신의 의무를 인지해야 한다. 지역 대학교들은 기업과의 연결망을 구축할 현실적인 전망이 있는 학과들에 다시 집중할 필요가 있다. 이것은 공적 자금을 사용할 만한 또 하나의 잠재적 용도이다.

대학교는 기업이 응용할 지식을 창출하기도 하지만 학생들을 가르치기도 한다. 이 학생들이 생산성을 발휘할 실력을 갖출 수 있는가 하는 문제는 그들이 배우는 내용뿐만 아니라 그들이 미래의 잠재적 고용주들과 얼마나 잘 연결되어 있는가에 달려 있다. 최악의 경우는 위기로 충격을 받은 지방 도시의 대학교들이 숙련직 고용 전망과는 아무런 상관도 없는 내용을 가르치는 일에 집중하는 것이다. 이런 대학교들은 숙련 기능이 아니라 학위라는 학술적인 자격을 소지한 사람들을 생산한다. 젊은이들은 그 자격을 얻으려고 학자금 채무를 지지만, 그렇게 얻은 자격이 채무를 상환할 능력을 갖추어주지 못하는 것이다.

망가진 도시에서 새로운 숙련 기능을 갖추기 위한 명백한 위치는 그곳의 지역 대학교와 전문 대학이다. 일이 잘 풀리는 상황에서는 그 도시로 유치되어 새로운 군집을 개척할 기업들이 지역 대학교나 전문 대학의 적합한 부분과 연결됨으로써 기업과 대학교가 공동으로 응용 연구를 창출하고 노동자를 훈련한다. 기업, 대학교, 전문 대학이 서로 제휴를 맺어서 중장년 노동자들에게 필요한 새로운 숙련 기능의 재훈련 프로그램을 개발할 수 있다.

결론 : "어떤 대가를 치르더라도"

번영하는 도시와 망가진 도시 사이의 지리적 분단은 불가피한 것이 아니다. 이것은 최근의 일이고 되돌릴 수 있다. 그러나 공공정책을 조금씩 바꿔서 될 일은 아니다. 사소하게 보면 작은 변화로는 불충분하다는 것이지만, 지리적 공간에서 펼쳐질 역학은 사람들의 기대에 좌우된다는 것이 더 근본적인 난점이다. 예를 들면, 기업들은 각각 자신의 입지를 정할 때에 다른 기업들이 자리 잡을 것이라고 기대하는 곳에 자리를 잡을 것이다. 사람들의 기대는 지금 수십 년에 걸쳐서 누적된 변화에 뿌리를 박고 있고, 그에 따른 자기실현적인 동력이 굳어진 상태이다. 이것을 바꾸려면 사람들의 기대를 새로운 틀로 바꿔놓는 충격을 유발해야 하고, 따라서 커다란 정책 변화가 필요하다.

앞에서 거론한 정책들 가운데 어떤 개별 정책이든 얼마나 효과적일지는 여러모로 불확실하다. 따라서 그중에 어느 것도 갑자기 대대적으로 수용될 만한 근거는 없다. 그 정책들을 시험해보기 위해서 점진적으로 조심스럽게 적용하는 실험 과정을 거칠 필요가 있다. 그러나 그러한 점진적인 실험으로는 필요한 충격을 창출하지 못할 것이다. 조심스러운 실험도 필요하고 충격도 필요하다면, 이 둘의 조화를 이룰 방법은 없을까? 해결책은 지리적 불평등의 축소를 달성하겠다는 포괄적인 정책 의지를 확고한 목표로 내거는 것이다. 2011년 유로권은 똑같은 딜레마에 봉착했다. 정책 결정자들은 유로화를 방어하는 데에 어떤 정책들이 효과적일지 알지 못한 채 여러 가지 실험들에 착수했다. 그러나 그 실험들을 포괄하는 유럽중앙은행 총재의 분명한 의지가 "어떤 대가를 치르더라도"라는 한마디로 확고하게 표명되었다. 이 말은 순간적인 충격을 유발했고 지속적인 영향을 미쳤다. 마리오 드라기 총재가 그 자신에게 실패할 여지를 남겨두지 않았기 때문에 투기는 가라앉았다. 우리는 대도시와 지방 도시를 겨냥한 정책에서도 그에 버금가는 확고한 의지가 필요하다.

제8장

계급 분단

모든 것을 누리는 가정과 해체되는 가정

나와 나의 사촌은 갈수록 괴리가 심해지는 길을 걸었지만, 이것이 불가피한 일은 아니다. 왜 그런 일이 일어났을까? 우리는 무엇을 할 수 있을까?

한편으로는, 인류 역사상 어느 때보다도 높은 교육과 숙련 기능을 습득한 성인들의 가정이 많다. 그들은 과거와 비교해서 어느 때보다도 자신과 비슷한 배우자와 결혼하는 경향이 강하다. 성인 남자들이 예전과는 판이하게 평등과 협력의 가정 규범을 수용했고, 부모들은 과거의 어느 때보다도 강도 높게 아이들을 양육한다. 이러한 가정은 성공을 구가하며 안정을 누리고, 아이들은 부모의 성공을 물려받는다. 그들은 아쉬울 것 없이 누리면서 저마다 "왕조"를 형성해간다.

다른 한편으로는, 그렇지 못한 가정들이 많다. 이 가정에서 성인들의 교육 수준은 보잘것없고 그들이 힘겹게 습득한 숙련 기능은 가치를 상실했다. 그들 역시 자신과 비슷한 배우자와 결혼하는 경우가 더 많다. 그러나 이것은 고학력자들의 동류 교배로 인해서 상향 결혼의 가능성이 줄어든 여성들이 다른 기회를 찾기 어려워졌기 때문이다. 남성들은 생계를 책임지는 전통적인 규범을 견지해왔지만, 이제는 그렇게 할 능력이 없다. 그리고 부모들은 아이들의 교육을 계속 학교에 일임하는 전통적인 규범을 따랐다. 실패에 따른 불안과 갈등이 자꾸 쌓여가니 가정이 불안정해지고, 아이들은 부모의 불안정한 삶을 물려받는다. 이러한 가정들은 지금 산산조각이 나고 있다.

한 가정을 성공으로 이끄는 특징들을 살펴보면, 그중의 다수는 단지 그 가족에게 이로울 뿐만 아니라 사회 전체에도 이롭다. 반대로, 가정을 실패로 몰아가는 특징들을 살펴보면, 그중의 다수가 그러한 가족의 사사로운 비극인 동시에 사회적인 재앙이기도 하다. 새로운 분단을 반대 방향으로 되돌리는 일에서의 출발점은 해체되는 가정들에게 힘을 보태주는 것이다. 우리는 사회적 가부장주의가 실패했다는 현실을 직시해야 한다. 가부장 행세를 하는 국가가 가족을 대신하지는 못한다. 반면에 가족을 뒷받침해야 할 필요성은 과거 그 어느 때보다도 절실하고, 내가 **사회적 모성주의**(social maternalism)˙라고 부르는 접근법의 지원이 필요하다. 성공적인 가정에 대해서 말하자면, 그들의 모든 행태가 사회에 무해한 것만은 아니다. 지금 이 책을 읽고 있는 여러분은 성공적인 가정에 속할 가능성이 크다. 이 장에서 여러분들에 관한 내용은 좀더 뒤에서 다루는데, 잠시 후에 보게 될 것이다.

• 전에는 사용되지 않던 말이라서 철자 오류를 검사하는 "스펠체크(Spellcheck)" 프로그램도 이 용어를 인식하지 못한다.

압박에 짓눌리는 가정에 대한 지원

결국 저생산성 직무에 자리 잡는 사람들의 삶은 대개 양육 능력과 여건을 갖추지 못한 부모에게서 시작된다. 제5장에서 본 것처럼, 생물학적 부모의 한쪽이나 양쪽이 없는 가정에서 양육되는 어린이들의 숫자가 급증했다. 불행하게도 이런 조건이 되돌릴 수 없는 손상을 초래할 때가 많다. 이 험악한 현실이 뜻하는 바는 공공정책이 어린이 생활의 이른 시점부터 시작될 필요가 있다는 것이다. 그러한 공공정책으로 가족이 함께 생활하게끔 지원해야 하고, 그밖의 다른 방식으로도 어린이 양육을 보조해야 한다.

가족이 같이 생활하도록 돕는다

어떤 연유에서인지 두 부모 가정은 권장해야 할 일이라는 의견이 정치적 우파로 인식되고 말았다. 그것이 "사회적 보수주의"라는 것이다. 그러나 지금까지 아나키즘의 세계에서도 가장 사나운 동네에서만 (결혼이라는 개념을 배제한) "프리 러브(free love)"를 옹호했다. 영국에서 가장 존경받는 사회정책 전문가 중의 한 사람인 앨리슨 울프 남작이 말하듯이, "지금까지 알려진 인간 사회들 가운데 아무런 질서도 없는 난장판 성생활을 운영한 사회는 단 하나도 없었다. 그와 반대로 모든 형태의 인간 사회는 두루 존중받는 결혼제도를 두었다……세월이 흐르며 사회가 바뀌고 또 바뀌어도 계속 유지된 (종종 가혹하고 매우 엄격했던) 규칙은 아이의 아버지가 그 아이의 어머니와 결혼하게끔 강제하려고 설계된 것들이었다."[1] 그러한 규칙을 두어야 할 근거는 충분하다. 미혼 남녀 사이에 신생아가 출생하면, 출산 시점에 미혼모의 대다수가 아이의 아버지와 결혼하고 싶어하고, 그 남자들의 의향도 그렇다. 그러나 5년이 지나면 그러한 쌍들 가운데 35퍼센트만이 함께 생활하고, 그중에서 실제로 결혼을 이행한 쌍은 절반에 미치지 못한다.[2] 이것은 걱정스러운 사태이다. 마침내 경성과학의 연구에서도 사회과학을 보조할 수 있는 증거로 염색체가 손상된다는 결과가 나왔다. 텔로미어(telomere)는 DNA 맨 끝에서 보호 역할을 하는 뚜껑인데, 그것의 길이가 짧을수록 세포가 손상을 더 많이 입고 건강도 나빠진다. 어머니가 불안정한 부부관계에 있으면, 그 어머니의 아이는 9세에 이를 시점에 텔로미어의 길이가 40퍼센트 짧아졌다.[3] 이 파괴 작용이 얼마나 큰지 이해하기 위해서 가족소득의 두 배 향상이 아이의 텔로미어의 길이에 어떤 영향을 미치는지를 살펴보자. 고작 5퍼센트밖에 늘어나지 않는다. 아버지의 생활 참여가 결핍됨에 따른 피해는 다른 보상 요인으로 상쇄될 수 없을 만큼 크다. 이것이 "불편한 진실"로 다가올 사람들이 많겠지만, 그렇다고 사실을 부인하는 것은 온당하지 못하다.

아이들에 대한 부모 양쪽의 책임 이행을 고무하는 데에 본래부터 보수적인 것은 아무것도 없다. 자기 아이에 대한 책임감은 다른 사람들에 대한 의무에서 핵심적인 측면이므로, 우파의 개인주의보다는 오히려 좌파의 공동체주의와 더 자연스럽게 연결될 것이다. 좌파의 경계심은 아이들에 대한 부모의 의무를 다른 것과 혼동하는 데에서 연유한다. 혼외정사를 죄악으로 여기는 종교적 강박관념과 혼동하고, 동시에 여성을 억압하는 결혼제도의 역사와도 혼동한다. 더구나 우파의 일부가 즐기는 낙인찍기로 인해서 그러한 혼동이 더욱 심해졌다.

먼저 죄악부터 살펴보자. 종교적인 죄악을 허튼소리라고 치부하는 사람들이 많은데, 그중 일부는 죄악의 부인을 통해서 성관계와 의무가 연결되는 고리를 완전히 끊어냈다고 생각한다. 죄악은 신에 대한 의무를 위반하는 것이기 때문에 신이 없다면 위반할 의무도 없다는 것이다. 필립 라킨은 1960년대에 사람들의 관념 속에 아주 빠르게 일어난 변화를 적절히 포착했다. "이제 신은 없다. 지옥을 두려워하며 / 어둠 속에서 식은땀을 흘릴 이유도 없다." 우리 모두 "행복을 향하여 / 오래도록 신나는 여정을 즐길 것이다."[4] 그러나 "신이 죽었다"고 해서 다른 사람들에 대한 우리의 의무가 사라지는 것은 아니다. 오히려 올바르게 이해하면, 그 의무는 우리에게 더 확고하게 지워진다. 망가지는 아이들의 인간적 불행에 대한 책임은 신이 아니라 우리에게 있다. 1960년대의 젊은이들이 이전 세대의 관습을 거부하면서 사회적 담론이 급진적으로 변했는데, 그때처럼 지금의 새 세대는 사회적 담론을 새로 짜야 하는 상황에서 성관계에 동반하는 의무를 종교적 신념으로부터 완전히 분리해버린다. 성관계는 좋지만, 책임지지 못할 육아는 싫다는 것이다. 좌파가 혼동하는 그다음 관념으로 결혼이 곧 여성 억압이라는 것에 대해서 살펴보자. 현실적으로 효과적인 해결책은 결혼을 포기하는 것이 아니라, 결혼의 규범을 바꾸는 것이다. 실제로 새로운 규범을 수용한 결혼이 많이 이루어졌다. 결혼을 포기하는 것은 어머니로 생활하는 데에 힘이 되는 것이 아니라, 필요한 두 가지 역할을 이행하려고 여성 혼자서 버둥거리느라 노예 생활의 멍에를 쓰는 일이다.

이제 낙인찍기에 대해서 살펴보자. 사람들은 실수를 한다. 더구나 성적 충동이 강한 젊은이들은 다른 사람들보다 더 많이 실수한다.

실수를 줄이기 위해서 우리가 할 수 있는 일을 해야겠지만, 그래도 많은 실수가 일어날 것이다. 일단 실수가 일어났다면 윤리적으로 적합한 사회의 대응은 비난이 아니라 용서여야 한다. 용서는 실수가 저질러졌음을 명시적으로 인정하면서도 처벌할 필요는 없다고 결정하는 것이다. 계획에 없던 아이를 낳은 두 젊은이에게 필요한 것은 낙인이 아니라, 두 사람이 부부로서 아이를 양육하도록 격려하는 일이다.

사람들의 결정은 사회관계를 맺고 있는 다른 사람들의 의견에 크게 좌우된다. 따라서 가족과 친구들의 반응은 대단히 중요하다. 우리는 사회적 동물인 것이다.[5] 그러나 공공정책도 힘을 보태주는 역할을 할 수 있다. 정부는 생물학적인 양쪽 부모가 아이와 함께 생활하기로 마음먹을 때에 사회가 얻는 커다란 부가가치를 인정할 수 있다. 그런 부부들에게 격려금 조로 세액 공제를 배려해주면 납세자일 경우 세금 부담이 줄어들 것이다. 납세자가 아닌 부부들에게는 같은 금액만큼 소득을 보조해주는 방법이 있다. 젊은 부모가 자기 아이들에 대한 책임을 수용하면 우리 모두에게 이롭고, 우리는 그 이로움의 대가를 지불할 준비가 되어 있어야 한다. 부모들이 이 책임을 기피하면, 그로 인한 막대한 대가를 나머지 사회가 지불해야 한다.

지원이 가장 중요할 때 가정을 지원한다 : 아이들의 취학 전 시기
어째서 위탁 양육과 같은 "돌봄"을 받는 7만 명의 어린이들이 존재하는 것일까? 왜냐하면 육아 조건을 갖추지 못한 젊은 여성이 아이를 낳을 때까지 사회적 가부장주의는 기다리기만 하다가 뒤늦게 개입해서 산모로부터 아이를 격리하기 때문이다. 이런 일이 같은 여성들에게서 반복적으로 일어난다. 일례로 런던의 자치구 해크니에서 격리된 아이들을 조사한 한 연구에서는 205건의 격리 보호가 불과 49명의 여성에게서 발생한 것으로 나타났다. 사회적 모성주의는 기다리지 않고 즉시 달려든다. 그러한 여성들의 삶에 대단히 잘못된 무슨 문제가 일어났다는 사실을 먼저 인정한 다음, 그에 대응하여 그 여성들이 무엇이라도 할 수 있도록 돕는다. 그처럼 끔찍한 숫자가 말해주는 사태에 대응하려고 몇몇 사람들이 모여서 바로 그 일을 했다. 그들이 결성한 조직이 포즈(Pause)라는 비정부 단체이다.[6] 그 여성들 49명의 삶은 실제로 매우 절박했다. 그중 한 사람만 빼고 모두 마약이나 알코올에 의존적이었다. 절반이 정신건강에 만성적인 문제가 있었다. 더욱이 어릴 때에 "돌봄"으로 양육된 사람이 절반이었다. 이것은 대를 이어서 실패가 되풀이되는 현상으로서 사회적 가부장주의가 증폭시킨 증후군이다. 포즈는, 꼭 필요한 개입은 반복적으로 아이들을 격리하는 것이 아니라 이 여성들의 삶을 바꾸는 것이라고 보았다. 아이에 대한 격리는 여성들을 더 깊은 절망에 빠트리고 그들이 출산할 아이에게도 손상을 입힌 트라우마였다.* 삶을 바꾸려면 공감과 친밀한 지도가 동시에 필요할 뿐만 아니라 당사자들의 중독증과 주거를 관리하고 폭력적인 남성의 학대에 대응하기 위한 실제적인 지원도 필요하다. 성공을 좌우하는 것은 지원금을 끊겠다고 위협하는 일이 아니라 자존감을 높이는 것이다. 포즈는 바로 그것을 시도했고, 그러기 위해서 낙인찍힌 영국 도시들 근처에서 지원

---

* 출산 전의 임산부에게 아이가 출생하자마자 격리될 것이라고 예고하는 관행은 산모의 스트레스를 극심하게 증가시키고 태아에게 돌이킬 수 없는 손상을 입힌다.

조직을 점차 확장해나갔다. 이런 시도가 과연 효과를 발휘할 수 있을까?

최근 외부의 진단자들이 포즈를 평가한 내용이 나왔다. 포즈의 지원을 받은 여성 137명을 살펴본 결과, 그들의 생활상이 크게 향상되었다는 점이 확인되었다. 정신건강에 문제가 있던 여성 중 4분의 3이 대폭 개선되었고, 약물 남용과 가정폭력도 크게 줄었다. 그 덕분에 임신 건수가 줄어들었다. 최선의 추정값으로 매년 27건의 출산이 줄었다. 포즈는 투입하는 비용에 비해서 얻는 효과도 커서 프로그램에 지출된 비용 1파운드당 향후 5년 동안에 발생할 비용 9파운드를 절감했다. 그러나 당연히 포즈는 아주 자그마한 단체일 뿐, 사회적 가부장주의가 여전히 "돌봄"의 공적 지출을 좌지우지하며 대세를 장악하고 있다.

그런데 사회적 가부장주의는 명백한 실패에도 불구하고 어째서 여전히 대세를 장악하고 있을까? 그것은 서로 다른 골방으로 나뉜 업무 분야마다 통제를 목적으로 고안된 수직적 위계가 자리를 틀고 있어서 헌신적인 일선의 전문가들이 그 덫에 걸려 있기 때문이다. 이러한 상황이 어떤 식으로 사회적 모성주의를 좌절시키는지 실례를 통해서 볼 수 있다. 이 사례는 망가진 도시 한 곳과 그 교외를 대상으로 정신건강 팀을 관리하는 심리 치료사가 보고한 것이다. 그의 환자들은 그곳에서 수치와 고립, 스트레스에 짓눌리는 삶을 살아가고 있었다. "괴롭힘" 때문에 아이들을 학교로 데려다줄 엄두를 내지 못하는 어머니들도 있었다. 괴롭힘의 피해자는 학교에 있는 아이가 아니라, 학교 교문에서 다른 어머니들에게 공격을 당하는 아이의 어머니였다. 괴롭힘에 가담한 그 어머니들은 남학생의 수가 너무 적다는 문제로 싸우고 있었다고 한다. 정신건강 팀은 같은 스트레스를 겪고 있는 다른 사람들과 점차 친구관계를 형성할 수 있는 안전한 장소가 환자들에게 필요하다는 점을 깨달았다. 그들은 낙후된 주거 단지에서 임차한 가게를 매력적인 공간으로 바꿔서 카페 여러 곳을 운영하는 프로젝트를 수립했다. 각 카페는 그곳 지역 사회의 환자 중에서 선발한 자원자들의 협동조합으로 조직되었다. 카페는 매력적인 공간이어서 다양한 부류의 지역 주민들이 이용했고, 부정적인 낙인의 암시는 전혀 없었다. 카페가 자원자들의 정신건강과 정서 상태에 미친 효과가 그 본인들의 증언과 그들을 돌보았던 전문가들, 그리고 건강 기록의 분석을 통해서 평가되었다. 그들은 일을 하면서 생긴 새로운 친구관계 덕분에 어떻게 고립에서 벗어났는지 말했다. 누군가 출근하지 않으면 친구 중 한 사람이 그들과 접촉하는 일을 맡았다. 즉, 카페가 호혜적 의무를 낳는 산실의 역할을 했다. 새로 사귄 친구들 덕분에 그들은 자기 나름의 보조에 맞추어 삶을 탐색할 수 있었다. 수치의 공포를 떨치고 위기 대응을 넘어서 더 멀리 내다보는 생각도 품을 수 있었다. 점차 그들 중 일부가 삶의 일관성을 회복했다. 다시 예전의 생활로 추락하거나 병원 신세를 지는 일도 줄었고, 자존감도 키워나갔다. 신뢰받을 만한 자격을 얻어서 미래를 구상하는 것도 가능해졌다. 그들은 전보다 더 좋은 부모가 되었고, 일자리도 얻었다. 지역 내의 여타 사업체에 빈발하는 시설 훼손이 그 카페들에서는 생기지 않았다는 사실은 사람들이 카페를 중요시했음을 말해준다. 성과가 좋아지면서 프로젝트의 자금 조달도 향상되었고 거의 손익 분기점에 도달했다. 이 프로젝트가 개척한 효과는 인상적이어서 여러 콘퍼런스에서 소개되는 모범 사례가 되었다. 그런데 얼마 후에 프로젝트는 폐지되고 말았다.

정신건강 팀의 직속 상위 기관인 국립의료서비스(NHS)는, 카페 운영을 평가한 결과 그 프로젝트가 너무 지엽적인 일이어서 예산 승인을 연장할 수 없다는 결정을 내렸다. 정신건강 팀의 핵심 업무는 치료라는 것이었다. 카페 운영에 참여한 대상자들의 병원 체류는 줄었지만, 그것은 정신건강 팀의 업무와는 다른 예산이었다. 대상자들이 일자리를 얻어서 복지 급여를 받을 필요가 없어졌지만, 그것은 사회보장 예산이었다. 보건부에서 관장하는 사회 복지 서비스에서 예산을 지원받으려고 해도 담당 부처가 자신의 핵심 업무에 할당될 돈을 NHS가 중단하려고 하는 일에 쓰려고 할 이유가 있을까? 대상자들의 양육 활동이 향상되어서 아이들의 학교 공부에 도움이 되었지만, 교육부 예산에서 핵심 업무로 간주하는 우선 사항은 교과목 지도였다. 일선의 현장과 동떨어진 각 위계질서는 잘게 조각난 전문 영역들을 관리하느라 현장에서 솔선하여 문제의 핵심에 대처한 프로젝트에서 배우고 그것의 규모를 키워주기는커녕 프로젝트를 없애 버렸다. 각각의 위계질서마다 최우선은 그들의 조직이 다루는 증상이었다. 절망에 상심한 심리 치료사는 이렇게 지적했다. "개입의 내용이 향상되지 않으면 이런 불행은 대를 거듭하여 되풀이될 것이고, 비교적 소수의 개인만이 그 악순환에서 탈출할 것이다."

바로 그러한 상황에서 악순환으로부터의 탈출을 돕는 일이 사회적 모성주의가 출발하는 지점이고, 해야 할 일은 계속 생긴다. 젊은 부모들은 계획에 없던 아이와 씨름하면서 아무런 준비 없이 중압감에 시달린다. 대다수의 부모들이 보통 본능적으로 돌봄의 의무를 느끼지만, 저연령 어린이의 육아에 따르는 스트레스는 엄청날 때가 많다. 부부가 아이들이나 서로에게 화를 내는 순간들이 불가피하게 생긴다. 아이를 기르려면 기술이 필요하고 부모로서의 자기 훈련과 용서를 배워야 한다. 그래야 그러한 순간들이 상처가 오래 남는 피해로 치닫는 사태를 피할 수 있다. 아동기를 갓 벗어난 10대들이 자신의 욕망을 희생하고 성질도 억제하고 앞날을 계획해야 할 상황에 던져진다. 젊은 부모들은 돈과 주변의 도움이 필요하고, 일방적으로 판단하지 않는 친밀한 지도가 필요하다. 이것이 사회적 모성주의의 핵심이다. 이러한 것들을 어떻게 마련해줄 수 있을까?

소득에 맞춰서 생활 스타일을 꾸리는 것이 일반적인 가정의 삶이다. 계획과 신중함을 조금만 갖추면 대다수의 가구들이 아이들의 기본적인 필요를 충족할 수 있다. 가부장적인 정부의 관대한 지원은 양날의 칼이 되기도 한다. 일례로, 영국은 독신 어머니들에게 무료 주거를 제공하지만 이탈리아와 스페인에는 그런 것이 없다. 영국은 10대 임신 비율에서 유럽의 최상위 그룹에 속하지만, 이탈리아와 스페인은 10대 임신 비율에서 최하위 그룹에 속한다. 1999년 영국은 독신 어머니를 포함한 저소득 육아 가정을 지원하는 복지 예산을 더 확대했다. 현대적인 통계 기법을 사용하면 이 정책 변화가 가져온 결과를 도출할 수 있다. 정부 지원의 증가에 대응하여 저소득 가정의 출산이 막대하게 늘어서 추정값으로 매년 4만5,000명의 신생아가 더 태어난 것이다.[7] 그러니까 이 무료 주거와 늘어난 복지 급여의 결과로 돈이 좀더 많아진 가정에서 양육되는 아이들이 많아졌다는 이야기이다. 그러나 이는 그 과정에서 잘 양육하지 못할 아이들을 낳으라고 많은 여성들을 고무한 셈이다. 복지 프로그램은 결국 효과가 애매한 일에 대단히 값비싼 비용을 지출했다. 반면에 다른 용도에 쓸 공적 자금을 보면 애매함 없이 효과가 명백한 사업인데도 예산 배정이 부족하다. 그러한 예를 하나 살펴보자.

젊은 부부들은 예비 자금을 저축할 만한 시간이 없었기 때문에 불리한 충격에 취약하고, 따라서 그러한 충격을 완화하는 것은 공적 자금을 값지게 쓰는 일이다. 가장 명백한 충격은 실업이다. 미국에서는 2008년 금융 위기로 실업률이 대폭 높아졌고 오래도록 상승 추세가 이어졌다. 내가 지도하는 박사 과정 학생들 가운데 한 명의 새로운 연구에서 실업 증가로 인해서 부모가 저연령 어린이를 방치하는 일이 늘어났다는 점이 분명하게 드러난다.[8] 방치의 증가 폭이 컸고, 그 원인은 실업이었다. 통계적으로 미국 내 임의의 카운티에서 실업률이 1퍼센트 오를 때마다 어린이 방치 빈도는 20퍼센트씩 높아졌고, 저연령 어린이가 가장 큰 영향을 받았다. 공공정책을 활용하면 실업이 초래하는 이 피해를 완화할 수 있다. 일례로 군마다 실업 급여를 지급하는 지속 기간이 다른데, 더 오래 지급하는 군에서는 실업으로 인한 어린이 방치 빈도가 훨씬 낮았다.

육아 자금 지원의 다음으로 살펴볼 것은, 제대로 하려면 대단히 어려운 육아 관리를 주변에서 거들어주는 일이다. 육아를 도와주는 일은 대가족에서 시작되고, 그 구성원들은 일손을 보탤 의무가 있다. 그러나 대가족은 계속 위축되었다. 나의 아버지의 형제자매는 6명이었고, 어머니의 형제자매는 3명이었다. 그래서 나를 기르는 일을 거들어줄 숙모와 삼촌이 아주 많았다. 지금의 부모들은 형제자매가 적어서, 그만큼 육아를 거들어주어야 할 가까운 가족의 의무가 늘어났다. 그러나 나처럼 부부가 모두 외동인 경우도 있다. 이런 상황에서는 대가족이 활성화될 필요가 있고, 그에 맞추어 규범이 변할 필요가 있다. 방계 가족으로 묶이는 대가족은 줄어들었지만, 수명이 길어져서 이를 어느 정도 상쇄할 만큼 직계 가족이 커지고 있다. 새로운 필요에 대응하여 사람들은 정말 그들의 규범을 적절히 바꾸고 있다. 예전보다 조부모가 손주들을 돌보는 일에 훨씬 더 많이 참여하고 있으니 말이다.

정부도 훨씬 많은 일을 할 수 있다. 대다수의 정부들이 저연령 어린이가 있는 부모들을 재정적으로 지원할 지각을 갖추고는 있다. 그런데 이 지원 방침이 취직을 고무하는 목표와 결합되는 경향이 갈수록 심해졌다. 그러나 압박감이 큰 젊은 가정에서 저연령 어린이를 양육하는 시기는 그 두 가지를 결합하기에 적합한 때가 아니다. 은퇴한 뒤의 생활을 생각해보면, 아이를 하나도 낳지 않은 사람들은 아이를 낳은 사람들 덕분에 아주 커다란 혜택을 누린다. 은퇴자들이 자신의 저축금으로 생계를 해결할 수 있는 것은 오직 그들이 저축한 돈을 다음 세대가 생산적인 일에 사용하기 때문이다. 젊은 부부가 어린아이를 기르느라 힘겨워할 때는 그와 같은 사회 공헌을 반영하여 현금 보조로 그들을 지원해줄 핵심적인 시기이다.

그러나 국가는 단지 돈을 주는 것 이상의 일을 할 수 있다. 국가는 해당 가정에 현물을 보조해줄 수 있을 뿐만 아니라 그 이상의 일도 할 수 있다. 육아는 아이를 새로 가진 모든 부모에게 어려운 일이지만, 곤란에 처할 것이 빤한 불길한 상황에서 살아가는 부부들이 있다. 곤란한 상황을 예측할 수 있는 경우에는 집중적인 선제적 개입으로 문제를 피할 수도 있다.

시장이 할 수 있는 일에 한계가 있듯이, 국가가 공적인 지원 서비스로 할 수 있는 일에도 한계가 있다. 그러나 우리가 그 한계점에

다다른 것은 아니다. 공적인 집중 지원 사업이 몇 가지 있는데, 그동안의 평가 결과를 보면 성공을 거두었다는 징후가 나타난다. 그중 한 사례로 압박감이 큰 가족을 무조건 지원하는 소소한 규모의 실험으로 "던디 프로젝트"를 꼽을 수 있다. 젊은 가정 한 세대를 매일 실용적으로 지원하려면 큰돈이 들어간다. 그러나 그 돈은 가족 해체가 초래하는 결과에 비하면 훨씬 적은 돈이다.

던디 프로젝트의 중요한 특징 중의 하나는 이것이 지원 대상 가족을 검증하는 일과 완전히 분리되어 있었다는 점이다. 극단적인 상황에서는 아이를 부모와 격리해야 할 경우도 있는 만큼 검증은 필요하다. 그러나 지원 사업과 가족 검증의 두 기능이 완전히 분리되지 않으면, 지원을 받는 부모와 그들을 지원하는 사회 복지사들의 신뢰관계를 구축하기 위한 기본 조건이 갖춰지지 않는다. 영국에서는 던디 프로젝트에서 얻은 영감으로 사업 규모를 대대적으로 키운 "고충 가족 프로그램(Trobled Families Programme)"이 생겼다. 이 사업은 동기는 좋았지만, 젊은 어머니들의 취직을 고무하는 부가적인 목표에 더하여, 검증 업무를 병행하는 기존의 사회 복지 서비스를 통해서 운영되는 문제점에도 오염되었다. 이런 과부하가 이 사업의 효과를 떨어뜨렸다.

지원 업무를 검증 업무와 통합하면 두 업무의 효과가 모두 약화되지만, 물리적 지원을 정신적 지원과 통합하면 효과가 배가될 수 있다. 문제가 생기기 쉽다고 예측되는 가정의 부모에게는 보통 초기단계의 정신건강 문제가 있다. 인지적 행동 요법과 분노 조절 프로그램과 같은 정신건강 측면의 개입 활동에 대해서 엄밀한 평가가 이루어졌는데, 성공률이 인상적이다. 그러한 선제적 지원에는 돈이 들어가지만, 장기적으로 그보다 훨씬 큰 비용을 사회에 초래하는 행동을 예방할 수 있을 것이다. 양육 지원과 정신건강 돌봄, 그리고 검증은 함께 **수행되어야** 하지만, 각 **기능**은 날카롭게 분리되어야 할 필요가 있다.

아이를 출산할 10대 부부는 초보 운전 표시를 붙인 운전자와 같아서, 위협적이지 않은 지도가 필요하다. 드문드문 배우는 야간 강좌 코스로는 충분할 리가 없다. 조부모가 도움이 될 때도 있지만, 제 기능을 하지 못하는 문제 부모가 될 공산이 가장 큰 부부는 그에 앞서서 이미 문제 가족에서 성장한 경우가 아주 많다. 젊은 부부는 가족의 범위를 넘어서도 친밀한 지도와 비공식적인 지원을 받을 곳이 필요하다. 제 기능을 하지 못하면서 계속 위축되는 대가족을 보완할 한 방법은 새로운 자원을 창출하는 것이다. 한때 미국과 영국의 젊은이들에게 커다란 영감을 주었던 평화봉사단이나 국외 자원봉사단과 비슷한 현대의 자원을 발굴해서 지금 우리 자신의 사회에 적용하는 것이다. 그때는 자신의 풍요를 초월하여 목적의식을 찾으려는 고학력 젊은이들이 새로운 사회적 자원으로 늘어나고 있었다. 오늘날의 새로운 사회적 자원은 연금을 준비해놓아서 재정적으로는 안락해도 자녀들이 장성하여 다들 따로 사는 탓에 삶이 허전한, 건강하고 경험이 많은 은퇴자들이다. 이러한 분들은 삶의 경험에서 습득한 비인지적 능력이 풍부하다. 그래서 중압감을 받으며 살아가느라 도움이 필요한 젊은 부부들에게 비위협적인 지원자가 될 수 있다. 아쉬움을 한탄하거나 그저 현실에 안주하는 삶의 단계에 이르렀을 때, 구조의 도리에 과감히 나서는 행동은 삶에서 깊은 보람을 맛보는 목적의식을 가져다줄 수 있다. 모든 지원 업무가 그러하듯이, 이 역할에 대해서도 선명한 정의가 이루어져야 하고, 참여자들도 훈련을 받아야 한다. 그러한 준비를 바탕으로 지원 업무가 상대방을 깔보고, 질책하고, 검증하고, 보고하는 관계로 악화되지 않을 수 있도록 해야한다. 아마도 이 지원 활동에 보수가 지급되어야 할 것이다. 만일 보수가 지급된다면 지원받는 젊은 부부의 승인에 따라서 지급이 결정되도록 해야 한다. 그래야 그들이 자신들에게도 권한이 주어진다고 느낄 것이다. 그러한 보수 지급을 목적으로 지출 승인을 결정할 수 있는 예산을 젊은 부모들에게 배정할 수 있다. 그리고 정부가 지원자들을 조직하는 대신, 새로운 부류의 비정부 단체들이 의무에 대처하지 못하는 수천의 젊은 가정을 도와줄 능력도 있고 시간도 낼 수 있는 사람들을 모집할 수 있을 것이다. 정부는 실패를 대단히 두려워해서 실험에 나설 처지가 못 되지만, 비정부 단체들은 새로운 접근법을 시도할 만한 이상적인 여건을 갖출 수 있다.

"미운 두 살"이라는 말이 생길 만한 이유가 있다. 저연령 어린이들은 감당하기 어려울 때가 수시로 생겨서 육아 경험이 많은 부모들마저 인내의 한계에 몰릴 만큼 스트레스를 받는다. 일단 그 나이를 넘기면 아이들이 유치원(나라에 따라서는 유아원 연령 포함)을 통해서 가족의 경계를 넘어 사회화되는 과정의 혜택을 누린다. 국가가 이 과정을 마련하고 모든 사람에게 무상으로 제공해야 할 논거는 강력하다. 모든 국가가 취학 연령 이상의 학교 교육을 제공하는데, 국가가 유치원 교육을 제공할 근거는 다른 어느 수준의 교육보다 더 강하다. 일반적으로 어린이들이 커가면서 필요한 교육의 내용은 더 복잡해지고 차별화된다. 다른 방식에 비해서 국가가 교육을 맡을 때의 주된 장점은 표준화에 적합하고 커다란 규모를 통해서 더 저렴하게 운영할 수 있는 교육 활동에서 뚜렷하게 나타난다. 유치원은 복잡할 것이 없다. 더구나 유치원이 수행할 기능으로 사회가 바라는 가장 중요한 특징은 저연령 어린이들이 다양한 사회 집단 출신의 다른 어린이들을 만나는 표준화된 광장을 마련해주는 것이다. 표준화와 무상 제공의 결정적인 장점은 아이를 유치원에 보내려는 부모의 결정을 사회 전체의 규범으로 확립함으로써 양질의 결정을 내리기 어려운 부모들도 참여할 개연성이 높아진다는 점이다. 따라서 보편적인 공립 유치원을 무상으로 제공하는 것은 대단히 바람직한 두 가지 결과를 성취한다. 사회적 영향에 가장 민감하게 반응할 시기의 어린이들이 사회적으로 혼합된다는 점, 그리고 취학 전 교육이 가장 절실한 어린이들이 유치원에 다니게 된다는 점이다. 그러나 공립 유치원이 아니라 사립 유치원들에 보조금을 지급하는 복잡다기한 체계를 운영하는 나라들이 많다. 그러한 보조금 체계는 필요성이 분명해 보이는 활동들을 지원하는 정부 부처의 결정이 하나씩 새로 보태지면서 조금씩 축적된 것이다. 일례로, 그러한 보조금 지원책으로 등장한 영국의 슈어 스타트(Sure Start) 프로그램은 어머니들의 취직을 우선시했고, 프로그램의 수혜자를 선정 기준에 들어맞는 가장 손쉬운 "성공 사례"를 중심으로 모집하는 식이 되어버렸다. 프로그램 운영의 복잡성으로 인해서 거의 확실하게 일어나는 사태는 그러한 지원 프로그램들이 그것을 거의 필요로 하지 않는 사람들에 의해서 사용될 때가 많고, 사립 유치원은 원생들을 차별적으로 선발한다는 점이다. 국가가 공립 유치원에 대한 무상 교육을 제공하는 모범 사례는 프랑스의 에콜 마테르넬(écoles maternelles)이다. 우리 부부도 프랑스 브르타뉴 지방의 저소득권 도시에서 생활할 때에 프랑스의 이 유치원을 직접 경험해보았다. 워싱턴과 옥스퍼드에 거주하는 동안에는 그에 버금가는 사립 유치원을 보지 못했다.

지원 거점으로서의 학교

학교에서 일어나는 가장 중요한 활동은 교과목 지도가 아니라 동료 집단 내의 상호 작용임을 상기하자. 가정에서 시작되는 차이점들이 학교라는 사회 속에서 그대로 복제되고 증폭된다. 실리콘 밸리는 그들의 테크놀로지가 저학력자들의 아이들에게 지식의 세계를 열어주었다고 생각하지만, 증거를 보면 그들의 희망과는 아주 상반된다. 인터넷은 기회의 차이를 좁힌 것이 아니라 더 벌려놓았다. 이제는 모두가 인터넷 접속을 누리지만, 최근 연구에서 고학력층의 아이들은 인터넷을 지식 확대에 사용하는 반면에 저학력층의 아이들은 인터넷을 한눈파는 데에 사용한다는 점이 드러난다.[9]

학교에 도입할 수 있는 가장 값진 변화는 학생들의 사회적 혼합을 높이는 일일 것이다. 사회적 혼합을 방해하는 가장 큰 장애물은 동네별로 통학할 학교들이 지정되는 통학 구역이다. 사람들이 선택하는 거주지가 그동안 사회 계층에 따라서 정해지는 경향을 띠기 때문에 통학 구역은 그러한 계층화를 학교에 그대로 복제하는 작용을 한다. 초등 교육 이후의 학교 교육에서 이 덫을 걷어낼 한 가지 방법은 도시 전역을 통학 구역으로 두는 공립 학교들을 설립하되, 위치가 아니라 목적에 따라서 차별화하는 것이다. 장래에 직업적 운동선수나 배우 희망자를 위한 최고의 선택지가 되려는 학교도 있을 것이고, 규율과 훈육을 중시하는 부모의 아이들을 위한 학교로 나서는 곳도 있을 것이다. 제2장에서 소개한 개념들에 비추어보면, 이러한 구상의 주안점은 학교의 교장과 운영 위원들이 어느 정도 특징적인 **신념 체계**를 가진 학교를 설립할 것이라는 점이다. 즉 그런 학교마다 특징적인 이야기가 유통되는 네트워크 집단이 형성되는 셈이다. 학교들은 그러한 교육에서 성공하려면 자신이 하는 일에서 뛰어나야 함을 잘 알고 있다. 그러지 않으면 부유한 통학 구역에 거주하는 부모들은 본래 그들이 선호하던 부유한 학생들만 다니는 학교에 자신의 아이들을 계속 보낼 것이다. 새로 도입된 법규 덕분에 영국에서 그런 공립 학교를 설립할 수 있게 되었고, 바로 그런 개념의 학교를 옥스퍼드에 설립하려는 팀에 나도 참여했다. 옥스퍼드는 통학 구역 간의 편차가 괴상할 정도로 심한 곳이다. 도시 전역을 통학 구역으로 삼고 추첨으로 입학을 정하는 우리의 계획은 이미 예상했던 기득권과 이데올로기의 장벽에 부딪혔다. 국지적 차원의 교육 엘리트가 분개하며 들고일어났고 가장 부유한 통학 구역의 학교가 앞장섰다. 그들은 우리를 저지하는 데에 성공했지만, 여러분들에게는 좀더 나은 행운이 따를 수도 있을 것이다.

조직으로서의 학교

일선 학교의 교습을 더 개선할 수 있을 것이다. 이에 관해서는 연구가 대단히 많고 문헌도 방대한데, 이 연구들의 주된 관점은 돈보다 교사의 자질이 훨씬 더 중요하다는 것이다. 단순한 네 가지 방법으로 일선 교사의 자질을 높일 수 있다. 그것은 자질이 더 훌륭한 교사의 채용, 실험을 도입하고 결과를 평가하는 실용주의에 관한 기초 훈련, 가장 어려운 조건에 최고의 교사 배정, 가장 열악한 교사의 축출이다.

영국에서 티치 퍼스트(Teach First) 프로그램은 극적인 영향을 미쳤다. 프로그램의 목표는 단순하다. 대학교를 막 졸업하는 뛰어난 학생들을 첫 수년 동안 일단 교사로 일하게 한 뒤에 다른 경력으로 전환하도록 유도하는 것이다. 이와 비슷한 방식으로 모집할 교사의 표적 집단을 달리 생각해볼 수 있다. 처음에 가르치는 것이 아니라 마지막에 가르치는 티치 라스트(Teach Last)는 어떻겠는가? 나와 함께 공동 논문을 많이 저술한 얀 빌럼 귀닝은 암스테르담의 교수였다가 은퇴할 때에 동네 학교의 수학 교사가 되었는데, 이 일이 그의 인생에서 가장 보람 있는 경험이라고 내게 말한다. 그런데 티치 퍼스트 프로그램은 런던에서 가르치는 교사에만 국한되었다. 런던은 영국에서 그러한 지원을 받을 필요가 가장 적은 곳이다. 티치 퍼스트의 지원이 필요한 학교들은 지방 중소 도시들에 있다. 왜냐하면 지방은 한번 자리를 잡았다가 빠져나오지 못할까봐 양질의 교사들이 취직하기를 꺼리는 경우가 많기 때문이다. 교사직을 평생의 직업으로 계획하는 사람들은 지방에 붙들리는 것을 두려워하니 교사직을 계속할 계획이 없는 사람들이야말로 지방 학교에서 아주 수월하게 채용할 수 있을 것이다. 티치 퍼스트의 런던 편중을 더욱 악화시키는 것은 런던의 교사들에게 지금도 급여 프리미엄이 지급되는 데다가 런던의 학교들이 다른 지역보다 학생 1명당 지원받는 자금이 훨씬 더 많다는 점이다. 영국에서 학교 성적이 가장 높은 곳이 런던인데도 그렇다. 런던에 쏠려 있는 티치 퍼스트와 임금 프리미엄, 학생당 자금 지원 프리미엄은 전부 종식되어야 하고, 필요한 곳들로 이전되어야 한다. 티치 퍼스트는 정확히 올바른 프로그램이었지만, 정확히 잘못된 장소를 표적으로 정했다.

여러 가지 교습 방법들 중에서 하나를 선택하려면 무작위적인 실험들을 실행해보고 그 결과에서 배우는 방식으로 결정하는 것이 아주 적합하다. 그러나 정치인들과 기성 교육계는 그러한 실험들을 경계하고 피하려고 한다. 실용주의는 무지를 인정하지만, 이데올로기에 동반하는 확신은 그보다 훨씬 더 만족스럽기 마련이다. 그러나 나라와 학교에 따라서 국제 학생 평가 프로그램(PISA)의 성적 차이가 크게 난다는 점을 고려하면 여전히 배워야 할 것이 많고, 그러한 배움은 실험을 통한 평가를 통해서만 얻어질 것이다. 교사 훈련은 이처럼 계속 진화해갈 증거를 중심으로 구축되어야 하고, 학생들이 그러한 증거의 진화에 발맞추어 배워나가도록 가르쳐야 한다.

가장 부실한 교사들을 솎아내는 일은 극적인 영향을 미칠 수 있다.[10] 최악의 교사들이 막대한 피해를 유발한다는 점을 입증하려면 정교한 사회과학 기법이 필요하지만, 최악의 교사를 둘러싼 문제에 대해서 왜 아무런 행동도 취하지 않는지를 이해하는 데에는 그다지 많은 연구가 필요하지 않다. 다양한 노동조합을 통해서 대표되는 교사 직군의 기득권은 그러한 정책을 감히 제안하는 정치인이 나타나면 누구든 낙선 운동으로 위협한다. 이것이 이해할 만한 것일까? 그렇기는 하다. 그러면 윤리적일까? 그것은 아니다.

비록 학업 성취도 문제에서 유행은 계속 변하고 이데올로기가 분석을 방해하기는 해도 이 문제에 대처하는 데에 도움이 될 만한 교실정책이 몇 가지 있다. 교습도 중요하지만, 학생의 노력이 결정적이다. 중요한 문제는 노력하는 성향이 가장 약한 학생들을 노력하도록 유도할 가장 효과적인 방법을 찾는 것이다. 시카고 대학교의 경제학자들은 서로 다른 접근법들을 피험자 실험을 통해서 시험해본 결과,

아주 단순한 기법으로 커다란 효과를 거둘 수 있다는 점을 발견했다.[11] 그중 하나는 학생의 노력이 행해진 뒤에 어떤 방식의 보상이든 효과를 보려면 몇 달이 아니라 몇 분 내에 바로 보상해줄 필요가 있다는 것이다. 보상의 종류에 관해서는 돈보다 존중이 더 큰 효과를 발휘한다(여기에서도 다시 우리는 탐욕의 동물이기보다는 사회적 동물이라는 점이 드러난다). 그러나 보상이 최고의 동기 유발은 아니다. 사람들은 이득을 얻기보다 손실을 피하려는 동기가 훨씬 더 강하다. 전문 용어로 "손실 혐오(loss aversion, 또는 기피)"라고 불리는 행동이다. 그러니까 저조한 노력으로 인해서 존중과 직결되는 신속한 손실이 강렬한 효과를 발휘할 수 있다. 그러나 교사를 양성하는 사범 대학에서는 이 점을 중요하게 다루지 않는다.

　능력별로 반을 편성하는 것에 대해서는 이데올로기적 논쟁이 아주 심한데, 실용주의가 절실히 필요한 문제이다. 신뢰할 만한 심리학 이론에 따르면, 어린이들은 동료들의 존중을 추구하며 존중을 얻으려고 (또는 잃지 않으려고) 꽤 노력하려고 한다. 가장 강력한 동료 집단은 보통 같은 학급의 다른 학생들이다. 같은 학년 집단이 능력별로 편성된 반으로 운영되어서 학급 내의 뛰어난 학생과 미진한 학생 간의 능력 격차가 좁아지면, 미진한 학생들이 노력을 기울일 만한 의미가 생긴다. 뛰어난 학생들 역시 계속 앞서가려면 더 열심히 노력해야 한다. 그러나 격차가 아주 크게 벌어지기 쉬운 상황은 학년 집단이 능력별로 운영되지 않고 무작위적인 학급으로 나뉠 때이다. 이런 상황에서는 미진한 학생들이 노력할 의미가 없어지고, 뛰어난 학생들의 노력은 불필요해진다. 이러한 생각을 뒷받침하는 경험적 증거가 약간 있지만, 지금까지 내가 살펴본 내용보다는 더 철저한 검증이 필요하다. 학교에서 가장 필요한 것은 도그마가 아니라 실험을 적용하고 그 결과에 대한 엄밀하고 독립적인 평가를 통해서 변화를 도입하는 것이다.

　마지막으로 돈 문제가 있다. 현재 학생 1명당 공적 지출의 격차가 그밖의 측면들에서 나타나는 학업 성취도의 격차를 증폭시키는 경향이 있다. 가장 커다란 것은 지역 간의 격차이다. 대도시에서는 과세 기반이 번창하는 데다가 로비 활동도 거세다. 망가진 도시들에서는 두 가지가 모두 미비하다. 충분히 예상할 수 있듯이, 영국에서는 그에 따른 격차가 극단적으로 나타난다. 런던은 압도적인 차이로 학생 1명당 공적 지출에서 최상위인 반면, 나의 고향인 요크셔와 험버사이드는 최하위권에 속한다. 이미 런던은 시험 성적이 전국에서 가장 우수한 반면, 나의 고향 지역은 최하위이다. 이러한 격차는 최근에 나타난 것이고, 격차의 폭도 클 뿐만 아니라 더 벌어지고 있다. 이 문제에서도 동기가 앞서는 추론이 계속 등장할 것이다. 이 심각한 자금 배분의 오류를 지금도 옹호하고 있는 기득권은 망신과 결정적인 패배를 당해야 한다.

학교를 넘어서 : 활동과 지도

학교 밖에서의 활동은 대부분 10대에게 유익하다. 그러나 학업 성취도와 삶의 기회에서 생기는 격차는 대부분 더 이른 시기에 발생한다. 10대 미만 아이들의 성과에 커다란 격차를 초래하는 가장 중요한 행동은 애석하게도 아주 단순한 것인데, 바로 독서이다. 고학력 계급의 아이들은 책을 읽는데, 저학력 계급의 아이들은 읽지 않는다. 독서는 아이들에게 문을 열어준다. 엘리트의 아이들은 그 문을 통과한다. 학교는 이 문제를 교정해야 할 임무가 있다. 아이들은 읽는 방법에 관한 요령을 배우지만, 이는 독서 습관을 들이는 것과는 아주 다르다. 책을 읽지 않는 부모의 아이들에게 독서 습관을 고무하는 방법은 이제 많이 알려져 있다. 그것의 실천에 별로 노력을 기울이지 못했을 뿐이다. 그러나 누구라도 이 문제를 중시하는 시민들이 마음만 먹는다면 의미 있는 변화를 이룰 수 있다. 효과를 거두었던 방법을 소개하겠다.

로더럼은 영국에서 변두리로 추락한 상징적인 곳으로 대단한 오명이 따라다니는 도시이다. 근처의 셰필드처럼 철강과 광업이 활발했다가 일자리가 사라져버렸다.* 이러한 비극과 사회적인 혼란 속에서 소수의 시민들이 모여서 가장 열악한 가정의 아이들을 대상으로 읽고 쓰기의 수준을 높이기로 마음먹었다. 그들은 활용할 만한 본보기를 찾다가 미국의 한 도시에서 효과를 본 듯한 사례를 선택했다. 그것을 그들의 상황에 맞게 각색했고, 동시에 작업 진행에 발맞추어 수량적인 평가를 수행하기 위해서 셰필드의 한 대학교와 협력관계를 맺었다. 그들의 작업이 효과를 보았다는 것을 우리가 아는 이유는 바로 그 평가 덕분이고, 학교 시험 성적에서 그들이 거둔 성과가 분명하게 드러났다. 그들은 자선 단체를 설립한 다음, 도심에서 사용되지 않는 장소를 구했고(그처럼 버려진 곳들이 아주 많았다), 지역 회사들을 설득해서 술집이었던 그곳을 아주 마법 같은 곳으로 바꾸었다. "마법 같은"이라는 말은 여기에서 비유적이기도 하지만 문자

• 로더럼은 인구가 옥스퍼드의 두 배에 달하는데도 변두리로 내몰린 탓인지 철자 오류를 검사하는 "스펠체크" 프로그램도 그 명칭을 인식하지 못한다. 옥스퍼드라는 도시 명칭은 물론 이 프로그램이 잘 인식한다.

그대로의 뜻도 있다. 새로 태어난 그 장소는 어린이들이 마법을 배우러 가는 센터였기 때문이다. 그곳 출입문 위쪽 간판에 표시된 명칭은 "그림과 그의 친구들(Grimm and Co)"이고, 출입문에는 "어른은 입장 불가"라는 표시가 붙어 있다. 그리고 창문은 새까맣게 가려져 있다. 이러한 외관의 특징들이 어린이들을 안으로 유혹한다. 보통은 망설이는 부모의 손을 어린이들이 잡아끌면서 들어가거나, 방문을 예약하고 같은 학급의 어린이들이 오기도 한다. 일단 안으로 들어가면 커다란 콩 줄기가 앞에 보이고, "제발 이 막대기를 먹지 마세요"라고 적어놓은 표시물을 지나, 아이들을 매료시키는 다른 장치들이 아주 많이 보인다. 이것들은 모두 서곡이고, 곧이어 아이들이 숨겨진 문을 지나서 책들이 비치된 계단으로 올라가면 잠시 자리를 비운 미스터 그림의 사무실을 지나, 그가 새로 지은 이야기가 적혀 있는 너저분한 종이들이 보이는 방에 도착한다. 그 이야기를 아이들에게 읽어준다. 그러나 아쉽게도 재앙이 일어난다. 마지막 쪽이 사라진 것이다! 다급하게 이야기를 매듭지어야 하는 상황이 연출되고, 아이들은 도움을 요청받는다. "누구 도와줄 사람 있어요? 여기 있는 연필로 마지막 이야기가 어떻게 될지 적어주세요."

이 대목에서 아이들은 예외 없이 우르르 달려든다. 교사들은 연필을 집으려고조차 하지 않던 아이들이 자신의 목숨이라도 걸린 것처럼 글을 적는 광경에 눈물을 터트린다. 그리고 온갖 일들이 뒤따랐다. 로더럼 학생들의 시집이 출판되어 전 세계에 배포되었고, 왕립 셰익스피어 극예술 회사가 로더럼에 와서 아이들을 위해서 공연을 했다. 록스타이자 작가, 자선 사업가인 밥 겔도프는 로더럼 아이들을 소재로 글을 썼다. 의욕에는 불을 지필 수 있고, 습관도 바뀔 수 있다. 이 기발한 사업은 정열적인 한 여성이 일군 것인데, 규모를 더 키워서 서로 다른 지역의 상황에 맞추어 적용할 수 있다. 로더럼은 이미 중국과 한국의 방문단을 유치했다. 분명히, 동아시아인들이 런던의 문인과 화가의 고급 주택지인 햄스테드가 아니라 **로더럼**에서 배우고 있다. 그들이 배울 수 있다면 아마 여러분도 배울 수 있을 것이다.[12]

그밖에도 어린이들에게 도움이 될 수 있는 교외 활동이 많다. 비인지적 능력을 형성해주는 것은 공부가 아니라, 아이들에게 신뢰받는 친밀한 조언자들, 그리고 아이들이 협력과 지도력을 배울 수 있는 운동과 같은 집단 활동이다. 유용한 지식을 많이 보유하고 신뢰받는 친밀한 조언자를 발견하는 일은 어린이가 접촉하는 사회 관계망의 폭에 달려 있고, 그것은 가족의 사회 관계망을 반영한다. 나 자신의 직업 경력 중에서 한 번의 결정으로 가장 중요했던 일은 대학교에 입학하기 한 달 전의 결정이었다. 법과대학에 입학 허가를 받은 뒤에 나는 경제학으로 전공 변경을 요청하는 편지를 썼다. 그렇게 마음먹기까지 조언을 절박하게 구했다. 그 결정에 따라서 삶의 여정이 완전히 달라질 것임을 알았기 때문이다.* 그러나 나의 가족의 네트워크에는 마땅한 경험을 가진 사람이 아무도 없었다. 너무 절박해서 치과 의사에게도 물어보았다(당연히 그는 도움이 되지 못했다). 요즘 서로 분단된 두 계급의 어린이들은 사회 관계망의 범위에서 엄청난 차이를 보인다. 퓨 리서치 센터는 한 가정이 보유할 만한 사회

---

* 그에 따라서 나는 책을 쓰는 것이 아니라, 지대를 추구하는 변호사가 될 수도 있었을 것이다.

관계망을 9개 유형의 사람으로 측정한다. 그 9개 가운데 8개 유형에서 고학력 가정은 저학력 가정보다 더 많은 인맥을 보유한다. 그중 마지막 유형인 수위(건물 관리인)의 경우에는 저학력 가정이 더 유리하다. 나머지 8개 유형 중에서 인맥의 격차가 가장 크게 나는 것은 내가 진로 결정에서 아쉬웠던 유형이다. 해당 설문은 바로 "당신은 대학 교수를 알고 있나요?"이다. 내가 성장한 가족에게는 이 질문이 "당신은 영국 여왕과 친분이 있나요?"에 버금갔을 것이다. 그러나 나의 아이들은 대학 교수들을 많이 알고 있다. 열일곱 살인 아들 대니얼이 나노 테크놀로지에 관심을 보였을 때, 첫 번째 접촉자가 될 사람은 바로 옆집에 살았다.

10대가 누군가의 말에 귀를 기울이기로 마음을 먹고 그로부터 받는 조언은 단지 유익한 정보에 그치지 않는다. 그것은 삶의 길잡이로 쓰이는 이야기들의 원천이기도 하다. 상이나 벌을 주는 부모의 테두리 바깥에서 듣는 건강한 이야기는 엇나가는 10대의 방향을 바꾸어줄 온화한 영향을 미칠 수 있다. 가부장적 권력은 귀를 기울이려는 의욕을 방해한다.[13]

숙련 기능과 회사, 연금의 격차 확대

학교는 삶을 위한 준비라고 하기는 어렵고, 실은 훈련을 위한 준비이다. 학교가 갖춰주는 것은 잘해봐야 일부 사람이 일부 직업에서 고생산성 숙련 기능을 연마하는 데에 필요한 인지적 능력일 것이다. 비인지적 능력은 학교 교육에서 인지적 능력만큼 주목을 받지 못한다. 그러나 뛰어난 인지적 능력보다는 잘 육성된 비인지적 능력이 더 중요한 고생산성 직무들이 많다. 예를 들면 인내심이 그러한 비인지적 능력 중의 하나이다. 학교 교육에서 직업 훈련으로 넘어가는 과정에서 계속 인지적 경로를 밟는 사람들과 인지적 기능으로부터 비인지적 기능으로 전환하는 사람들을 비교하면, 전자보다 후자의 과정이 더 힘겹고 까다롭다.

학교 이후의 숙련 기능

무엇이 효과가 있고, 무엇이 효과가 없는지 우리는 이미 알고 있다. 학교 이후의 숙련 기능 육성에 대해서 대다수의 고소득 국가들이 올바로 파악하고 있는 측면들이 꽤 있지만, 그들이 올바로 파악한 부분들은 서로 다르다. 여기에서 문제는 그들이 서로 배우려는 의욕이 별로 없었다는 점이다.

최상의 인지적 능력을 갖추고 그것을 더 육성하고자 하는 사람들에게 지금까지 세계가 경험해본 가장 훌륭한 숙련 기능 육성 시스템을 제공하는 나라는 미국과 영국이다. 그 시스템이 무엇일까? 훌륭한 대학교들이다. 미국과 영국 두 나라에는 훌륭한 대학교들이 많고, 그중에는 세계 10위권에 드는 5개의 미국 대학교와 3개의 영국 대학교가 있다. 반면에 영국을 제외한 유럽 연합 27개국에는 세계 10위권 대학교가 단 하나도 없는데, 이는 이 나라들의 대학 시스템에 존재하는 더 광범위한 결함을 말해주는 징후이다. 그런 차이가 나는 이유는 대학교가 어떻게 운영되는가에 있다. 높은 수준의 대학 교육을 성취하는 요인은 경쟁, 그리고 중앙에 의해서 통제되지 않는 경영이다. 이것은 바로 현대 자본주의가 지금껏 높은 생산성을 달성할 수 있었던 요인이기도 하다. 반면에 중앙에서 통제하는 프랑스의 교육 시스템은 복잡성이 낮고 표준화되어 있는 초등학교 전 단계의 교육에서는 그토록 기발한 성과를 거두었지만, 대학 교육에서는 침울한 성과밖에 거두지 못했다.

반면에 미국과 영국은 엘리트 교육을 받는 소수를 제외한 그밖의 사람들이 숙련 기능을 육성하기 위한 환경이 열악하다. 젊은이들 대다수가 단지 인지적 능력을 심화하는 유형의 훈련만 받다가 등한시했던 비인지적 능력을 육성하는 유형의 훈련으로 궤도를 수정해야 한다는 점을 상기해보라. 이러한 궤도 수정이 더 힘겨운 이행 과정이라는 점을 감안하면, 학교 이후의 훈련정책은 바로 이 이행 과정에 주안점을 두어야 한다. 젊은 학생의 관점에서 보면, 그들은 미지의 환경으로 도약하는 것이어서 심리적인 부담이 더 크다. 정부의 관점에서 보면, 습득해야 할 능력이 정부가 교육 시스템을 통해서 관리하는 것과는 아주 달라서 조직적으로 대응하기가 더 까다롭다. 학생 1인당으로 쳐서 이 이행 과정이 대학 학위를 따기 위한 학습보다 더 많은 예산을 배정받아야 한다.

전문가들은 무엇이 필요한지를 잘 알고 있다. 그것은 젊은이들이 인지 능력 위주의 낯익은 훈련 경로에서 오랜 시간을 보내는 것보다 그들이 배우고자 하는 "기술적 직업 교육 및 훈련"을 높은 품질로 갖추어놓는 것이다. 다행히 전문가들은 어떻게 그런 교육과 훈련을 성취할 수 있는지도 잘 알고 있다. 왜냐하면 독일이 그것을 이미 오랫동안 실천해왔고, 그로부터 생산성이 높고 훌륭한 보수를 받는 노동력을 갖추는 성과를 거두었기 때문이다. 그렇다면 독일은 그 훈련을 어떻게 하고 있을까? 그들은 어떻게 훈련을 조직하며, 어떻게 수백만의 젊은이들이 그런 훈련에 동반하는 심리적 도약에 뛰어들도록 유도해왔을까? 더 중요한 사항으로, 다른 나라들은 왜 독일을 모방하지 않았을까?[14]

독일의 직업 훈련에서 조직을 운영하는 핵심 요소는 기업과 대학교 간의 국지적인 동반자 관계를 구체적인 하나의 산업 내에서 형성하는 것이다. 대학교는 그러한 산업과 관련된 숙련 기능을 위주로 교과목을 설계하는 한편, 기업은 학생들에게 현장의 작업 경험과 아울러 기업 내의 숙련 노동력이 이끌어주는 친밀한 지도를 제공한다. 학생이 투입하는 시간도 대학교와 기업 양쪽으로 배분된다. 학생은 보통 3년 동안 이 훈련을 수행하고 나서 해당 기업에서 일자리를 얻는다. 훈련의 목표는 여러 가지인데, 시시한 것은 전혀 없으며 몇몇 목표는 상당히 섬세하다. 채용 자격을 갖춘 젊은 노동자가 되는 방법이 적혀 있는 목록을 보면, 그것은 소설가이자 시인인 러디어드 키플링이 적어놓은 어른이 되는 방법의 목록에 버금갈 만큼 어려운 일로 보인다. 그중 하나는 언제나 일상적으로 전문 능력을 쌓으라는 것인데, 이는 숙련 기능은 실습으로 육성되며 그 경험에서 생겨나는 되먹임을 통해서 연마된다는 것이다. 또 하나는 필요할 때에 스스로 생각하는 능력을 갖추어야 한다는 것인데, 이 능력은 스스로 능숙하게 문제를 해결하기 위한 지식과 자신감이다. 높은 품질을 추구하는 장인적 정서로부터 최고를 고집하는 윤리와 훌륭히 완수된 작업에 대한 자부심이 생겨난다. 이 과정은 본보기가 되는 사람과 같이 일하면서 습득된다. 그다음은 쓸모 있는 기능을 익히는 것이다. 작업에 필요한 산술 능력, 용어 이해, 의사소통의 기술과 그래픽 처리 등이 배워야 할 항목으로 등장한다. 그밖에, 일자리의 대부분은 민간 부문에 존재하므로 젊은이들은 비즈니스에 적합한 태도를 배워야 한다. 예를 들면 일자리는 그들이 생산한 것에 기꺼이 값을 지불하는 고객에게 달려 있음을 인식하는 태도이다. 또한 자신을 소개하는 요령이라든가 적절한 시한 내에 정성을 담아서 과업을 완수하는 삶의 기술을 배워야 한다. 마지막으로, 호기심을 가지고 탐구하면서 유연하게 대응하는 적응력을 육성하기 위한 자신감, 공감, 자제력, 인내심, 협력, 창의력 등이 강조된다. 옥스퍼드 대학교의 평균적인 학생도 이런 이야기를 읽으면 위압감을 느낄 것이다. 그러나 이것이 인지적 능력을 많이 타고나지 못한 절반의 인구가 21세기의 업무에서 생산성을 발휘하는 데에 필요한 숙련 기능이다.

그러한 숙련 기능을 육성하는 일은 지역 차원의 과업이기도 하고 나라 차원의 과업이기도 하다. 그러한 과업에서 효과를 보려면, 정부의 공공정책을 보완해줄 기업의 목적의식이 필요하다. 여기에서 우리는 다시 윤리적 기업의 개념을 보게 된다. 윤리적 기업이란 개인의 풍요로움보다 더 큰 임무를 내면화한 사람들로 구성된 사업체이다. 윤리적 기업은 젊은 채용자에 대한 자신의 책임을 인식하고 그들을 제대로 훈련하는 데에 시간과 돈을 투자한다. 단지 해당 업종의 좁은 숙련 기술에만 투자하는 것이 아니라, 독일의 "기술적 직업 교육 및 훈련"에서 다루는 더 폭넓은 역량을 두루 갖추도록 투자한다. 자신의 노동력을 대하는 태도가 서로 정반대인 영국 기업의 예로, 존 루이스와 BHS 두 소매업자를 꼽을 수 있다. 이에 상응하는 미국의 예는 토요타와 GM이다. 윤리적인 것이 꼭 어리석음을 뜻하지는 않음을 상기하자. 파산한 회사는 BHS와 GM이지, 존 루이스와 토요타가 아니다.

무엇이 효과가 없는지도 우리는 알고 있다. 현실의 직업세계와 단절된 훈련이 바로 그것이다. 겉으로는 숙련 기능 문제에 대처하는 것처럼 보이는 두 가지의 흔한 공공정책이 현실의 직업과 연결되지 못하는 문제를 안고 있다.

몇몇 나라의 정부들이 그동안 숙련 기능자가 부족하다는 우려에 대응하고자 겉으로는 직업 교육처럼 보이는 과정을 권장했다. 그러나 그 훈련 과정이라는 것들은 3-4개월밖에 지속되지 않고, 장래의 구체적인 기업의 일자리와 연계되어 있지 않으며, 어떤 직종의 초보적인 기술적 내용을 넘어서지 못한다. 이 교육들은 기업에서 실제로 유용하게 쓰일 기술적 능력에 필요한 광범위한 숙련 기능을 전혀 다루지 않는다.

더 거창하기는 해도 분명히 더 낭비적인 것으로, 질이 떨어지는 직업 교육 과정이 대학교에 엄청나게 늘어났다. 요즘 미국과 영국에서는 젊은이들의 절반이 대학교에 입학한다. 이것은 학위가 과도한 존중을 누리는 탓에 나타난 반응이다. 영국에서 이 대학교 졸업자들 중에서 3분의 1이 취직하는 일자리는 예전에 대학 교육을 받지 않은 청년들이 수행하던 일이었고, 갖추어야 할 숙련 기능이 그후로도 변하지 않은 직무이다. 학위 덕분에 이 대학교 졸업자들의 생산성이 높아지지는 않았다.[15] 학교에 다니는 동안 많은 어린이들이 소셜 미디어에 보이는 화려한 직업을 꿈꾼다. 그러나 다양한 직업이 사람들의 시선에 얼마나 많이 노출되는가와, 노동 인구 중에 그러한 직업인들이 실제로 얼마나 많은가 사이에는 불일치가 대단히 크다. 어린이들은 물론 꿈을 꾸고 계획을 세우고 열망을 키워야 하지만, 그러한 열망은 인구 전체와 견주어볼 때의 현실과 맞아떨어져야 한다. 꿈을 바꿔서 직업에 맞추어가는 과정도 어른으로 성장하는 고통의 일부분이다. 노르웨이의 작가 칼 오베 크네우스고르가 참 아름답게 표현했듯이, 16세에 출발해서 40세에 이르는 여정은 "당시에야 너무나도 광대하고 모든 것을 아우르지만, 불가항력으로 쪼그라들고 위축되다가 결국 감당할 수 있을 만한 것에 이르게 된다. 많이 아프지도 않지만 그다지 좋지도 않은 것 말이다."[16)

어른들은 이 여정을 이용해서 득을 보려고 공모하지 말아야 한다. 화려한 직업(일례로 과학수사)에서 종사하는 사람들이 답답해하면서 내게 설명하기로, 겉으로는 그들의 직업을 겨냥하여 훈련하는 대학 교육 과정이 헛된 약속을 내걸고 학생들을 뽑는다고 한다. 학생들은 큰 채무를 진 채 이런 교육 프로그램을 졸업한다. 미국에서는 그 졸업생들의 채무가 일류 대학교에서 값어치 있는 학술 교육을 이수하는 학생들의 채무보다 클 때도 많다. 그들은 꿈에 그리던 직업으로 직결되는 "학위"라는 말에 유인되지만, 결국 비싼 돈을 치르고 막다른 길에 봉착한다. 그러나 그 시기에 그들에게 필요한 것은 덜 매혹적이더라도 생산적인 경력으로 도약할 수 있는 발판이다.

미국과 영국 두 나라 모두, 훈련 수준이 낮은 엄청난 수의 구직자들이 지금껏 취직한 회사들을 보면 생산성도 낮고 따라서 보수도 낮은 조건에서 이익을 내도록 설계된 곳들이다. 그런 기업들은 시장의 수요가 줄면 곧바로 노동자를 해고해서 비용을 절감한다. 또한 훈련 비용을 삭감하며 노동조합을 배제한다. 근로자들의 불만으로 직원 교체가 빈번하지만, 절박한 처지의 순진한 사람들을 이용해서 퇴직자들을 대체하는 식으로 문제를 해결한다. 몇몇 산업에서는 이런 저생산성/저비용 비즈니스 모형이 노동자들에게 투자하는 고생산성/고비용 모형보다 더 높은 이익률을 낼 것이다. 저생산성/저비용 모형이 더 높은 이익률을 내는 상황에서는 결국 저비용 기업들이 고비용 기업들을 시장에서 몰아낸다. 사람들이 소비자로서만 생활한다면 그로 인해서 형편이 좋아지지만, 노동자로서 생활할 때에는 형편이 나빠진다. 그러한 기업의 노동자들은 생산성이 낮은 만큼 소득도 낮다. 좀더 형식적인 언어로 말해서, 이것은 숙련 기능을 형성하는 사회적 과정에서 일종의 시장 실패가 일어난 것이다. 만일 조금 더 비싼 값을 치르고 물건을 구매하더라도 일자리에서 소득을 더 많이 얻는다면, 사람들의 형편은 더 좋아질 것이다. 그러나 사회 전체로 이처럼 더 월등한 결과를 가져올 거래들이 적합한 순서대로 체결되도록 유도할 메커니즘은 존재하지 않는다. 그처럼 형식적인 언어로 표현한다고 해서 문제가 사라지는 것은 아니다. 이 문제에 관하여 사회는 무엇인가를 할 필요가 있다. 최저임금 입법, 강제적인 훈련 부담금 부과, 노동조합의 권리와 같은 규제들은 모두 기업이 생산성을 희생해서 노동 비용을 떨어뜨리려고 행동할 여지를 제약하는 역할을 한다. 그러한 규제를 도입하면 어떤 결과를 초래하는지 단순한 예를 통해서 살펴보자. 파리와 런던의 레스토랑 연쇄점 사업체가 직면하는 최저임금법은 상당히 다르다. 파리의 최저임금이 훨씬 높다. 그에 맞추어 파리의 레스토랑은 각 웨이터가 런던보다 더 많은 고객들에게 응대할 수 있도록 음식의 메뉴와 직원을 조직하고, 더 복잡한 서비스 규칙에 따라서 직원들을 훈련한다. 그래서 파리 레스토랑의 웨이터는 런던보다 생산성이 더 높다. 음식 가격에서는 서로 차이가 없다. 다만, 파리의 레스토랑에서 식사하는 고객은 런던의 고객보다 직원의 주목을 덜 받는다. 그러나 사회적인 측면에서 결정적이 차이는 파리의 웨이터들이 더 많은 소득을 번다는 점이다. 물론 임금이 낮은 런던에는 웨이터 일자리의 수가 많지만, 그것들은 형편없는 일자리들이다.

양질의 비인지적 훈련이 어떤 것인지를 살펴보았고, 요즘의 많은 젊은이들이 이 훈련 경로와 달리 인지적 훈련으로 유인된다는 점을 짚었으니 이제 마지막 대목으로 심리적 요인을 들여다볼 차례이다. 과연 인지적 훈련 경로에 대한 젊은이들의 선호 여부를 결정하는 것은 무엇일까?『국부론』에 등장하는 조악한 심리학에서는 사람들이 오직 돈만 중시한다. 그러나 그보다 더 정확한『도덕 감정론』의 심리학이 우리에게 말해주는 것은, 사람들은 사회 속의 자기 위치나 태도도 중시한다는 점이다. 즉, 사람들은 존중을 주고받는다. 사람들의 후회에 관한 증거는 존중이 돈보다 강력하다는 우리의 직관을 뒷받침한다. 그러나 존중은 고사하고 금전적인 수지 타산에서도 미국과 영국의 많은 젊은이들이 인지적 경로의 매력에 이끌려 결국 막다른 길에 봉착한다. 그들이 그 길로 들어서는 이유는 지금 당장은 그것이 동료들의 존중을 가장 많이 얻는 선택이기 때문이다. 친구들에게 대학교에 입학한다고 말하면, 그러지 못하는 친구들은 못난 사람처럼 보인다. 과학수사를 공부하는 과정에 입학한다고 말하면, 친구들은 넷플릭스에서 보던 과학수사 창작물에서 활약하는 주인공을 떠올린다. 문제의 핵심은 인지적 훈련과 비인지적 훈련에 대한 존중의 순위가 잘못 매겨져 있다는 점이다. 이 문제는 영미권 사회에서 아주 뿌리가 깊다. 두 가지의 훈련 경로가 어떤 존중을 받는지, 어느 것이 우월한지에 대해서 젊은이들은 우리가 들려주는 이야기들에서 배운다. 그러한 인식이 너무 깊이 새겨져서 불가피한 일이라고 생각될 정도이다. 그러나 이는 결코 불가피한 것이 아니다. 이 점에서도 독일은 존중의 순위가 달라질 수 있다는 것을 보여주었다.

독일의 데이터를 제시할 수는 있겠지만, 나는 그보다 더 사적인 관계를 통해서 독일의 방식을 알게 되었다. 우리 가족은 1년 동안 영어를 배우고자 집에 기숙하면서 가사 도우미로 보수도 버는 아주 뛰어난 젊은 독일인 여성과 같이 생활했다. 그녀는 대학교에 진학할지, 아니면 구체적인 직업 훈련을 받을지 선택을 해야 하는 바로 그 단계를 통과하고 있었다. 그녀는 원하기만 한다면 학술적인 교육을 계속 이어갈 인지적 재능도 충분했고, 합격 통지를 받아둔 대학교도 여럿이었다. 그러나 그녀는 자기 고향에서 한 회사와 한 대학교가 공동으로 운영하는 직업 훈련 과정을 열망했다.* 그녀가 등록한 훈련 과정의 내용은 교육생들이 겁을 먹을 정도로 인상적이었다. 그녀가 배우기로 선택한 직무는 마케팅이었는데, 그 회사가 생산하던 제품은 기술적으로 섬세한 장비였고 그녀는 바로 이것을 마케팅하는 능력을 배워야 했다. 1년 차 교육의 첫 주일에 그녀는 그 장비를 제작하는 노동자들과 함께 선반을 만지면서 작업했다. 3년 차에는 라틴 아메리카에서 스페인어를 배웠다. 그녀는 이제 그 회사에 취직한 직원이며, 보수도 훌륭하고, 일자리도 안정적이다. 아마도 그녀는 고등학교를 졸업한 후에 훈련한 것이라고는 대학 학위밖에 없는 영국의 영업 사원과 맞붙어 경쟁할 것이다. 그러한 결정적인 선택을 하던 중에 그녀는 놀라워하는 우리의 반응을 오히려 놀라워했다. 그녀가 택한 경로는 학교 강의실에 앉아 있는 것보다 더 힘겨운 도전이었을 뿐만 아니라 더 높이 평가할 만한 값어치가 있었다. 존중과 물질적

---

* 영국에도 예전에는 "폴리테크닉스(polytechnics)"로 불리던 그러한 대학교들이 있었다. 학술적 교육을 높이 평가하는 영국의 편향을 말해주듯이, 그 대학교들은 모두 학위만을 취득하는 일반 4년제 대학교들로 변했다.

인 보상이 그녀를 그 길로 인도했다.

미국과 영국에서 독일에 버금가는 변화를 창출하려면 인지적 훈련에 따라다니는 특권적 상징들과 확실하게 결별해야 한다. "학위"라는 말에 묻어 있는 해로운 독소를 제거할 필요가 있다. 선반과 라틴 아메리카가 강의실에서 3년 더 앉아 있는 것보다 더 화려하고 매력적인 것이 될 수 있다. 독일은 이 일을 계속 잘해왔다. 그러나 선두 주자는 스위스이다. 스위스의 직업 훈련은 상당히 묵직하다. 훈련 과정에 보통 3~4년이 걸리고, 기업이 훈련 비용의 절반을 댈 정도로 큰돈을 쓰면서 깊숙이 관여한다. 직업 훈련에 대한 인기도 높다. 젊은이의 60퍼센트가 직업 훈련을 선택하는데, 훈련 과정에 등록해서 공부하는 동안 돈이 지급된다는 것도 이유가 되겠지만, 그러한 직업 훈련이 일류 일자리로 가기 위한 경로로 널리 인정받고 있기 때문이기도 하다.* 그러한 직업 훈련이 거둔 성과의 더욱더 훌륭한 점은 최고 수준의 직업 훈련이 세계 10위권 대학교와 같이 공존한다는 것이다. 비인지적인 교육 경로가 번창한다고 해서 인지적인 교육 경로가 약해질 이유는 없다.

직업 훈련에 주어지는 명예를 더 높은 차원으로 끌어올릴 필요가 있다. 훈련 과정의 교육생뿐 아니라 교육자에게도 그러한 배려가 필요하다. 인지적 기능을 가르치는 일에는 명예가 쉽게 따라붙는다. 나 같은 사람들은 "교수" 같은 직함을 얻고, "대학교"에 소속한다. 직업

---

* 영국에서는 2016년 한 해 동안 고등학교 이후 단계의 교육 과정 등록생 총수 중 고작 4,000명만이 기술적인 수준의 이수를 인정받는 자격증을 획득했다. 이것은 영국 인구 1만 명당 1명에도 미치지 못하는 비율이다. 다음의 자료를 보라. Alison Wolf, *Financial Times*, 28 December 2017.

훈련은 현재 너무 따로따로 쪼개져 있어서 그처럼 명예를 부여하는 개념이 쉽게 생기기 어렵다. 어쩌면 다수의 직업 훈련 과정을 하나로 묶어줄 공통의 지위를 새로 창출해서 중요한 국가적 목적에 부응하는 일이라는 격상된 의미를 부여할 필요가 있을 것이다. 이를테면 국립 숙련 기능 서비스(National Skill Service)라고 부를 제도적 개념을 만들면 직업 훈련의 모든 교육자들이 자부심을 가질 수 있을 것이다.

일자리의 장기적 안정성 확보

일단 생산적인 직무에 자리를 잡은 뒤, 노동자가 누려야 할 고용 안정성은 얼마나 되어야 할까? 노동자들은 주택 담보 융자와 같은 장기적인 의무를 떠안기 때문에 되도록 높은 고용 안정성이 필요하다. 반면에 기업은 그들 제품을 구매하는 수요에 주기적인 충격이 일어나기 때문에 되도록 고용의 유연성을 많이 확보하고 싶어할 것이다. 이 양자 사이의 절충은 그들의 협상력에 따라서 달라지겠지만, 정부의 정책이 이들의 협상력에 미치는 영향도 대단히 크다. 한쪽 극단에서는 프랑스처럼 정부가 법을 제정해서 고용 안정성을 채용의 필수 조건으로 규정하고, 반대쪽 극단에서는 1920년대의 미국처럼 정부가 법을 제정해서 노동조합을 제한한다. 이 양극단 사이에서 산업 부문마다 노동자들의 협상력은 서로 달라서 고용 안정성의 양상은 일률적이지 않다. 교수는 아무리 평범해도 정년까지 고용 안정성을 누린다. 그러지 못하면 불안해져서 커다란 생각을 전개할 그들의 능력이 방해받을 것이다(물론, 다른 이유를 더 제시하는 교수들도 있을 것이다). 반면에 나의 조카는 배우로 활동하면서 상을 받은 경험까지 있지만, 구직자들이 넘쳐나는 부문에서 평생 임시직으로 사는 것을 그러려니 하고 받아들인다.

이데올로기는 고용의 권리를 곰곰이 다시 생각해볼 때에도 도움이 되지 않는다. 좌파 이데올로기의 옹호자들은 노동을 사고파는 시장에 질겁하는 한편, 우파 이데올로기의 옹호자들은 시장을 신성시한다. 자유 시장 옹호자들이 내세우는 가장 흔한 비판은, 최저임금은 실업을 유발한다는 것이다. 그러나 실업이 무엇인가 잘못되었음을 말해주는 가장 선명하게 보여주기는 해도, 반드시 가장 중요한 문제는 아니다. 무엇보다 노동 시장은 서로 다른 두 가지 기능을 수행한다. 실업 문제에서 중요한 기능은 특정 숙련 기능을 갖춘 구직자를 그러한 숙련 기능을 활용하려는 기업이 창출하는 일자리와 짝짓는 것이다. 이 기능은 **짝짓기**이다. 그러나 대중의 번영에 중요한 노동 시장의 기능은 그러한 숙련 인력을 창출하는 것이다. 이 기능은 **투자**이다. 짝짓기와 투자, 이 두 기능은 어쩔 수 없이 상충하는 관계에 있다. 구속력이 있는 고용 계약이 가능해지면 투자가 더 쉽게 이루어질 수 있다. 노동자가 숙련 기능을 습득하는 데에 필요한 훈련에는 큰 비용이 들고, 누군가는 그 비용을 지불해야 한다. 가령 노동자가 지불하는 훈련 비용이 클수록 노동자는 자신의 투자가 의미가 있을 만큼 기업이 과연 자신을 더 높은 보수의 직무에 장기간 고용할지를 걱정한다. 반대로 기업이 지불하는 훈련 비용이 클수록 기업은 노동자가 훈련을 받고 나서 퇴사하여 다른 기업의 더 높은 보수의 일자리로 옮길까봐 걱정한다. 고용 안정성이 보장되면, 노동자는 첫 번째 우려를 극복할 수 있는 확신을 가질 수 있다. 반대로, 임금 통제로 인한 부작용으로 실업이 유발되면, 실업이 직원의 퇴사를 억제하므로 기업은 두 번째 우려를 극복할 수 있는 확신을 가질 수 있다. 따라서 고용 안정성도 보장되고 임금도 통제된다면 노동자와 기업 양자가 모두 훈련에 더 투자하기 쉬울 것이다. 그러나 고용 안정성의 보장과 임금 통제는 노동자를 채용할 기업의 동기를 저해하고, 따라서 노동 시장의 짝짓기 기능을 방해한다. 바로 이 때문에 숙련 기능에 대한 기업 투자의 문제를 해결할 방법으로는 노동자들의 퇴사 동기를 낮추는 고실업이 아니라, 정부가 강제로 거두는 훈련 부담금이 더 효과적이다.

그러나 노동자들에게 고용 안전성이 필요한 이유는 단지 그들이 숙련 기능에 투자한 것을 회수하는 것뿐만 아니라, 그들이 미래에 받을 임금을 바탕으로 여러 가지 책임을 떠안기 때문이다. 일례로 육아나 주택 구매와 같은 책임을 떠안을 수 있다는 것은 사회에도 이롭고, 따라서 고용 안정성의 사회적 가치는 크다. 따라서 수요 침체기에 노동자가 해고당할 위험을 감수하는 것보다는 노동자에게 계속 급여를 지급해줄 사회적 필요에 기업이 적응하는 쪽이 더 효율적일 수 있다. 가령 기업이 노동자를 계속 고용할 수밖에 없는 상황에서는, 일정한 노동자 과업 하나의 수요가 줄어들 때에 노동자를 다른 과업으로 전환할 수 있도록 기업이 노동자에게 여러 가지 과업 능력을 훈련시키는 관행이 생길 수 있을 것이다.

그러나 그러한 고용 안정성에는 한계가 있을 수밖에 없다. 일시적인 경기 변동에 대처할 수 있더라도 수요 침체의 규모가 크고 오래 갈 때에는 노동력을 줄이지 않고는 기업이 적응할 수 없다. 극한 상태에서는 기업이 파산한다. 그러나 일자리 손실이 불가피하다는 사실이 결코 노동자가 겪는 부담을 줄여주지는 못한다. 그 정도로 커다란 충격이 발생할 때에는 기업보다 더 큰 주체, 국가가 필요하다. 노벨상 수상자인 장 티롤은 경기 변동의 바닥을 통과하는 동안 기업이 노동자들을 계속 고용하도록 정부가 유도하면서도 지속적인 경기 수축기에는 노동자들을 해고할 수 있도록 하는 영리한 방안을 제안했다. 그것은 국가가 복지 지출과 재훈련에 지출하는 추가 비용을 반영하여 기업의 노동자 해고에 부담금을 물리는 것이다.

　그러한 일자리 충격에 가장 잘 대응해왔다고 두루 일컬어지는 나라가 덴마크와 스웨덴이다. 이 두 나라는 유연 안전성(flexicurity)이라는 개념을 개발했다. 이 정책은 망가진 도시를 소생시키는 과제와 밀접하게 관련되어 있다. 한 산업이 붕괴되면 특정 지역들이 심한 타격을 입게 되고, 그 지역의 노동자들은 재훈련이 필요해지기 때문이다. 「제인즈빌」은 커다란 공장의 폐업으로 충격을 받은 미국의 한 소도시에서 진행된 재훈련 프로그램을 분석한 희귀한 연구이다.[17] 이 연구는 그곳의 재훈련이 완전히 실패했음을 보여준다. 실업자들 가운데 재훈련을 받은 사람들이 받지 않은 사람들보다 구직한 사례가 더 적었고, 구직에 성공했더라도 재훈련을 받지 않은 사람들보다 보수가 낮았다. 그 훈련 프로그램은 왜 그토록 대대적으로 실패했을까? 내가 보기에는 세 가지 중요한 사항이 경시되었다. 더욱이 그러한 경시가 노동자들이 예전에 받은 학교 교육과도 직결되었다. 즉, 해고된 남성 노동자들은 현대적인 학습의 기초가 되는 것들을 배운 적이 없다. 나아가 그러한 교육의 경시가 그들이 공장에서 근무하던 오랜 기간 계속되었다. 티롤이 제안한 정책인 해고 부담금 같은 벌금 부과를 전혀 생각해보지 않은 기업들이니, 그 기간 내내 노동자들에게 더 광범위한 숙련 기능을 갖추어줄 유인도 전혀 없었다.

그런 훈련이 이루어졌더라면 노동자들의 채용 가능성이 좀더 높아졌을 것이다. 그러나 무엇보다, 재훈련이 새로운 산업을 유치하기 위해서 후보 기업들을 겨냥하는 산업 진흥책과 조율되지 않았다. 그와 반대로, 오히려 기업 군집체의 역학이 악순환의 작동을 촉발했다. 공장의 폐업에 뒤따르는 후폭풍으로 지역 내의 다른 고용주들의 생산이 위축되었고, 그로 인해서 재훈련을 받은 노동자들이 구직을 시도할 일자리가 별로 없었다. 「제인즈빌」이 묘사하는 경험이 말해주는 것은 유치할 기업들의 이목을 끄는 적극적인 진흥책의 조율 노력 없이는, 재훈련은 희망의 환상만 안겨주는 함정이라는 것이다. 현실에서는 이 난점에 더하여 과거에 더 좋은 교육을 받았고, 전에 습득해놓은 숙련 기능의 폭도 넓으며, 새로운 군집체를 형성할 강력한 추진력이 따라준다고 하더라도, 해고당한 노동자들은 당장 생활에 필요한 저축금을 재훈련에 쓰기를 망설이기 십상이다. 시카고 경영 대학원의 두 교수인 루이지 징갈레스와 라구람 라잔은 모든 노동자에게 필요할 때마다 평생의 재훈련에 쓸 자금을 할당해주어야 한다고 제안했다.˙

이제 막 시작된 로봇 공학의 혁명에다가 무엇이 되었든 그 너머로 더 나아갈 테크놀로지 혁명들로 인해서 많은 사람들이 어쩔 수 없이 재훈련을 해야 할 것이다. 내가 보기에 로봇 공학 때문에 노동의 필요성이 줄어들 개연성은 희박해 보인다. 우리의 욕망은 마를 날이 없을 것이기 때문이다. 그 대신, 로봇으로 말미암아 노동자들이 필요할 과업의 구성이 변할 것이다. 이를 설명해줄 귀중한 통찰의 핵심

˙ 2018년 5월 프랑스 정부는 그러한 정책을 도입했다.

을 짚어보자. 대개 사람들이 수행하는 전형적인 직무는 순서대로 진행되는 여러 과업의 연속으로 이루어진다. 그러나 가장 상투적인 직무, 즉 변화 없이 늘 똑같아 보이는 일이라고 해도 반드시 판단이 필요한 순간들이 있고, 다른 사람들과 상호 작용을 하는 능력을 비롯해서 상투적이지 않은 모종의 행동이 꼭 필요하기 마련이다. 로봇의 활용으로 없어질 과업들도 있을 것이고, 그 결과로 근무일 1일당 생산물에 투입되는 비용이 가파르게 떨어질 것이다. 반면 로봇에 적합하지 않아서 계속 잔존하는 과업들도 있을 것이고, 로봇을 사용함으로써 창출되는 과업들도 있을 것이다. 이러한 과업들에 노동력을 배치하면, 전형적인 노동자의 생산성이 훨씬 높아질 수 있다.[18] 서로 다른 갖가지 직무마다 로봇에 적합한 과업과 적합하지 않은 과업의 구성이 다르다. 따라서 로봇의 사용이 계속 확대되면 사람이 수행하는 숙련 기능의 내용이 계속해서 큰 폭으로 변할 공산이 크다. 결국에 사람들이 하나의 직무에 걸맞을 새로운 과업의 꾸러미를 수행할 능력을 갖추려면 주기적으로 재훈련을 할 필요가 있다. 런던보다 파리의 웨이터가 소득을 더 많이 벌 듯이, 오늘보다 내일의 노동자가 더 많은 소득을 벌 것이다. 그러나 그러기 위해서 내일의 노동자는 파리의 웨이터들처럼 다른 숙련 기능을 배워야 한다. 이로부터 도출되는 당연한 결과는 노동 집약도가 아주 높고 대대적으로 확장되어야 할 부문 중의 하나가 훈련 부문이라는 것이다.

은퇴의 안전성

나도 은퇴 생활을 바라기는 하지만, 지금 은퇴할 생각은 없다. 그래도 나는 은퇴 후에 국가 연금과 대학 연금에서 나올 나의 연금 지급

액이 얼마일지 이미 알고 있다. 나는 죽을 때까지 탄탄한 연금이 보장되어 있다. 그러나 그렇지 못한 사람들이 많다.

개인이 감당하기 어려운 위험은 큰 단위로 한데 묶을 수 있고, 큰 단위로 묶이면 대다수 유형의 위험이 소멸한다. 위험을 큰 단위로 묶을 때에 신중해야 할 이유로 "도덕적 해이"가 있다. 어떤 상황에서는 위험이 큰 단위로 묶여서 수많은 개인에게 분산되면, 누구나 위험을 더 많이 떠안는 경향이 있기 때문이다. 쉽게 말해서 사람들이 화재 보험에 들고 나서 부주의해지는 식이다. 그런데 가입자들이 많은 딱 한 종류의 연금이 묶어주는 위험에는 도덕적 해이가 끼어들 여지가 전혀 없다. 확정 기여형으로 설계된 모든 연금이 그러하다. 내가 오래 전에 가입한 연금은 이와 다르게 설계된 확정 **급여형**인데, 그동안 거의 모든 기업들이 이런 방식의 연금에 동반하는 비용은 도저히 감당할 수 없다고 결정했다. 영국의 모든 대학교들을 묶어서 운영되는 나의 연금은 감당할 수 없는 비용이 든다는 점을 잘 보여준다. 왜냐하면 이 대학 연금은 지금까지 각종 연금 펀드가 보유하는 적자 가운데 최대 규모의 누적 적자를 기록하고 있기 때문이다. 참으로 천만다행으로, 이러한 펀드 사정이 나의 연금 청구권에는 아무런 영향을 미치지 못한다. 불어나는 적자는 다음 세대의 학계 가입자들과 높아진 등록금을 지출할 학생들이 부담할 것이기 때문이다. 내가 이것을 얼마나 감사히 여기는지 알게 되면 그들의 가슴 한편이 훈훈해질 것이다.*

---

* 혹시나 해서 보태자면, 내 연금의 적자분은 이미 법정 판례를 통해서 다음 세대의 그들이 부담할 수밖에 없다는 점도 말해둔다. 법정 변호사들의 승리를 이끌어주신 신에게 감사할 일이다.

반면에 대학 연금 가입자 이외의 모든 사람들은 확정 기여형 연금에 가입할 수밖에 없도록 내몰렸다. 확정 기여형 연금에 가입하면 세 가지 위험을 떠안는다. 첫 번째 위험은 그들이 납입금을 불입하는 연금 펀드의 전체 수익률이 다른 펀드들보다 나빠질 가능성이다. 확정 급여형과는 달리, 확정 기여형에서는 연금 급여를 지급할 자금이 모자르더라도 그 부족분이 연금 펀드를 관리하는 고용주의 부채가 아니다. 두 번째 위험은, 그 펀드 내에서 가입자들이 선택한 투자 수단의 수익률이 다른 피고용자들이 선택한 투자 수단의 평균 수익률보다 나빠질 가능성이다. 세 번째 위험은, 연금 가입자들이 연금 급여를 현금으로 받기 시작할 은퇴 시점에 시장이 장기적 평균 수준에 미달할 가능성이다. 주식 시장은 변동이 굉장히 심한 때가 있기 때문이다. 이 세 가지 위험으로 인해서 연금 납입금을 똑같은 조건으로 불입한 노동자 두 사람이 나중에 받을 급여가 크게 달라질 수 있다.

나의 연금과 같은 확정 급여형은 모든 위험을 사회에 전가하는 식이어서 너무 관대한 반면에, 확정 기여형은 연금 가입자들을 피할 수 있는 위험에 쓸데없이 노출시키고, 게다가 그들의 위험 감수 능력이 가장 취약할 바로 그 시점에 그들에게 위험을 전가한다. 이러한 유형의 연금은 위험을 큰 단위로 묶어서 소멸시키는 본래의 역할에서, 가입자들이 취약해질 시점에 그들에게 위험을 떠넘기는 역할로 바뀌어버렸다. 이것은 교정할 수 있는 설계 오류이며, 설계 오류치고는 교정할 부분이 너무나 돋보이는 오류이다.

그러나 은퇴기 불안정이 가장 심각한 사람들은 이른바 날강도 같은 기업들을 오가며 근로 연령기를 보낸 사람들이다. 이 경우는 근로자가 확정 기여형 연금에 납입금을 불입했더라도 나중에 청구할 연금을 전혀 모으지 못한다. 그들은 일하기 어려워진 고령에 이르러서 내버림을 당하는 신세가 되어 사회가 떠안아야 할 부채가 된다. 이것 또한 일종의 시장 실패이다. 왜냐하면 고용 비용을 과도하게 삭감하는 회사 고용주들의 행태가 허용된 것이기 때문이다. 근로자의 연금 보험에 충분한 회사 분담금을 납입해야 함에도 그러지 않은 것이다. 최저임금법과 마찬가지로 프랑스의 연금정책이 영미권의 모형보다 월등해 보인다. 프랑스에서는 고용주가 높은 수준의 연금 분담금을 납입하도록 강제됨에 따라서 연금 가입자들은 근로를 계속하는 한 충분한 연금 청구액을 축적한다. "근로를 계속하는 한"이라는 단서는 당연히 모든 사람들에게 돌아갈 충분히 생산적인 일자리를 창출하는 방식으로 경제가 운영되어야 함을 함축한다.[*] 이것은 목표로 삼아야 할 대단히 중요한 기준이다. 훈련 프로그램을 통해서 이 목표를 달성해야 한다. 실업자들이 취직할 직무를 형편없는 일자리로 때우는 것은 실패이지, 예전 일자리를 대체하는 새 일자리의 창출이 아니다.

사회에 대한 소속감

앞에서 나는 소속감을 형성하는 기둥으로 가족과 일터 그리고 국가를 강조했지만, 이것 말고도 건강한 사회라면 어디에서나 사람들이 애착을 느끼는 네트워크 집단들이 촘촘한 관계망을 이루고 있다. 많

---

[*] 저자의 이 진술은 일자리의 생산성이 충분히 높아야 보수가 충분히 높아지고, 보수가 충분히 높아야 연금 납입액도 충분히 넉넉해져서 충분한 연금 청구액을 축적할 수 있다는 뜻으로 이해할 수 있을 것이다.

은 찬사가 쏟아진 저서 『나 홀로 볼링(*Bowling Alone*)』에서 로버트 퍼트넘은 미국에서 이런 형태의 소속감이 쇠락하는 것을 한탄했다. 그러한 애착은 호혜적 의무를 인정하는 습관을 사람들에게 고무한다. 그뿐 아니라, 고립감과 그로 인한 자기 존중감의 상실과 우울감을 막아준다. 미국에서 나타난 그러한 소속감의 쇠락은 불가피한 것이 아니며, 구미권 전체에 걸친 보편적인 현상도 아니다. 독일에서는 공식적으로 등록된 시민 사회 단체들, 이른바 페어라인(vereine)이 아주 흔하고 계속 늘어나고 있다. 독일 인구의 절반이 적어도 그러한 클럽의 하나에 소속해 있고, 클럽의 수도 지난 20년 동안 33퍼센트 늘었다. 그런 모임에 참여하는 독일인의 비율은 남유럽의 약 3배에 달한다.[19]

모든 것을 누리는 상류층 행태의 억제

새로운 고학력 계급이 부상하면서 분명히 사회적 불평등이 확대되기는 했다. 그러나 대단한 성공을 가져온 그들의 행동들을 보면, 그 대부분은 그들 이외의 사회 구성원들을 희생하는 것이 아니었다. 이러한 그들의 전략은 억제하기보다는 모방하는 것이 더 효과적일 것이다. 그러나 고학력 계급의 성공에서 몇몇 측면은 분명히 다른 사람들을 희생해서 이루어진 것이다. 주거 수요와 일자리, 사회적 행태에서 제로섬 게임의 승자로 독식하는 것이 그러한 측면들이다.

주거 : 집인가, 자산인가
사람들은 두 가지 동기에서 주택을 매입한다. 대다수의 사람들에게 주택은 생활을 영위하는 집이다. 반면에 주택이 자산인 사람들도 있다. 1950년 영국에 존재하는 주택 총수의 절반이 자산 용도로 소유되었고, 집이 필요한 사람들에게 임대되었다. 자가 소유자는 인구의 30퍼센트에 불과했다. 사회민주주의가 거둔 승리 중의 하나는 이러한 상황을 변화시켰다는 것이다. 1980년에는 민간 부문의 주택 임대가 극적으로 축소되어서 주택 총수의 10퍼센트에 불과했고, 반면에 자가 점유 가구(자기 소유 주택에서 거주하는 가구)는 거의 두 배로 늘었다. 1980년대 초에는 임대용 사회적 주택의 임차인들이 그 주택을 할인가로 매입할 수 있도록 지원하는 공공정책이 가세하여 자가 점유율(가구 총수에서 자가 점유 가구의 비율)이 높은 수준인 70퍼센트까지 올라갔다.

자가 점유율이 30퍼센트에서 70퍼센트로 높아진 것은 공공정책이 차근차근 누적됨에 따라서 거둔 승리였다. 내가 소유하는 집이 있다는 것 자체로 사람들의 소속감이 높아진다. 앞에서도 이야기했지만, 이것은 사회에 대단히 이로운 요소이다. 이러한 소속감으로부터 호혜적 의무를 창출할 토대가 형성되기 때문이다. 또한 집을 소유하면 사회에 이해관계자로 참여한다는 사람들의 의식도 커지고, 사람들의 태도가 더 신중해지는 경향을 보인다. 심리학자들의 연구에서도 사람들이 일단 무엇인가를 소유하면 그것의 상실을 대단히 싫어하게 된다고 밝혀진 바 있다. 나아가 주택 소유는 배의 닻처럼 사람들을 단단히 붙잡아준다. 한때 옥스퍼드의 한 거리를 따라서 걷다 보면 중간쯤을 경계로 임차인들의 거주지와 자가 점유자들의 거주지가 나뉘어 있었다. 그 경계가 요즘에도 나무의 키로 선명하게 드러난다. 자가 점유자들만 나무를 심었기 때문이다.

네 가지의 공공정책이 주택의 가격을 중위소득층 가구가 매입할 만한 수준으로 유지했다. 지방 정부의 건설 사업이 주택 공급을 늘렸고, 이민의 순유입을 제한한 덕분에 가구 수의 증가 속도가 통제되었다. 그리고 임대 목적의 주택 매입을 억제하여 순수한 자산 용도의 주택 수요를 억제했다. 그리고 마지막으로, 소득 대비 주택 담보 융자액의 비율을 억제해서 주택 구매자들의 매수 호가 상승을 억제했다. 그리고 사회적 주택 거주자들의 주택 매입을 지원하는 정책은 중위권 이하 소득 가구가 주택을 소유하는 길을 열어줌으로써 앞의 정책들을 보조했다.

이러한 진보가 1980년대 말부터 무너지기 시작했다. 주택 보유율은 이미 60퍼센트로 떨어진 데다가 계속 하락했고, 젊은 가정의 형편에서 주택 매입은 불가능한 일이 되어버렸다. 현시점에서 보면, 지난 20년 동안 평균 주택 가격은 평균 소득의 3.6배에서 7.6배로 껑충 뛰었다. 이것은 주택 가격을 억제했던 네 가지 정책이 모두 반대로 뒤집혔으니 당연한 결과이다. 지방 정부의 건설 사업은 민간 기업의 주택 공급으로 대체될 것이라는 희망으로 중단되었다(그러나 민간 기업은 집을 짓지 않았다. 부분적인 이유는 그들이 개발 허가를 받아서 토지를 취득하기가 지방 정부보다 훨씬 더 어려웠다는 것이다). 느슨해진 이민 통제가 가구 수를 증가시키는 주된 동인이 되었다. 임대 목적의 주택 매입을 억제했던 정책들은 반대로 그것을 권장하는 정책들로 바뀌었고, 따라서 자산 용도로 주택을 매입하려는 새로운 수요가 불길처럼 일어났다. 그 결과, 임대 목적의 주택이 두 배로 늘어나서 주택 총수의 약 20퍼센트에 달했다. 마지막으로 주택 담보 융자를 통제하던 정책들이 폐지되었고, 그 결과로 상여금에 굶주린

은행업계의 경주가 절벽 너머로까지 내달릴 기세로 거센 융자 바람을 일으켰다. 이로 인해서 주택 가격이 폭등했다. 또한 중위소득 밑의 저소득 가구가 새로 형성되었지만, 이들이 거주하는 사회적 임대 주택을 자가소유 주택으로 전환하도록 지원하던 예전의 정책도 없어졌다.

주택 가격이 높아진 데다가 신용이 무제한으로 풀린 결과, 자산용 주택 매수자들이 주거용 주택 매수자들보다 더 높은 매수 호가로 주택을 매입할 수 있었다. 매수 호가에서 밀린 이 주거용 매수자들은 보통 젊은 가정이었다. 20년 전에는 젊은 가구의 절반 이상이 주택 담보 대출을 받았지만, 지금은 3분의 1로 줄었다. 주택 매입에서 밀려난 그 사람들은 숙련도가 높은 고학력 동류 교배자들이 아니라 저학력 계급이었다. 그들이 집을 살 수 없고 앞으로도 그럴 가망이 줄어든 것은 새로운 불안의 핵심이다. 그런데 그들이 살 수 없는 가격에 주택을 산 사람들은 누구인가? 집값이 자꾸 오르니까 누구나 집을 사고 싶어했고, 이러한 상황에서 집을 살 수 있었던 사람들은 돈을 대단히 많이 빌릴 수 있는 사람들이었다. 이 경주에서 승자는 고학력자 계급의 고령층과, 집값이 계속 오르는 상승 구간에 빌린 돈으로 집을 사서 임대를 놓는 기회를 잘 이용한 사람들이었다. 극적인 사례 중의 하나로 교사 부부를 들 수 있는데, 그들은 교직을 그만두고 광대한 주택 제국을 사 모았다. 풍족한 부를 누리던 사람들과 영리한 사람들은 이중으로 노다지를 캤다. 즉, 젊은 가정보다 뛰어난 융자 능력을 갖춘 그들은 상환해야 할 이자보다 높은 임대료를 물릴 수 있었고, 그뿐 아니라 집값이 오른 덕분에 커다란 자본 이득까지 챙겼다.

자, 이러한 사태에 대해서 우리는 무엇을 할 수 있을까? 이 문제에서도 이데올로기는 위험천만하다. 좌파 사람들은 1940년대의 임대료 통제로 돌아가고 싶어한다. 이 대책은 그때처럼 임대를 놓은 집에 사람들의 발을 묶어서 일자리 이동성을 떨어뜨릴 것이다. 우파 사람들은 주택을 처음 매입하는 사람들에게 자금 융통을 늘려주고 싶어한다. 이 대책은 수요를 더 촉진해서 집값을 더욱 높일 것이다. 이 문제에 대처하기는 어렵지 않다. 왜냐하면 우리는 무엇이 효과를 보았는지 알고 있기 때문이다. 예전과 똑같은 정책들이 다시 효력을 발휘할 것이다.

주택 공급을 늘리는 것은 의미 있는 대책이며, 그러기 위한 가장 신뢰할 만한 방법은 개발 계획을 가로막는 장애물을 걷어내는 것이다. 지방 정부는 새로운 건설 사업을 계획할 최적의 위치에 있다. 한편, 그 계획의 집행은 민간의 개발업자들과 제휴하여 진행될 수 있다. 지방 정부가 건설 계획을 세울 때에 매입 이후 임대할 사람들이 아니라 거주할 사람들을 공급의 표적으로 정할 수 있을 것이다. 그러나 주택 공급량의 증가는 점진적일 필요가 있다. 공급량이 급격히 늘면 주택 가격의 폭락을 유발할 위험이 있고, 그렇게 되면 집을 장만한 많은 젊은 가정의 순자산이 마이너스로 추락할 것이다. 동시에 수요 측면에서 이민 유입에 대한 제한을 부활시켜서 가구의 증가를 억제하는 것도 의미가 있다. 금융 규제를 완화해서 신용 광란의 고삐가 풀린 결과로 나타난 것은 행복의 니르바나가 아니라, 은행에 인출 쇄도가 일어나고야 마는 감독 당국의 불명예였다. 예금주들이 금융 기업 노던록의 지점들을 에워싼 사태는 영국에서 150년 만에 처음 보는 인상적인 광경이었다. 주택 건설 사업과 마찬가지로 변화는 점진적일 필요가 있다. 그러나 그 방향은 분명하다. 즉, 소득과 예금액을 기준으로 주택 담보 채무액 비율의 상한을 규제하는 정책으로 돌아갈 필요가 있다. 아울러 임대 목적의 주택 매입을 억제하는 것도 의미가 있다. 주택 소유에서 생기는 공중의 혜택을 고려할 때, 자산 용도로 주택을 원하는 사람들보다 주거 용도로 주택을 원하는 사람들에게 우선권을 주는 것이 마땅하다.

앞에서 제시한 정책들은 모두 점진적인 것들이다. 그러나 주택 가격을 위태롭게 하지 않고도 주택 보유율을 빠르게 회복할 수 있다. 1980년대 주택 보유율을 높였던 사회적 임대 주택의 할인가 매입과 유사한 방식으로 "임차인에게 주택 자산을 이전시키는(stock transfer)" 제도를 도입하면 가능하다. 1980년대의 사회적 임대 주택에 대응하는 지금 존재하는 주택은, 정책의 부채질로 인해서 숫자가 대단히 많아진 임대용 주택들이다. 그러한 임대용 주택 소유주의 다수가 그들이 누릴 자격이 없는 거액의 자본 가치 상승을 누리고 있다. 필요한 공공정책은 그러한 임대 주택 소유주로부터 임차인으로 주택을 이전하는 법적인 장치를 만드는 것이다. 법을 제정하여 임차인이 주택을 매입할 청구권을 1980년대의 높은 할인율에 버금가는 조건으로 인정해주는 것이다. 임대 주택 소유주가 재무적 불안에 처하지 않도록 현 소유주가 떠안고 있는 주택 담보의 채무 잔액을 기준으로 잡아서 주택 가격의 할인 폭을 제한할 수 있을 것이다.* 당연히 이 정책은 임대 주택 소유주의 직접적인 이기심과 충돌한다. 그러나 주

---

* 이 할인폭 제한의 준거가 될 주택 담보의 채무 잔액은 이 정책이 공표되는 날짜로 못 박아두어야 담보 채무를 재설정하는 임대 주택 소유자들의 장난이 끼어들지 않을 것이다.

택 가격 상승에서 발생하는 경제적 지대를 그 집에 거주하는 사람들에게 다시 배정해주는 것은 윤리적일 뿐만 아니라, 소속감의 향상에서 얻는 사회적 혜택을 고려하면 부유한 사람들의 승화된 이기심과 일치하는 것이기도 하다.

의미 있는 목적을 위한 일

생산성이 아주 높은 고학력자들 가운데 사회에 막대한 이로움을 주는 사람들이 많다. 그러나 다른 사람들을 희생해서 자기 배를 불리는 데에 숙련 기능을 사용하는 사람들도 많다.

금융계와 법조계 직무의 중요한 부분이 뛰어난 인재를 그런 방향으로 끌어들이는 본거지이다. 금융 자산을 사고파는 엄청난 거래 규모를 보면 놀랄 정도인데, 잠시 이 문제를 다시 거론해보자. 거래가 활발하면 자산의 유동성이 높아진다는 유용한 측면도 있지만, 그중 커다란 비중의 거래는 제로섬으로 이루어진다. 매매에 참여하는 한쪽 집단이 아무리 이득을 많이 보더라도 그것이 다른 쪽의 손실로 상쇄되는 제로섬 거래의 비중이 크다면, 거래의 규모가 줄더라도 사회에 손해가 될 것은 없을 것이다. 엄청난 규모의 거래가 제로섬이라면 그러한 거래가 왜 일어날까? 그 답은 아주 영리한 거래자들이 그들보다 조금 덜 영리한 거래자들을 한 수 위에서 물리치고 이득을 본다는 데에 있다. 대체로 자산 시장은 모종의 정보 우위를 누리는 승자가 간발의 차로 패자를 무찌르는 "토너먼트식" 경기들이다. 승자들은 한 수 위에서 다른 사람들을 무찌르는 이례적인 능력과 자원을 가진 사람들이다. 이 경기의 승리로 그들은 놀랄 정도로 어마어마한 돈을 번다. 정보 우위를 획득하면 이득을 볼 수 있으므로 어떻

게 해서든 정보에 접근하려는 상시적인 압력이 형성된다. 어떤 기업
은 시카고와 뉴욕의 시장 가격 정보를 어느 한쪽에서 다른 쪽으로
전달하는 속도에서 수천 분의 몇 초를 더 앞서는 고속 케이블에 투
자했다.[20] 이 투자에서 얻을 상업적 이익은 이 수천 분의 몇 초 앞서
는 정보 서비스를 이용해서 자동화된 컴퓨터 트레이딩에서 우위를
창출하는 데에서 나왔다. 즉, 소수의 회사가 그 정보 서비스를 이용
해서 거래하면 이득을 보는 반면, 그러한 거래에서 같은 정보를 수
천 분의 몇 초만큼 뒤늦게 입수하는 회사는 손해를 본다. 바로 이
우위 때문에 고속 케이블 정보 서비스가 팔린다. 어느 사회가 그러
한 케이블에는 투자하면서 유지 및 보수가 부실한 교량이 무너지도
록 내버려둔다면, 사회의 우선순위가 잘못된 것이다.

　과도한 자산 거래는 앞의 제4장에서 거론한 바 있는 기업의 장기
적인 시야를 훼손할 뿐만 아니라, 그 이상의 여러 가지 사회적 비용
을 초래한다. 하나는, 유익한 목적은 전혀 없이 불평등을 심화한다는
점이다. 자산 거래에서 대단히 영리한 사람들은 회사가 아니라 개인
사업가처럼 그들 자신을 위해서 일한다. 투자은행의 상여금 체계가
바로 이것을 뜻한다. 즉, 거액의 상여금을 받는 스타들은 사실상 회
사가 마련해주는 서비스를 이용하는 대가로 그들이 창출한 개별적
이익의 소소한 비율을 회사에 지불하는 셈이다. 도이체 방크는 스타
들을 위해서 운영되는 투자은행의 가장 극단적인 사례인데, 주주들
에게는 190억 유로를 배당한 반면, 이보다 훨씬 많은 710억 유로의
상여금을 스타 트레이더들에게 지급했다.*

---

* 도이체 방크의 주주들은 주가가 폭락하는 바람에 결국 그들이 받은 배당을 훨씬

금융계의 권력은 이제 자본 소유주, 즉 주주들의 수중에 있지 않고, 심지어 주주들의 재산을 운용해주는 펀드 매니저들의 수중에 있지도 않다. 스타들에게 지불해야 할 초대형 급여를 감당할 수 없는 연금 펀드들의 자산은 그들보다 약간 덜 영리한 선수들이 운용한다. 그래서 결국, 이 두 집단, 즉 스타 선수들과 약간 덜 영리한 선수들 간의 거래는 미래의 연금 소득자들로부터 스타 선수들로 흘러가는 점진적인 부의 이전을 초래한다.

또다른 사회적 비용은, 이 제로섬 토너먼트들이 사회에서 가장 영리한 사람들의 상당수를 그들 자신 이외에는 아무에게도 쓸모없는 일에 붙들어둔다는 것이다. 그러나 그러한 인재들은 다른 사람들에게 보탬이 될 잠재적 가치가 어마어마하다. 재능을 활용한 결과가 다른 사람들에게 얼마나 쓸모가 있는가를 스펙트럼으로 나타낼 때, 스타 트레이더의 거래나 자산 운용이 한쪽 극단이라면 그 반대쪽 극단은 새로운 발명과 같은 혁신이다. 임의의 혁신가가 자신의 혁신으로부터 생겨나는 전체적인 이득에서 대체로 약 4퍼센트만을 획득한다는 것이 경제학자들의 추정이다. 나머지 96퍼센트는 혁신가 본인 이외의 사회 전반에 돌아간다. 그러니, 아주 영리한 사람들이 그들의 희소한 능력을 혁신에 투여할 동기가 시장을 통해서 유발되는 작용은 너무 미약한 반면, 그 능력을 자산을 매매하는 데에 사용할 동기는 지나치게 강하다. 이러한 형태의 사회적 비용의 수량적 크기를 추정하는 시도는 아직 보지 못했지만, 내 생각에는 상당히 크다. 혁신과 자산 운용, 이 두 부문이 각각 얼마나 커다란지를 생각해보면

초과하는 손실을 보았다.

틀림없이 그럴 것이다. 미국에서 금융 부문이 창출하는 이익은 기업 이익 전체의 약 30퍼센트를 차지한다. 다른 각도에서 보면, 이것은 금융 부문이 경제 전체의 생산성을 높이는 서비스를 제공한다고들 하지만, 단지 금융 부문이 가져가는 이익을 지불하기 위해서도 금융 서비스 덕분에 나머지 경제의 수익성이 43퍼센트나* 높아져야 한다는 뜻이다. 그때가 되어야 나머지 경제가 금융 서비스에 지불하는 비용과 그로부터 얻는 수익이 상쇄된다. 그럴 공산은 희박하다. 설령 금융 부문이 몸집을 줄이고 좀더 효율화된다고 해서 경제의 수익성이 그 정도로 눈에 띄게 달라지겠는가?

펀드 매니저들에게 해당하는 이 이야기는 법률가들에게도 똑같이 적용된다. 그 사정을 씨티그룹에서 수석 이코노미스트로 일했던 윌럼 뷔터가 적절히 묘사한 바 있다. 그의 말인즉, 우리가 "법의 지배"라고 부르는 막대한 사회적 가치를 창출하는 법률가는 그들 중에서 3분의 1에 불과하다는 것이다. 다른 3분의 1은 기본적으로 제로섬 게임인 법적 분쟁을 처리하는 일을 한다. 서로 싸우는 양쪽이 토너먼트 승리를 위해서 과도하게 투자하고, 따라서 이 법률가들은 사회적으로 무익하다. 법의 지배는 커다란 공익이자 공공재이지만, 비즈니스 법무 변호사들 중에서 "정의"를 성취하려고 일하는 사람은 없다. 그들은 토너먼트를 치르면서 승소를 하기 위해서 일한다. 임의의 법적 분쟁에서 임의의 당사자가 돈을 대는 그러한 법무적 노력의 마지막 1시간에서 생겨나는 수익은 정의를 더 많이 창출함에 따라서 생기는 것이 아니라, 반대편 당사자를 무찔러서 토너먼트 승률을 높

- 30/70 = 0.43.

임에 따라서 생긴다. 그다음, 마지막 3분의 1의 법률가는 사회적으로 약탈자들이다. 그들은 생산적인 사람들의 등골을 빼먹는 합법적인 사기에 고용된다. 그들은 지대 추구의 끝판왕들이다. 이러한 사기들 가운데 하나는 미국에서 불필요한 특허권을 매입한 뒤에 그것을 교묘하게 법적 소송 거리로 만들어서 실제로 혁신을 이룩한 기업들로부터 돈을 강탈하는 일이었다. 이런 합법적인 사기가 너무 흉악한 나머지 이리저리 얽힌 것들이 많아서 굼뜬 의회마저 용기를 내서 법적인 허점을 없애버렸다. 영국에서는 건강 보험 사기를 이용하는 법적 소송이 새로운 입법으로 금지된 적이 있었는데, 그러한 소송을 전문적으로 벌이는 법무 법인의 시장 가치가 하룻밤 사이에 반 토막이 났다.

법률가들의 가치는 크지만, 그들의 숫자가 너무 많다. 젊은이들이 수많은 유인에 이끌려 법조계 직무로 진입한다. 돌이켜보면 애초에 내가 학위 과정으로 법학을 선택한 것은 법률가가 종교적 사제와도 같은 현대의 직업이라고 순진하게 상상했던 탓이다. 조언해주고, 판단을 내리고, 도움을 주는 일이라고 생각한 것이다. 때로는 법률가들이 그런 일을 하기도 한다. 그러나 나는 영국 변호사 소득의 70퍼센트가 주택 거래에 대한 그들의 독점적 관행에서 나온다는 사실을 발견하고 나의 선택을 바꾸었다. 법조계 직군은 지대 추구 활동에 장악되어 있었다. 그 길로 접어들면 사제는커녕 기생충이 될 판이었다. 요즘도 정의를 위해서 싸운다는 생각에서 매력을 느끼는 젊은이들이 많고, 법정에서 싸우는 장면은 넷플릭스의 단골 메뉴이다. 런던 금융가 변호사들의 100만 파운드대 소득도 상당히 매력적일 것이다. 그러나 배우와 마찬가지로 법률가들이 너무 많다. 언젠가 저명한 하버드 경제학자 래리 서머스가 사회 내의 법률가 수 대비 엔지니어 수의 비율을 하나의 변수로 잡고, 나라의 성장률을 또다른 변수로 잡아서 둘 사이의 상관관계를 산출한 적이 있다. 이 상관관계는 시장이 사회적으로 약탈적인 활동과 사회적으로 값진 활동(예를 들면, 혁신) 사이의 올바른 평형을 이루지 못한다는 좀더 광범위한 문제를 함축하는 산뜻한 비유였다.

자, 이 문제에 대해서 무엇을 할 수 있을까? 대도시와 마찬가지로 해답 중의 일부는 과세이지만, 대도시 과세와는 중요한 차이점이 하나 있다. 대도시에서 창출되는 경제적 지대는 사회적 가치가 있지만, 단지 그 지대가 불공평하게 분배될 뿐이다. 이 경우, 대도시의 고숙련 노동자들에게 과세하는 목적은 그들의 활동을 줄이는 것이 아니라 지대를 재분배하는 것이다. 반면에 금융 시장의 트레이더와 법률가가 획득하는 경제적 지대는 사회적 가치가 없다. 이 경우, 줄여야 할 것은 그들의 활동 자체이다. 따라서 과세가 조준해야 할 표적은 활동의 장소가 아니라 목적이다.

그동안 금융 거래에 과세하는 방안으로 많은 제안들이 나왔다. 그러한 과세의 목적으로 어떤 세금이 나오든 간에 해당 거래를 정확히 타격하도록 신중하게 설계할 필요가 있다. 예를 들면, 주식 매매를 외환 거래보다 훨씬 더 억제할 필요가 있다. 웬만한 대기업의 주식이 단 한 해 동안 7번이나 사고팔리는 것이 요즘의 관행인데, 사회에는 유익할 것이 아무것도 없다.

민간의 법적 소송에 과세할 때에는 법적 분쟁의 규모도 줄이고 동시에 법률가들이 소송에서 챙기는 커다란 지대도 줄이는 목적으로 과세를 설계할 수 있을 것이다. 법률가들이라고 해서 이기심의 유혹을 물리칠 면역이 갖춰진 것은 아니다. 그들이 작성하는 계약서가 낱말 단위로 값이 매겨지던 때에는 계약서 문안이 아주 길어야 한다는 것이 법률가들의 생각이었지만, 낱말의 수가 아니라 계약 건수를 기준으로 값이 매겨지자 문안의 길이가 금세 짧아졌다. 소송 비용은 분쟁에서 발생하는 지대를 전부 먹어치울 정도로 불어난다. 영국인들이 잘 알고 있는 최근의 법적 분쟁 사례로 정치인 앤드루 미첼이 한 언론사에 명예훼손 소송을 제기한 일이 있었는데, 이때 무슨 일이 일어났는지를 보자. 이 분쟁의 실체는 앤드루가 자전거를 타고 어떤 문을 지나갈 때에 경찰이 그를 가로막자 그와 경찰 사이에 심한 언쟁이 오갔는데, 이때 미첼이 사용한 낱말들이 정확히 무엇이었는가 하는 문제였다. 이 언쟁을 목격한 결정적인 증인이 없었기 때문에 이 사건은 두 당사자, 즉 미첼과 경찰의 증언 중에서 어느 쪽이 신뢰할 만한가를 가리는 판사의 결정으로 결론이 났다. 이 사소한 시비를 처리하는 과정에서 양쪽의 법률가들은 소송 비용을 300만 파운드까지 밀어올렸고, 소송의 패소자가 이 금액을 물어야 했다. 달리 말해서, 이 사소한 송사가 영국의 평균 가구가 평생 버는 소득의 3배에 버금가는 금액을 먹어치웠다. 그러한 법적 분쟁에 과세함으로써 우리는 그중 좀더 많은 사건들이 더 단순하게 해결되도록 고무할 수 있을 뿐만 아니라, 소송에서 발생하는 지대의 일부를 지나치게 부풀려진 변호사 비용으로부터 사회로 환원할 수 있다. 법률가들은 그러한 과세가 어째서 정의에 대한 모독인가를 열심히 설명할 것이다.•

• 모든 변호사가 그런 것은 아니다. 이 책이 현실에 얼마나 근접하는지 알아보려고 나는 아주 경험이 많은 변호사 한 사람에게 이러한 제안들에 대해서 의견을 물었다. 그의 대답은 이러했다. "부유한 금융가 변호사들과 대도시에 서식하는 그들과

다른 접근이 하나 더 있는데, 그것은 수치심이다. 윤리적 시민들이 기업에 수치심을 안겨줘서 좀더 목적의식적인 행동을 하도록 할 필요가 있듯이, 사회적 제재의 힘은 지대 추구 직종들의 화려한 겉치장을 걷어낼 수 있다. 재능 있는 젊은이들은 그들의 직업 선택에 어떠한 사회적 의미가 담겨 있으며, 초대형 소득이 실제로 어떻게 창출되고 있는지를 직시할 필요가 있다.

사회적 격차의 억제

영국에서는 1958년까지 매년 버킹엄 궁전에서 연례 무도회가 열렸다. 이것은 영국 최상층 상류 사회의 젊은 여성들을 위한 첫 사교무대이자, 그 집단 구성원들끼리 짝짓기를 하는 행사였다. 그 이듬해부터 이 행사가 중단되었는데, 그런 식으로 계급 분단을 영속화하는 것은 결코 이롭지 못하며 오히려 사회를 위협하는 것이라고 생각하는 사람들이 많아졌기 때문이다. 나아가 윌리엄 왕자와 케이트 미들턴의 결혼은 구래의 상류 계급이 지켜왔던 폐쇄적인 경계가 전보다는 더 느슨해졌음을 상징적으로 말해주는 일이었다. 어머니가 항공사 승무원이었던 케이트는 상류 사회 초년생들의 연례 무도회에 초대받지 못했을 테니 말이다. 그러나 예전 상류 계급 내의 "동류 교배"는 새로운 엘리트끼리 맺어지는 훨씬 더 효과적인 동류 교배로 변했다.[21] 윌리엄 왕자와 케이트는 엘리트 대학교에 속하는 세인트 앤드루스 대학교에서 공부할 때에 처음으로 만났다. 비슷한 사람들

같은 부류를 과세의 표적으로 잡는 발상을 아주 좋게 본다." 그러나 그는 별종일지도 모른다. 그는 청교도적 개신교 종파 중의 하나인 퀘이커교도이다.

끼리 결혼하는 동질혼은 사회적 불평등을 초래하는 강력한 요인들 중의 하나이다. 그러한 동질혼이 안정적인 결혼을 유지하는 데에는 도움이 되지만, 의도적이지는 않더라도 계급 분단을 더 심화시킨다. 그러나 배우자 선택에 대해서 할 수 있는 것은 별로 없다.

반면에 사람들을 지나치게 쥐어짜는 행태도 있는데, 아마도 이런 것들은 억제할 수 있을 것이다. 예를 들면, 미국 초등학교의 어린이들이 공부하는 시간은 1981년부터 1996년까지 놀랍게도 146퍼센트나 늘었다.[22] 영국 대학생들의 자살률은 지난 10년 동안 50퍼센트나 높아졌다. "호랑이 부모들"이 강박적으로 집착하는 성공은 제로섬 게임의 성격을 동반하기 때문에 그러한 부모들의 스트레스는 그들의 아이들뿐만 아니라 다른 아이들에게도 전달된다. 어느 정도까지는 학교에서 이 문제에 대처할 수 있을 것이다. 교장과 교직원들은 당연히 하나의 지배적인 문화를 구축하려고 하는데, 대개 학업 목표나 노력에 하한선을 정하려고 애쓴다. 그러나 어쩌면 상한선도 정할 필요가 있을 것이다. 우리가 세계적 표준에 미달해서는 안 되겠지만, 10대의 생활이 독소적인 투자은행식 경쟁의 청소년판이 되어서는 안 된다.

그러한 독소적인 경쟁의 사례로는 2013년에 여름철 인턴 사원으로 어느 투자은행에 선발된 학생이 깊은 인상을 주려는 지나친 열정에 빠져서 하루 20시간을 일하다가 혼절해 사망한 이야기를 들 수 있다. 이것은 바닥을 향해서 내달리는 경주의 극단적인 사례로, 여러 집단의 사람들을 일 중독자로 몰고 간다. 일을 줄이면 모두가 좋아질 터인데 아무도 감히 선을 넘지 못한다. 그러면 승진 경주에서 탈락할 것이고, 지배적인 규범을 위반하는 것이니 존중을 잃을 것이기 때문이다. 이것은 전형적인 조정 문제이고, 이에 대해서는 단순명쾌한 해결책이 있다. 바로 공공정책으로 대응하는 것이다. 장시간의 노동은 과세를 통해서 그러한 관행의 의욕을 떨어뜨리거나, 직접 규제를 통해서 억제할 수도 있다. 프랑스 정부가 법정 근무시간을 주당 35시간으로 단축했을 때, 이를 비웃는 사람들이 아주 많았다. 그러나 나는 일 중독에 절어 있는 회사에서 늘 시달리던 관리자가 기억나는데, 그의 말을 들어보면 이러한 규제가 비웃을 일은 아니다. 그는 자기 회사의 사장이 주당 35시간제의 근무시간을 강제하려고 한다며 오히려 시달리며 일하던 시절이 그립기라도 하다는 듯이 말했다. 점진적인 근무시간의 단축과 그에 동반하는 여가의 증가는 국가적인 생산성의 향상을 더 나은 삶으로 실현해가는 마땅하고도 필요한 길이다. 이러한 변화와 아울러 앞에서 제시한 정책들을 도입하지 않는다면, 사회는 돈은 풍족하지만 시간에 쫓기며 일 중독에 빠져 사는 고숙련 계급과, 시간은 풍족하지만 돈이 별로 없는 과소 고용 상태의 저숙련 계급으로 갈수록 더욱 분단될 것이다.

결론 : 온화하면서도 강하게 개입하는 사회적 모성주의

노동은 삶의 중추를 이루는 시기에 사람들에게 목적을 부여해야 한다. 지금, 형편이 좋은 사람들 중에는 노동에서 목적을 발견하는 경우가 많지만, 모든 사람이 그렇지는 못하다. 많은 사람들이 자존감을 얻을 기회가 너무 적은 직무에서 일하는 상황에 놓여 있다. 그들은 한편으로는 일에서 자부심을 얻을 만한 숙련 기능이 불충분하거나, 다른 한편으로는 자신이 하는 일이 사회에 공헌한다는 자각에서 비롯되는 내면의 만족을 누리지 못하고 있다. 단지 급여 봉투의 격차가 아니라, 이것이 가장 중요한 실패이다. 바로 그 때문에 가정 간의 격차 확대가 일자리 간의 격차 확대로 굳어진다. 소득 불평등은 그 자체로 심각할 뿐만 아니라 은퇴기에 이르도록 계속 더 악화된다. 그러나 소득 불평등을 재분배로만 대처하면, 복지 지출로 써야 할 돈, 즉 거두어야 할 세금이 막대하게 불어날 뿐만 아니라, 삶의 목적이나 의미를 상실하는 핵심적 결핍은 더욱 심해질 것이다. 이런 상황에서는 많은 사람들이 다른 사람들의 생산성에 기대서 살아갈 것이다.

풀어야 할 과제는 갈수록 격차가 벌어지는 사람들 간의 생산성 차이를 줄이는 것이다. 이 문제를 다루고자 우리는 사회적 가부장주의에서 사회적 모성주의로 방향을 트는 관점 전환에서 출발하여 긴 여정을 밟아왔다. 사회적 가부장주의에서는 고집스럽게 엇나가는 가정들을 국가가 감시하고 규율하지만, 사회적 모성주의에서는 국가가 실용적인 지원을 통해서 그러한 가정이 겪는 충격을 덜어준다. 사회적 가부장주의는 그처럼 해체되는 가정들을 무디고 엄격하게 대하지만, 사회적 모성주의는 앞에서 제시했듯이 가장 성공적인 사람들 가운데 일부의 해로운 활동에 대해서도 그처럼 무디고 엄격한 정책을 좀더 적합하게 행사해야 한다. 모든 사람이 어디에서 살든 자존감을 가지고 일할 수 있는 자본주의를 건설하려면, 그러한 접근이 상류층과 하류층 둘 다에 대해서 필요할 것이다.

제9장

세계적 분단
승자와 뒤처진 자[•]

세계화는 그동안 전 세계적인 생활 수준의 향상을 가져온 강력한 동력 중의 하나였다. 경제학계는 지금껏 공공정책의 많은 현안에서 의견이 갈렸어도 세계화에 대해서만큼은 거의 통일되어 있었다. 그러나 한결같이 세계화를 두둔하는 경제학자들의 조언은 이제 대중의 신임을 잃었다. 부분적으로는 세계 경제 위기 때문에 경제학계가 "사업 면허"를 잃은 탓도 있지만, 그보다 좀더 선명한 이유가 있다. 바로 우리 경제학자들이 세계화에 열광하면서도 그에 동반되는 다양한 측면들의 섬세한 차이에는 충분히 주목하지 않았다는 점이다. 이것은 이상한 일이다. 왜냐하면 "세계화"는 경제 개념도 아니기 때문이다. 세계화는 서로 극적으로 다른 경제적 프로세스들을 저널리스트 스타일로 뭉뚱그려놓은 것일 뿐, 그 프로세스들이 전부 건전한 것도 아니

[•] 이 장은 앤서니 베너블스와 수없이 나눈 토론에서 큰 도움을 받았다. 참고 문헌 중 콜리어(2018a)의 내용을 주된 자료로 활용한다.

며 그 각각의 프로세스가 공통의 효과를 산출할 개연성도 거의 없다.

전문적인 경제학자들로 이루어진 경제학계는 전문가답게 대응하지 못했다. 그들은 세계화를 비판하면 세계화에 반대하는 대중 영합주의를 부채질할 것을 우려한 나머지 세계화에 동반되는 서로 다른 프로세스들의 부정적인 측면에 대해서는 별로 연구하지 않았다. 그러나 일반 시민들의 눈에는 그 부정적인 측면들이 명백해 보였다. 그러나 경제학자들이 그러한 세계화의 단점들을 무시하는 것으로 보이자, 일반 대중은 "전문가들"의 의견을 아예 듣지 않으려는 광범위한 거부반응을 일으켰다. 내가 몸담은 직업적 경제학자 집단이 신뢰를 회복하려면 좀더 균형을 갖춘 분석을 내놓아야 한다. 그러한 분석을 통해서 세계화의 문제점들을 인정하고, 제대로 평가해서, 그에 대처할 정책 대응을 설계해야 한다. 경제학계는 이제 더는 분개하는 어조로 세계화를 옹호하기보다 스스로 잘못을 인정하는 편이 아마도 자신에게 더 이로울 것이다.

무역에 관한 잘못

경제학계가 인정해야 할 잘못의 출발점은 무역에 관한 것이다. 무역은 사회의 내부에도 그리고 사회와 사회 사이에도 강력한 재분배를 초래한다.

각 사회의 내부에 미치는 영향에 관해서 비교우위론이 우리에게 일러주는 것은, 무역은 상호 이득을 가져오기 때문에 **각 사회 내부의 재분배를 통해서 적절한 보상이 이루어지면** 모든 사람의 형편이 더 나아질 수 있으리라는 점이다. 그러나 하나의 전문가 집단으로서 우리

경제학자들은 이 올바른 진술을 명백히 잘못된 진술, 즉 사회 내의 모든 사람의 형편이 나아진다고 스리슬쩍 바꿔버렸다. 게다가 무역을 다루는 국제 경제학은 지금껏 사회 내부의 보상 메커니즘에는 별 관심을 보이지 않았다. 이러한 무관심은 단순한 모형들이 무시하는 두 가지 특징적인 사실 때문에 더욱 심각한 문제가 된다. 하나는 무역에 따르는 손실이 대개 노동 시장을 통해서 파급된다는 것이고, 다른 하나는 그러한 손실이 지리적으로 집중된다는 것이다. 셰필드가 흥성했던 철강 산업을 상실했을 때, 셰필드 실업자들의 소비 위축을 상쇄하고도 남을 만큼 영국의 다른 곳에서 소비가 증가한다는 것을 안다고 해서 별 위안이 되지는 못했을 것이다.

한편 사회와 사회 사이를 볼 때, 세계 무역은 각 나라를 서로 다른 전문화의 길로 몰아갔다. 단 하나의 문장으로 요약하면, 유럽, 미국, 일본은 지식 산업을 전문화했고, 동아시아는 제조업을 전문화했고, 남아시아는 서비스를, 중동은 석유를, 그리고 아프리카는 광업을 전문화했다. 그 덕분에 동아시아와 남아시아가 고소득 사회에 극적으로 근접할 수 있었고, 이에 동반하여 세계의 불평등이 이전과는 판이하게 줄어들었다. 그러나 천연자원의 채굴은 사회 전반의 거버넌스에 이례적인 스트레스를 초래한다. 왜냐하면 천연자원의 채굴로 엄청난 경제적 지대가 발생하는데, 그 지대의 소유권을 누가 가지는가는 정치적으로 결정될 수밖에 없기 때문이다. 이 스트레스를 잘 관리하는 사회도 있지만, 많은 사회가 지대 추구로 쏠리는 거대한 일탈을 겪는다. 일례로 석유는 남수단에 이로운 것이 되지 못했다. 석유가 초래한 갈등으로 기근이 일어났고 대량 이주가 뒤따랐다. 2000-2013년 사이에 나타났던 원자재 가격의 세계적인 상승세가 당시에는 아프리카와 중동을 밀어줄 동력이 될 것 같았지만, 지금은 과연 그랬는지 미심쩍어 보인다. 전 세계를 포괄하는 훌륭한 데이터가 새로 나왔는데, 그 자료에는 나라별 1인당 부(wealth)를 측정하는 지표들이 자본 스톡과 같은 통상적인 측정값뿐만 아니라 교육과 천연자원까지 포괄적으로 집계되어 있다.[1] 이 데이터에는 1995년과 2014년 두 해의 지표들이 포착되어 있는데, 우연히 이 두 측정 연도가 원자재 가격의 커다란 순환기(2000-2013) 이전과 이후에 위치한다. 따라서 이 자료를 따져보면, 많은 빈곤국의 천연자원 소득이 일시적으로 증가한 전에 없던 현상이 과연 그 나라들이 계속 유지해갈 수 있는 향상을 가져왔는지 볼 수 있다. 자료에서 드러나는 것은 가장 가난한 최빈국들이 나머지 모든 나라에 비해서 더욱 뒤처졌다는 점이다. 저소득 국가들의 1인당 부는 절댓값의 증가에서뿐만 아니라 **증가율**에서도 나머지 모든 소득 집단들보다 훨씬 낮았다. 그리고 아프리카에서는 1인당 부의 수준이 오히려 떨어졌다. 무역이 사회 내부에 초래하는 영향과 마찬가지로 나라 사이에 초래하는 영향을 분석할 때에도 순진한 모형들은 **잠재적 결과**만을 보여줄 뿐이다. 그 잠재성을 실현하는 일은 그 모형들로 다듬을 공공정책에 달려 있다.

규제에 관한 잘못

기업들은 세계화를 통해서 법적으로 복잡한 자회사들의 네트워크로 바뀌었고, 모회사의 통제에 따라서 자회사들끼리 거래하는 형태로 변했다. 그런 회사들은 자기 뜻대로 세금을 요리한다. 영국의 사례로 대표적인 것이 스타벅스이다. 스타벅스의 영국 자회사는 수십억 잔의 커피를 팔지만, 무려 10년 동안 과세 대상으로 잡힐 만한 영업 이익을 거의 한 푼도 벌지 않았다. 알고 보니 네덜란드령 앤틸리스 제도에 위치한 또다른 자회사가 어마어마한 이익을 내고 있었다. 이 자회사는 커피를 단 한 잔도 팔지 않는데, 그 대신 "스타벅스"라는 상표 사용권을 영국 자회사에 팔고 있었다. 스타벅스는 분개하는 어조로 네덜란드령 앤틸리스 제도에서 내야 할 모든 세금을 지불했다고 발표했다. 그러나 앤틸리스 제도에서는 세율이 0이라는 사실은 언급하지 않았다. 빈곤국에서 이에 버금가는 사태가 천연자원 채굴이다. 탄자니아에서 금을 캐는 광업 회사 한 곳은 조세 당국에 손실을 낸 것으로 보고하는 묘수를 부렸는데, 주주들에게는 거액을 배당했다.

기업의 세계화에 동반되는 더욱 건강하지 못한 측면은 은행 고객의 비밀을 보장하는 피난처와 "껍데기 회사(shell company)"가 늘었다는 것이다. 껍데기 회사는 보통 런던이나 뉴욕 같은 대도시의 대단히 유능한 변호사들의 법적 처리를 통해서 설립되는데, 회사의 진짜 소유자가 누구인지 알 수 없도록 은폐되는 회사이다. 그런 회사가 비밀을 보장해주는 피난처의 사법 관할지에 은행 계좌를 개설하면, 그 계좌에 예치되는 돈은 이중의 장막에 가려져서 조사할 수가 없다. 바로 이 구조가 부패나 범죄 자금을 감지하지 못하게끔 막아주는 주된 수단의 하나가 되었다. 최근에는 비트코인이 또 하나의 선택지로 보태졌다.

무역의 경우와 마찬가지로, 기업의 세계화에 따른 잠재적 이득이 실현되려면 공공정책이 나서야 한다. 그러나 실제로 공공정책은 이 문제에 대응하지 않았다. 그로 인해서 기업의 세계화에 따라붙었어야 할 규제의 세계화가 추진되지 못했고, 과세와 규제의 권한은 여전히 국가 차원에 단단히 묶여 있다. 제6장에서 거론했듯이 우리의 국제적 조정 메커니즘들(OECD, IMF, EU, G7, G20)은 승화된 이기심을 바탕으로 구속력이 있는 호혜적 의무를 창출할 능력을 상실했다. 각 나라는 바닥으로 추락하는 경주에 뛰어들어 경쟁하기를 선호한다. 이러한 거버넌스의 패배는 현대의 세계화에서 가장 추악한 현실이다. 이처럼 정부의 규제 능력을 무력화하는 문제의 진원지였던 영국이 2013년 G8의 의장국을 맡았을 때에 이 문제에 대처하려는 노력을 이끌기 시작했다.* 일례로 영국은 변호사들이 자산 소유자를 은폐해주는 장치인 "껍데기 회사"를 단속하는 조치를 처음으로 도입했다. 그 덕분에 이제는 영국에서 모든 회사의 진짜 소유자를 의무적으로 밝혀야 하는 등기부가 마련되어, 부패한 자금의 주된 도관 하나가 폐쇄되었다.

이민에 관한 잘못

경제정책의 틀을 짜는 데에 기업의 이해관계가 미치는 영향력이 대단히 커졌고, 그러한 정책 설정에서 중요한 요소 중의 하나가 이민에서 얻는 혜택이다. 기업이 이민을 좋아하는 이유는 명백한데, 이민이 채용할 노동자들의 모집단을 늘려주기 때문이다. 그러나 기업과 시민의 이해관계가 일치하지는 않는다. 기업과 시민에게 모두 이로운 이민도 있지만, 이민이 시민의 후생을 떨어뜨릴 때에도 기업은

---

* 이러한 노력에 기여할 기회에 나도 참여했다. Collier(2013)을 보라.

이득을 본다.

무역과 노동자의 국제적 이동이 융합되면서 세계화가 진행되지만, 무역과 노동자의 이동은 분석 면에서 근본적인 차이점이 한 가지 있다. 무역은 비교우위를 동력으로 작동하지만, 노동의 이동은 절대우위를 동력으로 작동한다는 점이다. 물론 표준 교과서에 등장하는 가정들을 전제할 때에는 이민이 세계적 차원에서 효율적이기는 하다. 그러나 절대우위로 작동하는 이민이 이민자 유입국이나 유출국 모두에 이로울 것이라고 생각할 이유는 없다. 무역과 달리 이민의 경우에는 유출국과 유입국에 더하여 세 번째 범주의 수혜자로 이민자 본인이 등장한다. 이 세 수혜자 가운데 애매함 없이 분명한 이득을 누리는 유일한 주체는 이민자들이다(얻을 이득이 없다면 그들은 이주하지 않을 것이다). 이민자들이 얻는 이득은 이민 전보다 높아지는 생산성의 절대적 증분이고, 이것이 노동력을 이동시키는 요인이다. 이민자는 그의 노동을 이민 유입국에 이전함으로써 높아진 생산성에 해당하는 부가가치를 그곳에 보태고, 동시에 그중 일부를 이민 유출국인 본국으로 송금할 수 있다. 그 덕분에 이민은 원리상으로는 유입국과 유출국 모두의 후생이 향상될 가능성을 연다는 점에서 세계적으로 효율적이다. 그러나 그러한 부가가치의 증분과 본국 송금이 발생하지 않는다면, 이민은 두 나라 모두에 피해를 초래할 수 있다. 이민은 이민자 개인 차원에서는 합리적이지만, 총량적인 결과에서 반드시 사회의 집단적 이득을 가져오는 것은 아니다. 가령 수단의 의사가 영국으로 이민을 가서 택시 운전에 종사하면 세계의 GDP는 증가한다. 그러나 그의 희소한 숙련 기능은 명백히 잘못 사용되는 것이다.

대도시에서 발생하는 지대(앞의 제7장)의 맥락에서 살펴보면, 이민이 시민들에게 초래할 잠재적 비용이 분명히 드러난다. 대도시는 "집적의 지대"를 창출한다. 그 지대 중에서 일부는 토지주들의 수중에 들어가지만, 대부분은 숙련도가 높고 주거 수요가 적은 노동자들의 수중으로 들어간다. 어느 나라가 이민자들에게 국경을 개방하면 노동자로 일할 수 있는 사람들이 늘어난다. 대개 웬만한 나라의 국내 노동력과 견주어보면 전 세계 노동력은 약 100배에 달하므로 국경이 활짝 열린다면 그 영향은 대단히 극적일 것이다. 높은 수준의 숙련 기능을 보유하면서 주거 수요가 적은 외국인들이 많이 있을 것이고, 그들에게는 대도시의 고생산성 일자리를 얻기 위해서 경쟁에 뛰어들 동기가 충분하다. 이러한 이민자들은 내국인들을 일자리에서 밀어낼 것이다.

세계적인 차원에서 보면 그러한 프로세스는 효율적이다. 대도시 경제는 성장할 것이고, 덩달아 집적의 지대도 불어날 것이다. 그러나 그 지대를 누가 취득할까? 필요한 주거의 수요가 적고 숙련도는 높은 노동력이 존재하면, 지대는 토지주들로부터 그러한 고숙련 노동자들로 이전될 것이고, 따라서 지대에 과세하기가 더 어려워진다. 숙련 노동자들 가운데 대도시의 고숙련 일자리를 계속 유지하는 내국인 시민들은 이득을 볼 것이다. 왜냐하면 능력이 더 뛰어난 고숙련자들과 같이 일하게 되니 그들의 생산성은 더 높아질 것이기 때문이다. 그러나 대도시의 고숙련 일자리에서 밀려나는 시민들은 이민자들이 유입되지 않았다면 그들이 취득했을 지대를 상실할 것이다. 그들은 이제 생산성이 떨어지는 지방 도시의 직무에서 일하게 될 것이다. 이런 식으로 대도시에서 발생하는 지대가 내국인 시민들로부터 이민자들로 이전된다. 시민들이 자신의 이기적인 이해관계를 반영하는 정치적 태도를 보인다면, 방금 살펴본 두 가지 작용은 다음과 같이 표출될 것이라고 볼 수 있다. 한편으로 기존 일자리를 유지하면서 대도시에 잔류하는 아주 유능한 고숙련 시민들은 이민에 찬성하는 태도를 보일 것이고, 다른 한편으로 지방에 있는 시민들은 이민에 반대하는 태도를 보일 것이다.

이와 어느 정도 비슷한 일이 영국에서 일어났을 가능성이 있다. 런던의 인구는 지금이나 1950년이나 같지만, 런던 인구의 구성은 크게 바뀌었다. 2011년 현재 런던 인구의 37퍼센트가 1세대 이민자들인데, 1950년에는 이민자 수가 무시해도 좋을 만큼 적었을 것이다. 만일 이민이 없었다고 해도 지금의 런던 인구가 37퍼센트만큼 줄어 있지는 않을 것이다. 지금껏 인구가 줄어든 대도시는 없었다. 그보다는, 이민으로 유입된 외국인들이 다수의 내국인들보다 주거 수요는 적고 숙련도는 높아서 이들이 구직 경쟁에서 런던의 일자리에 있던 내국인들을 밀어냈을 공산이 더 크다. 앞의 제3장 윤리적 국가에서 **합리적인 사회적 여성**을 거론하면서 사람들의 정체성 괴리를 언급했는데, 영국의 브렉시트 투표에서도 그러한 징후가 전국적으로 드러났다. 그러나 런던과 나머지 영국의 투표 성향은 사뭇 달랐는데, 런던에 자리를 잡고 있던 새로운 두 계급에 이민이 서로 다른 방향으로 영향을 미쳤기 때문일 가능성이 있다. 브렉시트 투표 결과를 분석해보면, 실제로 직관과는 사뭇 다른 두 가지 추론을 검증해볼 수 있다.• 그 추론이 주목하는 것은 런던의 일자리에서 밀려나지 않은

• 곧이어 소개할 통계 자료는 옥스퍼드 대학교의 선거학자 스티븐 피셔가 브렉시트

고학력 계급의 구성원들은 유능한 이민자들의 유입 덕분에 자신의 생산성이 더욱 높아졌을 것이라는 점이다. 따라서 그들은 지방의 고학력자들보다 EU 탈퇴에 **투표했을 개연성**이 더 낮다는 추론이 합당할 것이다. 이는 투표 결과와도 맞아떨어진다. 그들의 탈퇴 투표율은 지방의 고학력자들보다 25퍼센트 더 낮았다. 반면에 저학력 계급 출신으로 런던에 머물면서 저숙련 이민자들과 경쟁하는 사람들은 이민자 유입 때문에 실제로 손실을 보았을 것이다. 따라서 그들은 같은 계급에 속하지만 런던 이외 다른 지방에 거주하는 사람들보다 EU **잔류에 투표했을 개연성**이 더 낮다는 추론이 합당할 것이다. 이것 역시 투표 결과와 맞아떨어진다. 그들의 EU 잔류 투표율은 지방의 저학력자들보다 30퍼센트 더 낮았다. 이렇게 보면, 아마도 런던에는 경제적인 실리에 따라서 생각하는 **합리적인 경제적 인간**이 여전히 건재했던 셈이다. 브렉시트 투표 결과를 해석할 때에 계급 구성의 차이와 이처럼 계급에 따라서 서로 다르게 작용하는 이민의 경제적 영향이 대도시권에서 주로 거론되는 지방의 외국인 혐오보다 더 나은 설명일지도 모른다.

　이와는 아주 다른 양상으로 이민이 시민들에게 초래하는 비용이 있다. 그것은 사회에 계속 축적되어온 호혜적 의무를 이민이 보통

여론조사 자료 중에서 가장 믿을 만한 데이터를 바탕으로 산출한 것이다. 그러나 이 두 가지 추론의 가설 검증에 필요한 데이터 범위를 모두 포괄하는 작업에 시간이 너무 오래 걸려서 이 부분의 연구 내용을 이 책의 출판 마감일 전에 완벽하게 정리할 수는 없었다. 해당 연구를 진행하던 나와 공저자들은 전문가들의 상세한 검토를 받을 수 있을 만큼 내용을 갖추어서 발표하기를 원했기 때문에 이곳에는 그 내용을 반영하지 못했다. 여기에서 제시된 결과는 그 작업이 완료될 때까지 잠정적인 것으로 취급해야 한다.

약화시킨다는 점이다. 1945-1970년 시기가 훌륭했던 점은 공유 정체성을 바탕으로 새로운 호혜적 의무를 많이 창출했다는 것임을 상기해보라. 그 시기에 유복한 삶을 누렸던 사람들은 그들만 못했던 사람들을 도와줄 의무를 수용했다. 이러한 의무에 관한 이야기들을 의무 이행에 목적을 부여하는 다른 이야기들이 보강해주었다. 지금은 유복하게 살더라도 다음 세대에서는 그들의 자식이 불우한 처지에 놓일지 누가 알 수 있겠는가? 이렇게 생각하면 불우한 사람들을 도와줄 의무는 모든 사람의 승화된 이기심과 맞아떨어졌다. 그러나 이민자들은 그러한 공유 정체성과 호혜적 의무, 승화된 이기심의 이야기들을 알지 못한다. 이민자들이 과연 그러한 내용을 수용한 것인지가 미심쩍어 보일 수 있다. 그로 인해서 다른 시민들뿐만 아니라 이민자들에게 득이 될 세금을 내고 싶어하는 유복한 시민들의 의욕이 줄어들 수 있다. 이러한 이민의 영향은 숙련 기능을 별로 갖추지 못해서 불안한 처지인 지방 사람들에게는 아주 좋지 않은 소식일 것이다. 그들의 처지에서는 다른 시민들의 의무 이행이 아주 아쉬운 시기인데도 동료 시민들이 이민 때문에 그들을 도와줄 의무를 외면하는 것이다. 애석하게도 바로 그와 같은 이민의 영향을 뒷받침하는 증거가 지금 강력하게 나타나고 있다.

전 유럽을 포괄하는 새로운 설문조사 결과에 평균 이상의 소득층인 사람들이 빈곤층 지원을 위해서 설계된 재분배 과세를 바라보는 태도가 포착되어 있다.[2] 유럽 어디에서나 평균 소득보다 많이 버는 사람들은 평균 이하의 사람들보다 재분배에 대한 열의가 저조한 경향을 보이는데, 별로 놀랄 일은 아닐 것이다. 그러나 이러한 반응을 인구 중 이민자 비율과 대조해보면 선명한 패턴이 나타난다. 이민자 비율이 높을수록 재분배 과세를 지지하는 평균 이상 소득층의 의욕이 더 떨어진다는 점이다. 평균 이상의 소득층인 사람들에게도 분명 그들보다 가난한 내국인 동료 시민들에 대한 일말의 의무감이 여전히 있기는 하지만, 비내국인들에 대한 정체성의 괴리감이 가세하면서 그러한 의무감은 차츰차츰 약해진다. 설문조사는 사회과학에서 오래 전부터 사용된 기법이다. 좀더 최근에는 의학 실험에서 사용하는 기법이 도입되었다. 사람들을 무작위로 두 집단으로 나눈 다음, 그중 한 집단에는 모종의 "처치"를 적용하지만 다른 집단에는 적용하지 않는 것이다. 이처럼 전혀 다른 접근법을 사용해서 스페인의 두 연구자가 재분배 과세에 대한 사람들의 태도를 조사한 새로운 연구가 나왔다. 연구자들은 무작위로 나눈 두 집단에 똑같은 질문을 던졌지만, 한 집단에는 "질문에 앞서서" 이민에 관한 논의를 통해서 이민 문제를 부각했고, 다른 집단에는 그저 밋밋한 화제만을 다루었다.[3] 그 결과, 그들은 방금 소개한 연구(이민자 비율이 높을수록 납세 의욕은 저하된다)와 같은 경향을 발견했다. 즉, 이민을 상기시키는 대화를 들은 집단이 그러지 않은 집단에 비해서 재분배 세금의 납세 의욕이 대폭 낮은 것으로 나타났다.

이러한 문제들을 고려하면, 시장과 이기심이 주도하는 사적인 결정으로 유발되는 이민의 유입량이 사회적으로 이상적이라고 생각할 이유는 없다. 물론 이민자 본인뿐 아니라 이민 유입국과 유출국 모두에 이롭게 작용할 이민이 없지는 않을 것이다. 언제나 그렇듯이 이민 문제에서도 이데올로기는 잘못된 길로 나아간다. 좌파는 시장이 주도하는 프로세스에 본능적으로 회의적인데도 예외적으로 이민에는 찬성한다. 반면에 시장이라면 앞뒤를 가리지 않고 열광하는 우파가 예외적으로 이민에는 반대한다. 실용주의와 실용적 추론은 이데올로기보다 더 많은 뉘앙스를 고려한다. 즉, 어느 정도 규모의 이민이 사회에 이로울 것인가를 물을 뿐만 아니라, 어떤 사람들의 이민을 받아들일 것인가도 묻는다.

결론 : 경제학자들의 잘못

나를 포함하여 경제학자들은 세계화 비판자들에게 맞서서 그것을 옹호하는 데에 지나치게 열정적이었다. 좋고 나쁜 점을 모두 고려한 세계화의 효과는 긍정적이다. 그러나 세계화가 전면적으로 수용해야 하거나 완전히 거부해야 하는 하나의 통일된 현상은 아니다. 세계화는 갖가지 경제적, 사회적 변화가 뒤섞인 잡동사니이고, 그 각각의 변화가 따로따로 노는 별개의 현상일 여지가 많다. 그러한 현상들 가운데 애매함 없이 분명하게 이로운 요소가 있을 것이다. 이러한 요소는 공공정책이 촉진해야 한다. 주로 이롭기는 하지만 상당히 큰 손해를 보는 집단이 분명히 존재하는 요소도 있을 것이다. 이에 대해서는 그 손실에 상응하는 보상을 공공정책이 마련해야 한다. 또한 쉽게 보상할 방법이 없는 재분배를 유발하는 요소도 있을 것이다. 이러한 요소는 공공정책이 억제해야 한다.

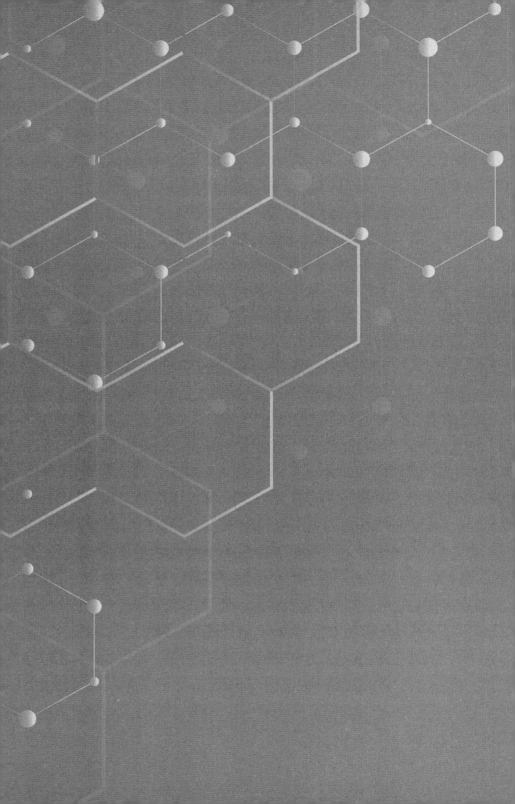

제4부

포용적 정책의 부활

제10장

극단을 파괴하기

자본주의는 많은 사람들이 불안한 삶을 살아가는 분단된 사회를 창출한다. 그럼에도 지금껏 대중적인 번영을 창출할 능력을 갖추었다고 밝혀진 유일한 경제 시스템은 자본주의이다. 최근에 일어난 현상이 자본주의에 고유한 것은 아니다. 최근의 현상은 해로운 기능 불량이고, 바로잡아야 할 문제이다. 이것이 단순한 일은 아니지만 신중한 실용주의를 길잡이로 삼으면, 우리가 처한 현 상황에 적합한 증거와 분석을 통해서 점차 효력을 발휘할 정책을 만들어갈 수 있다. 대공황에 뒤따르는 시기에 실용적인 정책들이 자본주의를 다시 궤도에 올려놓았고, 지금도 그러한 정책들로 자본주의를 다시 바로잡을 수 있다. 그러나 우리의 정치 시스템은 그러한 정책들을 창출하지 못하고 있다. 우리의 경제와 마찬가지로 정치 시스템도 고장이 난 상태이다. 우리의 정치 시스템은 문제를 해결할 방법에 대해서 왜 실용적인 사고를 할 수 없는 상태가 되었을까?

자본주의가 원활하게 작동했던 마지막 시기는 1945년부터 1970년 사이였다. 이 시기에 정책을 이끌어간 지침은 공동체를 지향하는 사회민주주의였고, 정치권의 주류 정당들이 모두 이러한 형태의 사회민주주의를 수용했다. 그러나 점차 사회민주주의의 윤리적 토대는 부식되었다. 사회민주주의는 19세기 협동조합 운동을 기원으로 태동하여 그 시대의 시급한 불안에 대처하고자 탄생했다. 이 불안에 대처하는 촘촘한 호혜적 의무의 관계망을 구축해가는 데에 밑바탕을 이룬 것은 사회민주주의가 피력하는 연대와 결속의 이야기였다. 그러나 협동조합 운동에서 비롯된 사회민주주의 정당들의 지휘부가 공리주의적 테크노크라트와 롤스주의적인 법률가로 바뀌었다. 그들의 윤리는 대중의 호응을 얻지 못했고, 유권자들은 차츰 사회민주주의 정당들에 대한 지지를 철회했다.

정치권의 정당들은 왜 실용주의에서 방법을 찾지 않았을까? 이것은 유권자들의 잘못에서 비롯되었을 공산이 아주 크다. 실용주의가 사람들에게 요청하는 바는 상황의 맥락에서 증거를 눈여겨보라는 것이고, 대안으로 나온 해결책이 실제로 효력이 있을지를 따져보기 위해서 실용적인 추론을 사용하라는 것이다. 그러려면 노력이 필요하고 공을 들여야 한다. 정보에 밝은 유권자들은 최고의 공공재이며, 모든 공공재가 그렇듯이 각 개인은 공공재를 제공하려는 동기가 거의 없다. 그러한 공공재의 대다수를 국가가 제공할 수는 있지만, 사실에 밝은 유권자들을 갖추는 것은 사람들이 스스로 하지 않으면 아무도 할 수 없는 일이다.

현실은 그와 아주 달랐다. 사회민주주의가 안에서부터 무너져내리면서 정치적인 공백이 생겨났고, 그 빈자리를 차지한 것은 사람들에게 노력할 필요가 없도록 우회로를 열어준 정치 운동들이었다. 실용주의의 적(敵)은 이데올로기와 대중 영합주의 두 가지인데, 그 각각이 자신의 기회를 놓치지 않았다. 좌우파의 이데올로기 모두 어떤 목적에라도 이용할 수 있는 만능의 분석을 활용함으로써 상황의 맥락, 신중한 접근, 실용적 추론을 전부 건너뛸 수 있다고 주장한다. 그 만능의 분석으로부터 상황과 시대에 상관없이 언제 어디에서나 타당한 진실이 술술 흘러나온다는 것이다. 대중 영합주의는 다른 방식으로 건너뛰는 우회로를 제시한다. 그것은 금세 손에 잡힐 만큼 명백한 해결책을 훤히 알고 있는 카리스마적인 지도자이다. 이데올로기와 대중 영합주의가 합쳐질 때도 많은데, 그렇게 되면 효과는 더욱 강력해진다. 한때 신뢰를 잃은 이데올로기들이 새로운 매혹적인 해결책을 팔러 다니는 열정적인 지도자들을 만나서 새롭게 단장하는 것이다. 그러한 지도자들에게 환호하는 함성이 인다. 급진적인 좌파 이데올로기에서는 버니 샌더스와 제러미 코빈, 장뤼크 멜랑숑이 등장했고, 토착주의(또는 자국민 우선주의) 이데올로기에서는 마린 르펜과 노르베르트 호퍼가, 분리주의 이데올로기에서는 나이절 패라지와 앨릭스 샐먼드, 카를레스 푸지데몬이 등장했다. 그리고 유명한 연예인의 세계에서는 베페 그릴로와 도널드 트럼프가 나타났다.

현재, 정치권 싸움의 판도는 아마도 공리주의와 롤스주의 전위대들이 대중에 영합하는 이데올로기 옹호자들의 공격에 놀라고 분개하는 형국일 것이다. 이는 정치판에 갖추어지는 차림표로는 최악이다. 이러한 상황에서 벗어나려면 근본적인 변화가 필요하고, 그 변화가 시작되려면 지금까지와는 다른 윤리적 담론을 우리의 정치에 불어넣어야 한다. 그러나 좀더 구체적인 문제로, 우리 정치 시스템의 역학을 바꾸어놓은 모종의 변화가 지금의 양극화를 초래한 측면도 있다. 그 내용을 이 장에서 살펴볼 것이다.

정치는 어떻게 해서 양극화되었는가?

우리의 정치 시스템은 민주주의이지만, 정치 시스템에 설계된 세부 요소들이 갈수록 정치를 양극화로 몰아가는 경향이 심해졌다. 우리의 선거제도를 구성하는 요소들 가운데 대다수가 양대 정당에 유리하게 되어 있다. 따라서 유권자들이 직면하는 선택지의 차림표는 이두 정당이 무엇을 내놓는가에 달려 있다. 많은 나라들에서 결정적으로 위험한 조치가 일어났는데, 바로 기존의 주력 정당들이 당 대표를 선출하는 권한을 평당원들에게 부여했다는 것이다. 이로 말미암아 어떤 정당에서든 당 대표가 그 당에서 가장 경험이 많은 사람들중에서 선출되고 보통 당 대표를 기선출 대표자들(elected representative)*이 뽑던 체계가 평당원들이 뽑는 것으로 바뀌었다.

어떤 정당에 당원으로 가입할 성향이 가장 높은 사람들은 이미 어떤 정치 이데올로기의 옹호자가 된 사람들이다. 따라서 평당원들이 당 대표를 선출하도록 바꾼 이 변화는 당 대표 선출 과정이 이데올로기의 옹호자로 기우는 역학으로 작용했다. 앞의 제1장에서 언급한 이유 때문에 사회민주주의가 세 가지 주된 이데올로기 중에서 이러한 역학에 가장 취약한 것으로 드러났다. 공리주의와 롤스주의 철학의 조합을 끌어들인 사회민주주의는 자신의 발판을 우리의 공통 가치에 두지 않았다. 바로 이 때문에 마르크스주의와 토착주의 이데올

---

* 다음 절에서 "기선출 대표자들의 총합은 공식적인 명부상의 당원 숫자보다 그 정당을 지지한 훨씬 더 많은 유권자들을 대표한다"는 저자의 진술을 볼 때, "elected representative"는 당내 선거에서 선출된 대의원이 아니라 공적인 선거에서 선출되어 정당을 대표하는 사람들을 뜻한다.

로기가 서로 양극화로 치달으며 사회민주주의의 정치 지형을 잠식하는 사태가 초래되었다. 마르크스주의는 구소련의 붕괴와 중국의 자본주의 선회로 치명적으로 신빙성을 잃은 듯했지만, 이 변화를 기껏해야 역사 과목에서 대충 훑어볼 역사적 사건 정도로만 생각하는 새로운 세대가 성장했다. 토착주의는 홀로코스트로 인해서 완전히 신빙성을 잃었고, 그에 대한 기억은 쭉 살아남았다. 그러나 정치무대의 주류를 차지하고 있던 중도 우파 정당이 이민정책에 대해서 공리주의와 롤스주의를 혼합한 윤리를 채택하자, 토착주의 정당들이 이 약점을 치고 들어갈 기회를 포착했다.[1]

많은 수의 실용주의적인 유권자들은 이데올로기가 부상함에 따라서 양극단이 선택한 차림표에 직면했다. 더구나 이 차림표에서 아무런 매력을 느끼지 못하는 많은 사람들이 정치에 등을 돌림에 따라서, 정당 지도자들의 승리 전략이 정치 스펙트럼 중앙의 부동층을 유인하는 정책을 채용하는 것이 아니라, 이데올로기적 동기가 큰 유권자들을 모두 투표장으로 불러내는 쪽으로 바뀌었다. 그래서 이른바 "포용"의 진작을 위해서 투표와 당원 가입의 최저 연령을 낮추기도 하지만, 책임과 경험이 부족한 10대는 극단적인 이데올로기로 쏠리기 십상이다. 그 와중에 자신의 권리를 박탈당했다고 느끼는 비이데올로기적 유권자들은 대중 영합주의자들의 먹잇감으로 방치되고 말았다.

최근의 커다란 선거 몇몇 사례를 보면, 바로 이러한 일들이 일어났다는 것이 드러난다. 2016년 미국에서 치러진 당내 대선 후보 경선에서는, 대중에 영합하는 좌우파 양쪽의 이데올로기 옹호자들이 자본주의의 결함에 어떻게 대처할 것인가를 제시하는 극도로 단순한 비판으로 선거판을 장악할 수 있었다. 좌파에서는 버니 샌더스가 좁은 표차로 저지되기는 했지만, 그 과정에서 그는 전형적인 롤스주의 법률가 힐러리 클린턴에 대한 민주당 지지층의 애착에 심각한 흠집을 냈다. 힐러리 클린턴은 체계적으로 "피해자" 집단의 표밭을 다졌다.[2] 우파에서는 도널드 트럼프가 미디어를 잘 타는 유명인의 월등한 솜씨로 그보다 중도적인 경선 후보들을 모두 물리쳤다. 대통령 선거 본선에서 트럼프는 그의 극히 단순한 비판을 계속 밀고나간 반면, 클린턴은 더 섬세한 비판을 조리 있게 묶어내지 못한 채 현행 시스템을 거의 옹호하는 것처럼 비쳤다.

2017년의 프랑스 대선에서는 후보로 나설 수 있는 기존의 양대 정당의 지도자들이 모두 제거되었다. 좌파에서는 전형적인 사회민주주의자인 올랑드 현직 대통령이 자신의 인기가 추락했음을 인정하고 출마를 포기했고, 또다른 사회민주주의자인 그의 총리 마뉘엘 발스는 당내 경선에서 사회당 내의 좌파 이데올로기 옹호자인 브누아 아몽에게 패배해서 밀려났다. 우파에서는 전임 대통령인 니콜라 사르코지가 제거되었고, 중도파인 알랭 쥐페도 밀려났으며, 공화당 내의 우파 이데올로기 옹호자인 프랑수아 피용이 경선에서 승리했지만 그의 선거 운동은 곧이어 개인적인 문제로 붕괴하고 말았다. 이로써 프랑스 대선에서 두 명의 결선 후보를 뽑는 예선은 기존의 양대 정당과는 완전히 동떨어진 참신한 다섯 명의 후보 사이의 팽팽한 경주가 되었다. 그 예선 후보 5명 중 4명은 이데올로기 옹호자였고 1명은 실용주의자였다. 기존 양대 정당의 후보들은 전부 예선에서 탈락했고, 결선에 오른 두 후보는 결국 실용주의자인 에마뉘엘 마크롱과 대중 영합적인 토착주의 우파 후보인 마린 르펜이었다.

그러나 만일 프랑스 유권자의 단 3퍼센트가 선택을 달리했다면, 결선 후보가 두 명의 대중 영합적인 이데올로기 옹호자, 즉 우파에서는 르펜과 좌파에서는 장뤼크 멜랑숑이 될 뻔했다. 프랑스는 극단으로 쏠릴 뻔한 선거제도의 난점을 이겨냈지만, 가까스로 성공한 셈이다. 힐러리 클린턴과는 달리, 에마뉘엘 마크롱은 영리하고 이데올로기적이지 않으면서도 섬세하게 현행 시스템을 비판하는 메시지를 조리 있게 묶어내는 능력을 발휘했다. 그의 메시지는 "피해자" 집단들이 아니라 평균적인 프랑스 시민들을 겨냥하는 한편, 대중 영합적인 해결책의 공허함을 들추어냈다. 그가 내건 공약 체계는 실용주의의 훌륭한 사례였는데, 복잡한 내용을 전달하면서도 출중한 발언 능력으로 대중 영합주의의 약장수식 공약을 물리칠 수 있었다.

영국에서는 2010년과 2017년에 선거를 치렀는데, 그 중간에 노동당은 당 대표 선출 과정을 바꾸었다. 2010년에는 전형적인 공리주의적 사회민주주의 지도자인 고든 브라운이 원내 노동당 의원들의 만장일치로 당 대표로 선출되었다. 2017년에는 대중 영합적인 마르크스주의자 제러미 코빈이 당 대표가 되었다. 코빈은 노동당 의원들 사이에서는 지지도가 아주 낮았지만, 정열적인 젊은 이상주의자들의 지지로 당 대표로 선출되었다.ㆍ 그 젊은이들에게 손쉽게 노동당 당원으로 가입할 권리를 주었던 조치가 노동당의 구성을 거의 완전히 뒤바꿔놓았다. 우파에서는 2010년 당 대표였던 중도 진영의 데이

ㆍ 공식적인 마르크스주의 이론에서는 전위대가 "유용한 바보들"이라는 말로 묘사된 지지자 집단을 유인하는 데에 의존한다는 것을 오래 전부터 인정하고 있다. 코빈의 통찰력 깊은 혁신은 이 지지자 범주를 "젊은 바보들"로 다듬어냈다는 점이다.

비드 캐머런이 2016년에는 검증되지 않은 미지수의 인물, 테레사 메이로 교체되었다. 이 당 대표 교체는 당 대표를 당원들이 선출하도록 규정한 보수당의 새 당헌을 회피하기 위해서 보수당의 원내 의원들이 짜낸 절박한 조치였다. 당원들이 당 대표를 선출하면, 처음으로 이 선출 방식이 사용된 2001년처럼 전혀 알려지지 않은 참신한 이데올로기의 옹호자가 선출될 개연성이 높아 보였기 때문이다. 현재, 영국 양대 정당의 당 대표 선출 방식은 언제든 사용되기만 하면 양극화된 이데올로기 옹호자들로 정치적 선택의 차림표를 짜버릴 것이 거의 확실하다. "채식 아니면 송아지 고기" 딱 두 메뉴만 나오는 식이다. 2017년 선거에서 제러미 코빈은 좌파의 대중 영합적인 이데올로기를 내세운 한편, 테리사 메이는 일관된 전략을 묶어내지 못했다. 유권자들은 선거에서 선택을 박탈당한 꼴이 되었고, 결국 다수당이 없는 의회가 구성되었다.

독일에서는 원칙 그대로를 고집하는 롤스주의와 대중 영합주의를 특이하게 혼합한 메르켈 총리가 3–4개월 동안 이민자들에게 독일 국경을 개방했다. 메르켈 총리의 이 행보만으로도 독일에서는 2017년 총선에서 유권자의 8분의 1을 신생 토착주의 정당으로 몰아주기에 충분했다. 중도 우파인 그녀의 기독교민주동맹이 얻은 득표율은 1949년 창당 이래 최저로 추락했다. 그러나 중도 우파가 붕괴했다고 해서 중도 좌파에 도움이 되지도 않았다. 중도 좌파인 사회민주당의 득표율은 훨씬 큰 폭으로 추락했고, 그들 역시 1949년 이래 최저 득표를 기록했다. 중도가 줄어드는 와중에 정치권이 대중 영합적인 이데올로기 옹호자들에게 넘어가고 있다.

중앙을 부활하기 : 몇 가지 정치적 역학

우리에게는 주력 정당들이 다시 중앙에 포진하도록 유도할 프로세스가 필요하다. 여기에서는 당 대표 선출 규칙을 바꾸는 두 가지 가능한 방안을 제안하는데, 두 방안 모두 현행 체제보다는 훨씬 더 민주적이다.

가장 단순명쾌한 방법은 당 대표의 선출권을 이미 공적 선거에서 당선된 기선출 대표자들로 국한하는 것이다. 기선출 대표자들은 두 가지 특징이 있어서 그들이 당 대표를 선출하는 것이 당원들이 선출하는 것보다 더 적합하다. 우선, 기선출 대표자들은 광범위한 유권자 집단에 호소하려는 이해관계를 가지고 있다. 이 특징은 그들을 중도 후보들 쪽으로 기울도록 압박하는 작용을 한다. 둘째, 그들은 정치권의 내부자라는 점에서 정치판에서 흔히 나타나는 유명인의 수법에 속아 넘어갈 개연성이 더 낮다. 그들처럼 이미 선거에 당선된 정당 대표자들은 정보에 밝은 유권자들이다. 이런 식으로 당 대표가 선출되었다면, 예를 들면 영국의 2001년 보수당 대표는 내각의 장관 경험이 아주 많은 중도주의자 켄 클라크가 되었을 것이고, 2015년 노동당 대표도 중도주의자가 되었을 것이다. 그리고 미국에서 공화당의 기선출 대표자들이 당의 대선 후보를 선택했다면, 도널드 트럼프는 지금 백악관에 있지 못했을 것이다.

기선출 대표자들은 당원들보다 민주주의 원리에 근거한 적법성이 더 크다. 임의의 정당이 배출한 기선출 대표자들의 총합은 공식적인 명부상의 당원 숫자보다 그 정당을 지지한 훨씬 더 **많은** 유권자들을 대표한다. 그러나 당 대표 선출의 승리 기준을 계속해서 능동적 투표자들의 수가 최대한 커지는 체계로 정하고자 한다면, 효과가 조금 떨어지는 또 하나의 대안은 적어도 주력 정당의 경우에 대표 선출을 비당원을 포함한 모든 유권자에게 개방하는 방법일 것이다. 그러나 이러한 방식의 당 대표 선출이 남긴 기록을 보면 전망이 좋지 않다. 왜냐하면 일반 유권자들은 당 대표 후보들에 관해서 아는 것이 별로 없으므로 카리스마적인 대중 영합주의자들에게 끌리기 쉽기 때문이다.

당 대표 선출 과정을 개혁할 길이 막힌다면, 가장 안전한 대안은 아마도 비례대표제를 일정 정도 반영하도록 하는 선거제도 개혁일 것이다. 물론 여기에도 단점은 있지만, 비례대표를 통해서 탄생할 연립 정부는 정당이 자신의 이데올로기를 행동에 옮기는 것을 억제하고 증거에 근거하는 실용주의를 고무한다. 노르웨이와 네덜란드, 그리고 스위스는 오래도록 비례대표로 창출되는 연립 정부의 통치가 이루어졌다. 이 나라들은 모두 현대 자본주의가 연출하는 도를 넘어서는 최악의 사태들을 회피했다. 돌이켜보면 2010-2015년 영국의 연립 정부와 2011-2017년 미국 의회가 교착기에 빠졌던 시기가 그 이전이나 이후의 정부들보다는 꽤 월등했던 것으로 보인다.

중앙을 부활하기 : 유권자들이 정보에 밝은 사회

윤리적 근거를 바탕으로 실용주의적으로 설계된 전략을 좀더 의욕적으로 수용하기 위해서 우리의 정치 시스템을 조금씩 수정하면서 바꿔갈 수 있을 것이다. 그러나 정치는 그것이 반영하는 사회보다 더 나을 수 없다. 윤리적이고 실용적인 정치는 이를 요구하는 시민들의 수가 임계 수준에 도달할 때에만 창출될 수 있다. 이 책의 주된 독자층을 정치인이 아니라 시민으로 상정한 것도 그 때문이다. 임계 수준의 시민은 모든 시민이 아니라 정치인들에게 행동할 용기를 주기에 충분한 규모를 뜻한다. 다행히 나쁜 생각뿐 아니라 좋은 생각을 퍼트리는 데에도 소셜 미디어를 사용할 수 있다. 새로운 분단에 직접 대처할 수 있도록 제안하는 정책들, 그리고 조직 내의 윤리를 회복하기 위한 좀더 근본적인 전략들을 참고용 자료로 활용되기를 바라며 아래에 요약한다.

실용적인 새 정책

광범위한 주제를 다루는 짧막한 책에서 새로운 정책들을 상세하게 다룰 수는 없다. 이 책에서 내놓는 제안들은 모두 학술적 분석을 근거로 해서 나왔지만, 상당한 연구 작업이 더 이루어져야만 실행할 준비가 갖추어질 것이다. 그러나 결국 정책을 가로막을 장애물은 기술적 문제가 아니라 정치적 문제가 될 공산이 크다.

대도시와 망가진 도시의 새로운 분단을 되돌리는 일에는 돈이 들어갈 것이다. 그 돈은 대도시에서 급증하는 막대한 집적의 지대에 과세하여 마련할 수 있다. 제7장에서 대도시에서 폭증하는 생산성의 상당량이 왜 지대의 한 형태이며, 그 지대가 왜 수취자들이 참되게 번 소득이 아닌지를 살펴보았다. 그러나 그 집적의 지대를 과세하기가 어렵다는 점도 강조했다. 그러한 집적의 지대가 지금까지의 생각과는 달리 토지주에게 귀속되지 않고 고소득 숙련 노동력에 귀속되는 경우가 많기 때문이다. 다른 곳들의 토지보다 대도시 토지에 대한 더 높은 세율의 과세를 정당화하는 똑같은 원리가 이 숙련 노동자들에게도 적용된다. 이 과세로 인해서 자신의 이기적인 이해가 위협을 받는 사람들로부터 들끓는 분개가 터져나올 텐데, 이 저항을 격퇴해야 한다. 그다음, 이렇게 거둔 세수를 망가진 도시들의 소생에 쓸 가장 좋은 방법은 무엇일까? 가장 중요한 것은 부상하는 산업을 유치하기 위해서 잘 조정된 정책을 힘껏 밀어붙이는 것이다. 아마도 해당 도시의 전통에 어울리는 산업이 좋을 것이다. 서로 다른 측면들이 잘 조율되도록 조정하는 일은 상호 관계에서 비롯된다. 망가진 도시로 들어올 가능성이 있는 기업들은 다른 기업들이 무엇을 할지를 알 필요가 있고, 그래야 그들이 서로 필요로 하는 공통의 지식이 구축된다. 아마도 해당 도시는 서로 관련을 맺고 있는 기업들에 모두 따라붙어서 통째로 유치할 필요가 있을 것이다. 그러한 기업들의 특수한 필요에 맞추어 노동자가 훈련되어야 한다. 해당 기업들이 훈련 과정을 공동으로 관리하면 더욱 좋다. 이러한 과정이 빠진 훈련은 아무런 쓸모가 없다.

고숙련 기능을 갖춘 고학력자들과 숙련 기능을 상실한 저학력자들 사이의 새로운 계급 분단을 되돌리는 일에서도 한쪽 집단만이 아니라 양쪽 집단에 모두 대응하는 정책이 필요하다. 생산성이 낮은 일자리에 발이 묶이는 상황은 보통 갓난아이 때부터 시작되어 평생 이어지는 불리한 처지의 마지막 지점일 때가 많다. 그래서 나는 **사회적 모성주의**라는 전략을 제안했다. 그것은 해체될 위험에 처한 젊은 가정들에게 실용적인 지원과 친밀한 지도를 집중적으로 제공하는 것이고, 뒤따라 학령기에 들어서는 어린이들을 친밀하게 지도하는 것이다. 사회적 가부장주의에서 동원하는 방법이 감시라면, 그에 대응하는 사회적 모성주의의 방법은 친밀한 지도이다. 그러나 분단과 괴리를 되돌리는 일이 저학력자들이 성공할 수 있도록 길을 열어주는 것만은 아니다. 고숙련자들의 일부 행동은 약탈적이기 때문에 억제될 필요가 있다. "토너먼트"에서 승자가 되면 패자를 희생양으로 삼아서 거액의 사적인 이득을 챙길 수 있다. 우리 사회에서 가장 유능한 사람들 가운데 너무 많은 사람들이 그러한 제로섬 게임에 자신의 능력을 투입하는 반면, 사회 전체에 큰 혜택을 주는 혁신과 같은 활동에 참여할 재능은 고갈되고 있다. 제로섬 게임으로 치닫는 경향이 아주 심한 부문이 있는가 하면, 종사자들에게 돌아가는 혜택이 별로 없는 부문이 있다. 후자보다 전자의 업종에 더 육중한 세금을 매겨야 한다.

부유한 사회와 여전히 빈곤에서 헤어나지 못하는 사회로 갈라지는 세계적인 차원의 분단을 좁히려면 넓은 가슴만으로는 부족하다. 가난에 찌들고 정체된 사회에 사는 사람들이 개별적으로 대응하는 행동은, 부유해지면 자기 돈을 다른 데로 빼돌리고 교육을 받으면 다른 사회로 이민을 떠나는 것이다. 이런 행동은 개인 차원에서는 합리적이지만, 사회 전체로 보면 그들 자신의 사회에 해로울 때가 많다. 아프리카에서 빠져나가는 자본 도피가 매년 2,000억 달러에 달하고, 아이티에서 교육받은 젊은 노동자들 중에서 85퍼센트가 나라를 떠난다. 이런 행동을 "인권"이라고만 보는 사고방식은 바로 그 행동이 위반하는 의무를 가벼이 여기는 것이다. 사람들의 대부분은 성인군자가 아니다. 그들은 대개 자신의 의무를 인정하면서도 매혹적인 유혹을 만나면 그것에 응한다. 이런 일이 일어날 때에는 유혹하는 사람들에게 윤리적인 책임이 있다. 수십 년에 걸쳐서 아프리카에서 빠져나간 자본 도피의 상당액은 런던의 변호사들과 스위스의 은행들이 주선한 것이다. 마찬가지로 아프리카의 인적 자본 탈출은 기회를 열어주는 공공정책에 사람들이 응하는 것이고, 이해할 만한 행동이다. 극단적인 예를 하나 들어보자. 노르웨이가 국부 펀드에 모아놓은 자산은 인구 1인당 20만 달러에 달한다. 만일 가난한 나라의 한 가족 5명이 고국을 떠나 노르웨이에 정착하면, 이 가족은 1인당 국부 펀드의 5배인 100만 달러 가치의 자산에 대한 권리를 얻는다. 이는 그 가족 구성원이 얼마를 벌든 5명이 모두 일해서 버는 소득의 합계보다 많다. 그들 고국의 정부는 그러한 이민 유인에 대항할 만한 수단이 아무것도 없다. 그러나 노르웨이와 빈국, 이 두 집단의 사람들은 그 100만 달러에 대한 청구권을 훨씬 더 효과적으로 운영할 방법이 있다. 한쪽 집단인 노르웨이 사람들이 저축해놓은 100만 달러를 다른 집단인 가난한 나라의 수천 명을 위해서 활용하는 것이다. 가난한 사회는 부유한 사회를 따라잡을 필요가 있다. 그러기 위해서 가난한 사회가 부유한 우리 사회로부터 받아야 할 아주 아쉬운 것은, 그들에게는 없지만 우리에게는 있는 것이다. 바로 사람들의 생산성을 높여주는 기업이다. 우리는 이처럼 극히 평범해 보이는 마법을 우리 기업들이 최빈국에서 수행하도록 고무할 수 있고, 그러기 위해서 할 수 있는 일이 아주 많다.

조직의 윤리적 갱신

이 책은 윤리로 시작했고, 책을 끝맺을 지점도 윤리이다. 지금까지 나는 새로운 윤리적 정치의 밑바탕을 묘사하려고 했다. 그것은 괴상하고 분열적인 공리주의의 윤리적 원칙을 바꾸는 것이다. 그러한 원칙 대신, 우리는 인간성에 더 단단히 뿌리를 두고 더 나은 결과를 가져올 윤리적 원칙이 필요하다.

공리주의는 사람들이 각자 자신의 소비로부터 효용을 창출하고, 총효용 합산의 거창한 윤리적 산술에 동등하게 포함되는 독자적인 개인이라고 이해하지만, 이와 달리 현실의 사회를 형성하는 원자는 사람들끼리 맺는 인간관계이다. 사회적 가부장주의는 사이코패스와 다름없는 경제적 인간의 이기심을 플라톤적 수호자들이 통제해야 한다고 간주하지만, 이와 달리 평범한 보통 사람들은 그러한 인간관계가 의무를 낳는다는 것을 인정할 뿐만 아니라 그 의무를 이행하는 것이 삶의 목적의식에 중요하다고 인식한다. 플라톤적 수호자와 경제적 인간을 짝짓는 결합이 그동안 공공정책을 장악했고, 그로 말미암은 불가항력의 독소 작용이 사람들에게서 윤리적 책임을 걷어내 버렸다. 덩달아, 의무는 가부장적 국가로 넘어갔다. 이를 중세 종교에 빗댄 괴상한 풍자극으로 나타내면, 평범한 사람들은 죄인 역을 맡아서 특출난 사람들의 통치를 받아야 하는 상황이다. 그 통치자들은 윤리적인 능력주의의 상위 계급이다. 그 통치자 역할을 맡은 공리주의 전위대가 높은 자리에 오르니, 그들을 경축하는 성인들이 행진하며 입장했다. 갖가지 의무가 붕 떠서 국가로 넘어가는 한편, 소비 생활의 권리와 그것을 누릴 자격이 하늘에서 떨어진다. 거기에 등장하는 우리들은 모두 아이들인 셈이다.

그러나 그 과정에서 국가가 획득한 책임은 국가의 능력을 넘어선다. 그것은 기업과 가족만이 제대로 이행할 수 있는 책임이기 때문이다. 부모들은 아이들에 대한 의무감이 사랑에서 나오기 때문에 가부장적 국가가 부모 역할을 대신하려고 마련해주는 온갖 장치보다 월등하다. 그리고 훌륭한 기업은 피고용자들에 대한 의무감이 노사관계의 장기적인 호혜성에서 나오기 때문에 가부장적 국가가 마련해주는 온갖 훈련 프로그램들보다 월등하다. 국가가 수행할 역할은 분명히 있지만, 그것은 가정과 기업의 의무가 본연의 그 자리에서 이행되도록 복원해주는 정책의 정책(meta-policy)을 고안하는 것이다. 가족 내부의 의무감을 약화시킨 것은 문화적 변화였다. 윤리적 가족이 사라지면서 그 자리를 대체한 것은 욕망의 추구에만 전념하는 권리를 획득한 개인(entitled individual)이었다. 그러나 국가는 그 변화를 묵인했다. 나아가 가족에게 특권을 부여하던 법률과 세금, 복지 급여를 개인에게 특권을 부여하는 방식으로 바꾸기까지 했다. 그와는 반대 방향으로, 이제 국가는 자신의 이야기와 법률, 세금과 복지 급여를 바꿔서 윤리적 가족을 되살릴 수 있다. 피고용자와 사회에 대한 기업의 의무감을 약화시킨 것은 문화적인 변화였다. 경제적 인간의 기업판을 만들어낸 경영 대학원에서 한 세대의 경영자들에게 기업의 유일한 목적은 그 소유주를 위해서 이익을 내는 것이라고 가르쳤다. 여기에서도 이 문화적인 변화는 분기별 수익에만 전념하는 펀드 매니저들의 득세가 부채질한 물질적 유인 때문에 더욱 악화되었다. 그와는 반대 방향으로, 이제 국가는 자신의 이야기와 법률, 세금과 보조금을 활용해서 윤리적 기업을 부활시킬 수 있다.

공리주의적 가부장주의는 세계적 차원에서 적용될 때, 그것에 내재하는 오만의 극치를 이루어냈다. 아무런 조건 없이 이행되었어야 할 구조의 도리가 다른 사회에 자신의 윤리를 강요하는 제국주의적 수단이 되었다. 한편 예전에 구체적인 정책 영역 내에서 호혜적 의무를 차근차근 일구어냈던 국제 클럽들은 이른바 "포용"을 중시하는 국제조직으로 지나치게 팽창한 데다가 다루는 영역도 광대하게 확장되었지만, 조직 내의 호혜성은 차츰 와해되었다. 우리는 윤리적 세계를 이루어낸 적은 없지만, 1945-1970년 시기에 그 목표에 다가서는 진전을 역사상 어느 시기보다도 많이 이룩했다. 그때 이룩한 진보가 그후로 줄곧 무너지고 있다. 우리가 앞으로 나아가는 동력을 회복하려면 반드시 신중한 실용주의의 현실적인 접근법으로 돌아가야 한다. 구조가 필요한 사람들에게 효과적인 해결책을 지원하는 것은 우리가 충분히 감당할 수 있고 실현할 수 있는 일이다. 위압적인 세계적 불안에 가장 효과적으로 대응하는 길은 공리주의적인 훈계가 아니라 구조의 도리에 응할 수 있는 넉넉한 사회들 간의 호혜적 의무를 새로 구축하는 클럽을 가동하는 길이다.

소속감의 공유로 실현되는 호혜적 의무를 촘촘하게 일구어가면 더 신뢰받고 따라서 더 효과적인 국가를 만들어갈 수 있다. 의무를 이행하는 수많은 과업이 사회 전반에 폭넓게 배분되면, 의무가 더 효과적으로 이행될 뿐만 아니라 사람들이 더 적극적으로 참여하고 더 많은 보람을 느낀다. 결과적으로 우리는 공리주의적 가부장주의자들이 성취한 것보다 더 행복한 사회를 이룩할 수 있다. 가부장주의자들은 그들 자신의 기준에서도 혹독한 비판을 받는다. "효용의 극대화"는 존 케이가 "오히려 간접적으로 성취되어야 할 일"이라고 묘사했듯이, 우리가 직접적인 목표로 겨냥한다고 해서 성취되는 일이 아니다. 자발적인 의욕으로 실현되는 호혜성이 더 우월하다.

소속의 정치

정치는 압도적으로 나라 차원의 일이다. 호혜적 의무의 촘촘한 그물망을 형성할 정치의 잠재력이 발현되려면, 한 나라의 사람들이 기꺼이 수용하는 모종의 공유 정체성이 갖추어져야 한다. 정체성이 분열되지 않고 한데 묶이려면, 영국인이라든가 미국인이라든가 독일인이라는 것이 어떤 개별 민족 집단에 소속한다는 뜻일 수는 없다. 또한 무엇인가 그 나라 사람들에게만 독특한 공통의 가치를 고수한다는 뜻일 수도 없다. 그렇게 생각하는 경우는 많지만 희망 사항일 뿐이다. 단적인 예로, 같은 미국인인 도널드 트럼프와 버니 샌더스가 공유하는 공통의 가치이자, 동시에 그 두 사람을 나이절 패라지, 제러미 코빈과 분명히 구분해줄 가치가 존재할까? 다양한 문화가 존재하는 나라에서 성장하는 사람들 모두가 공유하는 정체성은 장소와 목적이라는 바탕 위에서만 정의될 수 있다. 그러한 공유 정체성은 고향과 영토에 단단히 묶인 애착을 동원하기도 하고, 공통의 목적을 가지고 행동하면 상호 이득을 얻는다는 점을 강조하기도 한다. 사람들이 공유하는 "우리"라는 관념의 토대가 바로 공유 정체성이다. 반면에 윤리적 정치가 발휘할 수 있는 다른 영향을 통해서 공통의 소속감을 추구하는 본능적 욕구를 뒷받침할 수도 있고, 목적을 공유하는 합리적인 근거를 보강할 수도 있다.

가령 공통의 목적을 향한 집단 행동에 노력을 기울이면 공유 정체성이 강화된다. 아무리 사소한 노력이라도 그렇다. 심지어 국가대표 축구팀의 승리가 그러한 작용을 한다는 것도 밝혀졌다.[3] 또한 함께 사용하는 공간에서 사람들이 자연스럽게 얽히고설키는 사회적 상호작용도 공유 정체성을 강화한다. 서로 주고받는 작용이 완전히 단절된 집단들은 그들끼리 공유 정체성을 느낄 만한 건더기가 별로 없을 것이다. 따라서 교육이든 이데올로기든 아니면 종교든 간에 그로부터 비롯되는 문화적 분리주의를 제한한다는 점에서 일정 정도의 사회적 통합은 바람직하다. 우리는 서로를 만날 필요가 있다. 그러나 무엇보다 공유 정체성은 소속감을 뒷받침하는 정치적 이야기를 통해서 강화된다. 그러한 이야기들을 전하는 것이 정치 지도자들의 핵심 역할 중의 하나이다. 그동안 우리 정치인들은 장소와 목적에서 출발하는 소속의 이야기들을 외면함으로써 소속감의 분열을 조장하는 이야기들이 치고 들어올 입구를 열어주었다. 분열을 조장하는 이야기들은 국민 정체성을 내세웠지만, 그것은 다른 사람들을 배제하는 일부 사람들만의 정체성이었다.

지도자들은 새로운 이야기들을 북돋울 수 있다. 그러나 정치 지도자들에 대한 신뢰가 추락한 탓에 그들의 권위는 예전 같지 않다. 사람들은 이제 텔레비전에 나오는 발언자들보다 사회 네트워크의 교차로에서 접하는 사람들을 더 주목하기 때문이다. 그런데 그 네트워크라는 것이 닫힌 제각각의 반향실이 되어버려서 우리는 지금 이야기를 주고받을 공동의 공간조차 없다. 이것이 초래하는 피해는 어마어마하다. 왜냐하면 모두에게 열려 있는 공통의 네트워크에 참여해야만, 우리 모두가 같은 이야기를 듣는다는 것을 아는(즉 "내가 들어서 알 뿐 아니라 너도 알며 그 사실을 우리가 모두 안다는 것을 다 같이 아는") 공통의 지식이 갖추어지기 때문이다. 이것이 결여되면, 자신의 의무를 이행하더라도 그에 상응하는 다른 사람들의 의무가 이행될지를 확신하기 위한 조건이 공유 정체성의 이야기를 통해서 창출되기 어렵다. 장소 기반의 소속감을 공유하는 이야기가 유통되기는커녕, 사회 네트워크의 반향실들에서는 "다른 집단"을 험담하는 이야기가 주를 이룰 때가 더 많다. 2017년 영국 맨체스터 음악 공연장에서 어린이들을 대량으로 살해한 살만 아베디는 맨체스터에서 성장했지만, 비이슬람교도를 혐오하는 폐쇄적인 사회 관계망 속에서 양육되었다. 그러니 그에게는 자기 주변의 사람들에 대한 아주 기초적인 공감마저 없었다. 반향실은 사회 조직에 파괴적이다. 그러나 담론이 오가는 공통의 공론장을 현실적으로 어떻게 회복해야 할지는 나도 잘 모르겠다. 공통의 공론장이 없는 상황이니, 제각각의 반향실에서 영향력을 발휘하는 새로운 인물들(이를테면 각 반향실 내에서의 코미디언, 배우, 행사 주관자, 자기 노출을 즐기는 외향적 인물)은 바로 지금 행동해야 할 책임이 있다. 그들은 사회 속에 흩어져 있는 지도자들이고, 이 조각난 네트워크들을 가로지르며 장소 기반의 정체성 공유를 일구어가는 일에서 다른 누구보다도 좋은 위치에 있다. 그들이 확산시키는 이야기들을 아마도 많은 대중이 주목할 것이다. 그동안 분열을 조장하는 이데올로기 이야기들을 퍼트리는 것이 그들의 주특기가 되기는 했지만, 이제는 그러지 않도록 그들을 견제할 압력이 필요하다.

다른 정체성들의 공유와 마찬가지로, 장소에 대한 소속감을 공유하고 어떤 행동에 대해서 공통의 목적을 의식하는 것도 중요하다. 왜냐하면 그러한 소속감이나 목적에 대한 의식이 의무를 뒷받침하기 때문이다. 정치가 지배적으로 나라 차원의 일인 이유는 공공정책이 지배적으로 나라 차원에서 이루어지기 때문이다. 나라 안의 좁은 국지적 차원에서 정해지는 정책도 있고, 그보다 넓은 권역에서 정해지는 정책도 있고, 세계 차원에서 정해지는 정책도 있지만, 선진국 어디에서나 압도적으로 중요한 것은 나라 차원의 정치이다. 미국에서는 주 단위의 권리에 대한 집착이 강하기는 해도 공공지출의 60퍼센트가 주가 아니라 나라 차원에서 이루어진다. EU의 경우에도, EU

집행 위원회의 권력을 둘러싼 강박관념이 있기는 해도 공공지출의 97퍼센트가 EU 집행 위원회가 아니라 나라 차원에서 이루어진다. 나라와 그 시민들은 공공정책의 틀을 결정하는 가장 중요한 요소이며, 가까운 미래에도 계속 그러할 것이다. 공유 정체성의 정치적 기능에서 가장 중요한 것은 호혜적 의무의 관계망을 키워나가는 나라의 역할이 바로 그 정체성 덕분에 실현된다는 점이다. 자본주의가 최근에 접어든 여정에서 마구 쏟아낸 불안들이 우리 사회의 깊은 상처로 악화된 이유는 그 의무의 관계망이 마모되었기 때문이다.

장소와 목적에서 생겨나는 공동의 소속감에 관해서 이야기할수록 국민 정체성의 공유는 탄탄해질 수 있다. 마찬가지로 시민들의 호혜적 의무에 관해서 이야기할수록 그러한 의무로 형성될 윤리적 관계망이 탄탄해질 수 있다. 놀랄 것도 없이 대량 살해범 살만 아베디는 기초적인 호혜적 의무조차 내면화하지 못했다. 그의 이웃은 아베디의 차가 자기 집의 자동차 진입로를 가로막고 있을 때가 많았다고 말했다. 호혜적 의무는 다시 목적을 통해서 이기심을 승화하는 이야기들로 보강될 수 있다. 즉, 당장 자신에게 이롭지 않은 행동(이를테면 납세)이 장기적으로 모든 사람에게 이로운 결과를 가져올 수 있다는 인과관계를 시민들은 인지할 수 있다. 사실, 아베디는 바로 이러한 인과관계의 이야기를 내면화했다. 왜냐하면 그는 자신에게 당장 이로운 것을 희생해서 낙원을 구현할 생각이었기 때문이다. 그처럼 이야기는 강력하다. 따라서 우리는 더 나은 이야기들을 만들어야 한다.

앞의 이야기를 한 문장으로 압축하면, 사람들이 정체성을 공유하면 아주 멀리까지 내다보는 호혜성의 토대가 갖춰진다는 것이다. 그러한 신념 체계를 잘 구축하는 사회는 개인주의나 복고판 이데올로기들을 중시하는 사회보다 더 효과적으로 작동한다. 개인주의적 사회는 공공재라는 광대한 잠재력을 포기한다. 복고판 이데올로기들은 모두 사회의 다른 일부에 대한 증오를 저변에 깔고 있어서 갈등으로 치닫는다. 건강한 사회에서는 성공적인 결과를 거두는 사람들이 호혜적 의무의 관계망을 수용하도록 길러진다. 삶이 잘 풀리는 이 사람들이 자발적으로 나서서 불우한 처지에 놓인 사람들을 도와준다. 성공적인 사람들이 이러한 의무에 부응하는 이유는 의무의 이행에서 생기는 자존감과 동료 존중으로 보상을 얻기 때문이다. 그러지 않으려고 고집하는 소수에 대해서는 좀더 강제적인 힘을 사용해도 합당하다.

이것이 우리의 정치가 길잡이로 삼아야 할 윤리적 실용주의이다. 이를 통해서 우리 정치는 양극화를 초래한 실패에서 탈출하여 우리 사회를 위협하는 분단에 대처할 협력의 기능을 찾아야 한다. 우리가 여전히 이행하지 못하는 돌봄의 의무가 여러모로 많다. 재앙을 피하려고 탈출하는 난민들이 그러하고, 세계의 최빈국에서 절망에 빠져 있는 사람들이 그러하며, 자신의 숙련 기능이 가치를 상실한 50대 남성들이 그러하며, 발전의 여지가 없는 막다른 일자리의 덫에 곧 걸려들 10대들이 그러하며, 파탄 난 가정의 아이들과 앞으로 행여 집을 소유할 수 있을지 절망하는 젊은 가정이 그러하다. 우리는 이행하지 못한 이 의무들을 이행해야 한다. 그러나 우리는 예전에 우리의 공유 정체성으로부터 생겨났던 호혜적 의무를 되살리는 훨씬 더 힘겨운 과업도 수행해야 한다.

이 이야기에 우파 사람들은 등골이 오싹해질지도 모른다. 그러한 의무의 이행이 초래할 재분배가 얼핏 보면 마르크스주의 이데올로기의 지향점과 비슷해 보일 것이기 때문이다. 좌파 사람들의 등골도 오싹해질지 모른다. 가족과 나라 차원의 뚜렷한 의무를 인정하는 이러한 이야기가 롤스주의와 공리주의 규범에 어긋나기 때문이다. 그러나 이러한 우려는 모두 잘못된 생각이다.

내가 주장하는 것은 마르크스주의의 변종이 아니다. 마르크스주의 이데올로기가 근거로 삼는 이야기는 증오로 가득하고 공유 정체성 대신에 극단적으로 분열된 계급 정체성을 옹호한다. 그들의 이야기는 호혜적인 의무 대신에 한 계급이 다른 계급의 소유물을 수탈할 권리를 피력한다. 이슬람 근본주의처럼 마르크스주의가 표방하는 승화된 이기심에도 국가가 "시들해지며 사라지는" 먼 훗날의 낙원이 등장한다. 그러나 마르크스주의 이데올로기가 실제로 가져온 결과는 어떤 경우에든 변함없이 증명되었는데, 그것은 사회 갈등, 경제의 붕괴, 그리고 시들해지며 사라지기는커녕 오만하고 무자비한 권력을 휘두르는 국가였다. 요즘도 그러한 일들이 벌어져서 베네수엘라에서 난민들이 탈출하고 있다. 관심을 가지고 보면 누구에게나 보이는 현상이다. 자본주의를 운영하는 방향타를 합리적인 호혜주의를 바탕으로 실용적으로 잡아가는 사회가 있고, 마르크스주의 이데올로기를 바탕으로 운영되는 사회가 있다면, 그 둘의 차이는 자신을 평온하게 대하는 사회와 들끓는 증오의 상처가 난자한 사회의 차이이다.

한편, 롤스주의와 공리주의가 추구하는 이상에서는 가족의 의무는 믿을 것이 못되니 등한시하고 모든 아이들에 대한 모든 시민의 동등한 의무를 더 중시한다. 또한 나라 차원의 의무는 믿을 것이 못

되니 등한시하고 세계의 "피해자들"에 대한 의무를 더 중시한다. 그러나 그 길로 가면, 다음 세대가 물려받을 사회는 권리 행사의 자격만 남발하는 개인주의의 수렁에 빠질 것이다. 세월이 흐른 뒤에 돌이켜보면, 공리주의와 롤스주의가 중도 좌파를 장악한 시기는 그것의 실상 그대로 오만, 과신, 파괴로 인식될 것이다. 중도 좌파가 다시 살아나는 길은 자신의 공동체적 뿌리로 되돌아가는 것이고, 신뢰를 바탕으로 근로 가정의 불안에 대처하는 호혜적 의무의 관계망을 다시 구축하는 과업으로 되돌아가는 것이다.• 마찬가지로, 독단적인 개인주의가 중도 우파를 장악한 시기는 훌륭한 전통이 **경제적 인간**의 유혹에 홀린 시기로 인식될 것이다. 중도 우파가 그들 본연의 윤리적 태도를 되찾아야 보수당 본래의 "하나의 국민(one nation)" 정치로 돌아갈 수 있을 것이다. 새로운 불안은 너무 심각한지라 극좌파의 먹잇감이 되도록 포기할 수 없다. 장소에 대한 소속감은 너무 강력하고 건설적인 잠재력이 큰지라 극우파의 먹잇감이 되도록 포기할 수 없다.

새로운 불안을 직시한다면, 이에 직결되는 **경제적 위협**은 지역 면에서도 계급 면에서도 전에 없이 고약해지는 부의 격차임이 분명할 것이다. 종교와 이데올로기를 통해서 발흥하는 극단적인 정체성들을 직시한다면, 이에 직결되는 **사회적 위협**은 소셜 미디어의 반향실

• 나는 2017년 12월 덴마크 사회민주당의 초청으로 강연을 하러 갔다. 새로 선출된 팔목할 만한 당 대표인 메테 프레데릭센은 정확히 바로 이러한 진단을 도출했고, 당을 정력적으로 협력과 공동체에 뿌리를 두는 사회민주당의 기원으로 되돌리는 일에 박차를 가하고 있었다. 사회민주당의 득표율은 오래도록 이어진 쇠락의 길을 뒤집으며 이미 상승하기 시작했다. 그들이 표를 얻지 못한 예외는 대도시권의 고학력 집단이었다. 이 WEIRD 집단은 분개하여 극좌파로 넘어갔다.

들에서 자라나는 적대적 정체성들로 갈가리 찢기는 사회 분열임이 분명할 것이다. 그리고 브렉시트와 도널드 트럼프의 부상을 지켜보았다면, 이에 직결되는 **정치적 위협**은 배타적인 국가주의임이 분명할 것이다. 자유주의자들은 소속감의 공유와 그로써 뒷받침될 수 있는 건전한 애국주의를 애써 회피했다. 그로 말미암아 해결책을 찾기 위해서 우리 사회를 묶어낼 수 있는 유일한 동력을 포기했다. 부지불식간에 그들은 그 동력을 무모하게도 극단적인 협잡꾼들에게 넘겨주었고, 협잡꾼들은 아주 기쁘게 자신들의 뒤틀린 목적에 그 동력을 사용하고 있다.

우리는 더 잘할 수 있다. 우리는 지난날 더 잘했던 적이 있으며 다시 더 잘할 수 있다.

감사의 글

이 책은 토비 리히티히의 청탁으로 문예 평론 주간지 「타임스 문예 부록(*Times Literary Supplement*)」의 2017년 첫 호에 실은 "사회의 현상태"에 관한 칼럼에서 시작되었다. 불안한 시절이어서 여러 가지 해악을 진단하는 일군의 책들이 나왔고, 토비 리히티히는 내가 적절히 그 책들을 활용할 수 있도록 배려해주었다. 곧이어 성탄절 기간 내내 내 무릎 위에서 책과 아이들과 노트북이 교대하던 끝에 나는 하나의 진단에 이르게 되었다. 그것은 지금 이 시대에 필요한 책은 『자본주의의 미래』이며 불행히도 아무도 그 책을 쓰지 않았다는 것이었다. 그 칼럼이 발표되고 놀라운 반향이 일었고, 마침내 유명한 출판 에이전트인 앤드루 와일리가 내가 저술하겠다고 제안한 것도 아닌 책의 출간 계약을 뉴욕의 세 출판사가 선제적으로 제시하는 입찰에 뛰어들었다는 소식을 가져왔다. 이미 나와 저술 계약을 하나 맺은 상태인 펭귄 출판사는 그 책을 미루고 이 책을 먼저 써달라고 했다.

이 책을 쓰기 위해서 다루어야 할 과제가 지적인 측면에서 상당히 벅찼다. 특히나 책에서 펼쳐야 할 내용이 윤리철학과 정치경제, 금융, 경제지리학, 사회심리학, 사회정책을 종합하는 것이었기 때문이다. 이 각 분야에는 침입자를 저지하고 파괴하기 위해서 고안된 지뢰밭이 깔려 있다. 다행히 내 초고를 검토하고 논평해주는 일에, 의욕적인 명석한 학자 여러분의 도움을 구할 수 있었다. 그들의 제안 덕분에 최종 원고가 크게 향상되었다. 그분들께 감사를 표하지만, 결과물에 대한 책임이 조금이라도 그분들께 있는 것은 아니다.

철학자 중에서 특히 다음의 분들께 감사를 드린다. 톰 심프슨은 원고 전체를 검토하고 섬세한 문제들에 대해서 대단히 명료하고 참을성 있게 설명해주었다. 크리스토퍼 후크웨이는 실용주의에 대해서 오랜 시간의 토론에 응해주었다. 애덤 스미스에 관한 제시 노먼의 대가적인 지식에 큰 도움을 받았다. 콘라트 오트는 여러 시간에 걸쳐서 호혜주의와 칸트의 관점에 관한 토론에 응해주었다.

경제학자 중에서 콜린 메이어와 나는 서로 짝을 이룰 만한 책을 우리 각자가 써서 동시에 출간하게 되었다는 사실에 크게 기뻐했다. 그가 쓴 책은 『번영 : 양질의 기업에서 얻는 이로움이 더 크다(*Prosperity: Better Business Makes the Greater Good*)』이다. 존 케이를 보면서 나는 오래 전부터 지적인 경외심을 느꼈다. 다방면으로 출중한 박식함과 아울러 실용적인 뛰어난 판단력을 겸비하고 있기 때문이다. 그는 대단히 친절하게도 원고 전체를 꼼꼼하게 읽고, 논평과 제안에 많은 시간에 할애해주었다. 티머시 베슬리는 현대적인 분석경제학의 최전선을 달리면서도 윤리철학에 관해서도 깜짝 놀랄 정도로 박학하다. 그는 원고에 대해서 논평을 해주었을 뿐만 아니라, 옥스퍼드 올소울스 대학에서의 세미나를 조직해서 "사회적 모성주의"에 관한 나의 제안에 대한 토론자로 앨리슨 울프를 섭외해주었다. 제7장의 내용에 커다란 영향을 미친 앤서니 베너블스 또한 원고 전체를 읽고 상세하게 논평해주었다. 마지막으로, 킬(Kiel) 세계경제연구소장 데니스 스노워는 상세한 원고 논평뿐 아니라, 우리 두 사람이 "2세대 행동경제학"으로 생각하는 연구를 고무하고 또 그것에 기여하는 일에서도 값진 도움을 주었다. 2세대 행동경제학이란 사회심리학의 통찰들을 개별적인 의사결정상의 편향과는 명백히 다른 집단 행동의 경제적 분석에 적용하려는 시도를 뜻한다. "정체성과 이야기, 규범에 관한 경제 연구" 학회의 동료들은 내가 여러 대목에서 그들의 연구에 지적인 빚을 졌다는 점을 알고 있을 것이다.

옥스퍼드 대학교가 계속해서 지적인 명성을 누리는 이유 가운데 대단히 저평가되는 것 중의 하나는 대학 시스템이 학문과 학문 사이의 무작위적인 사회적 상호 작용을 창출한다는 점이다. 나는 두 대학교에서 권리를 누리는 변칙적인 관대함 덕분에 더 큰 혜택을 얻었다. 세인트 앤터니 대학에서 점심을 같이 먹은 덕분에 일본 사회학을 담당하는 로저 굿맨 교수에게서 아이들에 대한 일본 엘리트 여성의 태도에 관한 배움을 얻기 시작했다. 트리니티 대학에서 점심을 같이 먹은 덕분에 영국 최고의 선거학자 스티븐 피셔에게서 이 책의 제8장에서 소개한 영국의 EU 탈퇴 국민투표에 관한 검증을 얻을 수 있었다. 게다가 스티븐 피셔 교수는 나 자신의 함정에서 나를 구해주겠다는 확고하고도 너그러운 발의로, 초고에 대하여 써주는 학술적 논평 가운데 가장 철저한 내용을 보내주었다. 지칠 줄 모르는 펭귄의 로라 스티크니는 초고의 가독성을 높이는 일에서 보완적이면서 결정적인 도움을 주었다.

마지막으로, 나는 본인들의 경험 자체를 나의 이야기의 증거로 제공해준 많은 분들께 빚을 졌다. 킬(Keele) 세계문제연구소장 빌 보인턴은 스토크온트렌트 시 사람들을 위한 훌륭한 포럼을 구축했다. 데버라 불리번트는 "그림과 그의 친구들"을 일구어낸 정력적인 분이다. 그리고 브뤼셀의 사회학 교수 마크 엘샤르두스와 피앤드브이 협동조합 운동의 사람들, 셰필드에서 여러 해 동안 인지 행동상의 심리 치료사 업무 팀을 이끌었던 이언 무어, 유럽 사회당원/사회민주당원 협회장 잔니 피텔라와 그의 자문가 프란체스코 롱키, 그리고 변호사이자 퀘이커교도인 앨런 톰프슨에게 감사드린다.

읽기 쉬운 책을 쓰기란 정말로 어려운 일이어서 내 가족도 그 고통의 과정을 겪어야 했다. 늘 그랬듯이, 폴린은 정직한 독자의 매서운 시선으로 그 과정에 참여하면서도 우리 가족의 구성원들 모두를 하나로 묶어주었다. 눈에 띄는 일은 피하도록 배우면서 자랐기 때문에 이처럼 나의 개인사를 노출하는 책을 쓰기란 정말 어려운 결정이었지만, 그러지 않았다면 책을 써나가는 열정의 촉수를 억지로 짜내야 했을 것이다.

주

제1부 위기

제1장 새로운 불안

1) 참고 문헌의 Case and Deaton(2017)을 보라.

2) Chetty et al.(2017)를 참조하라.

3) Chua(2018), 173쪽.

4) 일례로 Mason(2015)과, 2017년 1월 25일 자「타임스 문예 부록」에서 그러한 최근의 저작들에 대한 나의 서평을 보라.

5) Norman(2018)을 보라. 애덤 스미스가 새롭게 수립한 경제학 분석을 벤담과 밀이 재앙적으로 왜곡한 내용을 역사적으로 선명하게 설명하는 이야기를 볼 수 있다.

6) Haidt(2012).

7) *Financial Times*, 2018년 1월 5일.

8) 쉽게 읽을 수 있는 새로운 설명으로 다음의 저작이 있다. Roger Scruton, *On Human Nature*(2017).

9) Chua(2018)에서 재인용.

10) 조지 애컬로프는 노벨 경제학상 수상자이다. 그와 나는 레이철 크렌턴, 데니스 스노워와 함께 "정체성과 이야기, 규범에 관한 경제 연구"라는 학회를 설립했다. 앤서니 베너블스는 세계적으로 유명한 경제 지리학자이다. 지난 3년 동안 그와 나는 도시화의 경제학에 관한 연구 프로젝트를 같이 지휘하고 있다. 콜린 메이어는 옥스퍼드 대학교의 재무 교수이자 같은 대학교 경영 대학원의 학장을 역임했으며 영국 학술원의 프로그램인 "기업의 미래"의 책임자이다. 그의 저서『번영 : 양질의 기업에서 얻는 이로움이 더 크다』(2018)는 이 책과 짝을 이룬다고 볼 만하다. 그와 나는 지난 3년 동안 빈곤 지역에 투자를 촉진하는 일로 같이 일했다. 티머시 베슬리 교수는 현재 계량경제학회의 회장이며 유럽 경제학회의 회장을 역임했고, *American Economic Review*의 편집장이었다. 그와 나는 현재 영국 학술원 내 취약

국가에 관한 위원회를 같이 지휘하고 있다. 크리스토퍼 후크웨이 교수는 찰스 퍼스와 실용주의 학파의 기원에 관한 세계 최고의 학자이다. 그는 퍼스 학회의 회장을 역임해왔고 *Europian Journal of Philosophy*의 편집장이다. 2015년 그의 퇴임을 기념하여 "실용주의 사상(The Idea of Pragmatism)"이라는 제목으로 컨퍼런스가 열린 바 있다. 그가 나의 가장 오랜 친구인 것은 내게 행운이다.

11) Tepperman(2016).

제2부 윤리의 회복

제2장 윤리의 토대 : 이기적 유전자에서 윤리적 집단으로

1) 우리의 감정조차 궁극적으로 사회 속에서 구축된다는 주장도 충분히 성립될 수 있다. 다음 자료를 보라. Feldman Barrett(2017).

2) Etzioni(2015)를 보라.

3) 이 책의 저술을 마친 직후, 티머시 베슬리가 나를 철학자이자 정치인 제시 노먼에게 소개해주었다. 그도 애덤 스미스의 사상에 관한 책을 그때 막 마친 직후였다. 우리는 불안한 마음을 떨치지 못하고 서로 원고를 주고받았다. 그의 원고에서 많이 배웠고, 그중 일부는 주석에 반영할 것이다. 그래도 스미스가 자신의 사상에 대한 나의 설명을 지금 읽더라도 충격을 받지는 않을 것이라는 점을 확인하게 되어 많은 위안을 얻었다.

4) Norman(2018).

5) Towers et al.(2016).

6) 이 점에서 흄과 칸트의 견해가 갈린다.

7) Haidt(2012).

8) Mercier and Sperber(2017).

9) Gamble et al.(2018).

10) 이것이 "민주적" 중앙집중의 레닌주의 개념이다.

11) 하이트가 Haidt(2012)에서 언급하듯이, "과정의 엄밀한 규칙을 중시하는 의무론적 윤리와 공리주의는 '수신 장치가 딱 하나밖에 없는(one receptor)' 윤리관이며 공감이 결여된 사람들에게 매력을 발휘한다."

12) 다음 자료를 보라. Dijksterhuis (2005), and Christakis and Fowler (2009).

13) Hood(2014)를 보라.

14) Thomas et al.(2014)을 보라.

15) 일례로, Cialdini(2007)를 보라.

16) Akerlof and Shiller(2009), 54쪽.

17) Mueller and Rauh(2017).

18) 금기에 관해서는 Bénabou and Tirole(2011)을 보라.

19) 이에 관해서는 Collier(2016)에서 좀더 상세하게 논의를 개진했다.

20) 이에 대한 좋은 안내서는 그들의 저서 *Identity Economics*, Akerlof and Kranton(2011)이다.

21) Besley(2016).

22) 자세한 내용에 관심이 있다면, 새 문헌들을 최근에 정리한 다음 글을 참조하라. Collier(2017).

23) "World Happiness Report", 2017.

24) 이러한 생각이 바로 시인이자 저술가, 사이버 활동가인 존 페리 발로와 페이스북의 설립자 마크 저커버그가 품고 있는 정서이다. (앞의 발언은 발로가 1996년 "사이버 공간의 독립 선언서"라는 글에서 주장한 것이고, 뒤의 발언은 2010년 한 행사에서 저커버그가 말한 것이다/옮긴이)

25) 이를 묘사하는 전문 용어는 상동(homology)이다.

26) 1981년 알래스데어 매킨타이어의 독창적인 연구에서 제기되었듯이, 윤리적인 언어의 진수는 타인을 이기적인 목적의 수단으로 취급하는 것이 아니라 목적 자체로 취급하는 것이다. 다음을 참조하라. MacIntyre(2013).

27) 나는 정체성 공유, 호혜성, 목적을 의식하는 행동을 분석의 순서에 따라서 설명했다. 그러나 윤리적인 집단 행동을 위해서는 이 세 가지 요소가 동시에 필요하다는 경험적 증거가 노벨상 수상자인 엘리너 오스트롬과 후계자들의 연구에 나온다.

28) 저변의 이론과 증거를 다루는 좀더 상세한 논의는 Collier(2018d)를 보라.

29) 정치적 경기 순환으로 알려진 현상이다. Chauvet and Collier(2009).

30) Putnam(2016), 221쪽.

제3장 윤리적 국가

1) 유럽의 사회당과 민주당을 포함한 사회민주주의 정당들이 2017년 10월에 개최한 연례 콘퍼런스와 2018년 6월에 개최한 그들의 청년 당원 콘퍼런스 때, 그들의 초청을 받아 강연을 하러 간 적이 있다. 그때 당 지도자들은 그들 정당이 말 그대로 "실존적 위기"에 처했음을 인정했다.

2) 나는 다음 저술에서 좀더 딱딱한 형식을 활용하여 이 모형을 전개한 뒤, 그것의 규범적 함축을 논의했다. Collier(2018b).

3) Wolf(2013), 32쪽. 이 한 문장은 으뜸 정체성이 일로 바뀐다는 점뿐 아니라, 개인적 보람(또는 성취)에 대한 강조도 포착한다. 개인적 성취에 대해서는 제5장에서

다룬다.

4) 에덜먼 신뢰 지표를 보라. 에덜먼의 2017년 연차 보고서는 "전 세계에 걸친 신뢰의 위기"로 시작한다. https://www.edelman.com/trust2017/.

5) 불안에 대처하려는 호혜적 협력의 모범적 사례는 보험 협동조합 운동이다. 이 운동은 북잉글랜드의 셰필드와 핼리팩스를 닮은 산업 도시인 로치데일에서 탄생했다. 2017년 11월 벨기에의 거대한 보험 협동조합의 일부인 피앤드브이 재단에서 나에게 시민상을 수여한 일이 있었고, 그때 그들의 보험 협동조합이 어떤 기원에서 출발했는지 알게 되었다. 로치데일의 개척자들이 플라망어를 사용하는 벨기에 도시 겐트에 방문한 일이 있었는데, 이 일을 계기로 벨기에에서 보험 협동조합 운동이 탄생했다. 그런데 이 운동이 언어 장벽을 넘어서 벨기에 안에서 프랑스어를 사용하는 왈롱 지역으로 신속하게 퍼져나갔고, 점차 규모를 키워가며 나라 전체를 아우르게 되었다. 시민상을 수여하는 행사는 세 언어로 진행되었다.

6) Elliott and Kanagasooriam(2017).

7) David Goodhart(2017)는 이러한 국민 정체성과 세계 정체성 간의 대조를 상세히 거론한다.

8) Nicholas Crane, *The Making of the British Landscape*, Weidenfeld & Nicolson, 2016. 115쪽.

9) Johnson and Toft(2014).

10) Elliott and Kanagasooriam(2017).

제4장 윤리적 기업

1) 이 설문조사는 영국에서 실시된 2017년 자료이다. 이 장의 뒷부분에서 기업계를 장악하는 금융계의 위력에 관하여 논의한다. 바로 그 내용에서 분명히 드러날 이유들로 말미암아 미국이 아니라 영국이 프리드먼의 학설과 그 영향을 보여주는 더할 나위 없는 사례이다.

2) Gibbons and Henderson(2012).

3) 인용문은 고위 직원으로 근무했던 사람의 발언이다. 다음 기사에 보도되었다. "The Big Bet," *Financial Times*, 2017년 11월 11일.

4) *Financial Times*, 2017년 10월 23일.

5) 이것 또한, 전문직 직업 윤리가 차츰 침식되어서 생기는 문제이다. 회계사 직종은 자신의 윤리적 지침을 어디에 두었는지 잊어버렸다. Brooks(2018)을 참조하라.

6) 영국은 GDP 대비 1.7퍼센트인 반면, OECD 평균은 GDP 대비 2.4퍼센트이다.

7) Kay(2011)을 참조하라.

8) Haskel and Westlake(2017)를 보라.

9) Hidalgo(2015)를 참조하라.

10) Autor et al.(2017)을 참조하라.

11) Scheidel(2017)을 보라.

제5장 윤리적 가족

1) 가족 규범의 변화를 들여다보는 이러한 통찰은 로비 애컬로프에게서 얻었다.

2) 그다지 오래 전이 아닌 1975년만 해도 내 어머니처럼 고등학교를 졸업하지 못하고 학교를 그만둔 근로 여성들은 학교를 졸업한 여성들과 같은 분량의 시간을 아이 양육에 투여했다. 2003년에 이르자 두 집단이 투여하는 양육 시간은 모두 증가했지만, 저학력층이 아이 양육에 투여하는 시간은 졸업자들의 절반에도 채 미치지 못했다. 다음 자료를 보라. Sullivan and Gershuny(2012).

3) 일본의 현대 사회학 전문가인 로저 굿맨 교수로부터 이 미묘하고 흥미로운 통찰을 얻었다.

4) Wolf(2013), 236쪽. 본문의 혼외 출생아 통계는 백인 대학 졸업자들에 속하는 산모에 해당한다.

5) 앞의 자료, 183쪽.

6) Putnam(2016), 67쪽.

7) Eliason(2012).

8) Putnam(2016), 70쪽.

9) 앞의 자료, 78쪽.

10) Heckman, Stixrud and Ursua(2006).

11) Clark(2014).

12) Bisin and Verdier(2000).

13) Brooks(2015).

14) Seligman(2012).

제3부 포용적 사회의 회복

제7장 지리적 분단 : 번영하는 대도시, 망가진 도시

1) Venables(2018a, 2018b)를 보라.

2) 제드 콜코의 최근 연구를 참조하라.

3) 이 불편한 사실을 밝힌 연구의 출처는 OECD이다. 읽기 수월한 자료로 2017년

10월 21일 자 *The Economist*를 보라.

4) 이 논점을 명확히 밝히고 확인해준 티머시 베슬리에게 감사한다.

5) Arnott and Stiglitz(1979)를 보라.

6) Collier and Venables(2017)를 보라.

7) Greenstone, Hornbeck and Moretti(2008).

8) Lee(2000).

제8장 계급 분단 : 모든 것을 누리는 가정과 해체되는 가정

1) Wolf(2013), 240쪽.

2) "위태로운 가족과 어린이 행복 연구"의 실태 도표. https://fragilefamilies.princ eton.edu/publications.

3) 다음 자료를 보라. "사회적 불이익과 유전적 민감성이 어린이의 텔로미어 길이에 미치는 영향", *Fragile Families Research Brief 50*, Princeton, 2015.

4) Philip Larkin, "High Windows"(1974).

5) 이에 대해서는 데이비드 브룩스가 그의 저서 『소셜 애니멀(*The Social Animal*)』 (2011)에서 탁월하게 탐색한 바 있다.

6) 포즈는 웹사이트가 있다. 방문해서 가입하라. 본문에 있는 데이터는 그중 다음 페이지에서 참조한 것이다. http://www.pause.org.uk/pause-in-action/learning-and-evaluation.

7) Wolf(2013), 51-52쪽.

8) Brown and de Cao(2017).

9) Putnam(2016), 212쪽.

10) Hanushek(2011).

11) Levitt et al.(2016).

12) 독자들이 이 사례를 대단하다고 여긴다면, 등록된 자선 단체인 "그림과 그의 친구들"에 기부할 것을 권장한다. 이곳의 웹사이트를 다음 주소에서 둘러볼 수 있다. http://grimmandco.co.uk/.

13) 이에 대한 좋은 자료는 Wilson(2011)이다. 이 책의 제목도 *Redirect: Changing the Stories We Live By*이다.

14) 다음 문단에서 묘사한 독일의 직업 훈련은 다음 자료에 기초한 것이다. Lucas, Bill(2016), "What if the further education and skills sector realised the full potential of vocational pedagogy?" https://eednetresources.files.wordpress.com/2016/11/lucas-2016- what-if-vocational-pedagogy.pdf.

15) Alison Wolf, *Financial Times*, 2017년 12월 28일.

16) *Dancing in the Dark*, Knausgård(2015), 179쪽.

17) Wolf(2013), 51–52쪽. 그리고 「제인즈빌」의 서지 사항은 다음과 같다. Goldstein, A.(2018), *Janesville: An American Story*. New York: Simon and Schuster.

18) Acemoglu and Autor(2011).

19) *Financial Times*, 2017년 9월 10일.

20) Michael Lewis and Dylan Baker(2014), *Flash Boys*.

21) 그동안 영국에서는 교육으로 인한 동류 교배가 늘어나는 추세가 아주 강하게 나타났다. 그중 대학 졸업자들끼리 맺어지는 결혼 유형의 증가가 가장 컸다. Wolf(2013), 232쪽.

22) Harris(2018)를 보라.

제9장 세계적 분단 : 승자와 뒤처진 자

1) World Bank(2018).

2) 뒤따르는 결과는 다음 자료를 참조했다. Rueda(2017).

3) Muñoz and Pardos-Prado(2017).

제4부 포용적 정책의 부활

제10장 극단을 파괴하기

1) Pardos-Prado(2015)

2) Chua(2018)를 보라.

3) 사람들은 승리나 성공에서 정체성을 느끼기를 좋아한다. 국가대표 축구팀이 승리를 거둔 직후의 설문조사에서 국민 정체성이 더욱 선명하게 포착된다는 점이 데피트리스 쇼뱅과 듀런트의 연구에서 나타난다. Depetris-Chauvin & Durant(2017).

참고 문헌

Acemoglu, D., and Autor, D. (2011), 'Skills, tasks and technologies: implications for employment and earnings'. *In Handbook of Labor Economics*(Vol.4B). Amsterdam: North Holland/Elsevier, pp.1043–1171.

Akerlof, G. A., and Kranton, R. E. (2011), *Identity Economics: How Our Identities Shape Our Work, Wages, and Well-Being*. Princeton: Princeton University Press.

Akerlof, G. A., and Shiller, R. (2009), *Animal Spirits: How Human Psychology Drives the Economy, and Why It Matters For Global Capitalism*. Princeton: Princeton University Press.

Arnott, R. J., and Stiglitz, J. E. (1979), 'Aggregate land rents, expenditure on public goods, and optimal city size'. *The Quarterly Journal of Economics*, 93 (4), pp. 471–500.

Autor, D., Dorn, D., Katz, L. F., Patterson, C., and Van Reenen, J. (2017), *The Fall of the Labor Share and the Rise of Superstar Firms*. Cambridge, Mass.: National Bureau of Economic Research.

Benabou, R., and Tirole, J. (2011), 'Identity, morals, and taboos: beliefs as assets'. *The Quarterly Journal of Economics*, 126 (2), pp. 805–55.

Besley, T. (2016), 'Aspirations and the political economy of inequality'. *Oxford Economic Papers*, 69, pp. 1–35.

Betts, A., and Collier, P. (2017), *Refuge: Transforming a Broken Refugee System*. London: Penguin.

Bisin, A., and Verdier, T. (2000), '"Beyond the melting pot": cultural transmission, marriage, and the evolution of ethnic and religious traits'. *The Quarterly Journal of Economics*, 115 (3), pp. 955–88.

Bonhoeffer, D. (2010), *Letters and Papers from Prison* (Vol. 8). Minneapolis: Fortress Press.

Brooks, D. (2011), *The Social Animal: The Hidden Sources of Love, Character and Achievement*. London: Penguin.

Brooks, D. (2015), *The Road to Character*. New York: Random House.

Brooks, R. (2018), Bean Counters: *The Triumph of the Accountants and How They Broke Capitalism*. London: Atlantic Books.

Brown, D., and de Cao, E. (2017), 'The impact of unemployment on child maltreatment in the United States'. Department of Economics Discussion Paper Series No. 837, University of Oxford.

Case, A., and Deaton, A. (2017), *Mortality and Morbidity in the 21st Century*, Washington, DC: Brookings Institution.

Chauvet, L., and Collier, P. (2009). 'Elections and economic policy in developing countries'. *Economic Policy*, 24 (59), pp. 509–50.

Chetty, R., Grusky, D., Hell, M., Hendren, N., Manduca, R., and Narang, J. (2017), 'The fading American dream: trends in absolute income mobility since 1940'. *Science*, 356 (6336), pp. 398–406.

Christakis, N. A., and Fowler, J. H. (2009), *Connected: The Surprising Power of Our Social Networks and How They Shape Our Lives*. New York: Little, Brown.

Chua, A. (2018), *Political Tribes: Group Instinct and the Fate of Nations*. New York: Penguin Press.

Cialdini, R. B. (2007), *Influence: The Psychology of Persuasion*. New York: Collins.

Clark, G. (2014), *The Son Also Rises: Surnames and the History of Social Mobility*. Princeton: Princeton University Press.

Collier, P. (2008), *The Bottom Billion: Why the Poorest Countries are Failing and What Can Be Done About It*. New York: Oxford University Press.

Collier, P. (2013), 'Cracking down on tax avoidance'. *Prospect*, May.

Collier, P. (2016), 'The cultural foundations of economic failure: a conceptual toolkit'. *Journal of Economic Behavior and Organization*, 126, pp. 5–24.

Collier, P. (2017), 'Politics, culture and development'. *Annual Review of Political Science*, 20, pp. 111–25.

Collier, P. (2018a), 'The downside of globalisation: why it matters and what can be done about it'. *The World Economy*, 41 (4), pp. 967–74.

Collier, P. (2018b), 'Diverging identitites: a model of class formation', Working Paper 2018/024, Blavatnik School of Government, Oxford University.

Collier, P. (2018c), 'The Ethical Foundations of Aid: Two Duties of Rescue'. In C.

Brown and R. Eckersley (eds.), *The Oxford Handbook of International Political Theory*. Oxford: Oxford University Press.

Collier, P. (2018d), 'Rational Social Man and the Compliance Problem', Working Paper 2018/025, Blavatnik School of Government, Oxford University.

Collier, P., and Sterck, O. (2018), 'The moral and fiscal implications of anti-retroviral therapies for HIV in Africa'. *Oxford Economic Papers*, 70 (2), pp. 353–74.

Collier, P., and Venables, A. J. (2017), 'Who gets the urban surplus?' *Journal of Economic Geography*, https://doi.org/10.1093/jeg/lbx043.

Crosland, A. (2013), *The Future of Socialism*(new edn with foreword by Gordon Brown; (first published 1956). London: Constable.

Depetris-Chauvin, E., and Durante, R. (2017), 'One team, one nation: football, ethnic identity, and conflict in Africa'. CEPR Discussion Paper 12233.

Dijksterhuis, A. (2005), 'Why we are social animals: the high road to imitation as social glue'. *Perspectives on Imitation: From Neuroscience to Social Science*, 2, pp. 207–20.

Eliason, M. (2012), 'Lost jobs, broken marriages'. *Journal of Population Economics*, 25 (4), pp. 1365–97.

Elliott, M., and Kanagasooriam, J. (2017), *Public Opinion in the Post-Brexit Era: Economic Attitudes in Modern Britain*. London: Legatum Institute.

Epstein, H. (2007), *The Invisible Cure: Africa, the West, and the Fight against AIDS*. New York: Farrar, Straus and Giroux.

Etzioni, A. (2015), 'The moral effects of economic teaching'. *Sociological Forum*, 30 (1), pp. 228–33.

Feldman Barrett, L. (2017), *How Emotions are Made: The Secret Life of the Brain*. London: Macmillan.

Gamble, C., Gowlett, J., and Dunbar, R. (2018), *Thinking Big: How the Evolution of Social Life Shaped the Human Mind*. London: Thames and Hudson.

George, H. (1879), *Progress and Poverty: An Enquiry into the Cause of Industrial Depressions, and of Increase of Want with Increase of Wealth. The Remedy*. K. Paul, Trench & Company.

Gibbons, R., and Henderson, R. (2012), 'Relational contracts and organizational capabilities'. *Organization Science*, 23 (5), pp. 1350–64.

Goldstein, A. (2018), Janesville: *An American Story*. New York: Simon and Schuster.

Goodhart, D. (2017), *The Road to Somewhere*. London: Hurst.

Greenstone, M., Hornbeck, R. and Moretti, E. (2008), 'Identifying agglomeration spillovers: evidence from million dollar plants'. NBER Working Paper, 13833.

Haidt, J. (2012), *The Righteous Mind: Why Good People are Divided by Politics and Religion*. New York: Vintage.

Hanushek, E. A. (2011), 'The economic value of higher teacher quality'. *Economics of Education Review*, 30 (3), pp. 466–79.

Harris, M. (2018), *Kids these Days: Human Capital and the Making of Millennials*. New York: Little, Brown.

Haskel, J., and Westlake, S. (2017), *Capitalism without Capital: The Rise of the Intangible Economy*. Princeton: Princeton University Press.

Heckman, J. J., Stixrud, J., and Urzua, S. (2006), 'The effects of cognitive and noncognitive abilities on labor market outcomes and social behavior'. *Journal of Labor Economics*, 24 (3), pp. 411–82.

Helliwell, J. F., Huang, H., and Wang, S. (2017), 'The social foundations of world happiness'. In *World Happiness Report 2017*, edited by J. Helliwell, R. Layard and J. Sachs. New York: Sustainable Development Solutions Network.

Hidalgo, C. (2015), *Why Information Grows: The Evolution of Order, From Atoms to Economies*. New York: Basic Books.

Hood, B. (2014), *The Domesticated Brain*. London: Pelican.

International Growth Centre (2018), *Escaping the Fragility Trap*, Report of an LSE–Oxford Commission.

James, W. (1896), 'The will to believe'. *The New World: A Quarterly Review of Religion, Ethics, and Theology*, 5, pp. 327–47.

Johnson, D. D., and Toft, M. D. (2014), 'Grounds for war: the evolution of territorial conflict'. *International Security*, 38 (3), pp. 7–38.

Kay, J. (2011), *Obliquity: Why Our Goals are Best Achieved Indirectly*. London: Profile Books.

Knausgard, K. O. (2015), *Dancing in the Dark: My Struggle*(Vol. 4). London and New York: Random House.

Lee Kuan Yew (2000), *From Third World to First: The Singapore Story 1965–2000*. Singapore: Singapore Press Holdings.

Levitt, S. D., List, J. A., Neckermann, S., and Sadoff, S. (2016), The behavioralist goes to school: leveraging behavioral economics to improve educational performance'. *American Economic Journal: Economic Policy*, 8 (4), pp. 183–219.

Lewis, M., and Baker, D. (2014), *Flash Boys*. New York: W. W. Norton.

MacIntyre, A. (2013), *After Virtue*. London: A&C Black (first published 1981).

Martin, M. (2018), *Why We Fight*. London: Hurst.

Mason, P. (2015), *Postcapitalism: A Guide to Our Future*. London: Allen Lane.

Mercier, H., and Sperber, D. (2017), *The Enigma of Reason*. Cambridge, Mass.: Harvard University Press.

Mueller, H. and Rauh, C. (2017), 'Reading between the lines: prediction of political violence using newspaper text'. Barcelona Graduate School of Economics, Working Paper 990.

Munoz, J., and Pardos-Prado, S. (2017), 'Immigration and support for social policy: an experimental comparison of universal and means-tested programs'. *Political Science Research and Methods*, https://doi.org/10.1017/psrm.2017.18.

Neustadt, R. E. (1960), *Presidential Power*. New York: New American Library (p. 33).

Norman, J. (2018), *Adam Smith: What He Thought and Why it Matters*. London: Allen Lane.

Ostrom, E. (1990), *Governing the Commons: The Evolution of Institutions for Collective Action*. Cambridge: Cambridge University Press.

Pardos-Prado, S. (2015), 'How can mainstream parties prevent niche party success? Centre-right parties and the immigration issue'. *The Journal of Politics*, 77, pp. 352–67.

Pinker, S. (2011), *The Better Angels of our Nature*. New York: Viking.

Putnam, R. D. (2000), *Bowling Alone: The Collapse and Revival of American Community*. New York: Simon and Schuster.

Putnam, R. D. (2016), *Our Kids: The American Dream in Crisis*. New York: Simon and Schuster.

Rueda, D. (2017), 'Food comes first, then morals: redistribution preferences, parochial altruism and immigration in Western Europe'. *The Journal of Politics*, 80 (1), pp. 225–39.

Scheidel, W. (2017), *The Great Leveller: Violence and the History of Inequality From The Stone Age to the Twenty-First Century*. Princeton: Princeton University Press.

Schumpeter, J. (1942), *Capitalism, Socialism and Democracy*. New York: Harper and Bros.

Scruton, R. (2017), *On Human Nature*. Princeton: Princeton University Press.

Seligman, M. E. (2012), *Flourish: A Visionary New Understanding of Happiness and Well-being*. New York: Simon and Schuster.

Smith, A. (2010), *The Theory of Moral Sentiments*. London: Penguin.

Smith, A. (2017), *The Wealth of Nations: An Inquiry into the Nature and Causes*. New Delhi: Global Vision Publishing House.

Spence, A. M. (1974), *Market Signalling: Informational Transfer in Hiring and Related Screening Processes*. Harvard Economic Studies Series, vol. 143. Cambridge, Mass.: Harvard University Press.

Sullivan, O., and Gershuny, J. (2012), 'Relative human capital resources and housework: a longitudinal analysis'. Sociology Working Paper(2012-04), Department of Sociology, Oxford University.

Tepperman, J. (2016), *The Fix: How Nations Survive and Thrive in a World in Decline*. New York: Tim Duggan Books.

Thomas, K., Haque, O. S., Pinker, S., and DeScioli, P. (2014), 'The psychology of coordination and common knowledge'. *Journal of Personality and Social Psychology*, 107, pp. 657–76.

Towers, A., Williams, M. N., Hill, S. R., Philipp, M. C., and Flett, R. (2016), 'What makes the most intense regrets? Comparing the effects of several theoretical predictors of regret intensity'. *Frontiers in Psychology*, 7, p. 1941.

Venables, A. J. (2018a), 'Gainers and losers in the new urban world'. In E. Glaeser, K. Kourtit and P. Nijkamp (eds.), *Urban Empires*. Abingdon: Routledge.

Venables, A. J. (2018b), 'Globalisation and urban polarisation', *Review of International Economics*(in press).

Wilson, T. D. (2011), *Redirect: Changing the Stories We Live By*. London: Hachette UK.

Wolf, A. (2013), *The XX Factor: How the Rise of Working Women has Created a Far Less Equal World*. New York: Crown.

World Bank (2018), *The Changing Wealth of Nations*, Washington DC.

World Happiness Report, 2017 (2017), edited by J. Helliwell, R. Layard and J. Sachs. New York: Sustainable Development Solutions Network.

인명 색인

가네시 Ganesh, Janan 212
게이츠켈 Gaitskell, Hugh 87
겔도프 Geldof, Bob 282
귀닝 Gunning, Jan Willem 277
그린 Green, Philip 139
그릴로 Grillo, Beppe 339

노먼 Norman, Jesse 42, 364
노블 Noble, Diana 251
노직 Nozick, Robert 30-31
뉴스타트 Neustadt, Richard 72

당 스페르베르 Dan Sperber 54
대처 Thatcher, Margaret 31-32, 49
데카르트 Descartes, René 58
드라기 Draghi, Mario 257
디킨스 Dickens, Charles 184

라잔 Rajan, Raghuram 299
라킨 Larkin, Philip 169, 262
랜드 Rand, Ayn 59
레이건 Reagan, Ronald 31-32, 49
롤스 Rawls, John 28-30
루스벨트 Roosevelt, Franklin 85
르펜 Le Pen, Marine 15, 97, 110, 212,
339, 342-343

리백 Reback, Gary 154
리콴유 李光耀 42-43, 247

마크롱 Macron, Emmanuel 117-118,
342-343
맥스웰 Maxwell, Robert 139
메르시에 Mercier, Hugo 54
메르켈 Merkel, Angela 30, 344
메이 May, Teresa 344
메이어 Mayer, Colin 37, 123, 364
멜랑숑 Mélenchon, Jean-Luc 15, 339,
343
무세베니 Museveni, Kaguta 205
미들턴 Middleton, Kate 317
(앤드루)미첼 Mitchell, Andrew 316
(에드슨)미첼 Mitchell, Edson 136
밀 Mill, John Stuart 22

발스 Valls, Manuel 342
버틀러 Butler, Richard 87
베너블스 Venables, Anthony 37, 229,
231, 321, 364
베닛 Bennett, Alan 19
베를루스코니 Berlusconi, Silvio 30
베슬리 Besley, Timothy 37, 64, 364
베츠 Betts, Alexander 51

벤담 Bentham, Jeremy 22, 27-28, 30, 98
본회퍼 Bonhoeffer, Dietrich 185
부시 Bush, George W. 204
뷔터 Buiter, Willem 313
브라운 Brown, Gordon 21, 343
브론테 Bronte, Charlotte 172
브룩스 Brooks, David 185
블레어 Blair, Tony 21
비트겐슈타인 Wittgenstein, Ludwig 110-111

사르코지 Sarkozy, Nicolas 342
샌더스 Sanders, Bernie 21, 113, 339, 342, 354
샌델 Sandel, Michael J. 179
샐먼드 Salmond, Alex 339
서머스 Summers, Larry 315
서턴 Sutton, John 253
셀리그먼 Seligman, Martin 185
소로스 Soros, George 31
솔로 Solow, Robert 238
슐츠 Schultz, Martin 30
슘페터 Schumpeter, Joseph 41
(애덤)스미스 Smith, Adam 30, 42, 49-55, 74, 364
(버넌)스미스 Smith, Vernon L. 52
스티글리츠 Stiglitz, Joseph 99
스펜스 Spence, Michael 75, 94, 163
시라크 Chirac, Jacques 30, 204
실러 Shiller, Robert 62

아몽 Hamon, Benoit 21, 342
아베디 Abedi, Salman 355, 357
애컬로프 Akerlof, George A. 37, 62, 64, 90
오웰 Orwell, George 16, 188

올랑드 Hollande, François 21, 342
와르시 Warsi, Sayeeda 115
용 Yong, Kim 119
울프 Wolf, Alison 94, 260, 364
웨스트민스터 공작 Duke of Westminster 228
웨지우드 Wedgwood, Josiah 217
윌리엄 왕자 Prince William 317

제임스 James, William 55
조지 George, Henry 224-225, 227-228
존슨 Johnson, Robert Wood 73, 125
졸리 Jolie, Angelina 190
주마 Zuma, Jacob 147
쥐페 Juppe, Alain 342
징갈레스 Zingales, Luigi 299

초서 Chaucer, Geoffrey 217
치라 Chira, Susan 94

카가메 Kagame, Paul 43
캐머런 Cameron, David 343
케이 Kay, John 74, 142, 145, 353, 364
케인스 Keynes, John Maynard 85, 195
코빈 Corbyn, Jeremy 339, 343-344, 354
크네우스고르 Knausgård, Karl Ove 289
크렌턴 Kranton, Rachel 64, 90
크로슬랜드 Crosland, Anthony 35-36
크루거 Krueger, Anne O. 237
크루그먼 Krugman, Paul 85
(그레고리)클라크 Clark, Gregory 181-183
(켄)클라크 Clarke, Ken 345
클린턴 Clinton, Hillary 15, 21, 342-343

키플링 Kipling, Joseph Rudyard 287

테퍼먼 Tepperman, Jonathan 43
트럼프 Trump, Donald 15, 21, 97, 110,
  113, 148, 212, 339, 342, 345, 354,
  361
트뤼도 Trudeau, Pierre 43
티롤 Tirole, Jean 298

패라지 Farage, Nigel 339, 354
퍼스 Peirce, Charles 42
퍼트넘 Putnam, Robert 83, 181, 304
페어베언 Fairbairn, Carolyn 137
푸지데몬 Puigdemont, Carles 339
프레데릭센 Frederiksen, Mette 360

프리드먼 Friedman, Milton 31, 121-
  122, 124, 133
플라톤 Platon 22, 24, 32, 80
피셔 Fisher, Stephen 329, 365
피용 Fillon, François 342
핑커 Pinker, Steven 26

하이트 Haidt, Jonathan 25-27, 30, 32,
  53-54, 223
헉슬리 Huxley, Aldous 16
호퍼 Hofer, Norbert 339
후크웨이 Hookway, Christopher 37,
  364
흄 Hume, David 30, 42, 55